imaginist

想象另一种可能

理
想
国

imaginist

郑秀 郑培凯 主编

史景遷作品

利瑪竇的記憶宮殿

The Memory Palace of Matteo Ricci

[美] 史景迁 著　　章可 译

Jonathan D. Spence

广西师范大学出版社

· 桂林 ·

著作权合同登记图字：20-2009-270

图书在版编目(CIP)数据

利玛窦的记忆宫殿 /（美）史景迁著.
— 桂林：广西师范大学出版社，2015.10（2022.1 重印）
（史景迁作品集 / 鄢秀，郑培凯主编）
书名原文：The Memory Palace of Matteo Ricci

ISBN 978-7-5495-7052-2

Ⅰ.①利… Ⅱ.①史… Ⅲ.①利玛窦（1552 ~ 1610）
–人物研究②中国历史–研究–1583 ~ 1610
Ⅳ.①K835.465.4②K248.306

中国版本图书馆 CIP 数据核字 (2015) 第 180925 号

广西师范大学出版社出版发行

广西桂林市五里店路9号　邮政编码：541004
网址：www.bbtpress.com

出 版 人：黄轩庄
出 品 人：刘瑞琳
责任编辑：马希哲
校　　译：王红华
书名题签：黄华侨
装帧设计：陆智昌
内文制作：陈基胜
全国新华书店经销
发行热线：010-64284815
山东韵杰文化科技有限公司

山东省淄博市桓台县　邮政编码：256401

开本：880mm × 1230mm　1/32
印张：12.5　字数：266千字　图片：10幅
2015年10月第1版　2022年1月第8次印刷
定价：78.00元

总　序

妙笔生花史景迁

郑培凯　鄢　秀

一

近半个世纪以来，西方列强对中国虽已停止了侵略殖民，但西方一般民众对中国的认识，仍然带有殖民心态与说不清道不明的迷思，三分猎奇、三分轻蔑、三分怜悯，还有一分“非我族类”的敌意。想到中国的山河广袤、人口众多、历史悠久，心目中浮现的图景就似真似幻，好像乘坐荒野打猎的越野吉普，手持望远镜，驰骋过山林丛莽，观看熊罴虎豹、狮子大象、猿猴猩猩、斑马羚羊，倏忽群兽遍野，狼奔豕突，倏忽蒿草无垠，万籁俱寂。中国像万花筒，什么都有，什么花样组合都变得出来；中国历史像变魔术，可以把一切想象变成真实，又可以把一切真实变成幻象；中国文化传统玄之又玄，阴阳变化，万象归一，天下万物生于有，有生于无，变是不变，不变是变。不要说听的人越听越糊涂，讲的人也是越讲越糊涂，于是，中国也就“假作真时真亦假”，神龙见首不见尾了。

其实，在欧美真想了解中国历史文化，也有不少西文学术书可供阅读，从孔子到毛泽东，都有所论述，而且大体上都提供了史实正确的知识。读者对中国近代有兴趣，也可以从各类学术专著与教材，知道些翻云覆雨的历史大人物，得知鸦片战争肇启列强对中国领土资源的觊觎与蚕食，得知中国从几千年的帝制转为民国政体，得知军阀混战与日本侵略，得知国共内战与共产党的胜利。耐下心来读点思想史与社会经济史，还能知道耶稣会传教给中国带来一些科学新知、早期中西文化接触给西方启蒙运动提供滋养、清代思想统治影响学术变化、明清以来人口流动与增长的情况、美洲白银与农作物传入改变了中国经济结构。甚至会发现，原来有这么许多学术专著讨论中国近代历史事件与特定人物，探讨传统社会生产与伦理关系的解体，研究政体改变与城乡结构的变化，以及西潮如何冲击文化传统、思维逻辑与教育制度，等等。但是，对一般读者而言，学术专著太深奥，教科书又太枯燥，陌生的人名、地名、事端、争论，令人越看越纷乱，满脑都是糨糊。实在不懂为什么中华帝国会反对通商、反对自由贸易、反对门户开放，不懂为什么一向讲究礼义和平的老百姓会突然变成革命群众，不懂中国人民到底在想什么。好像愈知道许多人物与事件，却愈加糊涂，有如雾里看花。

这几十年来欧美出了一位研究中国史的奇才史景迁（Jonathan Spence），他最大的贡献就是以优美流畅的文笔，把中国近代错综复杂的人物与史事，通过严谨的历史考证，参照专家的钻研成果，以“说故事”的传统历史方法，娓娓道来，让西方读者“拨开云雾见青天”，对中国的历史经历有了“感觉”。

二

“史景迁”这个华文名字，是他在耶鲁大学研读历史学博士学位期间，一位中国史学前辈房兆楹给他取的，寓意明显，期望也高，学历史就要景仰司马迁，以司马迁为楷模。司马迁的《史记》，材料丰富，考辨严谨，叙事清楚，条理分明，文笔生动，“究天人之际，通古今之变，成一家之言”。史景迁是现代史家，不像司马迁出身“史卜巫祝”传统，有着“究天人之际”的使命，但是，他研究晚明以迄当代的中国历史，叙事的方法与文体却循着《史记》的精神，的确当得起“通古今之变，成一家之言”的赞誉。从他第一部《曹寅与康熙》（*Ts'ao Yin and the K' ang-hsi Emperor: Bondservant and Master*）开始，他就结合档案史料与研究曹雪芹先世的各类文史资料，写了康熙皇帝的治术，同时也勾勒了清朝天子的内心世界。这种对原始资料的扎实研究基础，让他在第三部著作《康熙》（*Emperor of China: Self-Portrait of K'ang-hsi*）中，得以化身康熙，以第一人称的叙事方法，发挥历史想象，充分展现康熙大帝的喜怒哀乐，让西方读者看到一个有血有肉的中国皇帝。书写康熙，把一切客观历史材料转为自传文体，必须从天子的角度看天下，涉及各种各样的天下大小事，以宏观的视野，高屋建瓴，为大清帝国的长治久安着想。如此，表面是书写假托的康熙自传，实际上却必须考虑中华帝国的方方面面，从统治天下的全相角度呈现中华帝国的全貌。

史景迁第二部书《改变中国》（*To Change China: Western Advisers in China,1620-1960*），探讨近代西方人士如何参与及推动

中国的历史变化，从早期的传教士汤若望、南怀仁，清末的戈登、赫德、丁韪良、傅兰雅，一直写到民国时期的鲍罗廷、白求恩、陈纳德、史迪威，开启了他对中西文化接触与交流的研究兴趣，撰写了后来一系列相关著作。他的兴趣，从西方人在华活动扩展到中西文化接触所引发的思维刺激与调适，探讨不同文化碰撞时相互理解与误解的困境。具体的人物在特定的历史环境中，都有独特的引人入胜的故事发生，不但是西方人在明末的中华帝国会有各种奇特遭遇，中国人在 18 世纪初欧洲的异国遭遇更令人难以想象。史景迁就像福尔摩斯一样，利用他掌握多种欧洲语言的优势，进入中外历史材料的迷宫之中，追索隐藏在历史帷幕后面的蛛丝马迹，想象中外历史文化接触的夹缝中，远赴异乡的人物是如何生活的，而其遭遇又如何存留成历史的记忆。他混合运用中外史料，披沙拣金，追索明末利玛窦远渡重洋，由西徂东，来华传教的经历，也写了广东天主教徒胡若望流落法国的一桩公案，更整合了蒙古西征之后，西方对中国的想象与描绘。

《利玛窦的记忆宫殿》(*The Memory Palace of Matteo Ricci*)，上溯到明末耶稣会士来华传教，如何适应中国的文化环境，如何利用欧洲流行的记忆术作为敲门砖，打入热衷科举考试、重视背诵诗书的士大夫群体。《胡若望的疑问》(*The Question of Hu*)，写一个中国天主教徒胡若望因傅圣泽神父(Jean-François Foucquet)的提携，远赴法国，却因举止乖张，流落异乡，甚至被关进疯人院里，三年后才得以返回广东家乡。史景迁利用了梵蒂冈的教廷档案、大英图书馆档案及巴黎的国家外事档案，拼成一幅匪夷所思的雍正初年广东华人流落法兰西的故事图景。《大汗之国》(*The Chan' s Great Continent: China in Western Minds*)则综观西方人如何想象中国的历史历程，从蒙元时期的鲁不鲁乞修士、马可·波罗，一直到当代的尼克松、基辛格，不但写来华西方人所记的中国经历，也写没来过中国的文人作家如何想象中国，影响了一般民众的中国印象。对于中国读者而言，这些经由仔细爬梳欧西档案与文史群籍得来的历史资料，经过天孙巧手缝缀成一个个动听的故事，就像一面面精美的缂丝挂毯，不但引人入胜，也开拓了我们的眼界，了解不同文化的相遇、碰撞与互动是多么的错综复杂，时常还惊心动魄，比小说虚构还要离奇。

《康熙》在1974年出版之后，引起出版界的轰动效应，深受读者欢迎，成为畅销书，甚至被白修德（Theodore H.White）誉为“经典之作：把学术提升到美的范畴”。西方史学界也开始注意史景迁书写历史的修辞策略，称赞他文体自成一格，剪裁史料别具慧心，从不大张旗鼓宣扬新的理论架构，却在不经意处，以生动的故事叙述，展现了历史人物与事件所能带给我们的历史文化思考。他继之在1978年，写了第四部著作《王氏之死》(*The Death of Woman Wang*)，以山东郯城的地方志、黄六鸿的《福惠全书》、蒲松龄的《聊斋志异》为史料基础，探讨清初小老百姓的生活环境与想象空间，从宏观的天下全相与中西文化观照，推移镜头至偏僻乡间农民与农妇的生活，把蒲松龄的文学想象穿插到梦境之中，以不同角度的现实与虚构特写，重组了十七世纪山东农村的生存处境。这部书最引起史学界议论的，就是剪裁蒲松龄如梦如幻的优美文字，用以虚构妇人王氏临死之前的梦境。史景迁运用文学材料书写历史，当然不是要呈现实际发生的史实，不是妇人王氏的“信史”，却可以引发读者想象清朝初年的山东，在历史意识上触及当时历史环境的“可能情况”。

书写历史，最重要的是要依靠文献证据，假若文献未曾明确提供材料，可不可以运用想象去重新构筑历史场景？这就是现代历史书写最蹊跷暧昧的领域，也是后现代史学不断质疑与解构的关键。他们不但质疑史料经常不足，或是一批“断烂朝报”，缺失的比留存的材料可能要多，不足以反映历史实况，令人更加质疑所有历史材料的可靠性。像海登 · 怀特（Hayden White）这样的历史哲学论者，就在他的《元史学》（*Metahistory*）中提出，所有的史料，包括第一手材料与档案，都是具体的个人记录下来的，一牵涉到具体的人，就有主观的思想感情倾向，就不可避免有“人”的历史局限，就不可能完全科学客观，做到巨细靡遗地记录牵扯到人与事的复杂情况，而不掺入运用修辞逻辑的历史想象。他甚至进而指出，历史写作与文学写作无大差别，都是运用文字，通过想象修辞的手段，与不同倾向的书写策略，虚构出一个文本。这种推衍到极端的主观书写论，有其立论的根据与辩难的目标，很难斥为无稽，但却故意扭曲了文学创作与历史求真求实的基本意图有所不同。值得在此提出的是，史景迁的著作不能归入“后现代”的主观虚构历史书写之中，因为他写每一本书，都恪遵传统史学的规律，尽量使用存世的史料，上穷碧落下黄泉，从中国史书方志档案到西方史志档案，几乎做到“无一字无来历”。他在连接史料罅隙，推理可能历史情况时，也明白告诉读者，文献材料是什么，作者解读的历史“可能”是什么，从不混淆视听。

三

史景迁的史学著作，经常是雅俗共赏，兼顾学术研究与通俗阅读，一方面让专家学者思考史学探索的意义与方向，另一方面又让一般读者深入理解中国近代的历史，特别是中国人生存的时代环境与生命意义的追寻。他写的《天安门：知识分子与中国革命，1895—1980》（*The Gate of Heavenly Peace: The Chinese and Their Revolution, 1895-1980*）与《追寻现代中国》（*The Search for Modern China*），最能显示他史识的通达与文笔之流畅，能够不偏不倚，就事论事，却又充满了历史的同情与了解，让西方读者理解，中国是一个实实在在的地方，即使难以认同中国历史的发展，却也看到生活与奋斗其中的历史人物，都是有血有肉有感情的人，在特定的黯淡历史环境中，奋勇追寻茫茫前途的一丝光明。《天安门：知识分子与中国革命，1895—1980》着眼中国近百年文化人与文学家的处境，环绕着康有为、鲁迅、丁玲以及他们的师生亲友，旁及所处的历史环境与文化空间，写他们的追求、挫折、困境与期盼；《追寻现代中国》则以教科书撰述通史的形式，历述明末以迄当代的政治经济变化，从晚明的繁华到清兵入关，从康乾盛世到晚清颓败，从鸦片战争到康梁变法，从五四运动到共产党执政，从“大跃进”一直述说到改革开放，同时没忘了论及曹雪芹与《红楼梦》，“五四”时期的蔡元培、陈独秀、胡适、鲁迅等，指出文化变迁的长远影响。这两本历史著作的书写方式，都是传统史学呈现历史全相的主流写法，出版后，都在欧美图书市场成了历史畅销书，并且自1990年以来，成为西方大学中国史课程的通用教科书，影响了好几代大学生与文化人。他接着出版的《太平天国》(*God 's Chinese Son: The Taiping Heavenly Kingdom of Hong Xiuquan*)、《雍正王朝之大义觉迷》(*Treason by the Book*)等等，一直到近年的《前朝梦忆》(*Return to Dragon Mountain: Memories of a Late Ming Man*)，每一本书问世，都能生动活泼地呈现中国的历史经验，掀起畅销热潮，使西方读者对中国近代历史变化的认识更加深入，加深对于中国历史文化的同情。

史景迁的历史著作如此畅销，受到广大读者的喜爱，也就遭到一些传统学究型历史学家的讽刺，说他是“说故事的”史学家，不曾皓首穷经、在故纸堆中考据出前人未见的史实，而且视野过度宽广，未曾穷毕生之力，专注某一桩历史事件，成为特定历史题材的“权威专家”。也有些以社会科学方法自诩的社会经济史学者，认为史景迁著述虽多，但提不出一套理论架构，对历史研究的科学性毫无贡献，又不以社会科学“放之四海而皆准”的普世性为依归，不曾努力把中国历史文化研究纳入普世性社会科学，充其量只是引起西方对中国历史文化的兴趣。这些批评其实都是皮相之论，以狭隘的学术观点、本位主义的专业立场，排斥历史学的基本人文精神与开发多元的普世关怀。

从政治大事的角度书写历史全相，是中国传统史学的主流写法，《春秋》纪事罗列重要事迹，《史记》叙事以“本纪”为经，“列传”

为纬，辅以表记志书，成为中国正史的写作通例。司马光的《资治通鉴》与后来的各种“纪事本末”，虽在传统史学体例之中另列一格，其实还是全相式的政治事件书写。不仅中国史学传统如此，西方史学从古希腊开始，也是以叙述“故事”为主。希罗多德（Herodotus）的《历史》，糅合各种资料与传闻，删汰芜杂，以“说书”的叙述方式呈现。古希腊文 historein，本义是“问询”，意即司马迁在《史记 · 太史公自序》所说的，“罔（网）罗天下放失旧闻，王迹所兴，原始察终，见盛观衰”。太史公作《五帝本纪》，记述上古传闻资料，也面临类似的问题，自己还作了检讨：“百家言黄帝，其文不雅驯，荐绅先生难言之。……余尝西至空桐，北过涿鹿，东渐于海，南浮江淮矣，至长老皆各往往称黄帝、尧、舜之处，风教固殊焉，总之不离古文者近是。”希罗多德之后的修昔底德（Thucydides），对记述往古的传闻颇不以为然，认为可靠的历史只有当代的记录，因此撰写当代的战争大事为《伯罗奔尼撒战争史》，在资料的“问询”上有亲身的经历，还可以采访许多身历其境的当事人，得以对勘论辩。虽说著史风格有所不同，更加强调资料源的可靠性，但其呈现战事发生的前因后果，仍是政治事件的全相叙述。不论是司马迁、希罗多德，还是修昔底德，叙述历史的修辞手法，都是去芜存菁，运用明畅的文字，讲一个动听的故事。到了欧洲启蒙时代，吉本（Edward Gibbon）写《罗马帝国衰亡史》，还是遵守这个写历史“说故事”的基本原则。

倒是近代的历史学家，先受到 19 世纪兰克学派的影响，在历史研究领域强调科学实证，以考辨史实为历史研究主要任务，长篇累牍进行饤饾考证，以显示历史研究的专业化。学术机构的建立、文史哲的专业分科、学术专业职场化、学术职业升迁的专业评核，把文化学术的理想转为薪酬饭碗的优渥，加剧了历史研究钻牛角尖的倾向，迫使严肃而有才华的历史学家随波逐流，把全副精神放在历史学科制度的规范要求上面，使得全相性叙事的历史著作遭到学院的排斥，沦为毫无史观与史识的历史教科书与通俗历史演义的领域。到了20世纪后半叶，历史研究的科学客观性遭到挑战，许多史学家又从一个极端摆荡到另一个极端，转向以“观点”与“问题意识”为主导的探讨,充满了政治正确与社会意识的信念,强调阶级、种族、性别、弱势群体，从各种文化批判角度，进行“把历史颠倒的重新颠倒过来”的工作，化历史研究为意识形态斗争的场域。

总而言之，以新角度新观点来书写历史，拓展我们对历史的认识，或者指出传统历史书写的局限与歧视，固然有其价值，但全相叙述的历史书写传统，还是不该断绝的。不仅如此，历史研究虽然已经成为学术专业领域，却也不能放弃学术研究的基本人文关怀，不能排斥学术通俗化的努力，不能把一般人有兴趣的历史题材当作没有价值的老生常谈，更不能把自己文字能力的艰涩鲁钝作为学殖深厚的借口。由此看来，史景迁既能著述宏观全相的中国历史，又能在历史叙述的实践上探索新的历史研究领域，以生动的笔触揭示新的观点与问题意识，难怪可以雅俗共赏，也为中国历史研究提供了值得深思的启示。

中国史学传统要求史家具备“才、学、识”（刘知几），章学诚又加了“德”。在《文史通义》中，章学诚是这么解释的:“义理存乎识，辞章存乎才，征实存乎学”，强调的是，要有文化传统的认识与关怀，要有书写叙述的文采，要有辨伪存真的学殖。对于他自己提出的“史德”，章学诚在《文史通义》立有专章，作了详细的疏解，关键在于：“能具史识者，必知史德。德者何？谓著书者之心术也。”余英时在《论戴震与章学诚》一书中指出，章学诚的史学思想承袭了中国儒家传统，太注重政治伦理，所强调的“史德”偏于传统道德的臧否，而不同于现代史学强调的客观性：“其主旨虽在说明历史学家于善恶是非之际必须力求公正，毋使一己偏私之见（人）损害历史的‘大道之公’（天）！但是这种天人之辨仍与西方近代史学界所常讨论的历史的客观性和主观性有不同处。”我们若把章学诚对“史德”的要求与余英时的评论放在一起，借来观测史景迁的历史著作，就会发现，史景迁的现代西方史学训练，使他不可能陷入儒家道德臧否性的中国传统“史德”误区。反倒是因为他身为西方学者，远离中国政治，与中国近代的政治伦理没有切身的关联，没有族群兴衰的认同，没有利益的瓜葛，不会以一己偏私之见损害历史之大公。从这一点来说，史景迁书写中国历史的实践，配合了余英时的现代史学反思，为中国史学传统的“才、学、识、德”，提供了颇饶兴味的现代诠释。

四

这套丛书两位主编之一的郑培凯，与史景迁先生有师生之谊，是史先生在耶鲁大学历史系任教时正式招收的第一个博士研究生。

自1972年开始，他就在史先生指导之下，浸润历史学的研读与思考，并且从一个学生的角度，反复阅读老师的历史著作，以期学习历史研究与书写的诀窍。从《康熙》的写作时期开始，郑培凯就不时与老师切磋问学，还会唐突地询问老师写作进度与历史书写的策略。史先生写《王氏之死》、写《天安门：知识分子与中国革命，1895—1980》、写《利玛窦的记忆宫殿》、写《追寻现代中国》，从开题到完书出版，郑培凯都有幸过从，亲聆教诲，还时而效法"有事弟子服其劳"的古训，提供一些不轻易经眼的文献资料。老师对这个学生倒也施以青眼，采取自由放任态度，提供了最优渥的奖学金，有酒食则师生同馔，老师埋单付账。在耶鲁大学学习期间，郑培凯自己说，从老师习得的最大收获，就是如何平衡历史书写的客观材料与剪辑材料的主观想象，运用之妙，存乎一心。而那个"一心"，则类乎章学诚说的"著书者之心术"。

《天安门：知识分子与中国革命，1895—1980》一书在1981年出版之后，郑培凯立即以之作为讲授中国近代史的辅助教材，并深深佩服史景迁驾驭纷繁史料的本领。此书不但资料剪裁得当，文笔也在流畅之中流露深厚的历史同情，使得历史人物跃跃欲出。郑培凯曾自动请缨，向史景迁建议申请一笔译书经费，翻译成中文出版。他当时也大感兴趣，认为由这个亲自指导的学生迻译成中文，应当可以掌握他的文气与风格，忠实呈现他的史笔。然而，后来因为经费没有着落，郑培凯又教研两忙，杂事纷沓，抽不出时间进行这项工作，只好放弃了一件学术功德，让它变成"姑妄言之，姑妄听之"的逸事，回想起来，不禁感到有愧师门。这本书翻译未成，倒是触动了史景迁编写一部中国近代史教科书，同时辅以一本中国近代社会文化史料选译集的想法，商之于郑培凯与李文玺（Michael Lestz）。这两位学生遵从师教，花费了五六年的时间，终于完成了这项史料翻译选辑工作，出版了《寻找近代中国之史料选辑》（*The Search for Modern China: A Documentary Collection*, New York, Norton, 1999）。

近年来，出现了不少史景迁著作的中文译本，几乎包括了他所有的专书，质量则良莠不齐，有好有坏。有鉴于此，广西师范大学出版社的总编辑刘瑞琳女士想出一个方案，策划集中所有中文译本，邀请郑培凯做主编，选择优秀可靠的译本为底本，重新校订出版。郑培凯与史景迁商议此事，立即获得他的首肯。广西师大出版社经过一番努力，终于取得史景迁全部著作的中文翻译版权，也让郑培凯感到可以借此得赎前愆，完成二十年前未遂的心愿，可以亲自监督校订工作，参与翻译大计。然而兹事体大，怕自己精力有限，不能逐字逐句校读所有的篇章，无法照顾得面面俱到，便特别延请了研究翻译学的鄢秀，共同担任主编，同心协力，校阅选出的译本。

在校阅的过程中，我们发现，即使是优秀的译本，也难免鲁鱼亥豕之误。若是笔误或排印的问题，便直接在校阅之中一一更正。还有一些个别的小错，是译者误读了原文，我们便效法古人校雠之意，经过彼此核对原文之后，尽量保持译文语句，稍作改译，以符合原文之意。

我们在校读的过程中，发现最难处理的，是译文如何忠实表现史景迁原书的风貌。史景迁文笔流畅，如行云流水，优美秀丽，时有隽永笔触，如画龙点睛，衬托出历史人物的特质或历史事件的关键，使读者会心，印象深刻，感到有余不尽。我们看到的各种译本，虽然有的难以摆脱欧化语法，大体上都还能忠于原作，在“信”与“达”方面，差强人意。但若说到文辞的“雅”，即使是最优秀的译本，也因为过于堆砌辞藻，而显得文句华丽繁复，叠床架屋，是与原著风格有一定差距的。由于译本出于众手，每位译者都有自己的文字表达风格，因此，我们校读不同的译本，只能改正一些排版的错误与翻译的误读，无法另起炉灶，进行全面的文体风格校订。

翻译实在是难事，连严复都说，“一名之立，旬月踟躅”，真要挑剔起来也是没有止境的。我们作为史景迁系列作品的主编，当然要向原作者、译者及读者负责，尽心尽力，精益求精，作为学术功德，完成这项计划，为中国读者提供一套最为精审的译本。我们也希望，读这套译本的中国读者，要体谅翻译的限制，能够从字里行间，感到原作的神韵，体会原作的惨淡经营，又能出以行云流水的笔调，向我们诉说中国近代历史与人物。故事原来都是我们的，听史景迁说起来，却是如此动听，如此精彩，如此引人入胜。

献给　海伦

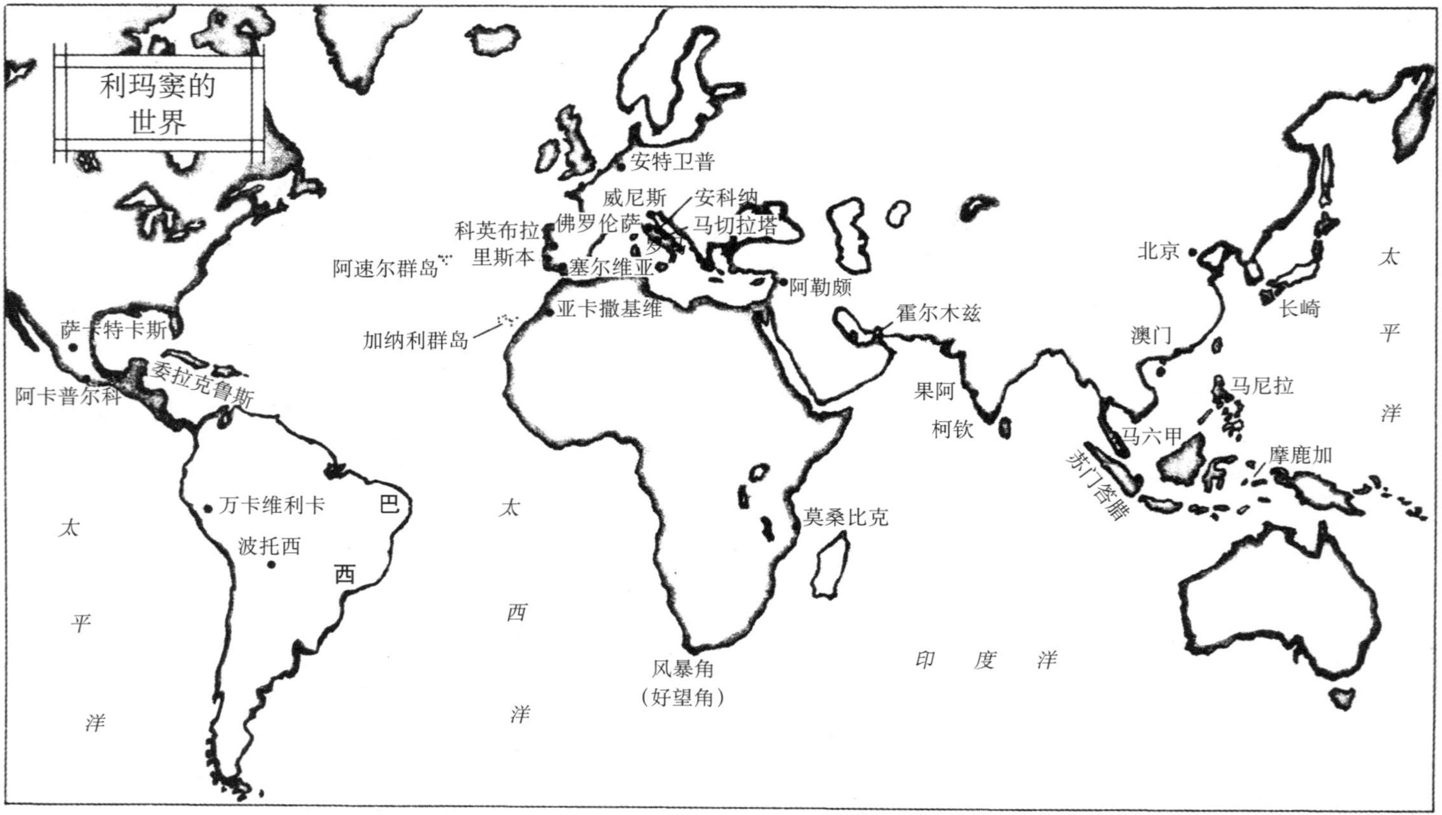

利玛窦的世界
安特卫普
威尼斯
安科纳
科英布拉
佛罗伦萨
马切拉塔
罗
里斯本
塞尔维亚
阿速尔群岛
阿勒颇
亚卡撒基维
加纳利群岛
霍尔木兹
北京
长崎
澳门
马尼拉
果阿
柯钦
马六甲
摩鹿加
苏门答腊
莫桑比克
风暴角
（好望角）
萨卡特卡斯
委拉克鲁斯
阿卡普尔科
万卡维利卡
波托西
巴西
太平洋
太西洋
印度洋
太平洋

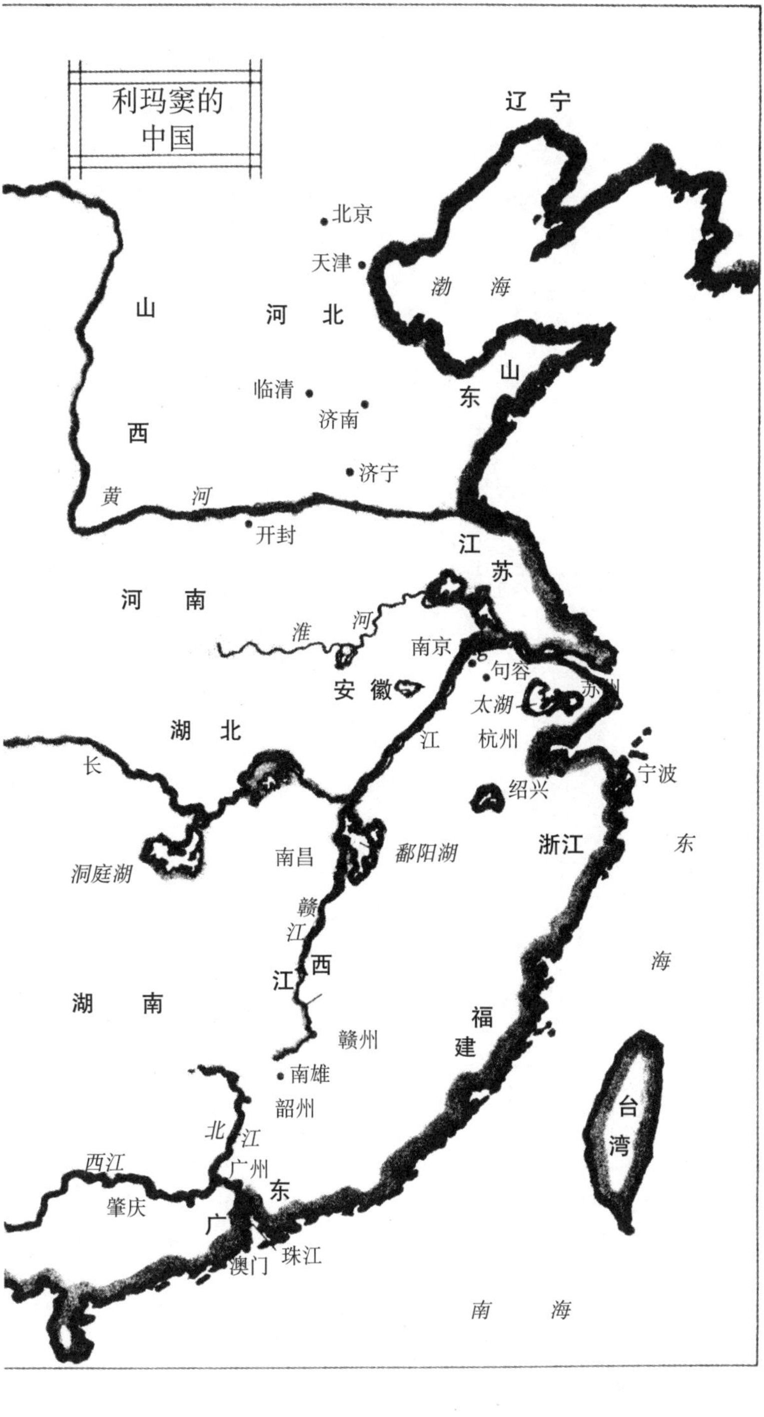
利玛窦的中国
辽宁
北京
天津
渤海
山西
河北
山东
临清
济南
济宁
黄河
开封
江苏
河南
淮河
南京
句容
苏州
安徽
太湖
湖北
长江
杭州
宁波
绍兴
洞庭湖
南昌
鄱阳湖
浙江
东海
赣江
江西
湖南
福建
赣州
南雄
韶州
台湾
北江
西江
广州
广东
肇庆
澳门
珠江
南海

目 录

致 谢

写作这部书时，我得到许多人的帮助，在此谨致谢意。前前后后，我曾经烦扰耶鲁大学历史系的许多同事，请教相关信息，而他们都欣然回答，使我受益匪浅。我无法在此一一列举他们的姓名，希望他们能接受一并致谢的形式。同样，耶鲁大学惠特尼人文中心（Whitney Humanities Center）的同事们也助我良多，我在那里完成了本书初稿，在此感谢中心所有同事的指引和鼓励。

耶鲁其他系科的同事们，也给我许多建议，我尤其要感谢Herbert Marks，Wayne Meeks 和 Thomas Green，他们及时提出了一些后来证明非常关键的建议。我还要感谢 Egbert Haverkamp-Begemann、Jennifer Kilian，他们帮我找到利玛窦给《程氏墨苑》的四幅插画，还有纽约大都会博物馆版画和相片部的同仁们，他们带我最终找到其中两幅的原版。感谢 Leo Steinberg 帮我翻译和解释，而我曾与 Charles Boxer 共进一顿难忘的午餐，他为我绘制了前往果阿和澳门的草图。

我还得感谢耶鲁大学下列图书馆工作人员的帮助，即拜内克

(Beinecke）古籍善本图书馆、神学院图书馆、艺术图书馆以及史德林（Sterling）纪念图书馆，还有那些从加州大学伯克利分校、芝加哥大学、康奈尔大学、哈佛大学以及剑桥大学的图书馆为我复制稀见史料的人，当然还要感谢马切拉塔市政图书馆（Biblioteca Comunale）Aldo Adversi 和 Piero Corradini 对我的重要帮助。

1983 年初，我在加州洛斯加托斯（Los Gatos）的中国耶稣会史研究项目组访问过一个星期，极有收益，感谢项目主持人 Joseph Costa 神父以及图书馆员 Carrol O'Sullican 神父的盛情接待。芝加哥的 Theodore Foss、Michael Grace 教友，以及耶稣会神父 George Ganss、Christopher Spalatin、Peter Hu 和 William Spohn，他们都给我许多有用的建议。当然，不能不提友善地给我了多次建议的马爱德（Edward Malatesta）神父。

在翻译葡萄牙文、意大利文、拉丁文和中文方面，我要特别感谢以下这些人的帮助，他们是：Carla Freccero、Claudia Brodsky、郑培凯、康乐、陈弱水、Sylvia Yü 和余英时。有好些朋友先后阅读我的文稿，尽力辨认我那模糊而混乱的字迹，但我特别要感谢的是其中两位打字员，她们费力最多、耗时最长：Katrin van der Vaart 和 Elna Godburn 分别录入了第一稿和第二稿。

利玛窦四个记忆形象的汉字，是由张充和女士特意为本书题写的，我要感谢她精湛的书法技艺和敏锐眼光。古根海姆纪念研究基金（John Simon Guggenheim Memorial Fellowship）为本书基本计划的制订和最初的研究提供了时间保证，在此感谢基金的管理者。Michael Cooke、Malatesta 神父和 Jeanne Bloom 阅读了本书的初稿，

Harold Bloom、Robert Fitzgerald、Hans Frei 和 John Hollander 阅读了第二稿，他们都提出了有益的建议，在此致以谢意。Elisabeth Sifton 在本书写作的各个阶段都予以关心，并仔细阅读了前后两稿，这鼓励我不断努力。令我高兴的是，这本书铭刻着她的印记而最终问世。

利玛窦生平年表

1552 年 10 月 6 日	出生于意大利教皇领地内的马切拉塔城
1561 年	进入马切拉塔的耶稣会小学学习
1568 年	到罗马，学习法律
1571 年 8 月 15 日	作为耶稣会的初学修士，驻于罗马圣安德鲁·奎林纳莱教堂学习
1572 年至 1573 年	在佛罗伦萨的耶稣会学院学习
1573 年 9 月至 1577 年 5 月	在罗马的耶稣会学院学习
1577 年夏天	到葡萄牙的科英布拉学习葡萄牙语
1578 年 3 月	觐见塞巴斯蒂安国王
1578 年 3 月 24 日	乘坐“圣路易”号离开里斯本
1578 年 9 月 13 日	抵达果阿，研习神学，教授拉丁语和希腊语
1580 年	在科钦居住，7 月下旬被任命为神父
1581 年	返回果阿
1582 年 4 月 26 日	坐船离开果阿
1582 年 6 月	到达马六甲

1582 年 8 月 7 日　抵达澳门

1583 年 9 月 10 日　与罗明坚一道到肇庆居住

1584 年 10 月　利玛窦世界地图在肇庆被人私自翻印

1589 年 8 月 3 日　被怀有敌意的当地官员逐出肇庆

1589 年 8 月 26 日　移居韶州

1591 年 12 月　开始尝试翻译中国经典《四书》

1592 年 7 月　在韶州住所被攻击，伤了脚

1594 年 11 月　耶稣会士们换上中国儒生的服装

1595 年 4 月 18 日　离开韶州，前往南京

1595 年 5 月中旬　赣江中船只失事，巴拉达斯溺水身亡

1595 年 6 月 28 日　到达南昌居住

1595 年 11 月　撰写《交友论》

1596 年春天　撰写《西国记法》的初稿

1597 年 8 月　被任命为中国传教团团长

1598 年 9 月 7 日至
11 月 5 日　第一次到北京，但并未被允许居住

1599 年 2 月 6 日　驻于南京

1600 年 11 月　太监马堂抢过了十字架

1601 年 1 月 24 日　第二次抵达北京

1601 年 2 月　为皇帝内廷作八首曲

1601 年 5 月 28 日　获准在北京定居

1602 年 8 月　修订版的世界地图刻印

1603 年秋冬季　《天主实义》出版

1604 年 8 月中旬　多文字版的普朗坦《圣经》运到北京

1606 年 1 月	为程大约的《墨苑》提供四幅插画并配上注文
1607 年 5 月	欧几里得《几何原本》的前六卷中译本出版
1608 年 1 月至 2 月	《畸人十篇》出版
1608 年秋冬季	开始撰写《中国札记》
1609 年 9 月 8 日	第一个圣母会在北京成立
1610 年 5 月 11 日	在北京逝世

第一章　建造宫殿

1596年，利玛窦教授中国人建造记忆宫殿之法，他告诉人们，这个宫殿的大小取决于他们希望记住多少东西：最有雄心的营建将由几百个形状各异、大小不一的建筑构成。利玛窦说，“多多益善”，但又补充道，一个人并无必要上手就建一座宏伟的宫殿，他可以造一些朴实的宫室，又或是不那么引人注目的建筑，诸如一座寺观、公府、客栈，或是商人会馆。倘若此人希望从更小规模着手，则可建一个客堂、亭阁或是书斋。要是他希望这个处所更为私密，则不妨设想亭阁之一角、寺庙里的神龛，甚至是衣柜和座榻之类的家用物件。[1]

在总结这个记忆系统时，利玛窦说，这些宫殿、亭阁或座榻都是存留于人们头脑中的精神性建构，而非由真实的材料造成的实在物体。这类记忆的处所有三种主要来源：其一，它们可能来自现实，即人们亲身所处之地，或亲眼所见并在记忆中回想起的物体；其二，也可能是完全出于虚构，随意想象，不论形状和大小；其三，它们可能半实半虚，比如一座人们熟悉的房屋，但设想在其后墙新开一扇门，以作通往新空间的捷径，又如在同一座房屋正中想象出一条楼梯，以循此登入并不存在的更高层级。

在脑海中构想出这些建筑的真正目的，是为无数的概念提供安置之所，而正是这些概念构成了人类知识的总体。利玛窦写道，对每一样我们希望记住的东西，都应给予它一个形象，并给每个形象分配一个位置，使它能安然存放在那里，直到我们准备通过记忆的行动收回它。只有这些形象都各得其所，且我们能迅疾地记起它们的位置，整个记忆体系才能运作。鉴于此，为了便于记忆，显然最简单的办法是依靠那些真实的、我们了熟于心的处所。然而，按利玛窦所想，这也会导致一个错误。因为我们正是通过不断增加形象以及存放形象之位置的数量才能增强我们的记忆。那么中国人将纠结于这个烦难的任务，即创造无数虚拟的场所，将实和虚的场所混合在一起，通过不断的实践和复习将其永铸于记忆之中，最终使那些虚拟的场所“与实有者可无殊焉”。[2]

中国人可能会问，这套记忆法最初如何出现在世间。利玛窦早预料到这个问题，将西方古典传统总结了一下：此传统将这种通过严格定位法来训练记忆的主张，归之于古希腊诗人西摩尼得斯(Simonides)。正如利玛窦所说（他尽可能提供了与诗人名字发音最接近的中文名）：

> 古西诗伯西末泥德尝与亲友聚饮一室，宾主甚众，忽出户外，其堂随为迅风摧崩，饮众悉压而死，其尸齑粉，家人莫能辨识。西末泥德因忆亲友坐次行列，乃一一记而别之，因悟记法，□创此遗世焉。[3]

按照其处所来记住事物的次序，这种方法在随后的几个世纪中逐步发展成一套记忆学说。到利玛窦的时代，人们已用此方法将自己的世俗和宗教知识条理化。由于利玛窦自己是一位天主教传教士，因此他期望，一旦中国人开始重视他的记忆能力，就会顺此向他问询西方宗教，正是后者使得此种奇事得以可能。

就为获得向中国士人听众展现这种记忆法的机会，利玛窦不远万里跋涉而来。他是意大利人，1552 年出生在山城马切拉塔(Macerata)。1571 年，利玛窦在罗马成为耶稣会的一名初学修士，随即接受了神学、人文学和自然科学方面的广泛训练。在印度和澳门度过了五年见习岁月之后，他于 1583 年进入中国，开展传教事业。到 1595 年，他已熟习汉语，并居住在东部省份江西的行政和商业中心——繁华的南昌。[4]在当年年底，利玛窦对驾驭新学语言已自信满满，用汉字写成了《交友论》，这是一本关于友谊的格言集，采自一些西方古典作家和基督教神父。他将这本书的手抄本献给了明朝皇室的建安王，这位亲王居住在南昌，经常邀请利玛窦来府邸参加酒宴。[5]同时，利玛窦开始与当地中国士人讨论他的记忆理论，并向他们传授记忆技巧。[6]翌年，他又用汉语写成了一本探讨记忆法的小书《西国记法》，对他构想的“记忆宫殿”做了描述。他将这本书作为礼物赠予江西巡抚陆万陔及他的三个儿子。[7]

利玛窦极力设法将记忆技法介绍给陆氏家族，该家族在中国社会里居于顶层。陆万陔本人是一位才智出众、家境殷实的学者，他在明朝官僚体系中出任过许多职位，熟悉中国各地的风土人情，曾奉派管理过西南边陲，也在东部沿海和北方做过官，其职责范围也曾跨越司法、财政和军事各个领域，且功勋卓著。当时，作为一省的巡抚，陆万陔正值事业的巅峰，也准备让三个儿子去参加高等科举考试，二十八年前，他自己正是通过一层层科考取得功名。他和他的同时代人都很清楚，在中华帝国，科考的成功是通往名誉和财富最可靠的阶梯。[8] 因此我们几乎可以确信，利玛窦向巡抚的儿子们传授先进记忆技巧，是为了帮助他们更顺利地通过科考，而出于感谢，他们会利用新获取的功名来推进天主教传教事业。

然而，尽管巡抚的儿子们在科举考试中表现十分优异，但这似乎并非因为利玛窦的记忆方法，而主要是靠中国传统反复背诵的办法，或许就是靠好记的诗句和朗朗上口的韵律，这些正是当时中国通行的记忆训练法。[9] 利玛窦当年晚些时候在写给耶稣会总会长阿桂委瓦（Claudio Acquaviva）的信中就说，巡抚的长子仔细阅读了《西国记法》，但向其一个密友评论道："这套理论确实称得上真正的记忆法则，但能利用它的人，首先得有非常出色的记忆力。"[10] 在另一封写给最早和他一起将建造记忆宫殿的法则写出来的一个意大利朋友的信中，利玛窦说，尽管南昌的中国人"全都赞扬这套方法之精妙，但并非所有人都乐意克服烦难来学会使用它"。[11]

对利玛窦自己，建造记忆宫殿并没有什么奇怪或者特别困难的地方。这套方法伴随着他成长，并和许多别的技巧一道，把他研习的各种学问都熔铸于记忆之中。而且，这些技能是他在罗马耶稣会学院所学的修辞和伦理课程的基本内容。利玛窦学到的这套记忆宫殿理论，或许来自学者苏亚雷兹（Cypriano Soarez），后者编写的关于修辞和语法基本知识的教科书《修辞学艺》（*De Arte Rhetorica*），在 1570 年代是耶稣会学生们的必读书。[12] 苏亚雷兹在书里不但教给读者古典语法和句法结构等基本知识，给出了比喻、隐喻、转喻、拟声、进一步转喻、讽喻、反讽和夸张等修辞法的例证，还介绍了西摩尼得斯的定位记忆的技巧，并将其称为“雄辩术的宝库”(thesaurus eloquentiae)。苏亚雷兹指明了这套记忆法是如何将事物和词汇都按次序定位，因此以其来记忆术语便可达到无穷的进境。学生们应尝试着创造出各式各样的生动形象，并为它们设想出各自的场所——其中富丽的宫殿和宏伟的教堂堪称最佳。[13]

然而，这般含糊的说法并不能教给人们记忆技巧的全部，甚至连背后的基本法则也语焉不详。利玛窦或许是从其他几位作家那里学到了更详尽的记忆法，其中之一可能是普林尼，利玛窦在学院学习时曾读过他的《博物志》(*Natural History*)，并将其中有关历史上那些杰出记忆大师的段落译成汉语，编入他在 1596 年写成的《西国记法》当中。[14] 其他的则可能来自公元前 1 世纪和公元 1 世纪的一些著作，比如拉丁文修辞名著《致赫伦尼》(*Ad Herennium*)，又或是昆体良，他在论演说术的小书中也探讨了记忆问题。这些著作都详尽阐述了如何构造记忆场所以及安置于其中的那些形象，《致赫伦尼》的作者就曾说道：

> 继而我们应该构造一些尽可能长久存留于记忆中的形象。如果我们希望形象与实物有着惊人的相似；如果我们想让形象既不繁多也不模糊，而是真正能有意义；如果我们想赋予这些形象超凡的华美或罕有的丑陋；如果我们想给某些形象戴上皇冠，穿上

> 帝王的紫袍，以使它们更为醒目；又或许我们想以某种方式丑化它们，比如泼上鲜血，抹上泥巴，涂上红漆，如此这些形象就会更触目，或更有某种滑稽的效果——只要这样能使形象在我们记忆中更为牢固，那么，就去做吧。[15]

这番描述极具说服力，因为在整个中世纪，人们都视备受尊敬的西塞罗为《致赫伦尼》的作者。

昆体良也探讨了同样的话题，他还对人们作了解释，应当选用何种场所来存放他们选择的形象：

> 我们可以想象，最首要的思维形象会被安置在前厅，其次的则放在起居室，剩余的则按次序安置在中庭水池四周的房间，它们不仅被安排在卧室或会客厅，甚至可以考虑附于雕像等物之上。完成这些之后，一旦需要复苏关于某些事物的记忆，我们即可依次拜访所有场所，并将这些存放物从保管人那里取回，每看到一件物品，相应的细节就会重新浮现。因此，无论人们想要记起多少事物，都相互联结，如同手牵手的舞者一般，由于它们按次序前后排列，也就不会出错，而除了最初辟出记忆的场所安置它们的工作之外，也并无其他的麻烦事。前面所说的，还是在一座房屋里如此安置，在公共场所中也能有同样的效果，比如一趟长途旅程、城市的高墙堡垒，甚至是一些画。或者，我们干脆就自己来构想类似的地方。[16]

尽管有这样的说明，这套学说对于今日的读者而言仍然抽象而费解。但是，如果我们暂且离题，看一个现代的例子，或许就能拓宽视野，更好地理解利玛窦是如何通过建立这种形象和场所的联系，吸引中国人对他的记忆理论产生兴趣，这套方法通过概念的组合或是特定的助记法则，将在第一时间产生出人们需要的信息。

设想有一名现代大学里的医科学生，她正面临着一场口试，考查的是骨骼、细胞和神经方面的知识。这名女学生的头脑中有一整座记忆城市，放眼看每片城区、每条大道与小巷、每幢房子里，整齐地存放着她之前在学校里学到的所有知识。然而，医科考试将至，她完全不理会那些历史、地质、诗学、化学和力学的知识区域，而把所有精力集中在“身体巷”（Body Lane）那幢三层的“生理楼”（Physiology House）。这栋楼里的各个房间，存放着她在每晚学习中所创造的形象，这些形象纷繁各异、生动鲜明、启人遐思，它们各居其位，分布在墙边、窗前，或是桌椅床榻之上。这时摆在她面前的，有三个问题：人体上肢各块骨骼的名称、细胞减数分裂的各个阶段，以及头骨的上眼窝组织的神经次序。

她的思绪首先飞到二楼楼梯口的“上身骨骼间”，那里进门的第三个位置有一个加拿大骑警，穿着亮闪闪的鲜红外套，骑在高头大马之上，马尾还拴着一个手戴镣铐、神情狂乱的犯人。而瞬时间，她的思绪又飘到了地下的细胞室，壁炉边上站着一位身形魁梧、带有狰狞疤痕的非洲武士，尽管他硕大的双手紧紧抓住一位美丽非洲女郎的上臂，但脸上却带着无可名状的厌倦之情。接着，这个女生的思绪又很快飞抵顶楼的头骨室，那里，一个艳丽的裸体女子正斜靠在床头，床罩上绘的是法国国旗的条纹和色彩，女子纤小粉拳中正紧攥着一叠皱巴巴的美金钞票。

女大学生很快就有了前面三个问题的答案。皇家骑警和俘虏的形象让她想到一句话："一些罪犯低估了加拿大皇家骑警的能力"（*S*ome *C*riminals *H*ave *U*nderestimated *R*oyal *C*anadian *M*ounted *P*olice），每个单词的第一个字母按次序表示人体上肢各骨骼的名称：肩胛骨（scapula）、锁骨（clavicle）、肱骨（humerus）、尺骨（ulna）、桡骨（radius）、腕骨（carpals）、掌骨（metacarpals）和指骨（phalanges）。第二个形象，"倦怠的祖鲁人追捕黑人少女"（*L*azy *Z*ulu *P*ursuing *D*ark *D*amosels），则使她想起细胞减数分裂的各个阶段：细线期（leptotene）、偶线期（zygotene）、粗线期（pachytene）、双线期（diplotene）和终变期（diakinesis）。最后一个形象，"慵懒的法国妓女已预先脱光衣服躺着"（*L*azy *F*rench *T*art *L*ying *N*aked *I*n *A*nticipation），则代表着头骨的上眼窝组织的神经次序：泪腺神经（lacrimal）、前额神经（frontal）、滑车神经（trochlear）、侧面神经（lateral）、鼻睫神经（nasociliary）、内部神经（internal）和外展神经（abducens）。[17]

在中世纪或文艺复兴晚期，类似的记忆法拥有不同的关注点，而其创制的形象也更切合于那个时代。我们看到，早在公元前5世纪哲学家卡佩拉（Martianus Capella）就写道，赛琪（Psyche）在出生之时，收到了许多漂亮的礼物，其中包括"一架装有飞轮的车"——送这个礼物是墨丘利（Mercury）的主意——"尽管记忆之神把金链子绑在车上，使车子变得沉重，但赛琪依然能靠它飞速旅行”。这些金链子是记忆的链子，它代表着人类灵魂中使智慧和想象得以稳定的力量，而不是用作比喻任何静止不动的念想。[18] 而且，在整整一千多年之后，卡佩拉所描绘的那个修辞女神（Rhetoric）的形象仍然在利玛窦和他的同时代人脑海中十分清晰，这个女神掌管着人类的记忆，她“拥有如此丰富的词句，储存如此浩繁的记忆”。这是她公元 5 世纪时的形象：

> 一个身材高挑、自信无比的女性，拥有超凡的美貌。她头顶盔甲，还戴有圣洁的花环，手持光芒闪烁的武器，用来保护自己，或击伤敌人。她身披一件罗马式的长袍，袍上挂满了各式形制和图案的饰物，腰间还挽着一条缀满珠宝的腰带，闪耀奇光异彩。

她的长袍上的每一种装饰，光芒、图案、形制、色彩或珠宝，构成了修辞描述的各个方面，将让脑中印有此形象的学者们永世难忘。[19] 况且，这位光彩照人的修辞女神形象，和偶像崇拜神（Idolatry）的可怕外表之间的对比是多么强烈呵，后者的形貌最初由 5 世纪时的神学家和神话学者富尔根蒂尤（Fulgentius）创造，后来又被 14 世纪的修士里德瓦尔（Ridevall）编成易记的拉丁文诗歌。由于偶像崇拜神被描绘成一个娼妓，她的头顶始终悬着一个高声鸣叫的喇叭，提醒人们她的到来。当偶像崇拜的话题被提及时，这个形象在人们心中就被唤起，她让人很快就想到神学教诲的关键点：她因为背弃了上帝，和邪异的偶像们私通，才会沦为娼妓；她既盲又聋，因为富尔根蒂尤曾说，最早出现的偶像，是奴隶们为了减轻丧子父亲的痛苦而模仿死去儿子做成的人像，而对于应该摒弃这类迷信的真信仰，她既看不见，也听不到。[20]

一个人头脑中的记忆宫殿里已经存储了多少这样的图像，它到底总共又能存储多少呢？利玛窦在 1595 年偶然写道，如果在纸上任意写下四百到五百个的汉字，他只要读一遍，就能按次序把这些汉字倒背出来，而他的中国朋友们则形容，他只要浏览一遍，就能把整卷的中国经典著作背诵出来。[21] 然而，这种特长其实并不那么令人吃惊。与利玛窦同时代有一位长者——帕尼加罗拉（Francesco Panigarola），他可能在罗马或马切拉塔教过利玛窦记忆术，还写过一本讲记忆方法的小册子，其手稿至今还保存在马切拉塔图书馆。据他在佛罗伦萨的熟人们说，帕尼加罗拉头脑中存有十万个记忆形象，每一个都各就其位，任其择取。[22] 而利玛窦则跟陆万陔说，根据他以前读过的讲记忆术的书，要让事物变得易记，最关键的是想象的建筑物中存放形象诸场所的次序：

> 处所既定，爰自入门为始，循右而行，如临书然，通前达后，鱼贯鳞次，罗列胸中，以待记顿诸象也。用多，则广宇千百间，少，则一室可分方隅，要在临时斟酌，不可拘执一辙。[23]

弗朗西斯·叶芝（Frances Yates）曾写过一本讨论中世纪与文艺复兴时代记忆理论的著作——《记忆的艺术》（*The Art of Memory*），此书广博而精深，作者在书中深入探讨了“一种基督教化的人工构造的记忆究竟是什么样的”，但却遗憾地得出结论，“任何一篇讨论记忆术的论文，尽管总是给出了记忆的法则，但很少提供这些法则具体应用的例子，也就是说，它基本没法建立一个能存放记忆形象的体系”。[24] 利玛窦的《西国记法》，这个中国版本的记忆法尽管无法完全弥补这个缺憾，但确实能让我们看到，在遥远的地球另一端，这种传统的记忆体系是如何被坚持下来的。

此外，利玛窦在《西国记法》当中给我们展现了一组清晰的形象，每个形象都各就其位，按次序叙述。第一个形象是两个正在扭打的武士。第二个形象是来自西部的部族女子，第三个形象是正在收割谷物的农夫，第四个形象是一个怀抱婴孩的女仆。按照他自己提出的要求，用一种简单方式建立记忆体系，利玛窦选择把这些形象放置在某个房间的四个角落。这座房间是个大厅，面积相当之大，由立柱支撑。我将把它作为进入记忆宫殿的通道。陆万陔等初学者可以毫无困难地追随利玛窦开始这一个记忆的精神之旅。我们会看到他们一同向门走去，进入大厅，接着转向右边，逐个查看那些形象。[25]

然而，一旦人们熟悉了这套方法，就没必要在一个建筑里构想出越来越多的厅堂或者房间，他可以在一个既定的场所放置更多的形象，以增加其记忆容量。唯一的危险就是，这个空间会变得相当杂乱，以至于头脑无法轻易从所有形象中找到自己想要的。不过，只要谨慎一些，他可以把更多家具搬进这个房间，或在某张桌上摆放金玉器皿，并把墙面涂上灿烂的色彩。[26] 利玛窦说，人们还可以使用某些“图像”来唤起这些形象，就像昆体良在公元 1 世纪所要求的那样。同样，道尔齐（Ludovico Dolce）在 1562 年就曾建议那些对古典神话感兴趣的学生，只要熟记提香（Titian）某些作品那复杂精妙的细节，就能帮助他们学习神话。[27] 利玛窦心里清楚，生动的插画对记忆有绝好的效果。从他的书信中看，他早就注意到了诸如纳达尔（Jeronimo Nadal）的《福音评注》（*Commentaries on the Gospels*）之类带有木版插画的宗教书籍，此书由耶稣会大量印刷，使信众对基督一生中每个重要的时刻都有鲜活生动的了解。他甚至还随身带着纳达尔此书的抄本来到中国。在他写给意大利友人的信中说，此书在他看来具有无可估量的价值。[28]

正如利玛窦在他的“记忆大厅”中存放了四个记忆形象一般，利玛窦还留下了四幅宗教图画，每一幅都有他亲笔写的标题，其中三幅还附有他的评论：第一幅画的是基督和彼得在加利利（Galilee）的海上，第二幅画的是基督与两位门徒在以马忤斯（Emmaus），第三幅画的是所多玛的人们在上帝派来的天使面前眼睛昏迷而倒地，最后一幅则是怀抱婴孩基督的圣母玛利亚。这些图画得以保存至今，应该归于利玛窦与程大约之间的友谊。程大约是一个出版商人和砚台鉴赏家，大约 1605 年在北京经朋友介绍与利玛窦相识，当时他正准备刊刻一部名为“墨苑”的中国书法与版画图集，非常希望在书中收入一些西方的艺术和书法作品，因此请利玛窦贡献若干。尽管利玛窦起初故意自谦地表示，中国士人学问广博，可能只会对西方文化的“万分之一”感兴趣，但他后来还是答应为之。结果，次年程大约刊刻出版精美的《墨苑》，收入了利玛窦所作的四幅画和评注。[29] 我们可以确信，这些宗教画将《圣经》中这些生动的故事细节深深刻入中国读者的心灵之中，无论它们记录的是基督生活中的某些时刻，还是《创世记》中的片段。如果将这些画如同记忆形象一样精心排列，那么它们就能扩充记忆宫殿存储的数量，为它的建造添砖加瓦。

虽然利玛窦对他的记忆体系之价值确信无疑，但就在 1578 年他搭船远赴东方之前，这套体系在欧洲已经开始遭到质疑。学者阿格里帕（Cornelius Agrippa）尽管对魔法和科学炼金术很感兴趣，但他在 1530 年代出版的书《艺术与科学的虚幻和不确定性》（*The Vanitie and Uncertaintie of Artes and Sciences*）当中说道，记忆法中所捏造的“怪异形象”使得人们天生的记忆力变得迟钝，这种在人们头脑中塞入无止尽的信息碎片的尝试通常“不会使记忆更加深刻和确定，反而会引起疯狂和迷乱”。阿格里帕将这种炫耀知识的做法视为幼稚、好出风头。在 1569 年出版的英译本中，他这种厌恶之情表达得更为强烈：“这是一件丢脸的事，这群无耻的人妄称要搞出一套新东西，但他们写的玩意就像商人处理货物，叫卖得越响亮，内心就越虚弱。”[30] 诸如伊拉斯谟（Erasmus）和梅兰希顿（Melanchthon）这样的宗教思想家都认为，这些记忆体系其实来自早期修道士的迷信活动，没有任何实用价值。[31] 拉伯雷在 1530 年代也以极具感染力的讽刺手法，进一步质疑了这类记忆法。他在《巨人传》中描写了高康大如何在老师霍洛芬尼的教导下熟记了当时最深奥的语法著作，甚至还包括“捕风君”、“饭桶君”、“马屁君”等学者做的精深的全部评注。* 结果是，拉伯雷郑重其事地写道，尽

* 这三个学者是“Bangbreeze, Scallywag, Claptrap”，都是拉伯雷为了讽刺而虚构的人物。

管高康大确实能将他读过的书“倒背如流”，“就像所有在炉中烘焙出来的人那样睿智”，但若有人希望从他那里听到一些机智的评论，那么“想从他嘴里掏出一个词来，比让死掉的驴子放屁还难”。[32] 到了16世纪末，培根（Francis Bacon）本人对能够组织和分析资料的“自然的”记忆力量十分着迷，尽管如此，他还是对这种人为的记忆法作出明确批判。虽然承认这种记忆训练法所取得的效果在表面看来十分惊人，他称之为“非凡的卖弄”，但培根还是判定这类体系在本质上是“无益的”。“我没法估计出自己仅听一遍就能背诵出来的名字或者单词有多少”，他写道，“就像我没法知道自己会玩多少翻跟斗、走绳索之类的杂技把戏，一个是精神上的，一个是身体上的，但都一样，奇异但毫无价值”。[33]

然而利玛窦时代的大多数天主教神学家，就像利玛窦一样，并没有被这些不敬的议论所劝服。他们把注意力集中在这套体系的积极方面，尽管有越来越多的学者证实，早期记忆体系的关键性文本《致赫伦尼》并不是西塞罗所写，但他们无视这一点，依然将这本书作为他们课程的基本教材。[34] 托马斯·阿奎那本人确信，记忆体系是伦理学的一部分，而不是先前人们认为的仅仅是修辞学的一部分。在对亚里士多德的评论中，阿奎那描述了“有形的比拟”——或称之为人像化的记忆形象——的重要性，因为它能防止“微妙的精神事物”脱离灵魂。而奇怪的是，当阿奎那试图强调使用记忆场所体系的必要性时，他指出西塞罗在《致赫伦尼》中曾说，我们“热切”需要我们的记忆形象。阿奎那将这句话的意义解释为，我们应当“胸怀爱慕地固守”我们的记忆形象，如此才能将其应用在虔敬的灵性事务中。几个世纪以来，人们一直没注意到，《致赫伦尼》中说的是我们应该“单独”(solitude)选择我们的记忆形象，而不是“热切”(solicitude)。讽刺的是，阿奎那正是凭记忆引用了这句话，但他却引错了。这个错误却强化了将记忆技巧作为整合“精神意图”的手段这一基督教传统。这种传统解释在当时传播极广。举例而言，只要明白记忆体系是用来“牢记天堂和地狱”，我们就能更好地理解乔托（Giotto）的肖像画，以及但丁《神曲 · 地狱篇》的叙述结构和细节。在 16 世纪出版的书籍当中，此类观念屡见不鲜。[35]

在阿奎那时代及之后两百年，有一类书籍撰述蔚为风潮，这类书通过激发信徒的想象力，增进其基督信仰的虔诚。其中最重要的作品，比如巴黎的威廉（William of Paris）在 12 世纪所写的《神圣修辞学》(*Rhetorica Divina*)，其灵感就源于昆体良。[36] 萨克森的鲁道夫斯（Ludolfus of Saxony）是 14 世纪一位极为虔诚的作家，他那极富感染力的语言，让后来的圣依纳爵 · 罗耀拉（Ignatius of Loyola）为之深深着迷。鲁道夫斯竭力将他的基督徒读者带到耶稣受难的现场，将犀利的言语敲进读者的耳中，正如敲进耶稣身体的钉子 :“当所有神经和血脉都被扭曲，骨骼和关节都被猛力拉拽而脱位之后，他终于被钉上了十字架。他的手脚都被粗糙而沉重的钉子戳穿，钉子刺透了皮肉、神经与血脉、骨骼与韧带，到处都伤痕累累。”[37] 在这种情绪之中，“福音之声四处响彻”，鲁道夫斯教导信徒要“带着一种虔敬的好奇之心前行，感受通往主的道路，去触摸救世主的每处伤痕，他是这样的为你而死”，按鲁道夫斯征引的瑞典的布里吉特（Bridget of Sweden）的说法，耶稣身上的伤痕共有5490处。[38] 作为天主教加尔都西会（Carthusian）的修士，鲁道夫斯倡导人们每时每刻都要将最活跃的想象力奉献于基督，“无论在行走或是站定，安坐或是躺卧，进餐或是饮酒，交谈或是沉默，独处或是群处之时”，都应如此。[39] 到了15世纪中叶，在当时一本为奉教少女所写的书中，要求她们把《圣经》中的人物形象——当然不包括基督——与她们本人的朋友和熟人的脸一一对应起来，这样，她们就能将《圣经》人物深深铭记在心。作者还告诉这些年轻读者，要把这些形象放在她们心中的耶路撒冷，“为此建造一座你已熟悉的城市”。这样，每日她们“独自一人”在闺房中祈祷之时，《圣经》故事就会在她们眼前浮现，一幕一幕缓缓飘过。[40]

圣依纳爵·罗耀拉这个归信的西班牙军人在1540年创建了耶稣会后，为耶稣会成员们制定了一套宗教学习与训练之法，而这种生动的记忆重建正是训练法中的基本组成部分。他在写作《灵操》（*Spiritual Exercises*）一书早期的草稿时，就已经确定了这个观点，该书在八年后才定稿出版。为了使追随者能全方位地重演《圣经》叙述的场景，圣依纳爵教导他们，在凝思《圣经》情节之时，要充分调动五种感官的功用。在最初级的层次，从事这种操练的人们会在心中默想出某个特定事件发生的物理环境，或用圣依纳爵的说法，就是这个地方的“想象性重现”。[41] 比如耶稣赴难途中走过的，从伯大尼到耶路撒冷的道路，最后的晚餐所在的房间，耶稣被犹大出卖时所处的园子，耶稣受难之后圣母玛利亚等候的那间屋子，等等。[42] 圣依纳爵说，在这些环境中，人们可以再加上听觉，从而进入更鲜明的画面，“听听，大地上的人们在说些什么，他们彼此交谈，在起誓，也在咒骂”，把他们的话与三位一体真神的言语比照，聆听真神的教诲，“让我们替大地上的人类赎去身上的罪”。在观看和聆听之后，人们可以在记忆活动里使用余下的感官，“闻闻那难以言表的芬芳，品尝那神性的无比甘甜吧，亲吻圣人们走过的路，紧贴他们坐过的地方，你们将从触碰中受益无尽”。[43]

如果说五种感官将过去的各个方面全部唤醒，并如原初的那样将其带到现实之中，那接下来就轮到记忆、理性和意志这三种能力登场了，它们要担负起将凝思的意义引向更加深入的重任，尤其当想象的主题在通常意义上是不可见的时候，更是如此，比如说“原罪的意识”等。于此，圣依纳爵说，“我们努力想象，制造出理念的图景：我的灵魂被囚禁在这个堕落的肉身之中，而我的整个自我，肉体与灵魂，都被判与这片大地上的禽兽们生活在一道，就如同流浪在异域他邦”（尽管这段话并不是专为传教士们所说，但我们能够推想，当利玛窦远离故土来到中国，难得寻到余暇来锻炼灵性修养时，这些文字一定给予他巨大的力量）。圣依纳爵又说，人们可以轮流使用这三种能力，但记忆应居于首位：

> 首先借助记忆，我会想起天使们的初罪；接着，我会运用我的理性对它进行思考；然后，我的意志将尽力回忆并思考，把我身上千千万万的罪恶与天使的初罪相比较：那原初的一重罪就使它们堕入了地狱，我满身的罪恶会受到何等的报应呵。一思及此，自己内心会激发出彻底的羞愧之情。记忆的作用，是让我们回想

> 起天使们是如何满带荣耀被主创造出来，但它们却不愿全心全意地尊奉和顺从它们的创造者，它们的天主。它们沦为自身狂妄的牺牲品，从天堂一头堕入地狱，神的恩典离它们而去，取而代之的是满身的邪恶意志。以同样的方式运用自己的理性，我会更仔细地思考所有这一切；而借助于意志，我会努力唤起内心的高尚情感。[44]

每个从事这种操练的人，在反省自己的罪恶时，都会考虑最家庭化、最私密化的场景，比如思考自己不同时期在不同住所里的情况，考虑自己和所有他人的关系，反思自己在从事各种工作时的行为。这样，他就不仅仅是凝思天使们的初罪，而可以全景式地观看一场伟大的灵性战争，那就是基督和他的战士们对抗恶魔势力。[45]

鲁道夫斯和圣依纳爵都极力主张，虔诚的基督徒应该将关于消逝的过去的“记忆”融入精神化的现实之中，这不仅呼应了托马斯·阿奎那的说法，也合乎圣奥古斯丁《忏悔录》的思想，《忏悔录》在利玛窦出生前一千一百年就已写成，书中说：“我们恐怕得这么说：‘有三种现时：过去事物的现时，当下事物的现时，以及未来事物的现时。’”[46]然而，圣依纳爵同时代的天主教徒却在担心，圣依纳爵和他的追随者们祈求能获得一种洞察圣域的特别领悟力，这似乎有些过犹不及。巴伦西亚的主教就控诉说，《灵操》一书比“神秘货色的贩卖”好不了多少，它完全是在当时流行的光照派（Illuminist）思想的影响下写成的。[47]1548年，有六位神父宣称，通过这种灵性操练，他们已经能够“直接”与上帝沟通，从而被宗教裁判所传唤审查：宗教裁判官很担忧，因这些神父声称“圣灵会降临他们身上，如同降临到使徒身上一样”。[48] 到了 1553 年，有几名多明我会修士甚至攻击圣依纳爵是一个“声名狼藉的异端教徒”，这种指控激使圣依纳爵的友人纳达尔（即《凝思》一书的作者，利玛窦曾将该书介绍进中国）反驳道，圣依纳爵的思想直接来自《圣经》，而不是其他什么间接渠道。[49] 利玛窦来华期间的耶稣会总会长阿桂委瓦知晓这些争论，他更低调地对待圣依纳爵所说的“对感官的运用”，认为这是种“十分简单的状态”，无法和“凝思”及“祈祷”这些更复杂的形式相提并论。[50]

想在宗教经验和所谓的魔法力量之间划出一条精确界线，从来都是很难的。近来有些学者认为，宗教与魔力之间的联系就存在于弥撒时的言辞和咒语当中，在于弥撒时的音乐、灯火、美酒中，在于人内心中的转变。[51] 利玛窦在华的经历表明，在中国大众的心目中，很自然地认为他的记忆法来源于魔力。1596 年 10 月 13 日，利玛窦从南昌给罗马的阿桂委瓦总会长写信，他在信中先是简要叙述，他进入南昌时，为了获准进城定居和购买房屋，与当地官员展开艰难谈判，然后又说道，有许多知名的中国士人蜂拥到他的住所表示庆贺。利玛窦认为，这些中国人到访主要有三个动机：他们相信耶稣会士能将水银变成白银，他们想要学习西方的数学，他们渴望学到利玛窦的记忆法。[52]

从当时欧洲的知识和宗教生活背景来看，利玛窦列出的这几项都是完全可信的。那时，记忆体系已经和命理学技巧以及半科学的炼金法术相结合，使得个中能手能获得一种掌握命运的力量，超越了惯常的宗教力量。我们应该记住，如果说，在某种层面上，我们要把利玛窦的事业置于天主教势力主动对抗宗教改革的大背景中，将其视为16世纪晚期依靠西班牙和葡萄牙的枪炮推动的“欧洲扩张运动”的一部分，它才能获得意义；那么同时，我们还应该从一个更为古老的背景，也就是前文艺复兴时代的诸多方面来看待他的事业，这让我们回想起中世纪，甚至古典时代，回想起那个由基督教神父和懂得魔法、炼金术、宇宙学和占星术的“有智计之人”来共同抚慰人类心灵的世界。[53]

1545至1563年召开的特伦托大公会议（Council of Trent），在教皇的授意下，对许多问题展开了漫长而复杂的讨论，其中或许解决了一些最为棘手的问题，是教会领袖们有感于天主教会的内部腐败以及新教对手的指责而提出来的。然而，这些“解决办法”只被一部分人接受，其他人依旧坚持己见。于是出现下面的情况便不奇怪：1584年，意大利北部的一个磨坊主在被宗教裁判所审问时说道，上帝是在一片混沌中诞生的，而这片混沌中早已有了地、水、火、空气四要素。“那么谁在推动这片混沌？”审问者说。磨坊主的回答是：“它自己推动自己。”[54]磨坊主还说：“我的思想是崇高的，它期待着一个新的世界”，他解释说，自己信仰的动摇主要来自对世界其他地方和人们的了解，来自他所读的曼德维尔（John Mandeville）的非洲和中国游记。[55]这个磨坊主尽管身份卑微，但仍可以作为例子，代表16世纪所有依赖自身寻求意义的人们。因为无论是新教还是天主教的改革家们，都无法成功地解释世界起源的终极奥秘，也无法解释诸如强烈的精神消沉、灾难到来时人和动物的突然死亡、财产的散失和土地的歉收之类令人困惑的现象。[56]

因此，魔法和宗教之间的界线依旧很模糊。磨坊主更是发挥了他这套四要素理论：上帝为空气，基督是地，圣灵为水，而火则充盈着世界。[57]而他的一些同代人则更为可怜，他们梦想着一个新世界，在那里河流的堤岸是用意大利酸奶酪（ricotta）筑成，而天空中则雨点般落下意大利方饺（Ravioli）和杏仁糖。[58]至于利玛窦和他的友人，尽管他们否认任何施于事物之上的魔力，但却在1578年航经好望角遭遇狂风暴雨之时，把一个蜡质的小护身符抛进了海中，这个护身符的材料取自罗马复活节时的蜡烛。1601年，利玛窦在北京城外居住时，总是随身带着来自“圣地”的几粒泥土和一个小十字架，他坚信，这个小十字架是用当年钉死耶稣的十字架的残片做成的。[59]而在已经公开“改革”新教的英国，热衷于耍弄魔法的人不计其数，甚至在维多利亚女王统治时期，有一个镇子里所有居民都住在离“魔法师们”十英里之内的地方。[60]

在那个习惯于从星空中寻找秘密的时代，人们对行星运行的每一个阶段、月亮的每一丝盈亏，以及每一颗新星的出现都尽力追踪，并仔细分析那会对人类的命运带来何等影响。有教养的男女尽管可能是虔诚的天主教徒，但他们的头脑中依然有一片区域为新柏拉图主义的宇宙观念所占据，按某位史家所说，“未知的玄秘的影响力量”仍然在那里不时地“跳动”。[61]在此类观念之中，被视作理所应当的是，只要人们能够把宇宙的自然力与头脑中的记忆能力融合起来，便能获得特别的力量。即使在未受教育的穷人阶层中，在大部分以口头形式表达的文化里，超凡的记忆依然被视作理所应当的。例如，蒙田在1581年的意大利之旅中，曾经提到佛罗伦萨附近田野里的一群农夫，他们漫不经心地弹奏着鲁特琴，女伴们则立在一边，大段背诵阿里奥斯托（Ariosto）的诗篇。[62] 然而，在当时拥有超强记忆能力的人，马上会被周遭的人怀疑有魔力，就像发生在16世纪中叶法国南部的阿诺·杜·蒂尔（Arnaud du Tilh）* 身上那样。[63] 至于莎士比亚戏剧的观众，对如何运用和增强记忆更是一点也不陌生。在哈姆雷特杀死了奥菲莉娅的父亲之后，奥菲莉娅跑到哥哥雷欧提斯面前哭道："这株迷迭香能帮你牢记这一切，求求你，亲爱的，牢记这一切。"这并不完全是疯人之语，据当时许多关于记忆法的文献记载，迷迭香是增强记忆能力的灵药，奥菲莉娅希望借助它来坚定雷欧提斯复仇的意志。[64]

当利玛窦还是一名学童时，在他的家乡马切拉塔，有几名教士被指责玩弄邪恶的魔法，这或许和他们误用了记忆术有关，尽管我们并不了解这些人使用记忆术的详情。[65] 但我们知道，整个16世纪，在威尼斯和那不勒斯等城市里，一些人投注了极大精力去创建"以占星术为中心的记忆法"，这些方法不仅在其家乡意大利风行，还被热切的首倡者们传播到了法、英等国。这些记忆法将宇宙间的所有力量都纳入"记忆的剧场"，或同心圆的图式，或是想象的城市之中，这样，这些力量能被直接利用，而操持这种技艺的人们则成为具有巨大潜能的"太阳占星师"。在1540年代，著名的意大利学

* 这个Arnaud du Tilh，是美国历史学家娜塔莉·戴维斯的名著《马丁·盖尔归来》中冒名顶替马丁·盖尔之人的真名。

者卡米罗（Camillo）这样布置他创造的“记忆剧场”：前台显眼的地方放着一堆小箱子，杂乱地堆着，里面塞满了西塞罗的所有著作。其后一直延伸到远处高台排列着宇宙万物的形象，正好表现“从创世到各色生灵的天地万物”，这样，剧场的主人就仿佛站在高山上俯瞰一片森林，不但看清每棵树木，也把握了森林的全貌。卡米罗解释道，“这种无与伦比的布置方式，不仅使我们能有恰当的地方存放事物、言语与行动，使我们在需要时立刻就能找到它们，而且也赋予我们真正的智慧。”[66]

这种智慧既不受限于言语的世界，也不受限于舞台。它在文艺复兴建筑的理论和实践当中都留下了自己的踪迹，它用“暗藏的线条”划分出空间，表达出庄重的感觉或是人类之爱的意味，为建筑物注入内涵，它用简单的石材表现出人像的完美比例与宇宙力量的结合。[67]它深藏在文艺复兴音乐的内心，记忆力量最初是通过字母系统和韵律来表达的，后来则被牢牢固定于旋律之中。在严肃理论家看来，这个过程会使得音乐在它的两种面目之间摆动，或是作为术数的神秘主义，或是作为科学。它既会在性别力量的领域发挥作用，也会成为一种特别的跨越国族的话语。所以，开普勒（Kepler）能够一面做着著名的关于行星轨道的探索，在神圣罗马帝国鲁道夫二世的宫廷里研究炼金术，另一面则提出新的音乐解释，即认为一段音乐中的大三度音程，代表着性爱中的男性角色，而小三度音程则代表女性。[68]而维琴蒂诺（Nicolo Vicentino）在 1555 年的一篇论文中，论述了他新制造的六键羽管键琴（archicembalo），他说，这种新乐器能够弹奏出德语、法语、西班牙语、匈牙利语和土耳其语的声音，“世界上所有人在使用本民族语言时，其音程变化不简单是一个或者半个全音，也有可能是四分之一全音，甚至更小，所以，用我们这种区分细致的键琴，就可以适应世界上所有民族的发音”。[69] 同样，1582 年利玛窦在澳门首先见到中国文字时，也被其所蕴藏的无穷潜能所震惊，这种潜能使其可以超越根植于语言中的发音差异。[70]

尽管这些事例纷繁各异，但都可说明在宽泛意义上的“反宗教改革”时期，有关记忆和记忆“力量”——无论是其本来的还是转换性的——的观念是何等多样。这使得我们很难相信，当利玛窦试图利用他的记忆法、西方科学知识以及深厚的神学训练来劝导中国人抛弃那种混合了儒教、道教和佛教的信仰之时，他会对同时代欧洲人由记忆法中得到的超越人类和自然的力量毫不在意。

在利玛窦著述中留存下来的这四个记忆形象，对于他的记忆宫殿里储存的无穷宝藏而言，其实只是吉光片羽。同样，他所绘制的四幅宗教画，也只是天主教圣像画传统的极小片段，这一传统在利玛窦努力想使中国人归信的天主教中具有核心地位。然而，既然利玛窦如此精心地选择了这些图像留之后世，而它们又奇迹般地流传至今，那么，现在我将使用这八块互不相干的碎片，来搭建起这部书。

1606 年，利玛窦告诉程大约：“百步之远，声不相闻，而寓书以通，即两人者睽居几万里以外，且相问答谈论如对坐焉。”他是对的，正是通过这些偶然的遗存，我们得以进入他那个时代，我们深信，利玛窦也会赞同本书的写法，因为他曾这样和程大约说道：

> 百世之后人未生，吾未能知其何人，而以此文也，令万世之后，可达己意如同世。而在百世之前，先正已没，后人因其遗书犹闻其法言，视其丰容，知其世之治乱，与生彼世无异也。[71]

对文艺复兴后期的人文主义者而言，生活在伟大的罗马帝国时代的人们是言行的典范。昆体良在那个伟大时代写下了他的记忆理论，而利玛窦则用两个扭打的武士作为第一个记忆形象，用加利利海开始他的图绘。这其中包含的相似性代表了利玛窦文雅的呼应：昆体良早就说过，通过矛和锚的形象，战争和大海应该成为人们最先记住的东西。[72]

当我们跟随利玛窦旅行时，应当牢记他那“古典的”过去和他的中国现实之间的另一个联系。最著名的罗马记忆法书籍曾提到，人们应该在自己创造的形象序列中做一些标注，或者说，每五个或者十个一组，设立一些标杆，比如说，一只金色的手可以提示我们数字“五”，而一个名叫德西莫斯（Decimus）* 的朋友则能让我们联想起数字“十”。[73] 利玛窦把这种教导融入他的中国形象的序列安排之中，并且将其与劝人归信天主教这一目标结合在一起，要知道，他的所有智慧与精力都倾注于这个目标。他取得了一种只有在汉语的书写体系中才可能产生的精巧成果。他建议中国读者，每十个记忆场所都应简单地标一个汉字“十”的记忆形象，而不是金色的手

---

* decimus 在拉丁语中意为“第十”。

或者叫德西莫斯的人。[74]

这个想法的精妙之处在于，数字 10 在汉语中被写成“十”，中国人通常用它来表示两条线相交的物体或者场所，比如一个木架子或一个交叉路口。正源于此，最早的聂斯脱利派基督徒在 7 世纪就来到中国，正是用“十”来称呼基督的十字架。到了 13 世纪，征服中国的蒙古人开始正式使用这一称呼，而在 16 世纪来华的利玛窦和耶稣会士们也沿用之。[75] 因而，当明代的中国人跟随利玛窦穿过他的大厅，欣赏过他的图画，逐步进入记忆宫殿的深处时，指引他们的并非只有十进制的记忆法则，还有十字架这个符号所代表的不容异己的神学象征。

注释

1 利玛窦 :《西国记法》, 第 20—21 页。现存唯一的《西国记法》版本将利玛窦列为作者，校订者是朱鼎瀚，编者包括高一志（Vagnoni，见费赖之《在华耶稣会士列传》第 26 位）和毕方济（Sambiasi，费赖之《列传》第 40 位）。关于撰写地点，参见《利玛窦资料》（*Fonti Ricciane*，以下简称 *FR*）第 1 卷第 376 页，注 6。朱鼎瀚是一位皈依天主的本土信徒，山西人，现存《西国记法》版本唯一的序文由他撰写。朱在序中说，"高先生"是利玛窦记忆术的主要传人，我假定这里的"高先生"即高一志。Vagnoni 在 1624 年返回中国，居于山西某城，亦即朱鼎瀚所在之地，在那里他才开始用"高一志"这个中文名字。高一志早年成为见习修士后，曾在都灵教过五年修辞学，日后他成为一个杰出的汉语学者。他可能是在南京的时候抄录了一份利玛窦的手稿，之后在澳门作了修订，随身带到山西，并在 1624 年之后的某个时候拿给朱鼎瀚看。（参见费赖之《列传》第 85 与 89 页，其中关于高一志生平的详细介绍，应可支持此处推断。）从现存文本看，可以推测，高一志并没有改动利氏基础性的六章论述，但在第六章末尾，增加了较长篇幅的例证，见第 28—31 页（再版本第 63—69 页）。高一志或朱鼎瀚有可能在第四至第六章中也增加了一些例证，因为朱鼎瀚在序文中说，利玛窦的解释经常是不清楚的。由于两人同居绛州（译注 : 原文为 Jinjiang，即"晋绛"，山西绛州），高与朱自然合作校订，但这里仍难确定具体时间。高一志逝于 1640 年，朱鼎瀚在一年后去世，因为文献中纪念作为秀才去世的他是在 1641 年（《绛州志》第 8 卷第 29 页）。毕方济在《记法》一书编订中扮演的角色我们并不清楚，他在 1628 年确实到过山西（费赖之《列传》第 138 页），但在绛州待的时间不会长，如果他去过那里。《记法》出版之许可是由阳玛诺（Emmanuel Diaz the younger）许可的，他在 1623 年被任命为中国传教区的副区长，1659 年在杭州去世。

2 《西国记法》第 21—22 页。

3 这段文本见《西国记法》第 17—18 页。最后一句中有一字无法辨认。很明显，利玛窦此处是翻译自西塞罗著作 *De Oratore*（2/86）中的著名段落，在 *Lyra Graeca*（2/307）中也引到过。叶芝在其《记忆术》一书中也讨论过西塞罗的原文，见第 17—18 页。

4 有关利玛窦生平行事的概要，英语文献中可以参看傅吾康（Wolfgang Franke）所记，见《明代人物传记辞典》（*Dictionary of Ming Biography*，以下简称 *DMB*），第 1137—1144 页。而比较详细的论述可见邓恩《从利玛窦到汤若望》（George Dunne, *Generation of Giants*）、克罗宁《西泰子来华记》（Vincent Cronin，*Wise Man from the West*）、哈里斯《利玛窦的传教》（Harris，"The Mission of Matteo Ricci"）。在法语中，费赖之的《列传》（*Notices*，第 9 位，第 22—42 页）依然是有用的，详细的考察可见裴化行（Henri Bernard）的《利玛窦神父传》。最近又有一个意大利语的利氏生平概要，还附有较好的参考书目，见 Aldo Adversi 的"Matteo Ricci"，载于 *Dizionario Bio-Bibliografico dei Maceratesi* ；而最详尽的意大利语传记还是 Fernando

Bortone 的 *P. Matteo Ricci, S.J.*，其中附有地图、相片和插画。以上所有著作，主要利用的都是一个核心材料，即利玛窦的《中国札记》(*Historia*)，此版最初由汾屠立（Tacchi Venturi）转抄出来，德礼贤（Pasquale d' Elia）修订后以《利玛窦资料》(*FR*）之名重刊。利玛窦《中国札记》的金尼阁（Trigault）版本（由 Louis Gallagher 英译）相较原文，充满了金尼阁的曲解、删改和添加，并不是利玛窦想法的忠实反映。中文世界里有林金水最近的论文《利玛窦在中国》，尽管不幸的是极为倚重金尼阁（Gallagher 译）的版本，但对基本问题还是有周全的把握。有关当下台湾的利玛窦研究，在《神学论集》的专号（第 56 号，1983 年夏季）收录有许多利玛窦中国传教的论文。

5 有关《交友论》成书细节，参见利玛窦的书信，汾屠立编辑的《书信集》(*Opere Storiche*，以下简称 *OS*)，第 2 卷，第 226 页，1596 年 10 月 13 日给阿桂委瓦会长的信。在信中利玛窦提到，编写该书是在“过去一年”(*l'anno passato*)，并把这写作看做“一种修习”。由于在利氏 1595 年 11 月 4 日给阿桂委瓦的信中（*OS*，第 210 页）没有提到完成此书，成书应在 11 月或是 12 月。尽管原始资料证据清晰，但成书日期问题曾引起过非常激烈的争论，参见德礼贤“Further Notes”，尤其是 359 页，方豪《利玛窦交友论新研》以及“Notes on Matteo Ricci's *De Amicitia*”；方豪指责德礼贤在语言能力上无法胜任研究（《新研》，第 1854 页），而德礼贤的反击认为方豪是明显的抄袭（“Further Notes”，第 373—377 页），后者即使没有获胜，至少也占了优势。

6 见 *OS*，第 211 页，1595 年 11 月 4 日信。“我已经开始向许多人教授记忆体系法”。

7 见 *FR*，第 1 卷第 376 页。利玛窦在 1596 年 10 月 13 日写给阿桂委瓦的信（*OS*，第 224 页）中说，“对于当地的记忆法……我用他们的语言写了本小册子，做了些说明，我把这书送给了巡抚，给他的儿子用”(Per la memoria locale…feci in sua lingua e lettera alcuni avisi e precetti in un libretto, che diedi al vicere per il suo figliuolo)，利玛窦在 *FR*（第 1 卷第 363 页）中提到，巡抚实际上有三个儿子。

8 陆万陔的传记可以参考他的平湖同乡过庭训所著《本朝分省人物考》，卷 45，页 32b 至 33b。有关他仕途和成就的更详细内容参见《平湖县志》第 15 卷第 37 页（再版第 1431—1432 页），《平湖县志》第 13 卷第 5 页（再版第 1176 页）所记表明陆万陔在 1568 年的进士考试中名列二甲第二十一名。

9 关于陆万陔儿子们科举考试的成功，《平湖县志》第 13 卷页 7a（重印本第 1179 页）记载其子陆键在 1607 年成为进士。陆家这代人其他几个的情况也见《平湖县志》和《嘉兴府志》(第 45 卷第 75—85 页，传记见第 58 卷)。有关炼丹术师、机械学、船只舵手和观星家记忆术的押韵诗篇，参见李约瑟（Joseph Needham）《中国科学技术史》(*Science and Civilisation in China*)，第 5 卷第 4 部分第 261 页，第 4 卷第 2 部分第 48 页、528 页，第 4 卷第 3 部分第 583 页。本书第五章会列举中国历史上的记忆名家。

10 *OS*，第 224 页。1596 年 10 月 13 日写于南昌。

11 *OS*，第 235 页。1597 年 9 月 19 日写给 Lelio Passionei。

12 *Monumenta Paedagogica*, p.350. 其中记载，“Cypriani 修辞法”在每堂课上都被推荐。

13 Soarez, *De Arte Rhetorica*, pp.58-59.

14 将普林尼的《博物志》(第7卷第24章,Loeb版第563页)与利玛窦的《西国记法》(第14页)进行比较,*Monumenta Paedagogica*（1586年,第350页）表明,普林尼的《博物志》是耶稣会学院的一本指定读物。普林尼的这段话,在博尔赫斯的精彩故事《博闻强记的富尼斯》(Jorge Borges，“Funes the Memorious”）中发挥了跳板作用。

15 *Ad Herennium*, p.221.

16 Quintlian, *Oratoria*, 4/223. “大水池”(the impluvium）是罗马庭院中央一个大蓄水池。

17 这里我使用的视觉词汇在文艺复兴传统中颇为常见，其中三种词汇记忆术在《记忆术辞典》(*Dictionary of Mnemonics*）中被当作例证,即“骨骼”(第18页,第1个),“细胞分裂阶段”(第21页,第2个),“神经”(第57页)。至于“祖鲁人”和“法国女人”我用的是单数，这可能是文艺复兴的记忆术中比较喜欢用的。

18 Stahl and Johnson, *Capella*, 2/7, and n.18. Yates, *Art of Memory*, pp.63-65.

19 Stahl and Johnson, *Capella*, 2/156-157（稍作改动）and p.156 n.13.

20 Smalley, *English Friars*, p.114. 完整引用了里德瓦尔的短诗“*Mulier notata, oculis orbata,/ Aure mutilate, cornu ventilate,/ Vultu deformata, et morbo vexata*”，Yates, *Art of Memory*, p.241. 其中为Smalley引用里德瓦尔的这段话作了漂亮的注解。

21 在*OS*(第155页)和*FR*(第1卷第360页,注1)中,利玛窦描述了自己的记忆本领。在*OS*(第184页)中利玛窦给出了记忆汉字的数目。亲眼见证的中国人包括李之藻,参见他给利玛窦《畸人十篇》作的序，第102页；还有朱鼎瀚，他在利玛窦《西国记法》的序文中引用了徐光启的说法。尽管《明史》中并无朱鼎瀚的传记,但在《绛州志》(1776年版本,第8卷第29页)中提到他是一个年长的秀才,1641年的岁贡生。

22 见*FR*，第1卷页377n，这说明帕尼加罗拉是利玛窦的材料来源。参看马切拉塔的帕尼加罗拉稿本，Yates, *Art of Memory*, p.241 引到过一份1595年的佛罗伦萨手稿，论述帕尼加罗拉的记忆能力。

23 《西国记法》，第22页。

24 Yates, *Art of Memory*, pp.62 and 26.

25 《西国记法》，第16—17页，第22页。我将汉字“室”翻译成“reception hall”。

26 《西国记法》，第27—28页。

27 《西国记法》，第22页。Quintlian, *Oratoria*, 4/223. 关于道尔齐，见Yates, *Art of Memory*, p.166.

28 *OS*，第260和283页。有关纳达尔的著作，参看此书讨论：Guibert, *Jesuits*, pp.204-207.

29 利玛窦：《利玛窦题宝像图》，第2篇第4页，程大约：《程氏墨苑》，卷3第2篇，Duyvendak, “Review of Pasquale d'Elia” pp.396-397.

30 Agrippa, tr. Sanford, p.25 recto.

31 Yates, *Art of Memory*, p.133.

32 Rabelais, *Gargantua*, tr. Cohen, ch.14, pp.70-72. 还可参考此书丰富的讨论：Thomas

Greene, *Light in Troy*, p.31.

33 Bacon, “Of the Advancement of Learning Divine and Human”, bk.2, sec.15, 2, in *Selected Writings*, p.299. Paolo Rossi 在《弗朗西斯·培根》(*Francis Bacon*)一书中详细讨论了记忆术对于“新科学”研究的积极作用，第 210—213 页。

34 *Monumenta Paedagogica*，1586 年版仍然将其列入，第 350 页。最早否认此书作者为西塞罗的文献出现于 1491 年（Yates, *Art of Memory*, pp.132-33）。

35 Yates, *Art of Memory*, pp.72-104. 尤其在第 86 页讨论到将“*solitudo*”误读为“*sollicitudo*”，还有第 101 页讨论乔托。Richard Sorabji 在《亚里士多德论记忆》(*Aristotle on Memory*)一书中翻译了亚里士多德论记忆问题的原始文本，并做了精心注释。

36 Guibert, *Jesuits*, pp.167-168.

37 引自 Bodenstedt 的译文，*Vita Christi*, p.121.

38 Conway, *Vita*, pp.38 and 127, Bodenstedt, *Vita Christi*, p.50.

39 Conway, *Vita*, p.125 引到过。

40 参看 Baxandall, *Painting and Experience in Fifteenth-Century Italy*, p.46. 其中引到过 1454 年“Garden of Prayer”。

41 Ignatius of Loyola, *Exercises*, par.47. 在以下几页的段落中，我试图顾及 Gilbert 在 *Jesuits* 一书（第 167 页）中的告诫，Gilbert 说，根据圣依纳爵·罗耀拉所倡导的方法去讨论他这个人，就像用外表颜色来定义一架火车头一样。我同样注意到 Hugo Rahner 的评论，参见 *Ignatius the Theologian*, pp.181-183.

42 Ignatius of Loyola, *Exercises*, par.192, 201, 220. Rahner, *Ignatius*, p.189. 后书把这些场所当做象征符号来讨论。

43 Ignatius of Loyola, *Exercises*, par.107, 108, 124-25.

44 同上，par.50.

45 同上，par.56, 140-46. 关于圣依纳爵和感官能力，还有相反的评述，参见 Barthes, *Sade, Fourier, Loyola*, pp.58-59.

46 Augustine, *Confessions*, p.266.

47 Rahner, *Ignatius*, p.158. Wright, *Counter-Reformation*, p.16.

48 Rahner, *Ignatius*, p.159.

49 同上，pp.161-62.

50 同上，p.191.

51 Walker, *Spiritual and Demonic Magic*, p.36 and pp.70-71 讨论魔法。Thomas, *Decline of Magic*, p.33.

52 *OS*, p.223.

53 Thomas, *Decline of Magic*, pp.178-80.

54 Ginzburg, *Cheese and the Worms*, p.56.

55 同上，pp.83-84.

56 Thomas, *Decline of Magic*, pp.75-77. 这里引到的例子来自此书第 14 页，第 8 章以及第 536 页。

57 Ginzburg, *Cheese and the Worms*, p.105.

58 同上，pp.13-29.

59 参见本书第三章及以下，讨论大海和护身符。*FR*, 2/121 提到了圣物和这件十字架，后者由“带着基督祝福的多个十字架”（molti pezzi della Croce di Cristo benedetto）组成的。Thomas, *Decline of Magic*, p.31 曾谈到过历史上对于蜡质的神羔（Agnus Dei）法力之信仰。

60 Thomas, *Decline of Magic*, p.247.

61 同上，pp.333, 578.

62 Montaigne, *Journal de Voyage*, p.349.

63 Davis, *Return of Martin Guerre*, p.37. 可以参看她对魔法和记忆的其他评论，第 60、72、102、107 页。

64 *Hamlet*, act.4, scene 5, lines 173-74. 可以参看 Grataroli 在 *De Memoria* 一书(第 58 页)中提到的配方，还有 Fulwood 的 1573 年著作，英译本见 E5 页。

65 Paci, “Decadenza,” pp.166, 194, and 204 n.400.

66 Yates, *Art of Memory*, 引文见第 147 页，“记忆剧场”见第 136 页，作为“占星师”的卡米罗见第 156 页。也参见 Walker, *Spiritual and Demonic Magic*, 第 141—143 页讨论卡米罗，第 206 和 236 页讨论坎帕内拉（Campanella）和教皇乌尔班八世（Urban VIII）。Yates, *Art of Memory* 第 11、13、14 章详细讨论了布鲁诺的体系。巧合的是，对布鲁诺异端的审判和对磨坊主 Menocchio 的审判发生在同一时间，前面已提到，Ginzburg 在《奶酪与蛆虫》（*Cheese and the Worms*）书中也注意到这点，第 127 页。

67 Hersey, *Pythagorean Palaces*, p.84 讨论“暗藏线条”，pp.96-105 讨论人像。

68 Winn, *Unsuspected Eloquences*, pp.51, 58-59. Walker, *Studies in Musical Science*, pp.1 and 2, 53; 此书第 67 页分析了开普勒的 *Harmonice Mundi* 中的性别形象。

69 Winn, *Unsuspected Eloquences*, p.167, 引文见 pp.178-79.

70 *OS*, pp.27-28, 见 1583 年 2 月 13 日从澳门给 Martin de Fornari 的信，有关 Acosta 在 1590 年的著述中将中国象形文字视作“天生就促进记忆的密码”，参看 Lach, *Asia in the Making of Europe*, vol.1, bk.2, pp.806-7.

71 利玛窦《利玛窦题宝像图》，第 2 篇，第 1b 至 2 页。还可参考 Laufer, “Christian Art in China”, pp.111-12; Duyvendak, “Review”, pp.394-95.

72 Quintlian, *Oratoria*, 4/221 and 229.

73 *Ad Herennium*, p.211; Yates, *Art of Memory*, p.23.

74 利玛窦《西国记法》，第 22 页。

75 *FR*, 1/112 n.5 and 113 n.6 当中给出了例子。Barthes, *Sade, Fourier, Loyola*, p.28. 其中讨论到，萨德以一种带讽刺意味的反转方式给经典排序，其中年老修女们以“十年”排次。

武

第二章　第一个记忆形象：武士

利玛窦把汉语中用来表示“战斗”，发音为“wu”的这个字，拿来作为记忆宫殿中的第一个形象。为便于读者记住这个形象，他以左上到右下的对角斜线为界，将“武”字分割成两个部分。分开的这两个部分都是独立的汉字，上部分是“戈”字，意思是“矛”，而下部分这个“止”字的意思是“止住”或者“防止”。利玛窦这样分割“武”字，实际上在有意无意间，遵从着近两千年来中国学者秉持的造字传统，这种造字希望让人看到在战斗中可能蕴藏的和平，尽管该可能性十分微弱。[1]

利玛窦吸取了“戈”和“止”这两层意思，并将它们联系起来，组合到一个形象之中：有两个武士，第一个气势威武，手持长戈劈向敌人；另一个则紧抓住前者的手腕，奋力阻止长戈劈下来。

利玛窦在《西国记法》里为中国读者一一作了描述：应当如何塑造这些形象，如果它们确实对人的记忆有帮助的话，又如何放置并激活。关于形象本身的规则，利玛窦解释道：它们必须要“生动有致”而不是死气沉沉；必须要能唤起强烈的好恶情感；形象中的人物要穿着衣裳或者制服，“装束合体”，以清楚地表明他们的社会地位、公务或者职业性质。若是一个组合形象，那么人物之间的差别必须是显而易见的，喜怒哀乐各异；如果合适的话，他们甚至可以是荒诞或可笑的形象；他们一定要彼此独立，清晰可辨。[2]

对于既定形象储存的场所，利玛窦又提出一系列的规则。那个地方一定要宽敞，不能挤满了各种形象，那样难免会导致遗漏。诸如官府衙门、热闹的集市或者挤满孩童的学堂，都不适合充当此类场所。采光要明亮而均匀，但也不能过分强烈刺眼。那个场所一定要整洁干爽，且上有覆盖，能遮风挡雨。形象必须放于地面，或者稍高位置，切勿置于房梁屋顶之上，那样会难以拿到。它们彼此间距离要匀适，近处不短于三英尺，远处不超过六英尺，这样正适合记忆之眼一一扫过它们。它们必须放置牢固，不要放在“活转”位置上，以免突然失位——比方说，切勿将它们吊于滑轮，或置于转轮上。[3]

所以，利玛窦就是按着这些规则建造起记忆宫殿的会客大厅，并让它面南朝向，这是遵照“面南而尊”的中国传统。他走进大厅，即刻右拐，那里是整座宫殿的东南角，他放了两名武士。一旦他们安放在那里，利玛窦就可以暂时忘却他们了。在利玛窦离开他们的时间里，这两名武士永远保持这个搏斗的姿势，一个奋力劈杀，另一个则拼命抵挡。

马切拉塔——利玛窦的童年世界里充斥着争斗和暴力。那是16世纪五六十年代，在利玛窦步行上学必经的那些狭窄的石街上，阿拉莱纳（Alaleona）和佩利卡尼（Pellicani）两个家族的年轻后辈们互相跟踪和偷袭，延续着他们三四十年来的世仇：有人在光天化日之下被刺伤，也有人在做弥撒的时候被砍倒。这两大家族并不是仅有的血腥事件制造者，也有其他贵族子弟一夜之间成为蒙面杀手，还有人在完成复仇行动之后逃到了别的城市，在那里等待或继续如战士一般打打杀杀，直到最终结束自己的流亡生涯。[4]

在利玛窦三岁那年，奇米内拉（Ciminella）家族的三名成员用手枪击杀了恰帕德利（Francesco Ciappardelli），从而开启了新的杀戮争端。在他五岁时，一名本笃会修士在马切拉塔杀害了佛罗利亚尼（Floriani）家族的一名成员。在十一岁那年，城里流传着这样的故事，同样来自佛罗利亚尼家族的一名十六岁的青年，用刀杀死了另一个青年，因为后者在他的耳朵上咬了一口。在这泛滥的仇杀争斗之中，至少有一男一女丧生者都姓"利奇"（Ricci），尽管我们还无法知晓他们是不是利玛窦的近亲。虽然神父们和城里的长老们不断地努力去制止这些暴力事件，但在 1568 年利玛窦离开马切拉塔去罗马学习法律之时，类似的仇杀事件依然屡见不鲜。[5]

在马切拉塔城外穷苦的乡下，有来自北方遭战火洗劫的城市难民，也有在意大利作战的各色雇佣军的逃兵，他们纠集起来变成土匪团伙，在郊野游荡，逍遥法外。当地政府为了消灭或俘获这些土匪，在士兵中提过各种悬赏，而马切拉塔的市政记录则显示，监狱需不断扩充面积，同样还要建造许多审讯室，用来拷问俘虏，获得更多匪帮的讯息。[6]然而，地方的这些行动仍不足以取得成功，直到 1568 年，罗马教皇的特使接管了这片地区，他们雇佣军队扫荡乡野，挨家挨户进行搜查和登记，此后，当地的正常秩序才得以恢复。[7]（马切拉塔属于意大利中部由教皇统治的地带，教皇特使与当地政府共享管辖权。）即便如此，在其后的岁月里，行走在马切拉塔乡间依然不甚安全。尽管有些材料声称当地信差的速度快得惊人，但马切拉塔和罗马之间的信息交流依然缓慢无常。[8]

马切拉塔城的军官们把本就混乱的局面弄得更糟，他们为盗贼和杀人凶手提供避难场所，还帮他们找地方窝藏赃物。如果这些匪徒被告发、逮捕，甚至判处死刑，他们对当地法令为城市自由民提供的豁免权用得可算是得心应手。只要他们自己或朋友去杀死别的土匪作为交换，便可以死里逃生，重获自由，甚至吞没赃物，1554年发生在土匪头子德维科（Francesco De Vico）身上的事就是如此。所以，马切拉塔的史家帕西（Libero Paci）就说："德维科摇身一变，又一次成为荣誉市民，靠着掠夺来的财物安享天年。"的确，在利玛窦成长的岁月里，德维科一直在马切拉塔过着优裕的生活，直到1584年去世，那个时候，利玛窦已经在中国度过了一年的光阴。[9]

作为教皇辖区的一座重要城市，马切拉塔无论从邦国关系，还是内部领域上，都无法奢望置身于教廷政治之外。1555年，教皇保罗四世和极有权势的科罗纳（Colonna）家族之间的纷争蔓延到了马切拉塔，使这座城市笼罩在战争的阴云之下。然而，到了第二年，教皇保罗与西班牙人之间的矛盾加剧，前面的纷争也就变得无关紧要，西班牙人以那不勒斯王国为基地，控制了意大利南部地区，而将军阿尔瓦（Alva）公爵的势力也已进入教皇辖区。

教皇在马切拉塔征收军事税后，城里的公民才开始注重城防，他们购买了一百支火枪充实军备，向当地民兵发放了长矛，把河边的一座旧磨坊改造成城防堡垒，还雇了一名军事建筑师为城防工事制订详尽的计划。[10]然后，教皇为了抵抗西班牙势力，找来法国的盟军，而马切拉塔市民则受命负责法国军队的补给，维修军队通行的道路，还向前线运输征来的牲畜和物资。一支由一万两千名步兵和六千名骑兵组成的法国军队，在主将吉斯（Guise）公爵的率领下，在 1557 年 3 月到达意大利中部。4 月初，吉斯到达马切拉塔，这次拜访并未掀起波澜。此后他试图攻占罗马东南面的奇维泰拉（Civitella），由西班牙人控制的极具战略地位的要塞，却遭到失败，当他在 5 月再回到马切拉塔时，情况变得十分危急，人们都认为阿尔瓦的西班牙军队将接踵而至。但到 12 月，局势又恢复和平。由于西班牙菲利普二世手下一位杰出将领的决策，马切拉塔逃过了战争的浩劫。这名将领二十年后在尼德兰地区推行暴力恐怖统治，其严酷和狡诈并不下于吉斯公爵在法国宗教战争时期的表现。[11]

参与出演这场欧洲风云大戏的，还有奥斯曼帝国的穆斯林势力。马切拉塔要获得更多的贸易和经济发展机会，除了向西利用罗马地区的市场之外，也需要着眼于它东面最近的出海口——富裕的亚得里亚海港口安科纳（Ancona），但马切拉塔常常面临被土耳其人攻击的危险。在 1540 年代，马切拉塔市民往往需要出钱来同时加强本城和安科纳这两处城防。在 1551 年，也就是利玛窦出生前一年，土耳其人对海岸的攻击大大威胁到了马切拉塔，教皇特使下令将城内所有十八到四十岁的男子名单列册，以备服役参战，甚至连神职人员的名字也被列入了名单。[12]这种召集天主教徒抵御穆斯林威胁的举动，不由让人想起四个世纪前十字军东征的热情，然而，即使是在 16 世纪中叶，宗教热情并不是总能压过国际外交战略的考虑。比如在 1544 年，为了与神圣罗马帝国的皇帝查理五世作战，法国人毅然为奥斯曼帝国提供了土伦港（Toulon）以作舰船冬季停泊之用，条件是土耳其军舰要对西班牙施压。同样在 1556 年，为了应对阿尔瓦公爵对罗马和教皇国的威胁，教皇保罗四世派遣密使去见法国国王，请他帮忙联系土耳其舰队出战，以削弱西班牙在地中海的海军势力。[13]

1560 年代中期发生的这一系列事件，很能反映在这种混乱的局势下马切拉塔人生活的变幻无常：当时，奥斯曼帝国军事政策的变化带来了外交政策的变化，亚得里亚海地区又开始面临土耳其武力的威胁。马切拉塔的市民急于重建他们那残破的城墙，就从原本拨给安科纳的钱款中抽调资金，毫不顾及安科纳的防卫就是马切拉塔的生存保证。接着，土耳其人在 1566 年夏天开始攻击沿海城市加格诺（Gargano），尽管这是在稍远的南方，但还是足以带来现实的武力威胁。马切拉塔很快成为一支由四千名步兵和骑兵组成的应急部队的驻扎地，这些士兵立刻挤满了城里仅有的五个旅店，甚至不得不住到当地的修道院里。修道院倒是从这些特殊客人身上赚了不少钱。其他时候，马切拉塔的人们还会参加保卫马耳他的战斗，或者是加入匈牙利战场反抗奥斯曼帝国统治者苏莱曼（Suleiman）的军队；有些人响应教皇的命令，每百户马切拉塔的家庭派出四名桨手，到地中海的舰队里服役；在前线各处征战的人们有的会被土耳其人俘虏，并成为奴隶——只有最幸运的一些人能被家人赎回。[14]

在利玛窦的青年时代，军事技术变化迅猛，这也迫使军事战术发生改变。更先进和更轻便的火器，改变了步兵与骑兵之间的关系，使得紧凑的步兵方阵占据优势地位，方阵中的火枪手（在填弹时由长矛兵保护）可以击退任何传统骑兵的袭击。即如 16 世纪一位英国军事理论家所说：“旧时代常见的那种人们徒手相搏的场面，在如今已经很少能看到了。在现时代，战场上枪炮子弹横飞（枪炮手还有大量的长矛兵保护），如此，在人们展开白刃战之前，勇猛的气势和熟练的技巧通常就能带来胜利，而谋略的作用则微不足道。”[15] 当“白刃战”的次数逐步减少之后，部队就需要更严格的操习和战术演练，因此，那些专注于战斗的职业军人的战果要比从乡间征召来的临时部队的丰硕得多。无论是在荷兰、非洲还是意大利战场，西班牙常备军都有极高的战术素质，而德意志诸侯国和瑞士的雇佣军则成为部队的精锐。这些雇佣军为钱财而战，对他们行军所经之地而言则是一大祸害。马切拉塔新建的城墙遭到的首次考验，并非来自土耳其人，而是 1566 年春天，由西班牙人和那不勒斯国王雇佣的四千两百名瑞士军人经过该城。这些瑞士人本来要去加强那不勒斯对土耳其人的防守，但马切拉塔的市民们显然很担心这些雇佣军袭击沿途的城镇，因此紧闭城门。马切拉塔人这种惊慌失措的反应仿佛让人觉得，这些可能的盟军其实和他们抗击的敌人一样可怕。[16]

面对这种种威胁，马切拉塔人在 1550 年代末开始营建军事设施，这倒和时代风气非常合拍。由于火炮射程和精确度的增加，围城战变得更加复杂，旧式防御工事逐步让位于一种新的五角形堡垒，外墙光滑，每个角都能单独成为一个突出的防御工事，加以双斧式的防御哨塔，即能获得最为开阔的战斗视野。当时，意大利的军事建筑设计师在欧洲享有最好的声誉，许多大城市为了请到最好的设计师而相互较劲。那些造型精美的现代堡垒已不仅是用来防御，它们渐渐取代了大教堂，成为城市名望的象征。[17] 当然，由于市场需求旺盛，设计师们也提高了价码，马切拉塔人就为他们请来的设计师佛罗伦萨人巴斯蒂亚诺（Bastiano）提出的高额年薪而烦恼不已。[18]

利玛窦对这些时代潮流了然于胸，和同辈人一样，他也把战争看成一种科学性的活动。在来华二十多年之后，他在 1607 年写成长文，作为汉译欧几里得《几何原本》的引言，其中记录了他长久以来对战争的思考，这部译作是他最杰出的学术成就之一。在引言中利玛窦写道，数算的精确性，对于军官来说尤其重要，远胜于对农夫、政客、医生或是商人。如果缺乏数学技能，即使战将有再超人的知识和勇气，也无法取得成功。根据利玛窦概括，出于三个原因，军队需要有准确的数学技能：

> 良将所急，先计军马刍粟之盈诎，道里地形之远近、险易、广狭、死生；次计列营布阵，形势所宜，或用圆形以示寡，或用角形以示众，或为却月象以围敌，或作锐势以溃散之；其次策诸攻守器械，熟计便利，展转相胜，新新无已。备观列国史传所载，谁有经营一新巧机器，而不为战胜守固之藉者乎？[19]

然而，透过这段文字看到的利玛窦对战争的态度，似乎比他在实际生活中更为夸大，更有宿命情绪。欧洲军事技术的不断发展，给人们带来了一种无法置身事外的恐惧，或许在亚洲情况也类似，因为葡萄牙人和西班牙人把更发达的炮兵和舰船火炮带到了远东。利玛窦写过一篇透露着悲观情绪的文字，对战争中出现的新技术作了评述，尽管他在汉译《几何原本》引言中作过赞颂，但他也意识到，战争本身难免是破坏性的。在一段关于人类存在进程的哲学对话性的文字中，他解说了自己这种观点，这段文字最初写于 1601 年，也就是他刚到北京的时候，后来在 1608 年再次发表：

> 人类之中又有相害，作为凶器，断人手足，截人肢体，非命之死，多是人戕。今人犹嫌古之武不利，则更谋新者，辗转益烈，甚至盈野盈城，杀伐不已。[20]

读这段文字，我们一定会相信，利玛窦读到过对 1585 年西班牙人围攻安特卫普城那场惨烈战斗的报道。当时，西班牙军队在谢尔特河（River Scheldt）上用船只连成了一座桥，以截断安特卫普的供给。为了抵御敌军，守城的士兵顺着水流投下了一种新型的“水雷”，这是由他们的顾问——意大利工程师詹贝利（Frederico Giambelli）设计的。这种“水雷”实际上是一艘七十吨重的船，内部由砖砌成，填满了火药和卤砂的混合物，上面还铺了许多层墓石、大理石碎片、金属船钩、石子和钉子。如此大量的爆炸和抛射物，上面盖着一块非常厚重的大石板，以使爆炸时这些杀伤物从四周侧面向外射出，而不是向上。正当西班牙军队努力想把这个“水雷”弄出航道的时候，精心安排好的导火线正好点燃了炸药，引发大爆炸。由于血肉横飞，伤亡人数很难统计，但大概有四百到八百人在这次爆炸中丧生，也算是战争史上的一大标志性事件。[21]

但是，更直接触动利玛窦的几次战争，都是以传统方式展开的。毫无疑问，它们代表着中世纪战争的巅峰，尽管最终将会被更为先进的技术所超越。其中之一是1571年爆发于科林斯湾（Gulf of Corinth）的勒班陀（Lepanto）战役，由西班牙、威尼斯共和国、教皇国等组成的“神圣联盟”最终击败了奥斯曼土耳其帝国，这是所有的地中海武装舰队遭遇战中，最具决定性意义的一战（几乎也是最后一战）。另一次是1578年发生在北非的亚卡撒基维（Alcazarquivir）之战。在这场决战中，骑兵近距离浴血拼杀，步兵刀剑相接，葡萄牙国王塞巴斯蒂安的部队最终被摩洛哥统治者萨迪安（Saadian）击溃。

在参与勒班陀海战的舰船上，也有马切拉塔人，那里的一些修士参加了军队作战，至少有一名修士在这场战斗中受伤。[22]但当时利玛窦远离战场，他正作为初学修士生活在罗马的圣安德鲁·奎林纳莱教堂。1571年的10月里，消息传到这个天主教的中心，奥地利大将唐·胡安的部队获得了对土耳其人的决定性胜利。在这场大规模的海上遭遇战中，教皇庇护五世召集的“神圣联盟”共有二百零八艘军舰和一百艘后援船只，而土耳其人大约有二百五十艘军舰。战斗中血肉相搏，最终的结果仍然是由当日参战的人数决定的，而不是海军战术或长距离火炮的火力之类。唐·胡安率领的部队总共有八万名战士、水手和充军的犯人，而伤亡的至少有两万人，土耳其方面据说阵亡三万人（其中包括帝国指挥官阿里帕夏[Ali Pasha]），还有八千多人被俘。[23]

尽管勒班陀战役的胜利还在土耳其人攻占塞浦路斯之后，而且其战果也没有继续扩大，但在天主教势力看来，这显然是对奥斯曼帝国扩张的一次关键反击，还举行了盛大的庆祝。欧洲各地大街小巷上挤满了游行的队伍，他们浩浩荡荡地穿过凯旋门，胜利的钟声到处敲响，所有的大教堂里都在唱颂感恩赞美诗，自我褒奖的话语从文人们的笔下喷薄而出。唐·胡安，这位查理五世皇帝的私生子，一下子就变成了传奇，诗人们用笔墨记录下他在战斗中的英雄事迹。他乘船检阅舰队，告诫那些跪拜祈祷的士兵，他们面对的是装备先进的土耳其舰队，这些时刻与其说是英雄式的，还不如说是悲壮的。帕尼加罗拉在论记忆术的著作中曾经写到这么一段，教导学生如何通过双关的形象来记住唐·胡安的两次伟大胜利，一次是勒班陀战役，另一次则是两年前在西班牙镇压起事的穆斯林。[24] 有些画家为了搜寻可以表现这场胜利的原型，甚至不顾战役本身的战略战术，只是将公元前 202 年第二次布匿战争中罗马军团在迦太基附近击败汉尼拔的史诗画作改头换面，稍作些细节的改动，便成新画。这些画作大多十分精致，屡经翻印，在 16 世纪末甚至流传到了日本。结果就是，世界各地的观众大都困惑不已，因为画上的士兵穿着罗马人的短袖束腰外衣，佩戴着古罗马的徽章，少数人还身着西班牙襞襟，或是扛着火枪，冲着异教徒的象兵发起攻击。[25]

事实上，布匿战争和反宗教改革时代罗马抗击伊斯兰军队的战斗十分相似。由于一位被长期遗忘的记录者的准确描述，我们才知道 1571 年 8 月利玛窦到罗马注册当初学修士时，行李中有一本《罗马史纲要》，这本书是公元 2 世纪时期的学者弗罗鲁斯（Lucius

Florus）所著。书中关于汉尼拔与西庇阿大战的描述，和唐·胡安与阿里帕夏之战相映成趣：

> 在罗马帝国整个历史中，再没有比这两位将军的相遇更引人瞩目的了，他们是古往今来最伟大的将领，一位是意大利的征服者，另一位则征服了西班牙。他们各自集结部队，准备大战。然而他们还是先召开了一次会议，商讨和平的条件，出于对彼此的钦慕，两人静静地对立了一会儿。但和平的协议并没有达成，最终发出了战争的信号。双方都不得不承认，再没有军队能比此时有更好的部署，再没有战斗是如此的针锋相对，无论是汉尼拔还是西庇阿，都认可对方这一点。但最终汉尼拔还是失败了，非洲由此成为胜利者的战利品，整个世界的命运也很快步入非洲之后尘。[26]

1571年12月4日这一天阳光灿烂，在勒班陀战役中功勋卓著的教皇军团司令官——罗马人科罗纳（Marcantonio Colonna）荣归故里。他骑着一匹白色的高头大马（来自教皇庇护五世的礼物），身穿金色的短袖外套，披一件毛皮衬里的黑丝斗篷，身上佩有金羊毛勋章，头上戴着黑色的天鹅绒帽子，上面插着一根用珍珠扣扣住的白色羽毛。[27] 即便利玛窦当时正在课堂上学习，未能亲眼目睹这位大人物凯旋的盛况，他也应该听到欢迎英雄归来的礼炮齐鸣和嘹亮的号角声，看到君士坦丁和提图斯这两座凯旋门上新刻的醒目铭文。在他前往祈祷的教堂中，悬着绘有西庇阿战胜汉尼拔场景的挂毯，让他回想起了熟于心的那些伟大的演讲。又或许，在罗马的街上，他会看到那栩栩如生的罗马战士塑像，右手持剑，左手提着一个鲜血淋漓的土耳其人人头，这塑像出自几个罗马市民之手。他也一定见过这样的图画，圣母玛利亚被塑造成了胜利女神，昂首站在一轮新月之上，而脚下的新月正代表着被击败的土耳其帝国。[28]

但是，更触动利玛窦的，应该是亚卡撒基维之战的结局，是葡萄牙国王塞巴斯蒂安战死疆场这件事。从他统治初年开始，塞巴斯蒂安就一直支持耶稣会士的印度和东方旅行。他为耶稣会士提供旅费，每年都在由葡萄牙到果阿的船上为他们预订通风良好的舱室，甚至还为他们的旅程定量供应葡萄酒并提供白面粉，以使他们在途中可以吃到饼干和面包圈。[29]塞巴斯蒂安是一个喜好沉思的年轻人，信仰十分虔诚，他的耶稣会神父对他影响极深，经常激励他要勇于承担重任，击退北非的土耳其势力。塞巴斯蒂安拥有一头金发和蓝色的眼睛，对自己略带畸形的身体有着超乎常人的敏感，从不让任何仆人看到他的裸体。他经常通过击剑、格斗和骑马狩猎这一系列斯巴达式的训练来强健自己的体魄。[30]1578 年 3 月，利玛窦在里斯本附近的冬宫见到了塞巴斯蒂安国王，当时，年仅二十四岁的国王听取了这些即将前往果阿的耶稣会士的报告。利玛窦为年轻的塞巴斯蒂安亲切而优雅的举止所着迷，其后的岁月里，他经常和传教士同事们提到这位国王。[31]

就在塞巴斯蒂安极力赞颂传教士的勇气，推进他们的传教事业之时，他也正计划在非洲来一次大战，希望借此使葡萄牙重新控制摩洛哥，这种外交政策正好和他的父亲背道而驰，后者将注意力集中在巴西和印度等葡萄牙的新领地上。尽管西班牙的支持有些不太情愿，葡萄牙自身正规兵力短缺，国库虚空，也没有清晰的作战计划，尽管他的高级军事顾问一再提醒不要莽撞从事，但塞巴斯蒂安一意孤行，1578 年 6 月，他在一片狂欢节般的气氛中，率领一支由八百艘舰船组成的舰队从里斯本出发，在 7 月到达非洲西北海岸的阿兹拉（Arzila）。他对待战争的这种散漫态度，给了对手马利克（Abd-al-Malik）充分时间召集一支强大的军队，其骑兵和火枪手的数量远远超过了塞巴斯蒂安的部队。马利克对当地的情况比塞巴斯蒂安要熟悉得多，他的部队拥有在沙漠烈日下作战的装备，塞巴斯蒂安则没有，他的盔甲被烈日晒得滚烫，以至于不得不用水去浇盔甲下的身体，而葡萄牙士兵还享受不到这样待遇，更是苦不堪言。[32] 更糟的是，塞巴斯蒂安部队的行进受到许多拖累，国王坚持要带上几架庞大的御用马车，过分铺张的大帐篷，几个可移动的礼拜堂，以及数以千计的随军人员，包括有教皇的代表、两名高级主教、几百名教士、一大群青年侍从、乐师、黑奴和妓女。这些编外的随从总人数大约有一万名甚至更多，或者可以认为，每一名正规军士兵都配有一个随从。[33]

随后，1578 年 8 月 4 日在亚卡撒基维爆发的战争是一场疯狂的殊死战斗，没有什么能比这场战役更典型地刻画出“反宗教改革”时代战争的一个侧面了。成千上万的葡萄牙贵族和征募士兵战死沙场，那些雇佣来一同作战的瓦隆人、德意志人、荷兰人和英国人也死伤大半。在策马向穆斯林军队一次又一次发动攻击之后，塞巴斯蒂安本人也不幸殉难，尽管在混乱的战斗中没有人看到这一幕——他的随从发现的只是他的尸体，全身赤裸，遍体鳞伤。马利克在战役开始前就已经病入膏肓，他在试图跨上坐骑激励斗志涣散的士兵时，突然毙亡。阿尔·穆塔瓦基（al-Mutawakkil）——从名义上看塞巴斯蒂安正是为了挽救他的王位才挥师出兵——在逃跑途中溺水身亡。战役的一名幸存者这样写道："死人压着活人，活人压着死人，但全都断肢残臂，基督徒和摩尔人扭打在一起，在哭喊中死去，有些人倒毙在大炮上，有些人肢体崩坏、腹裂肠流，有人倒悬在马肚下，有人死在马背上。所有的情景比言语能形容的更要悲惨千万倍，当我回想起这一切，悲痛便无法抑制。"只有一百名葡萄牙士兵死里逃生，未被俘虏，逃回停在港口的军舰。[34]

晚些时候，两艘带有特别使命的军舰离开里斯本，把这个灾难般的消息带到了果阿以及葡萄牙在东方的其他殖民地——塞巴斯蒂安国王未婚先逝，没有继承人，这就意味着西班牙国王菲利普二世会成为葡萄牙王位最主要的竞争者，葡萄牙帝国的前途蒙上了一层阴影。1579 年 5 月，消息传到果阿，当地耶稣会士为死去的国王举行了一场庄严的弥撒。这场弥撒规模空前，情感真挚，参加过其他仪式的人都觉得，为塞巴斯蒂安所做的这些，一点也不比查理五世、费迪南一世、马克西米连二世这些帝国皇帝的葬礼逊色多少。[35] 利玛窦在获悉这一噩耗之时情绪如何，并无记录，我们不得而知。但人们或许可以从他编制的世界地图（1584 年用汉语编定）中发现蛛丝马迹，他在非洲西北部圈出了位于阿特拉斯山（Atlas Mountains）* 南面的这片致命的战场，并加了几行注释，像是为国王

* 利玛窦的《坤舆万国全图》注文中写为“亚大蜡山”。

撰写的墓志铭："（此山）望之不见顶，土人呼为天柱云，其人寐而无梦，此最奇。"[36] 而到了1580年代初，利玛窦想找一个能对应他的教名"马太"（Matteo）的第一个音节"ma"的汉字，许多汉字都发这个音，但他最终选择了"玛"字，它由两个简单明了的汉字构成，分别表示一位国王和一匹马，从中我们可以看出利玛窦对塞巴斯蒂安国王的痛惜与尊敬之情。

许多耶稣会士在1579年提到，塞巴斯蒂安之死给在印度的欧洲人造成了不利的影响，正当他们鼓动追随者反抗印度西部和北部的穆斯林统治者时，自己的声望却被削弱了。[37] 在他们位于果阿的基地里，数量相对极少的葡萄牙士兵和水手们却要承担起艰巨的重任，守卫从波斯湾的霍尔木兹一直到锡兰的海岸线和海路运输，时时处于穆斯林的敌意威胁之下。而且，由于受到夏天季风的影响，吃水较深的船只一年中有一半时间都无法在印度的港口停靠。

根据当时一名意大利商人的观察，果阿城的规模大概和比萨（Pisa）类似，这座城市在很短时间里成为一个危机支援的中心、国际贸易的枢纽，同时也是奢靡的销金窟。利玛窦的一位同时代人在抵达这座港口之后，对当地迅速发展的经济作了记录：

> 这是个能让商人大发横财的地方，由于地处中心位置，来自南北的货物琳琅满目。在这里你会看到犹太人和异教徒、摩尔人、波斯人、阿拉伯人、威尼斯人（他们走陆路经由土耳其而来），当然还有土耳其人和意大利人。没有别的地方比这里更适合军人了，这里每天都在招募军队，从海路和陆路奔赴各地，各种势力都在

此安营扎寨。对于那些好逸恶劳、追求享乐的人来说，这里的生活实在是太好了，甚至可以说，如果生活不是这么安逸的话，对于他们反而有好处。[38]

利玛窦的赞美之词相比要平实一些，他写道，印度“拥有世界上最好的货物：上好的衣料、黄金、白银、香料、香根（scented roots）、熏香、药品和孔雀石，所以，一年四季都有东西洋的商人到此来做生意”。利玛窦没有提到，果阿同时也是鸦片贸易的中心，规模十分庞大，当时的一名商人曾偶然提到他花了 2100 达克特（ducat）就买到了 60 包印度鸦片。鸦片或许是造成当地民众生活懒散好逸恶劳的一个原因，但同时也给葡萄牙带来了大量收益，因为所有主要的代售货物都要缴纳税金。[39] 利玛窦写道，他发现果阿当地人很“软弱”，在他现存最早的写给罗马友人的信中（有可能是从果阿，或者南面的科钦 [Cochin] 写出的），他虽然驳斥了那种认为印度人没有能力接受先进的欧洲教育的观点，但对印度人本身也很少表现出同情或者兴趣。[40] 在这点上，他和耶稣会东印度区总观察员范礼安（Alessandro Valignano）的消极思想颇有类似之处，后者是一个令人畏惧的人，于 1574 年来到果阿。

范礼安天资聪颖、精力旺盛，他有关域外种族和传教步骤的想法对利玛窦有很深的影响。他 1539 年出生在意大利南部阿布鲁兹（Abruzzi）地区基耶蒂（Chieti）镇的一个富裕家庭。他的父母与当地主教卡拉法（Gian Pietro Carafa）相交甚好，而卡拉法后来成为教皇保罗四世。范礼安获得法学学位之后，由于保罗四世的照顾，他在十八岁时就被任命为当地一所修道院的院长，二十岁时又成为基耶蒂主教教堂的教士。范礼安身高超过六英尺，体格强壮，后来在 1577 年曾经步行横跨南部印度，从东海岸走到西海岸。但在 1559 年，教皇保罗四世去世，他顿时失去了保护伞。他年少时莽撞冲动，在一次争斗中用剑刺伤了别人的脸颊，此事引来诸多指控，他最后在威尼斯的监狱中蹲了一年多。到 1566 年，他的性格已经大变，加入耶稣会，成为罗马学院的一名学生。在那里，他师从克拉维乌斯（Christopher Clavius）学习数学，也修习物理、哲学和神学课程。在 1571 年，他被任命为初学修士的导师，正是在这个职位上，该年秋天他对年轻的利玛窦进行了第一学年的考试。[41] 接着，他又去马切拉塔学院担任了一年的院长。1573 年，当时的耶稣会总会长墨库里安（Everard Mercurian）派他出任印度区的总观察员。年仅三十四岁的范礼安因这项任命而即刻擢升，按照当时的教会组织体系，这个职位管理从好望角到日本的所有耶稣会传教事业，在该地区享有与总会长同样的权力。[42]

范礼安的使命是用宗教热情去鼓舞亚洲传教的士气，为当地教会补充人手，传教人员得以休整，并补充新的精神资源。他还要处理一些棘手的问题，比如是否要在印度恒河以北、摩鹿加群岛、马六甲以及日本建立独立的传教基地。早在出发之前，他内心就有偏袒日本人的想法，在写给墨库里安会长的信中曾这样描述日本人：“这是一个有天赋、值得信赖的民族，绝不屈从于任何恶习。他们生活穷困，饮食十分节制。一旦接受基督的洗礼，他们就能很好地体察灵性事物。”[43] 就算之前他对印度人也有着类似的偏爱，那这种想法在 1575 年底，也就是在葡属印度殖民地待过一年之后，也已消失殆尽了。在当年的报告中，范礼安用最黑暗的词汇描述着印度的未来：政府的腐坏使得耶稣会士都不愿去聆听市政和军事官员的忏悔，士兵的军饷严重短缺，防御工事相当简陋，舰队装备落后，司法体系更是极不公正。[44]

尽管范礼安对印度人缺乏好感，但他还是为耶稣会士安排了语言学习的课程，并要求他们学习，就像在圣多美（Sao Tome）一样用当地方言传教。但显然，许多传教士事实上并不愿意掌握印度语言，因为他们担心一旦学会之后将永远在穷困的印度乡间传教，而不是在葡萄牙人当中，更别说有机会被派到更让人兴奋和憧憬的日本了。因此，在北方的勃生（Bassein）地区，范礼安同意传教士通过翻译来开展传教工作。[45]

1577 年，也就是利玛窦到达果阿的前一年，范礼安前往马六甲，在途中，以及抵达该地之后，他极为详细地写下了对印度现状的描述。他所感受到的印度，气候炎热、疾病蔓延、恶习遍地、麻木不仁，这使他将印度人与非洲人归为一类，只比“凶残的野兽”要好一点。他还说，“所有这些人的共同特点（我这里指的不是中国或日本的那些所谓白色人种）是缺少个性和天赋。就像亚里士多德所说的，他们生来就是为了服侍别人，而不是发号施令。”[46]

然而，仅仅在两年后，也就是 1579 年，范礼安就开始意识到他被先前耶稣会士发自远东的报告误导了，日本人同样不可信赖。原本他很赞赏日本人，称其为“白色人种”和“朴实而虔诚的民族”，但现在他觉得，日本人实际上是“世上最虚伪和不诚实的人”。对于传教事业在东方的前途，范礼安感到“处于一种焦虑的不确定之中，计谋耗尽、黔驴技穷”。[47]日本人集残忍、尊贵、堕落和伪善于一身，其性格的复杂程度让他根本无法对其进行确切的分析：即使在皈依之后，他们的信仰仍然显得“不太热烈”。或许，“有这样的基督徒还不如没有”！再者，范礼安作为反宗教改革运动的领袖曾反复发言提到，只具备很少一点基督教知识的信仰是十分危险的，就像许多日本人认为只要念诵“阿弥陀佛”的名字就能被拯救，耶稣会士面对的是如此令人悲伤的事实，即“这些日本人对‘称义’的看法和路德宗是如此类似”。因此，若放任这些缺乏训练的教士去引领那些毫不坚定的信徒，其结果很可能会导致新教思想的蔓延。[48]

当范礼安原本对日本人天性和品格的想法幻灭之后，他又回想起 1577 年到 1578 年在澳门生活在中国人当中的十个月时光。从他笔下，我们能看到这样一种历史序列的重演：1570 年代中期，在对印度失望之后，他对日本充满美好的想象，而到 70 年代末，随着对日本现实的不断幻灭，中国又成了他关注的焦点，在他的个人知识里，中国是完美无缺的。在写给耶稣会新任会长阿桂委瓦的信中，范礼安提到，中国人热爱学问、衣着整洁、饮食精细、在公共场合禁用武器、妇女娇羞有礼、政府运作良好——这些特点的每一项都刚好和日本的负面形象构成鲜明的对比。阿桂委瓦多少有些尖刻地指出，尽管人们总是强调在日本传教所遭受的困难是他们在特兰西瓦尼亚（Transylvania）或者波兰从没遇见过的，但其实这些地方的传教事业是完全不同的，各有难处。即便如此，他还是被在中国传播福音的伟大可能所打动，并鼓励范礼安派更多的传教士去澳门，为进入中国传教做好准备，而利玛窦就是这些传教士中的一员。[49]

利玛窦从未踏足过日本，他对日本的极少几条评述似乎都是在重复范礼安的观点，他在世界地图上用“俗尚强力”和“其民多习武、少习文”去概括这个岛屿民族的特点。[50]起初，他倾向于用一些简单的对比来表现中国的特点。1583年他抵达广州附近的肇庆，一年之后给西班牙国王派驻马尼拉的代表写了一封信，当中谈到了中国人，他在心里似乎不但将中国人与日本人相比较，甚至还与他少年时代在马切拉塔看到的那些粗鲁蛮横的人相比：

> 事实上对于中国人，无论我向阁下写到过什么，我都得说他们不是好战之徒。因为不论从外表还是内心来看他们都像是女人：如果有人向他们露出威胁的獠牙，他们就会变得谦卑，而一旦有人能让他们屈服，就可以骑到他们头上。每天早晨男人们都要花两个小时来梳理头发、穿着打扮，并十分享受这一美好时光。“逃跑”对于这些人来说并非羞耻之事，尽管对我们来说可能是伤害和侮辱，但他们则不同。有时他们会表现出女人般的愤怒，抓住对方的头发互相拉扯，但当厌倦之后又会和好如初。他们也很少会伤人和残杀，即使他们有此想法也往往束手无策，这不仅由于当地只有很少的兵士，更因为大多数人的家里甚至连把刀都没有。简而言之，我们无须害怕他们，即使人数再多也是如此，尽管事实上他们建造了大量堡垒，城市都被城墙包围起来抵御匪徒的攻击，但这些城墙的建造都不符合几何原理，既无护墙，又无壕沟。[51]

单看这封信，很难把利玛窦的个人看法和当时一般欧洲人对中国的看法区分开来。其中一些观点，比如中国男人精致的头饰以及喜欢拉扯头发，在先前关于中国的书籍中早已出现。诸如意大利商人佩雷拉（Galeote Pereira）1565 年在威尼斯出版的书，以及多明我会修士达克鲁兹（Gaspar da Cruz）1569 年出版于葡萄牙的书，无论哪本，利玛窦在远航东方之前都有大量的机会读到。[52] 利玛窦的这番话，或许是有意对他的听众说的，因为当时西班牙人对中国的军事能力极感兴趣，关于以武力征服中国可能性的讨论甚嚣尘上，包括征服需要多长时间，动用多少兵力等，不仅是传教士在讨论这些话题，它也蔓延到西班牙殖民者当中，那些人的前辈们在很短时间里征服了墨西哥和秘鲁的广阔疆域，而这代人也希望继承这个传统。尤其在墨西哥和菲律宾，在方济各会、多明我会、耶稣会等修会神职人员中间，就“对中国发动战争是否符合道德”、“这场战争是否正义”等问题展开激烈争论。这种争论基于以下观察：中国对外国传教士强硬不让步，中国一直拒绝开放港口进行对外贸易，中国政府一直对受洗的中国基督徒抱持苛刻的态度。[53]

但是，当利玛窦发现中国人对战斗普遍含糊不坚决之后，他并没有表明自己的态度，他在后半生中一直思考中国人对肉体暴力所抱持的矛盾心理。从 1608 年到 1610 年去世，利玛窦撰写了一本名为《基督教远征中国史》的著作，记述自己在中国的经历。[*] 在书中，

---

* 利玛窦的这些记述最初以意大利文撰写，金尼阁将其译为拉丁文并定名为《基督教远征中国史》。由于中译本《利玛窦中国札记》已广为人知，故本书将其统一简称为《中国札记》。

利玛窦写道，他发现值得赞许的是，中国人很少携带武器，除非是高级官员的随身侍卫，前往操练场的兵士，或是途经特别危险地区的旅客，才会随身带着匕首。我们又发现，他似乎总是喜欢把他中年时代所处的中国，和他少年时期所在的骚动的马切拉塔作对比：

> 在我们看来，一个全副武装的人没什么不妥，但在中国人眼里他就如同恶魔，他们害怕见到如此令人恐惧的东西。因此，在中国不会见到宗族冲突和暴动，但对我们来说很平常，因为我们经常拿起武器殊死决斗，为自己受到的侮辱复仇。他们认为，在起冲突的时候，最应受尊崇的君子应该退开，而不是还手伤害别人。[54]

利玛窦对中国的正规军队感到困惑。某些时候他注意到，中国军队拥有惊人的效率："全国各处都驻有许多武官，尤其是在沿海和边疆地区，大量士兵日夜在城墙、城门、港口和要塞巡逻，就像是处在战争之中，其操练的水平相当之高。"他还指出，在中国武官任职的原则和其他官吏不太一样，后者被禁止在家乡省份任职，以免出现贪污或是一方坐大，而武官则不同，据说，他们在保卫自己的家乡时都异常勇敢。[55]利玛窦在1595年春天到过赣州，那里当时是东南四省镇压匪帮的指挥中心，由于利玛窦正好随朝廷来的一位侍郎到达那里，他被浩荡的军威所震慑："大臣在赣州受到了热烈的欢迎，三千多名士兵出城两三英里来列队迎接，他们披挂整齐，全副武装，手持旌旗。大臣经过时，火枪手鸣枪致敬。沿着河岸，绿树掩映之中，还有许多人列队致敬，场面十分盛大。"[56]同样的场景他

1598年夏天在天津也见过，当时由运输船和战舰组成的庞大舰队挤满了运河与其他河道。[57]但是，中国人似乎更热衷于这种盛大的展示，甚至超过了对实战的热情。例如，利玛窦认为中国人并不擅长驯服战马，因此喜欢使用骗过的马，而这些阉马的蹄子上从不钉铁掌，也就无法在坚硬的石地上奔跑，往往一听到敌人逼近的声音就四散奔逃。[58]另外，利玛窦一直不习惯中国人那奇怪的使用火药的方式：

> 中国人不太使用火枪，他们也没有多少支；火炮和炸药他们拥有的数量也很少，也用不了多少火药。但是，每年春节他们都会燃放大量焰火，其精美的程度让我们每个人看到都会惊叹不已。他们能制作出各种巧妙的焰火，放在空中像是鲜花、水果，或是硝烟弥漫的战场。每个人都喜欢放焰火。有一年在南京(1599年)，我估算了一下，在一个月的新春佳节里他们用掉的硝石和火药，比我们打一场两三个月的战争耗费还要多。[59]

利玛窦内心中对威武的军容钦慕不已，也曾多次被欧洲军队展示出来的强大武力所震慑，所以他无法接受这样一个事实，那就是中国的文官阶层似乎对武官和他们的士兵心存鄙夷。他发现，中国的文官政府始终密切监视军队的动向，将其牢牢控制在手，一切军饷和给养都由他们主持发放。就连武举系统，虽然名义上是和科举并立的，但实际上只是后者的一个苍白无力的影子，年轻的考生们大多不将其当回事。[60]“在我们这边只有那些最尊贵和勇敢的人会成为士兵，而在中国，加入军队的则是那些最卑劣和懦弱的人。”在利玛窦看来，这些人当兵并不是出于什么爱国精神，也不是为了效忠君主或追求荣誉，而仅仅是出于为稻粱谋的念头。像他们那样，把当兵作为一种职业，也就难怪不被人尊重，最后终究沦为“社会的底层”，做些搬运货物、赶骡子或是仆役之类的活。结果就是，“堂堂男儿绝不参军，宁愿过平民的生活”。[61]

利玛窦写下这些话，说明他并不了解中国军队成功剿灭匪帮和海盗的那段特殊历史，那是在他到达中国的二十年前，发生在东南地区，而且这支剿匪部队正是赣州那支军队的前身，而后者雄壮的军威正是继承了前者的遗风。在 1570 年代，利玛窦来华的第一个居住地——肇庆曾经饱受海盗侵袭之苦，几百名无辜民众被杀害。在 1582 年，就是他抵达的前一年，有一小股匪徒从水路袭击了这座城市，但最终被当地的民众击溃。[62] 但是这些和倭寇的大规模入侵相比只是小巫见大巫，在 16 世纪五六十年代，这些倭寇经常深入内地大肆劫杀，给中国带来的破坏一点不亚于信奉新教的海盗在大西洋对西班牙人的劫掠，或是穆斯林舰队在地中海对威尼斯商船的侵扰。[63] 后来，奉命平定倭寇的将领们迅速召集并打造出一支训练精良的部队，这些士兵大多来自西南边疆的傣族和苗族部落，包括当地农民、被赦的囚犯、流浪僧人和盐贩子各色人等。这些人组成的部队迅速恢复了乡村的秩序、关闭了易被倭寇侵扰的港口与河道，并逐个扫清倭寇的基地。[64] 他们采用新的军费和税款筹集方式，以应付不断上升的战争费用，同欧洲的情况一样。军费之所以不断高涨，主要是由于购买火器、战车，建造堡垒的高成本，而支持庞大的军队也需要固定开销，另外，白银的流通量增加也把国家推入通货膨胀的境地。[65]同是这些将领，他们发明出新的操练之法，采用新战术来对抗骑兵，并使用诸如多刃矛之类的新武器，他们还创立了具有革命性的新射击技术，建立起新的信号和情报搜集体系，在戚继光等优秀将领的指挥下，此般种种可能会带来明朝统治下的新秩序。[66]

然而，戚继光和其他许多将领的最终命运，往往是被贬黜、囚禁，甚至被处死，他们这种遭遇加深了利玛窦的印象，即中国军人得不到社会应有的尊重和关注，而那些府院的文官，并不是靠高深的学识，而是操弄派系分化等权术，破坏武将们抗敌获胜的机会。有一位御史形容戚继光说："一个如此精通文墨之人，不从文反而去带兵打仗。"[67]这话并不是反讽，其言下之意很明显，武将往往应该是些愚笨的蠢人而已。但这些还算温和的轻视，此外利玛窦还更多注意到，兵士们一面威武好战，但同时却不得不屈服于文官之凌威，使局面常常处于紧张之中。这些拥有更高监督权的文官大臣经常肆意鞭打惩罚兵士。在这点上，利玛窦其实是发挥了早前范礼安的分析：日本人喜欢用剑杀人以寻求满足感，而中国人则喜欢痛打平民下人，欣赏淋漓的鲜血。[68]利玛窦从中国官员痛打平民联想到欧洲学校里的老师惩罚学生，两者都有同样的道德惩戒效果。这不是偶然的比附，他曾反复提到多次，在他的叙述之中，那接受体罚颤抖着的孩子和被杖打的成年人仿佛合二为一。[69]

在这种赤裸裸的肉体暴力惩戒中，那些虚饰的相互尊重瞬时荡然无存。尽管之前佩雷拉和达克鲁兹在关于中国的书里都生动描述过中国人的杖刑程序，然而利玛窦对这种场景的描绘更为逼真，带着令人惊叹的精确性。在他笔下，杖击之声仿佛透过纸面传来：

> 这种刑罚当众执行，受刑人脸朝下，四肢伸开趴在地上，杖打之处是大腿和臀部，杖击的工具是一根无比坚硬的木棍，大约一指厚，四指宽，一人两臂张开这般长。行刑之人双手抡起木杖，用尽全力猛打，十杖、二十杖、三十杖，残忍之极。往往一杖下去，人就皮开肉绽，再打几杖就已血肉模糊。许多人就这样被活活打死。[70]

如此惩罚士兵和平民百姓，大多取决于官员一时兴起，一个地方官可能会用这种方式将二三十个人置于死地，但受到的谴责却微乎其微。这似乎成了利玛窦批评中华帝国的一个主要原因，他说："可怜的民众极度害怕这种丢脸和残忍的刑罚，怕自己会因此丧命，所以他们愿意付出自己所有一切来逃出官吏的魔掌。"利玛窦写道，这种状况带来的后果是，中国人始终生活在担忧自己遭到无辜诬告的恐惧之中，因而，"没有一个中国人真正是他自己财产的主人"。[71]他很清楚自己这么说的分量和理由。1584年在肇庆，一位愤怒的官员下令，使他差点也遭到这种毒打，尽管最终得以幸免，但他永远不会忘记当时的恐惧。在另一些场合，他曾经被要求陪同中国的官员们去督看他人遭受杖刑。他还曾与来华初期的耶稣会同事罗明坚（Michele Ruggieri）一道，去救治一名惨遭八十大棍毒打的犯人，尽管他们费心照料，但一个月后，那名男子终究命丧黄泉。[72]

令利玛窦最感到痛心的，莫过于马丁内斯（Francesco Martines）的死讯了。此事发生在1606年的广州。利玛窦并没有亲眼见证这一切，但他在《中国札记》当中用令人心碎的语言再现了那残酷的场景。弗朗西斯科·马丁内斯是一位中国年轻人的教名，他本名叫黄明沙，出生在澳门，曾就读于耶稣会学校。1590 年，他跟从利玛窦在韶州见习，次年则正式加入了耶稣会。这位年轻中国耶稣会士的葡萄牙教名并不是随便起的，它其实是利玛窦熟识的另一位耶稣会士的名字，那位马丁内斯在 1581 年葬身于莫桑比克和果阿之间的海域，利玛窦或许在以这种方式悼念他。而这位中国的马丁内斯，也就是黄明沙，一直虔敬地在教会服务，有时担任一些西方传教士的汉语老师，还曾在麦安东（Almeida）神父的临终岁月里做过护理工作，并对瞿汝夔最后皈依天主起过重要影响——瞿是一个著名的学者和炼金术士。[73]

黄明沙是在广州被当地政府逮捕的，被捕前他正与中国信徒们共庆复活节圣周的到来，他的罪名是被葡萄牙人收买从澳门来广州做奸细。利玛窦描绘了黄明沙被捕当晚的场景，一同被捕的还有黄的年轻助手和仆人。那个夜晚他们被带出门，大街上挤满了鼓噪谩骂的人群，熊熊火把照亮了夜空，士兵们挤开一条路，好容易才将他们带到监狱。黄明沙乌黑的长发下掩盖的教士剃发的印记，以及在他的行李中搜出的葡萄牙式样的衣裤，都被认定是罪证。有一名中国助手经不住严刑拷打，招认黄明沙贩运枪炮，并密谋煽动叛乱，使其罪行似乎更加确凿。衙役们先用棍棒猛抽黄明沙的大腿，又剥光他的衣服，在接下去的两天里连续施以杖刑，为的是让他亲口招认。在几天粒米未进、滴水未沾之后，黄明沙在 3 月 31 日去世。[74]

利玛窦写道，黄明沙是在下午三点去世的，时年三十三岁。这个时刻和年龄，会让基督徒很快想到耶稣，据《马可福音》的记载，耶稣就是在下午三点被钉上十字架处死的（《马可福音》第 15 章 25

节），* 而人们普遍认为那一年耶稣正是三十三岁。尽管这里利玛窦犯了一个小小的错误（黄明沙去世时为三十八岁），但他这样记述，实际上是有意把黄明沙遭受的苦难与《圣经》中耶稣受难相提并论。[75] 圣依纳爵·罗耀拉在《灵操》一书中，曾要求所有的耶稣会士用反复回忆的操练来加强对《圣经》的理解。设计这种操练，是为了将修士们虔诚的心灵带回到基督生活和受难的场景，以使他们能身临其境地感受士兵们审问基督时抽打在他身体上的每一鞭，目睹他裸体于众的可怜，感受他饱受嘲讽的羞辱之情，他们会体验到基督受难当天刺骨的冬日严寒，会亲眼看到基督努力用那单薄的衣衫来遮挡自己的裸体，而血水正从那衣衫下渗透出来。这样，信徒们就能更贴近地领会上帝通过他的圣子忍受此种苦难的用意所在。圣依纳爵在他的著述中曾大量引用萨克森的鲁道夫斯之言论，后者敦促信众，“把你们的目光从上帝的神性那里移开一会儿吧，就把他看成一个普通的凡人”。鲁道夫斯说，不用因害怕而回避谈论那些暴力细节，无须掩饰基督被鞭子抽打时的那种痛苦和屈辱，“遍身都是伤痕，一鞭接着一鞭，一鞭狠过一鞭，开始只是青一块紫一块，后来便全是皮开肉绽、血肉模糊的伤口，直至鞭打者和旁观者都不忍卒观”。[76]

所有来华的传教士都有体会，成群的中国民众经常会给他们带来精神上的压力和困扰，这些民众日日夜夜围绕在他们的住宅四周，不时透过门缝窥探他们的一举一动，有时只是出于好奇，但

---

* 此处作者有误，《马可福音》此节记载耶稣被钉十字架是在“巳初的时候”，即犹太人的“第三时”，应为上午九点前后。

更多时候带有嘲弄和敌意。[77]对西方人以及那些皈依的中国人而言，选择住在中国就意味着要习惯被人憎恨。无处不在的危险可能来源于国家之间的冲突，也可能由几枚钱币之类的小纠纷所引发。1587年，日本大将丰臣秀吉决意要征服朝鲜，并打算随后推翻明朝皇帝的统治。自然，在中国官员们的眼里，所有在华的外国人都有作乱的嫌疑，而天主教的神父们被置于特别的怀疑对象之列，因为丰臣秀吉的军队中最为可怖的一支，就是由基督徒小西行长率领的、由一万五千名日本基督徒组成的部队。这支部队在1592年攻打朝鲜的战斗中表现卓越，也参加了1597年和1598年的战役。[78]这段日子里，战争的警报时常在中国响起，帝国的诏令中也严词谴责外国人。利玛窦发现，他所到之处，整个城市都如临大敌，没有人愿意为他提供住处，他提出抗议，也没有人愿意帮他陈情。[79]

恐惧战事的气氛一直持续到17世纪。利玛窦写道，1606年黄明沙修士之死，主要是由于澳门一些别有用心的人散播谣言，说耶稣会士已经与葡萄牙人、荷兰人及日本人结成同盟，计划以澳门作为侵略中国的先头阵地。这些人还警告说，在外国人发动侵略之前，会杀光澳门所有的华人。在1606年，确实有许多华人逃离了澳门，但这并不是因为所谓的西方国家和教会同盟残杀的威胁，而是由于1603年在菲律宾爆发的对华人的大规模屠杀之影响。1603年10月，在一连串关于金钱和宦官介入外交政策的交涉之后，西班牙殖民当局害怕聚居在马尼拉的中国人会起而叛乱，因此发动了一场所谓先发制人的攻击，极为野蛮凶残，杀害了大约两万名华人和华商。[80]

马尼拉陈尸数万，这一血淋淋的现实对澳门的中国人揣测西方人意图产生了很大影响，使其惊恐心态近于偏执。当有些西方人的的确确在进行暴力谋划时，这种惊恐自然会越发深重。事情似乎是起于一位名叫多斯桑托斯（Michele dos Santos）的奥古斯丁会修士，他向澳门中国人散布了他先前上级对中国用兵的图谋，多斯桑托斯曾经是一名耶稣会士，后来改换修会。在奥古斯丁会澳门地区的前任主教去世之后，他代理主持当地教务。

在多斯桑托斯这一荒唐的行动背后，实际上隐藏着耶稣会和其他传教团体成员之间多年来错综复杂的矛盾。在16世纪后期和17世纪早期，耶稣会在中国传教事业中占据主导地位，尽管如此，人们不该忘记，更早进入中国探索的——耶稣会的前行者们——是奥古斯丁会、多明我会和方济各会的传教士。但这些传教团体之间往往并不是那么友好。利玛窦在他的一本教义著作《天主实义》中，曾经赞扬圣方济各（Francis of Assisi）及其追随者们圣洁高尚的人格，但在别处，他对方济各会在华草率冒进的传教策略颇有微词——事实上，利玛窦似乎将他们看作敌人，因为方济各会极力向穷人阶层渗透的传教方式惹怒了中国民众，而耶稣会也无可避免地感受到了反冲力。[81] 至于利玛窦对奥古斯丁会的态度，则可以从他对多斯桑托斯之过失的描述中判别。根据利氏《中国札记》的记述，这是一个复杂的故事，多斯桑托斯对他的耶稣会前同事们一直心怀芥蒂，公开的争论则至少有两次。一次是因他下令没收一大笔从日本非法带入澳门的银两所致，而另一次则是由于澳门的一位神父滥用权势而起。这些争论导致澳门的西方人分为两派，公然在大街上持刀用枪、争斗不已。利玛窦将其称为“新基督徒变得如异教徒一般的丑闻”。[82] 这些外国人为教派和钱财争吵不休，中国官员对此则一无所知，他们只从表面形势来做判断。当成百上千的中国人越过边界逃离澳门后，广州地区部队也进入了战时状态：为了保证通畅的火炮攻击区域，沿城墙而建的贫民房屋都被拆除，政府下令停止向澳门出售食物，所有与葡萄牙人的贸易都被禁绝。[83]

毫不奇怪，中国官员大都无法弄清外国人是敌是友。有位中国要员曾用嘲弄的口气对耶稣会士郭居静（Cattaneo）说：“所以你已经成为中国之王了么？”[84] 话中的刻薄显而易见。在多斯桑托斯所设想的对抗局势中，有三方面的力量。其一是荷兰新教徒，他们是葡萄牙天主教徒的对头，力图削弱葡萄牙在远东的势力，从而将香料贸易掌握在自己手里，以此，他们就能把持货物的供应，抬高价格。同时，他们还蓄意发动了对东南亚和澎湖列岛华人的暴力屠杀，其残酷罪行并不亚于西班牙和葡萄牙人。[85] 与此相对的是，丰臣秀吉死后的日本，对外在高丽问题上和中国讲和，对内则开始着手彻底清除基督教势力。这一决心很快显露无遗。1597 年，日本统治者将二十六名基督徒钉死在长崎城外的十字架上，受难者中既有西方人，也有日本人，他们的尸首被高悬了数月之久。这个残忍的行为获得了极大的震撼效果，当时商客进出繁华的长崎港，都亲眼目睹了这一景象。而随后的几十年里，织品上的图案也纷纷以这一场景作为主题。[86] 但与此同时，由于长年来日本海盗对中国沿海的侵扰，广州民众对其恨之入骨，他们坚信“只要日月发光，中日之仇不共戴天”，并把这句话刻在城里的石碑之上。[87] 此外，还有一些日本基督徒，他们要么是从本国的大迫害中逃脱出来的，要么是早先被耶稣会士带到澳门接受训练的，此时正坚定地——尽管是非法地——驻居在城外的一个小岛上。虽然中国人试图将其驱逐出境，但他们坚决捍卫自己对该地的“所有权”。[88]

至于葡萄牙人，中国人一直认为他们在操纵着耶稣会士。利玛窦就曾有这样的经历。1593 年他住在韶州时，当地一群中国人向官府呈交了一份诉状，声称利玛窦和他的同伴们“来自澳门，同外国人有很多交易，违反了中国律法。他们在此地修建的房屋四面有围墙，像一座城堡，里面窝藏着四十多个人，全都来自澳门”。[89] 考虑到韶州人把这么小的耶稣会居所都看成一座武装城堡，那么十年之后，当耶稣会新建一座宏大的石砌教堂时，中国人的反应便可想而知了。这座教堂建在澳门的一座山上，是耶稣会在前一座教堂毁于大火之后，又花费七百盎司白银新造的。此地在法律上仍属香山县管辖，县里的官员试图阻止教堂的兴建，根据利玛窦分析，他们这么做，“或许是因为惧怕教堂是一座伪装的军事堡垒，又或是仅仅想运用批准权，要到尽可能多斯库多（scudi）* 的银两”。[90] 这座“华美壮观”的教堂（用利玛窦的原话）长 160 英尺，宽 84 英尺，柱高为 50 英尺，有三个大殿，它的确是一座宗教建筑，但从功能上讲，中国人很难将它与相似的耶稣会学院区分开来，这个学院另有用处，

---

* 利玛窦在他的著作中交替使用“ducats”和“scudi”这两种计量单位。一个“ducat”大约相当于 29 克，或等于一盎司的白银，也可以等同于中国的计量单位“两”。而一“giulio”是一“ducat”的十分之一，一“baiocco”或“bolignino”等于一“ducat”的百分之一。在 1570 年代的欧洲，黄金与白银的比率大概是 1 比 11。关于这时期钱币和兑换比率的详细论述可以参考 Jean Delumeau, *Vie économique et sociale de Rome dans la seconde moitié du XVIe siècle*, 2/657-65.（原注）

当荷兰人的船只出现在附近时，那些葡萄牙富商就把他们的银盘和家眷都藏在学院里。[91] 而且，在1604年，为了应对逐步逼近的荷兰人的威胁，葡萄牙人无视中国禁令，自建工事，造起了利玛窦所说的"一小段围墙和碉堡"。[92]

到了晚年，利玛窦已足够见多识广，他在给以前的老师德·法比神父（Fabio de Fabii）的信中，曾试图分析中国人此般行事的动机和态度。他与这位老师最近一次见面已是三十年前的事了。他说：

> 对我们而言很难相信，这样庞大的一个帝国，拥有如此多的军队，但却始终活在恐惧之中，害怕周围那些小得多的国家。中国人每年都害怕会发生大的灾害，他们极尽所能保卫自己不被邻国侵略，或用重兵，或是通过欺骗，以及伪装的友谊。中国人对任何其他国家都绝不信任，因而他们绝不允许任何外人进入或者居留，除非外人承诺永不返回本土，就像我们耶稣会士这样。[93]

利玛窦终其一生服务教会，他能做的只是静观和等待，有时他从耶稣会的创始人——圣依纳爵·罗耀拉那里寻求安慰，获取力量。依纳爵在《灵操》一书的附录中使用了一些军事术语作为比喻，来形容魔鬼可能发动的袭击。他写道，基督的敌人，就像一个"试图占领目标阵地的将军"，"一支军队的指挥官会扎营远观，探察敌人堡垒的工事和防御态势，然后选择最薄弱的地方发起攻击"。[94] 利玛窦或许会认为，由特伦托大公会议所确立的新的神学构想，能为人们建起一套"防御工事"，以做好准备，抵挡基督敌人的攻击。然而，依纳爵又说，当这些敌人确信自己将被征服时，就会“像女人一样”屈服和顺从，但只要人们有一丝的动摇，它又会立即充满“愤怒、仇恨和狂暴”。“如果人们开始害怕，或者受到诱惑而丧失斗争的勇气，那么人性的敌人就会比地球上任何野兽都更凶残，他会带着极度的恶意，去释放自己扭曲的丑恶欲望。”[95]

比起那种双方全副武装，摆开架势的决定性战役，这场战斗无疑更为孤独和冗长。我们可以猜想，在这场持久的精神消耗战中，利玛窦的忍耐力已到了何种程度，因为有太多的中国人将他视为敌人。这一幕幕，他已经告诉我们，比如仅仅由于旅行文书不合要求，他如何眼睁睁地看着自己同船的旅客和船工们合力把他的行李统统扔到了岸上；[96]在肇庆，学堂的孩童们爬到附近一座高塔上，向他住所的屋顶不停地扔掷石块，那石块如雨点般砸在房顶的声音是如何让他永世难忘；[97]有次当大群中国人吹奏着乐器，砸坏了他家的门窗和家具，甚至拆毁了花园新筑起的篱笆，最后欢呼着胜利而去时，他又是如何的沮丧万分。[98]难道魔鬼就是通过这种琐小的骚扰，来展示圣依纳爵所说的“极度的恶意”吗？若是如此，那么这种挑战就相当于仅凭一己之力与整个社会相对抗了。正如圣托马斯·阿奎那在《灵性生命的至善》（*The Perfection of Spiritual Life*）一书中用鲜明的比喻所表述的善之观念：“按照正当的理性，普遍的善首先在于个体的恰当完好。这结果就是，身体的每个部分都有一种自然的本能去维护整体的完好，此处最明显的例子就是，人为了保护他的生命赖以依存的心脏或者头部，会用他的手臂去抵挡外来的攻击。”[99]

同样，如果人的所有自然本能都真正集中于被普遍认可的高尚目标，那他当然也会竭尽全力，然而，过多的纷争和不确定感也会让疲倦心态不断滋长。虽然利玛窦在写作《中国札记》时对语句精心雕琢，没有让绝望消沉的情绪破坏整体叙述，但这种情绪还是在他写给家人、老师和朋友的信件中流露了出来。在写给弗利加蒂（Giulio Fuligatti）的信中，他把中国称作“不毛之地”；和其他一些朋友通信时他形容中国“山峦陡峭”、“沙漠旷远”，而中国人则像是“生活在穷乡僻壤”，身处中国人当中，他感觉自己“背井离乡”，仿佛是“被遗弃”的。利玛窦告诉弟弟奥拉吉奥（Orazio），中国人总是对他的满头白发表示惊异，并奇怪为什么他年纪不大却看起来如此的苍老。他补充说，“他们正是我白发苍苍的原因”。[100]在1595年8月写给他澳门的上司——葡萄牙人孟三德（Edoardo de Sande）神父的信中，利玛窦说，上帝选中了他，赐予他十二年含辛茹苦、饱受屈辱的生活。[101]

这些信中的大多数用语和意象，明显借鉴自《圣经》故事，相信所有和利玛窦通信的人都能感受到。萨克森的鲁道夫斯曾频繁地描述过那些远离故乡，生活在沙漠和荒野中的基督徒的生活，他还举出《新约》中有关逃亡和退隐的三个主要例子——神圣家族迁往埃及、施洗约翰退隐荒漠、基督在野地中跋涉——作为“凝思”的典型主题，这些场景中的每个细节都应耐人深思。基督那“百般温柔的年轻母亲”和“年迈的约瑟”勇敢地克服了重重困阻，“在一条幽暗偏远、人迹罕至、灌木丛生、异常漫长的林间小路上前行”。[102]

当时的基督徒所面临的处境并没有丝毫变得轻易。马菲伊（Gian Pietro Maffei）在迁居里斯本之前，曾于1560年代在罗马的神学院中教授修辞学，职业的素养使他能够在准备撰写葡萄牙人在印度的历史时，深入那些远航海外的欧洲人的心灵，并描绘出相似的情境。马菲伊曾将这部巨著序言的草稿寄给过利玛窦，后者与他有长期的书信往来，在序言中，他描绘过那些在“荒芜、贫瘠的原野之上”迷失方向的传教士。[103] 利玛窦十分钦慕马菲伊，他从不怯于表达出相似的感受，在给阿桂委瓦会长的信中，述及自己在中国的艰难历程，大胆地模仿了保罗写给哥林多人的著名哀痛之语：“又屡次行远路，遭江河的危险、盗贼的危险、同族的危险、外邦人的危险、城里的危险、旷野的危险、海中的危险、假弟兄的危险。”[104]

利玛窦在华传教生涯中遭遇过不少暴力，这里选择其一。在利玛窦的私人书信和《中国札记》中都对此事有类似的记述，我们拼接起来便可知其细节，此事前后长约几分钟时间。在 1592 年 7 月某天的午夜时分，一群刚从韶州郊外聚赌归来的年轻人，策划袭击耶稣会士的住所。这群人聚集在船桥附近，这座船桥是韶州城通往郊外的必经之路，而耶稣会士住在船桥的西面。这伙人的袭击行动似乎是被附近佛寺里的和尚煽动起来的，和尚们给他们提供了早就准备好的粗制武器，自己却不用承担袭击的后果。当时的韶州城乱象纷纷，一名自称为“魔法师”的土匪头目经常带领匪众来此劫掠骚扰，而在 1589 年韶州又遭受了一场严重的旱灾，因而韶州城内外谣言纷飞、民众不满情绪极盛，而耶稣会士可能被当成了招致厄运的罪魁祸首。[105]

这伙年轻人穿过桥，聚拢在利玛窦住所的围墙外，并把绳套从墙外扔进了院子里。他们中几个人爬进了院子，从里面打开了大门，其余二十几人立即纷涌而入。这些无赖大多手持棍棒，有些人举着尚未点燃的火把，另一些人则手拿小斧子。利玛窦的两名仆人听到吵闹声，走下楼想去看个究竟，却在黑暗中撞入人群，被暴打了一顿。石方西（Francesco de Petris）神父欲上前救治，不料自己也被打伤头部。利玛窦走出房间时，这些偷袭者正好点燃了火把，他们可能是准备搜查打劫。在晃动的火光之中，利玛窦看到他们正从外门冲进来，外门是之前仆从和石方西出去察看动静时打开的。

利玛窦赶紧把他的人叫回到内室，并试图关上门，但那些无赖已经把棍棒塞进门缝，无法关紧。利玛窦大声叫喊，猛推人群，顶了一阵子，但还是被斧子砍中了手部。所以他只好让自己人全部退回各自房间，并关紧房门。有一名仆从爬上了房顶，用瓦片扔无赖们的头以回击。利玛窦关紧了自己的房门，并从窗口向外跳到花园里，想去求援。但他扭伤了脚踝，无助地躺在地上不能动弹，口中依然大声呼救。此时的偷袭者们大多被瓦片打伤，他们听到喊声，以为利玛窦已经跑到了屋外的路上去求援，于是砸了一通后四散逃去。在情急之下，他们没有抢走任何物品，其中一名无赖还把帽子掉在了院子里。[106]

这顶帽子后来发挥了很大作用，它成了指控其主人煽动袭击耶稣会士住所的关键证物。至于利玛窦，他手上的伤很快痊愈了，但脚伤却始终未能完全恢复。虽然他曾经特意去过澳门，想看那里的葡萄牙医生能否帮他医治，但医生却告诉他说，任何手术都可能只会让伤势更加恶化。在利玛窦余下的十八年生命里，一旦他要走远路，伤痛就会缠绕着他，让他只能跛着脚前行。[107]

注释

1 《西国记法》,第 16 页。杨联陞在“Historical Notes”(第 24 页)中引用《左传》的说法，将“武”字释作“止”和“戈”。

2 《西国记法》，第 52—61 页。

3 《西国记法》，第 23—28 页。

4 Paci, “Le Vicende,” pp.234-37.

5 Paci, “Decadenza,” pp.204-7, 尤其见第 204 页注 403。这两位“利奇”是 1547 年被杀害的 Francesco Ricci 和 1588 年被杀的 Costanza Ricci。第 205 页注 404 至 407 列出了当时人们为了维持和平而作出的诸般努力。

6 Paci, “Vicende,” p.265 n.642.

7 Paci, “Vicende,” pp.264-68.

8 Delumeau, *Vie économique*, 1/40, 44, 94. 此书第 105 页 Delumeau 提到，有一位来自洛雷托（Loretto）的“G. Battista Ricci”在 1587 年之后管理着这条来往运输线路，这个名字倒是和利玛窦的父亲一模一样，但“洛雷托”这个户籍登记使我无法确定他的身份。

9 Paci, “Vicende,” p.238-39.

10 Paci, “Vicende,” p.249-50.

11 Pastor, *History of the Pope*, 14/152-67. Paci, “Vicende,” pp.250-53.

12 Paci, “Vicende,” p.231.

13 *Cambridge History of Islam*, 1A/328. Paci, “Vicende,” p.253.

14 Paci, “Vicende,” pp.257-61.

15 Robert Barret, *The Theorike and Practike of Moderne Warres* (London, 1598), p.75. J. R. Hale 曾引用过这段话，他在转写时作了一到两处小改动，参见他撰写的章节“Armies, Navies and the Art of War”，载 *New Cambridge Modern History*, 3/194。

16 Paci, “Vicende,” p.256-57.

17 参看 Hale 的精彩研究，*New Cambridge Modern History*, 3/196-97。

18 Paci, “Vicende,” p.250 n.500.

19 利玛窦和徐光启《几何原本》，第 3 页。(再版本第 1933—1934 页）另见以下两文的翻译：d’Elia, “Presentazione”, pp.183-84; Moule, “Obligations”, pp.158-59。

20 这段话既见于利玛窦的《畸人十篇》(页 5b，再版本 126 页)，也见《天主实义》，卷上第 24 页（再版本第 423 页)。

21 *New Cambridge Modern History*, 3/199-200. Essen, *Alexandre Farnèse*, 4/55-62. 桥的模样见该书图 3，正对第 22 页，爆炸的场面见图 4，正对第 60 页。西班牙人还造了第二艘船，装备类似，但在河岸边烧毁，未造成伤亡。

22 有关马切拉塔来的部队，见 Paci, “Vicende,” p.259-61. 有关 Fra Ruggero 在战斗中

受伤，见 Gentili and Adversi,“Religione”, p.51.

23 O’Connell 曾有生动的描述，见 *Counter-Reformation*, pp.195-203。有关战役中的马切拉塔人，见 Paci,“Vicende,” p.259-61。

24 见 Groto 的 *Troffeo* 一书，此书序言中谈到他在舰队上的经历，A 部讲的是分舰队及其指挥官，接着是一段长达 120 页的赞颂唐 · 胡安的诗歌选集。有关希腊和罗马的类似情况看 Pompeo Arnolphini, *Ioan. Austriaco Victori Dicatum* (Bononiae: Ioannis Rossii, 1572)。

25 有关这些新制的画作，Sakamoto,“Lepanto”, plates 3-6 便是很精彩的例子，Sakamoto 把这些画基于的原作追溯到 Cornelis Cort 那里，后者又是从 Giulio Romano 那里转刻而来。蒙田注意到，在罗马的圣西斯都礼拜堂（St. Sixtus chapel）附近有一幅“勒班陀大胜”的油画。(*Journal de Voyage*, p.226.)

26 L. A. Florus, *Epitome of Roman History*, pp.113-15.（纠正了印刷错误）利玛窦学童时期的三本书参见 *FR*, 2/553n。

27 Pastor, *History of the Popes*, 18/429-32.

28 同上，pp.433-34, 444。

29 Schütte, *Valignano's Mission*, pp.76-79. 引到范礼安在 1574 年的信件。

30 同上，p.75. Brooks, *King for Portugal*, pp.9-10。

31 *FR*, 2/559, n.4.

32 *Cambridge History of Islam*, 2A/241-45; 有关酷热和盔甲，见 Bovill, *Alcazar*, pp.106, 126。

33 Bovill, *Alcazar*, pp.101-2.

34 Brooks, *King for Portugal*, pp.150. 有关这场战役见前书 8 至 21 页，以及 Bovill, *Alcazar*, pp.114-40。

35 Couto, *Decada Decima*, bk.1. ch.16, p.148. 有关仪式见 *Documenta Indica*, 11/698。(以下简称为 *Doc. Ind*)

36 D'Elia, *Mappamondo*, plate.24. Giles,“Chinese World Map”, p.379.

37 *Doc. Ind.*, 11/673 and 698.

38 有关果阿城市规模，参见 Sassetti, *Lettere*, p.280。引文来自巴范济书信，1578 年 10 月 28 日，*Doc. Ind*. 11/365。

39 利玛窦的评论见 d'Elia, *Mappamondo*, plate.20. 有关鸦片的证据来自 Cesare Fedrici, *Voyages*, pp.202-4. Hakluyt, *Second Volume*, p.241。

40 利玛窦在 1580 年 11 月 25 日给阿桂委瓦的书信（*OS*, p.20）当中表现出些许同情。另外的信中则表现出中立或是冷漠。也可参考他用中文的评论，d'Elia, *Mappamondo*, plate.19。

41 详细的范礼安生平传记见 Schütte, *Valignano's Mission*, pp.30-35. 尤其 nn.106, 122；有关其身材见 p.39 n.167，在印度的步行见 p.42 n.187, p.121。

42 同上，pp.44, 52。

43 同上，p.61. 引自 1573 年 11 月 16 日的信。

44 同上，pp.104-8。

45 同上，pp.117, 120, 155。

46 同上，p.131。

47 同上，pp.272-73, 279。

48 同上，pp.296-97, 308。

49 同上，有关范礼安的报告见 286—287 页，有关阿桂委瓦的回应见 288 页注 61。

50 d'Elia, *Mappamondo*, plate.16.

51 OS, p.48. 1584 年 9 月 13 日在肇庆给 Giambattista Roman 的信。

52 关于这些书，见 Boxer, *South China in the Sixteenth Century*, pp.lvi-lvii, lxiii-lxv。达克鲁兹关于头发的论述见该书 138 和 146 页。在 16 世纪有关中国的文献材料中佩雷拉和达克鲁兹两书的地位，可见 Donald Lach, *Asia in the Making of Europe*, vol.1, bk.2, pp.747-50。

53 Bernard, *Les Iles Philippines*, pp.48-50. Lach, *Asia in the Making of Europe*, vol.1, bk.2, p.746. Elison, *Deus Destroyed*, pp.114-15. Johannes Beckmann, *China im Blickfeld*, pp.52-65. 来自 Alfonso Sanchez 和 Giuseppe de Acosta 的重要信件，可见 *OS*, pp.425, 450。其他材料可见 John Young, *Confucianism and Christianity*, pp.141-42 n.122。

54 *FR*, 1/70.

55 *FR*, 1/65, 68. 正如上述，利玛窦其实已经超越了佩雷拉和达克鲁兹的解释。

56 *FR*, 1/343.

57 *FR*, 2/21.

58 *FR*, 1/19.

59 *FR*, 1/28.

60 *FR*, 1/74.

61 *FR*, 1/104, 67.

62 《肇庆府志》，卷 22，页 32b 和 33b（重印本第 3330 和 3332 页）。

63 So Kwan-wai, *Japanese Piracy*, ch.5.

64 Huang, "Military Expenditures," p.49; "Hu Tsung-hsien," in *DMB*, p.633. Fitzpatrick, "Local Interests," p.24.

65 Huang, "Military Expenditures," pp.53-55; 可参照 Cipolla, ed., *Fontana Economic History*, pp. 384-88. *DMB*, p. 1114. "P'ang Shang-p'eng" .

66 Huang, *1587*, pp.168-74, 可见其关于戚继光订立手册中的插图。Millinger, "Ch'i Chi-kuang" , pp. 110-11.

67 Millinger, "Ch'i Chi-kuang" , p.104.

68 Schütte, *Valignano's Mission*, p.286.

69 *FR*, 1/67, 104. 利玛窦的同伴罗明坚也用过同样的对比，见 *OS* 第 402 页附录 3。

70 *FR*, 1/100. 佩雷拉和达克鲁兹的描述，见 Boxer, *South China*, pp.18-19, 178-79。

71 *FR*, 1/101.

72 *FR*, 1/205-6, 243.

73 *FR*, 1/289-93. 利玛窦哀悼那位耶稣会士马丁内斯的话语，见其 1581 年 12 月 1 日给马菲伊的信，*OS*, p.24.

74 利玛窦对此事的详细叙述见 *FR*, 2/374-79。

75 德礼贤在一条很长的注释中（*FR*, 1/292）讨论了 1593 年（或 1592 年年底）在华耶稣会的人员名单，其中说马丁内斯是 25 岁，也就是说他出生在 1568 年。

76 Ludolfus, *Vita Christi*, ed. Bolard, p.638. 也可看 H. J. Coleridge 的译文（第 190 页）。关于整个鞭打过程，参看 Coleridge 生动的翻译，第 188—197 页，以及鲁道夫斯书中冷酷而赤裸裸的细节描写，第 255—256 页。

77 罗明坚在一封信件中（1583 年 2 月 7 日）作过特别精彩的描述。*OS*, p.415.

78 参见 *DMB* 中“小西行长”的条目（第 728—733 页），Elison, *Deus Destroyed*, pp.112-13 讨论了耶稣会士与日本军事计划的合谋。

79 *FR*, 2/10-11.

80 利玛窦的反思参看 *FR*, 2/373-74. Schurz, *Manila Galleon*, pp.85-93. *DMB*, “Kao Ts’ai”, p.583.

81 裴化行在他的 *Aux Portes de la Chine* 一书中很好地论述了这三个宗教修会早期在中国的活动，尤其见 59—71 页、103—114 页。有关多明我会的达克鲁兹和奥古斯丁会的拉达（Martin de Rada）在中国的经历，其译文可见 Charles Boxer, ed., *South China in the Sixteenth Century*, pt.2. 伯希和（Paul Pelliot）在其 Les Franciscains en Chine 一文中很好地概括了方济各会的经历，同时还指出了裴化行和 Wijngaert 论著在同一主题上的缺失。利玛窦对圣方济各及其追随者的称颂可见《天主实义》第 541 页。有关利玛窦对方济各会传教策略的关心，其例子可见 *FR*, 1/179, 232, 2/269。德礼贤引过另一则材料，有关其他修会的“*herror y zelo desordenado*”，范礼安一次对利玛窦发出过更严重的警告，*FR*, 1/187, n.8。

82 *FR*, 2/372-73; Cooper, “Mechanics of the Macao-Nagasaki Silk Trade”, p.431.

83 *FR*, 2/373.

84 *FR*, 2/388.

85 Furber, *Rival Empires of Trade*, pp.33-35. 有关 Coen 无情冷酷的行为，见 44—45 页。

86 Schilling, “Martyrerberichtes,” p.107. 关于此殉道行为的背景情况尚有争论，Elison, *Deus Destroyed*, pp.132-40. Carletti 的 *My Voyage* 书中说他刚在长崎登陆就立即去看此地情景，Boxer, “Macao as Religious and Commercial Entrepot, ” p.69 则提到丝绸和其他织品上的殉道者图案。

87 Cooper, “Mechanics,” p.424 引到此碑文。

88 有关日本基督徒水手和葡萄牙人之间发生的野蛮争斗，见 Boxer, *Fidalgos*, pp.53-54。

89 *FR*, 1/324.

90 *FR*, 2/370.

91 比如在 1601 年，见 Boxer, *Fidalgos*, p.49。

92 *FR*, 2/370. 原文为“*un puoco di muro et un modo di fortezza*”。

93 *OS*, p.374. 1608 年 8 月 23 日信。

94 Ignatius, *Spiritual Exercises*, tr. Puhl, par. 327.

95 同上，par. 325。

96 *FR*, 1/172-73.

97 *FR*, 1/203.

98 *FR*, 1/246-47.

99 Aquinas, ed. Bourke, p.259.

100 这些话引自 *OS*, pp.67, 70, 90, 234, 279。

101 *OS*, p.161. 有关孟三德，见费赖之的《列传》第 44 页。

102 Conway, *Vita Christi*, pp.61, 96.

103 Maffei, *L'histoire des Indes*, 序言第 3 页。利玛窦在 1581 年 12 月 1 日的信中热烈地赞颂这个“序言”（proemio），见 *OS*, p.24. 有关马菲伊，可见 Villoslada, *Storia del Collegio Romano*, p.335。Dainville, *L'éducation*, p.129.

104 《哥林多后书》第 11 章第 26 节，*OS*, p.107.

105 关于旱灾见《韶州府志》第 11 卷页 52b，重印本第 242 页。关于这位姓李的“妖士”见第 24 卷页 36b，重印本 481 页。

106 *FR*, 1/320-22. *OS*, p.108. 1592 年 11 月 15 日给阿桂委瓦的信里提到更多细节。

107 *FR*, 1/321, 323. 有关脚伤和医生的诊治都能从这里推断出来。

第三章　第一幅图像：波涛中的使徒

利玛窦交给程大约在《程氏墨苑》中刊刻的第一幅图，描绘的是使徒彼得在加利利海波涛中挣扎的场景。在利玛窦的设想中，这幅图景来自《马太福音》第14章，讲述的事发生在基督用五张饼和两条鱼喂饱了众人之后，他独自一人走到山上去祷告，让门徒们先上船渡到海的那边去：

> 到了晚上，只有他一人在那里。那时，船在海中，因风不顺，被浪摇撼。
>
> 夜里四更天，耶稣在海面上走，往门徒那里去。
>
> 门徒看见他在海面上走，就惊慌了，说："是个鬼怪！"便害怕，喊叫起来。耶稣连忙对他们说："你们放心！是我，不要怕！"
>
> 彼得说："主，如果是你，请叫我从水面上走到你那里去。"耶稣说："你来吧。"彼得就从船上下去，在水面上走，要到耶稣那里去。只因见风甚大，就害怕，将要沉下去，便喊着说："主啊，救我！"耶稣赶紧伸手拉住他，说："你这小信的人哪，为什么疑

惑呢？”他们上了船，风就住了。在船上的人都拜他，说：“你真是神的儿子了。”[1]

在合理的范围之内，利玛窦按他的想法自由地翻译了这则故事，因为当时还没有《圣经》的中文译本。尽管许多中国人劝他接过这个任务，但都被他拒绝了，理由是译经工作压力太大，困难极多，而且必须先征得教皇的同意。[2]但是既然程大约要求每一幅图画都配有一段用汉语写成的文字，利玛窦便从《圣经》故事入手，并且按照自己的想法对故事进行了改编，使其能适应中国人的道德观念和宿命论（利玛窦用发音为“Bo-do-lo”的三个汉字“伯多落”来翻译彼得的名字，这是他认为发音最接近于 Pietro、Pedro 或 Petrus 的字）。他将这则短文命名为“信而步海，疑而即沉”：

天主已降生，托人形以行教于世。先诲十二圣徒，其元徒名曰伯多落。伯多落一日在船，恍惚见天主立海涯。则曰：“倘是天主，使我步海不沉。”天主使之行，时望猛风发波浪，其心便疑而渐沉。天主援其手曰：“少信者，何以疑乎？”

笃信道之人，踵弱水，如坚石，其复疑，水复本性，焉勇？君子行天命，火莫燃，刃莫刺，水莫溺，风浪何惧乎？然元徒疑也。以我信矣，则一人瞬之疑，足以竟解兆众之后疑，使彼无疑。我信无据，故感其信，亦感其疑也。[3]

这则文字的第二段完全出自利玛窦的创造。这里利玛窦所说的

“君子”是指中国学术传统中的贤哲，他们能够通过对“道”的凝思而进入澄明之境，甚至水火不侵。然而利玛窦的这种诠释，并没有点明他的第一段叙述和福音故事本文之间的差异。在利氏的汉语译文中基督“立海涯”，并对彼得“援其手”；而《马太福音》当中的基督则“行走在海面上”，并在彼得将要沉下去时“拉住他”。如果我们讲求教义的细微区别，那么这种差异似乎就带来了如何进一步诠释的问题。但利玛窦关心的还不是如何诠释，而是必要性的问题，若他希望使用图像来促进记忆，必须要考虑视觉上精确性的要求。当程大约向他要求提供图画时，如果他手边正好有最想翻印的图画，就不必作如此改动了。

这幅“最想翻印”的图画就来自纳达尔（Jeronimo Nadal）的《福音故事图像》（*Images from the Gospels*）一书。利玛窦十分珍爱此书，在他行旅中国时一直随身携带。1605 年 5 月，他写信给阿桂委瓦会长的助手阿尔瓦雷斯（Alvarez），信中说：“当我们与中国人交谈时，可以拿出这本书，让他们亲眼看到相关事物，而这些事物往往我们用言语是无法描述清楚的。在这个意义上，这本书甚至发挥了比《圣经》更大的用处。”[4] 利玛窦本来想给程大约用来作为彼得故事插图的，是纳达尔书中第四十四幅图画。该画展现了惊慌的门徒们之群像，有的紧紧抓住船桨，有的正奋力拉开已经收卷起来的船帆，有的人在看到汹涌波涛和基督的身影时，高举双手，或惊声哭叫，以为看见了鬼怪。站在船边的人是彼得，他正准备跨出小船，长袍被大风吹着，套住了膝盖。在近景处的还是彼得，此时他满脸恐惧，身体正在水中下沉。耶稣的形象占据了画中最显著的部位，他平稳、坚定地在海浪上行走，画面中他用左手轻轻地握住彼得右手手腕，而自己的右手摊开并上扬，向天祈祷。[5]

遗憾的是，当程大约提出请求时，这本纳达尔的书已经不在利玛窦手上了。此前他已把它借给了耶稣会同事阳玛诺(Emmanuel Diaz）神父，后者将书带到了南昌，用于传教工作。他俩当时有个交换，阳玛诺把纳达尔的书带去南方，而在北京的利玛窦则得到了一套装帧精美、多语对照的八卷本普朗坦《圣经》(Plantin Bible)，此书当时刚刚运抵中国。但利玛窦很快就后悔这一决定，他立即写信到欧洲，希望再寄几本纳达尔的书过来，但路途遥远，一时难以到达。[6]

面对程大约的请求，利玛窦感到机会实在难得，不可错过，于是就采用了偷梁换柱之法。他在北京的住所中另藏有一本由二十一幅木版画组成的图册，描绘的全是基督受难的场景。这些版画和纳达尔著作中的许多插图一样，都是出自威克斯（Anthony Wierix）之手。这套版画集的第一幅从基督进入耶路撒冷开始，至最后一幅基督升天结束，其中并无涉及诸如“水面行走”之类基督早期生活的事迹。但利玛窦发现，这套中的第十九幅画，描绘的是基督复活后向他的门徒们现身的场景，当时他的门徒们正好在加利利海捕鱼。根据福音故事，也就是《约翰福音》第二十一章对此事的描述，使徒约翰最先认出了基督,但一贯性格冲动的彼得却当即跳入水中（先穿上了衣服，因为他干活时一直赤着身子），向他的主那边游过去。尽管在威克斯的画上，水中的浪很小，使徒们都在奋力拉网，似乎并没有被夜晚风浪大作所惊吓，但至少在画上彼得身处水中，而基督也向他伸出了手。只要将《马太福音》的原文中“基督行于水上”的情节改为立在岸边，将基督“抓住彼得的手”改成向彼得伸出手去，那么接下来只要运用想象力，这两幅画面就能重合了。还有，威克斯的原画上清楚地描绘出基督的手脚上被钉过的洞眼，以及罗马士兵的长矛刺在基督身体右侧的伤口，这些即刻被修补掉。利玛窦请一位中国能手帮忙，在翻刻图画的时候，将基督经历十字架受难的痕迹统统遮盖。[7]

所以，利玛窦如此这般对福音文本作了修改，使错误的图画也能发挥恰当的作用。一旦图画和注文相配，程大约就会将其制作成售价不菲的水墨画，在中国富有的文人阶层中售卖，或者会将其印在书中，以牟取更多收益，这两种传播方式亦能相互促进。但若设想，当只有这幅画本身出现在中国人面前，那么它也许能通过记忆唤起信仰，而盖过理性和意愿的作用，如此说来，它背负的责任也更为重大。视觉形象能够让人联想出更多散失的情节，这能深入到每一个细微之处：远方的城市里，每一个饥民都能得到食物。在那座高山上，基督隐退其中祈祷修行。在那条渔船上，所有船员都在努力打捞，或者说，所有人都在努力营救伯多落，他若在船上还算安全，但他跳入水中，身着厚重的长袍在波浪中挣扎，用焦急的眼神注视着岸边平静的基督。

利玛窦的世界既被水撕裂，又被水所连接。当他在 1578 年从葡萄牙坐船到印度时，由哥伦布、达伽马和麦哲伦所开辟的伟大的航海探险时代已经过去了七十年，而这些新的大洋航线——从塞维利亚到委拉克鲁斯，从阿卡普尔科（Acapulco）到马尼拉、从里斯本到果阿和澳门——已经成为全球生活世界的一部分。然而，对于海洋，人们依然所知有限，在地图上大部分海域都无法标明。即便是1602年利玛窦在北京修订完成伟大的《坤舆万国全图》，虽然吸收了最新近的地理发现，采用了最优良的制图技术，但依然把南半球的底端绘制成一整片巨大的次大陆。按图所示，那些航船从好望角或者麦哲伦海峡往南哪怕只有几英里远，都被认为会被那荒凉和无情的海岸撞成碎片。事实上，利玛窦从未使用过“好望角”（Cape of Good Hope）这个新出现的委婉名字，他宁肯使用更古老而准确的名字——“风暴角”（Cape of Storms）。[8]

在利玛窦的时代，出于传统以及航海的经验，到印度或是远东的旅行都要遵循某套固定的程序。教皇曾于1494年在托尔德西里亚斯（Tordesillas）裁决，将世界分成两片大区，每片都由一个天主教海上强国把持，利玛窦的时代仍是如此。那些向西旅行，前往拉丁美洲、太平洋甚至菲律宾的人必须搭乘西班牙的船只；而向东到印度、摩鹿加香料群岛、澳门或日本的人，则要搭乘葡萄牙的船只（当时英国、荷兰和法国的海上力量才刚可以和这两家垄断者竞争，远未达到打破这种垄断的地步）。如果要在远航时获得最佳的风向，前往果阿的船只应设法在3月从里斯本出发（当然在复活节前出发都还算是安全的），一直南下到达非洲西海岸，接着转向西南，经过巴西海岸；当到达南纬30度时折向东，经过特里斯坦·达库尼亚群岛（Tristan da Cunha）和好望角，然后借助西南季风之力就能在9月到达果阿。如果他们希望在一年内回到欧洲的话，旅行者就必须在圣诞节前离开果阿，抓住东北季风的时机，大概在次年5月的时候绕过好望角。[9]

旅行中在任何港口都会有长时间的耽搁，因为每段航程的开始都要等待适当的时机，出航日期实际上是由季风或者盛行的信风来决定的。当时最好的一些船，比如尾部极高的葡萄牙大船——它们常被叫做“卡雷克”（carrack）——最大的能有两千吨重，装备二十八门大炮，但这些船大多只有四百吨重，二十门左右大炮，需要一百二十名船员。“卡雷克”通常是在科钦和果阿的船厂里用印度柚木建造的，这主要是由于16世纪晚期南欧地区造船用的木材严重短缺。[10]然而，自16世纪早期的探险时代以来，除了船体尺寸变大之外，造船技术本身并没有什么进步，而且大型“卡雷克”的适航性反而比它相对小巧的前辈们要差。科学和航海技术还没有紧密联系起来，哥白尼的天体学说开辟了新世界，却还没有给航海活动带来任何益处。海上的计时很不准确，罗盘的指示也常常出错。纬度的测量此时已经相当精确，但经度测量就差得多了，有时只比纯粹猜测好那么一点。[11]尽管有些意志坚韧的商人，比如意大利人卡莱蒂（Francesco Carletti）能够凭借自己的经验，梦想在16世纪末打开全球贸易的航路，使商人们在两年或更短的时间里就能环绕地球，但卡莱蒂本人足足花了八年的时间（1594—1602）才完成了从塞维利亚出发，经由墨西哥、长崎，最终到达荷兰泽兰（Zeeland）的航行。航程耗时如此之长，不过当时倒很少有人会表示惊讶。[12]

在华耶稣会士对海上的危险都十分清楚，因此他们写信到欧洲时往往一信两发：一封交至由马尼拉出发，经墨西哥回欧洲的西班牙大帆船，另一封则交给从澳门出发，经过果阿的葡萄牙“卡雷克”。利玛窦的上级范礼安有一次由澳门寄信回罗马，足足花了十七年，他可能会十分震惊。[13] 利玛窦本人从发出信至收到回信平均要六七年，他对此习以为常。1594 年，当他从韶州写信给一位友人时，利玛窦意识到，如此漫长的通信时间不仅会使发信时的情况早已时过境迁，“而且收信的人也可能早已到了另一个世界，我时常会想到，我写了这么多关于此处生活的长信，但收信人说不定已经去世，每念及此，我便丧失了继续写作的力量和心情”。[14] 但此中最令人心碎的例子，莫过于利玛窦和他父亲的通信。他的父亲吉奥瓦尼 · 巴蒂斯塔 · 利奇（Giovanni Battista Ricci）是马切拉塔当地一位富有的药师。1593 年，利玛窦在写给他父亲的信里说 ：“要不是通信如此麻烦，让我知道家里的近况，以及你们都健在安好的消息，我会是多么的快乐！”[15] 此时他已经五年没有得到双亲的消息了，上次他们给利玛窦发信还是五年前他离开里斯本的时候。三年之后，利玛窦从一位意大利密友处获知，他的父亲已经去世，他为此庄重地做了多次弥撒以示纪念。[16] 但在 1605 年，他终于得知，他的父亲尚健在人世，激动之下，他又写了信回去，这是他毕生所写家书中，唯一一封充满温情的（至少是我们能看到的唯一一封）。在信里他简述了自己在中国传教事业的主要成就，并以此结尾 ：“我不知道这封信到达你那里时，你会在世间还是在天堂，但无论如何我都要为你写下这些话。”[17] 然而，当这封信到达马切拉塔时，吉奥瓦尼 · 巴蒂斯塔已经过世 ；同样，当报告他父亲死讯的回信——这次消息确凿——抵达北京的时候，利玛窦也已经撒手人寰。[18]

利玛窦的预感通常不会出错。他在东方传教的这段日子，正是海难频频发生之时。这些海难并不仅仅由于暗礁、远洋或是突如其来的风暴导致，也有可能出于人祸，由于官僚批文或者造船时间的耽搁，航期延误十分常见，使得船只往往不得不在风向和天气条件非常不利的情况下出发。尽管葡萄牙的航海技术享誉世界，但船员大多是未经训练的，甚至无能的。据记载，有位船长曾发现，他那些刚从乡下招募来的船员根本分辨不出何为左舷，何为右舷，于是只好把蒜头和洋葱头分别挂在船的两边用以区别。根据某位历史学家的旅行记录，船上新水手的名单里包括有“裁缝、鞋匠、仆人、农夫和一些无知的男孩”，而许多高级船员则是毫无经验的贵族。[19]

从航程一开始，食物和水就十分短缺，而且很快就变得更糟，因为船上还有偷渡者和半合法的乘客，偶尔还包括一些前往印度的妓女和高级船员的情妇之类人，这都使情况雪上加霜。[20]当船上出现病疫时，它会以惊人的速度传播，尤其是在那些极度贫困的葡萄牙人当中，这些人每年出海的多达两三千之数，深受病疫之害。所以，在有些航程中，尽管天气情况还算理想，但还是可能损失一半的船员。有些乘客不愿使用公共卫生设施而随处大小便，下到船舱里的人们往往会被那些垃圾和大小便的臭味熏得呕吐，甚至昏厥过去。草草制作起来的休息座位摇摇晃晃地挂在船侧，即使在平静的海面上也显得让人胆战心惊，更别提是在大暴风雨的时候。

然而，造成船难最主要的原因，在于那些不常出海的船只上疯狂的超载情况，如果航行顺利的话，他们能以此获得极高的收益，所以大堆的货品随意杂乱地堆放在甲板上，摇摇欲坠，船员和更为贫困的乘客一样，为了赚钱，把他们宝贵的船舱位置腾出来放货，自己则睡在甲板上，无论天气晴朗还是恶劣，都跟货物挤在一起。原来混乱的环境就变得更加糟糕。[21] 这些还不够，许多船只本来就是用劣质的木料建造而成，难以维护，钉子和填充材料都从腐化的木料当中掉落出来。甚至还有人为破坏，有位令人厌恶的葡萄牙船员在一次事故中损失了大部分的财物，为了发泄心中的怒气，他用一根孟加拉竹杖劈裂了船龙骨的圆木。有些船队要通过危险的海域时，会匆匆忙忙把几艘船用绳索相互捆绑起来，从船头到船尾绕过，并用绞盘系紧。[22]

利玛窦在《中国札记》当中曾写道，1587 年，凶恶的中国官员威胁要将耶稣会士逐出中国时，他含着热泪请求官员的同情，并表示，要再一次穿越“横在中国和他们家乡之间的汪洋大海”，是“不可能的”。[23] 他的朋友斯宾诺拉（Nicolas Spinola）就是在 1578 年 9 月和利玛窦一起安全到达果阿的，他写信给罗马的上司说：“那些渴望旅行去印度的人应当将生死置之度外，随时准备好献身；他应当虔心信仰我们的主，心甘情愿忍受苦难；他应做好准备，克制自己所有的情感，因为在这条路途上，人只能靠经验去认识自身，而不能靠任何理论思考。”[24]

私掠船队是海上的又一公害，它对航海造成的危险丝毫不亚于上述这些。1578 年 3 月 24 日，当利玛窦和耶稣会同伴们从里斯本港口起航之后，两艘全副武装的法国船（或许是与天主教的对头——荷兰新教势力结盟的胡格诺派的船只）尾随了他们的船队好几天，试图抢劫小商船里掉队的。这些小商船主要目的地是巴西，在前往加那利群岛（Canary Islands）的这段航程中，一直紧紧跟随着三艘赴印度的卡雷克大船。当卡雷克的船长们下令准备开炮时，耶稣会士们（尽管正忍受着晕船的严重折磨）都聚到了甲板上，紧握着手中的十字架，时刻准备动员全体船员加入战斗。由于不愿冒险与这三艘装备精良的船只展开炮战，法国人最终离开了，他们还编了个拙劣的谎言，称自己并非法国船只，而是迷失了航线的佛兰芒货船，装载的全是谷物。[25]

并不是所有的船只都这么走运。在16世纪后期，英国、荷兰的私掠船队与法国人串通一气，他们的恶行加剧了宗教战争带给人们的痛苦，这些船队劫掠的目标甚至远到哈瓦那、莫桑比克和澳门等地。在许多情况下，葡萄牙人总是以令人难以置信的勇气，不惜付出沉重的代价去击退这些侵犯者，他们甚至不惜让大商船带着大多数海员和全部货物沉到海底，也不愿向新教势力或日本敌人作一丁点的屈服。[26]饶是如此，那些机动性更强、火力更猛的私掠船只，必然会获得许多标志性的胜利：比如1587年，英国人劫获了满载财宝的西班牙大船——刚离开阿卡普尔科的“圣安娜”号（St. Ana）；而在1603年，荷兰人在几周时间里连续在马六甲和澳门洗劫了两艘葡萄牙卡雷克船，此类事件层出不穷，这两次只是其中最突出的例子。前一例中，英国人获得的战利品大约总共值50万克朗，而后者的荷兰人掠走物品价值超过350万荷兰盾。[27]

16世纪航海活动的一大特点是，过大过重的责任全担负在舵手一个人身上。就拿西班牙和葡萄牙船只来说，皇家条例规定，舵手全权掌控船只的航程，因此无论深浅，舵手都只能依靠自己在航海中积累的经验，比如风向、海流、鱼类和鸟类的活动特征，加上使用简单的海图、过往海员的记录、罗盘、星盘、四分仪之类的工具，来掌控航行。但与此同时，他要承担的却是整艘船的安全重任——上千吨重的船，载着上千名乘客和船员。[28]一旦航行中出了什么差错，舵手自然就难辞其咎，并一己担负当时人所有的指责。圣托马斯·阿奎那曾经对四种类型的因果关系作过著名的分析，这在当时属于受教育的天主教徒的标准读物，其中阿奎那说："同一事物可能产生完全相反的后果。比如，一位舵手可以成为一艘船沉没或者存活的原因，如果他坚守岗位，船只就能获救，若是他不在其位，船只就会沉没。"[29]然而，这些文字毕竟写于13世纪——早在远距离航海的时代到来之前。在利玛窦时代的大多数人看来，阿奎那的这段话或许要修改，增加第三种情况，即舵手的坚守岗位反而会导致船只的沉没。史蒂文斯（Thomas Stevens）是位性情温和的英国耶稣会士，他曾经在1579年对航海船员十分感激，欣赏他们的精湛技术，因为那年他一路平安最终到达果阿。但是，当某次他乘坐的船绕过以暴风雨闻名于世的好望角时，却遭遇了此生唯一一次接近遇难的险境，他不禁责怪起了船上的舵手：

> 然而，我们到那里时并没有遇上暴风雨，只有翻涌的大浪。这时我们的舵手因疏忽而出错。因为，在这一带，所有的航海者通常都不会把船开到能看见陆地的范围，而是依照某些征迹来判断海底的深浅，以确保航行的安全。但我们的舵手满以为风向尽在掌控，开始贴近陆地航行。不料后来风向突变，南风大作，滔

> 天的巨浪以排山倒海之势把我们的船裹挟到离陆地只有不到 14 英寻 * 的地方，离厄加勒斯角（Capo das Agulias）只有 6 英里远。在那里我们完全陷入了困境。在船下方是无比巨大的礁岩，不但锋利而且陡峭，以至于完全无法停锚。海岸上的情况也完全不容许我们登陆，岸上尽是些残暴而野蛮的土人，所有的陌生来客都会被置于死地。因此，我们不再抱有任何努力的希望，只有听凭上主的安排，祈求良善的回报。[30]

正如他所说，史蒂文斯搭乘的船只最后能幸免于难，旅程最终能平安抵达，靠的不是舵手的功劳，而是上帝的青睐。

其实许多旅行者的亲身经历都比这次更为生动和跌宕，巨大海难中幸存者们的记述，是 16 世纪晚期很受欢迎的故事题材，每有海难发生后，此类故事就被编成小册子或是书籍出版。从 1577 年到 1578 年初，利玛窦和他的耶稣会同事们为了等候去果阿的船队组建，在葡萄牙的科英布拉大学足足等了十个月之久。在此期间，他们应该可以读到 1565 年在里斯本出版的那本讲述“圣保罗”号（St. Paul）命运的书，从而对舵手在“圣保罗”号悲惨旅程中扮演的角色有详细的了解。

“圣保罗”号是在 1560 年 4 月底离开里斯本前往果阿的，船上共有五百人，其中有一百名水手，三十三名女性乘客，三十名在十二岁以下的儿童，两位耶稣会神父，其余则是高层船员、各色男

---

* 英寻（fathom），长度单位，一英寻等于六英尺。

乘客，以及一大批奴仆。在离港时，船员和乘客肯定能从他人的经验中了解到，他们出发的日期已经比通常安全航行的日期要晚许多。而且，尽管“圣保罗”号是在印度建造的，“船体非常牢固，在任何狂风到来时都能像岩石一般坚硬”，但是在药剂师迪亚斯（Henrique Dias）看来，“它在顶风航行的时候就像一个病怏怏的水手，船行相当艰难，方向难以掌控”，[31] 迪亚斯带着满箱的药品搭乘此船前往果阿，他也是“圣保罗”号命运的记录者。航程刚开始，船就遭到了一场暴风雨的袭击，随即，又因为舵手的失误而迷失了方向，这名舵手“完全是印度航线的新手”。于是，“圣保罗”号不得不在非洲几内亚湾中滞留了整整两个月，等待适合的航行时机。船员和乘客们都陆续病倒，他们神志不清、腹股肿胀。由于无药可用，所以不停流血，因为迪亚斯带的那点药物早就消耗殆尽。船上的帆缆绳索在连日大雨的天气下开始腐烂，满船总共五百人，一度有三百五十人病疫缠身。[32]

在经历了四个月的折磨之后，到了 7 月底，“圣保罗”号才穿越赤道，到达巴西萨尔瓦多，在那里得到了修整。但是，有一百人离开大部队去巴西淘金，这更加削弱了船员队伍的力量。为了寻找到马达加斯加的航线，“圣保罗”号在惊涛骇浪中摸索前进，对于方向，“在船长、舵手、船主，以及那些对航海事务略有知晓的人当中，爆发了极为激烈的争论”。最终，“圣保罗”号完全偏离了前往印度的航向。1561 年 1 月，船撞上了苏门答腊岛的海岸而沉没。在沉船的那天，所有人集合在船的上层甲板，将旗帜和圣物铺开，齐齐跪在前面，向上帝作着无比虔诚的临终祈祷。[33] 当利玛窦在 1578 年到达印度的时候，这次劫难的部分幸存者经过艰险而令人绝望的长途跋涉，早已抵达了果阿并在当地定居，以各种方式续写自己的人生：这些人当中有帕埃斯（Francisco Paes），他在1585年成为中国至日本航线的船长（到1601年仍然作为一个审计长生活在果阿）；而丰塞卡（Antonio da Fonseca）已经成家，并在妻子去世之后加入了耶稣会；费尔南德斯（Francisco Fernandes）在“圣保罗”号船难时还是一名小船童，此时已长大成人，在果阿的拍卖市场做着叫价工作。而此时已年老体弱的绅士巴尔博萨（Pero Barbosa）是果阿当地教堂的管理人，由于经费实在缺乏，他不得不每天都上门向城里的宗教团体和富裕家庭去祈求资助。[34]

关于1578年利玛窦前往果阿的旅程，由于没有任何他自己的记述流传下来，我们无法确知他对于航海事务的看法。然而，我们还是可以从两个方面来判断：在积极的一面，我们知道，在他的中文神学著述里，利玛窦曾经以海船上的舵手这一形象（和其他形象诸如弓箭手、制作地球仪的工匠、建筑师、印刷工等）为例，来说明一个人的技艺显然跟不上大千世界包罗万象的变化。但这其实只是他对自己读过的托马斯主义读物的一种附和。利玛窦觉得，舵手引领一艘大船在蕴藏无限危险的大海中航行，但远处的人却根本看不到舵手的行动，这一点同上帝安排人类命运的方式十分相似，当然，人类永远没法看到上帝。[35] 我们也知道，利玛窦乘船前往印度的途中，曾经两次穿越赤道，在此期间所作的观察后来对他大有裨益。在后来绘制的世界地图上，他用中文写下这样的注释：“当我从西方来中国，途中经过赤道时，我亲眼看到南北两极的距离于地

平线均分的位置，没有任何纬度的差别。”[36 *]

就消极一面来说，我们可以从别人的记述中得知，利玛窦所搭乘的“圣路易”号（St. Louis）在航行到莫桑比克港湾的入口处时搁浅了，海水大量涌入船舱，甚至更致命的危险即将到来。此情此景给人的心理冲击是巨大的，以往所经历的种种险境会让人对此倍加惊恐。[37] 在利玛窦用中文写就的神学著述里，有一段文字代表了他发自内心的感触，他写道，身处 16 世纪的人们，就如同“大洋间著风浪，舟舶坏溺，而其人荡漾波心，沉浮海角，且各急于己难，莫肯相顾，或执碎板，或乘朽蓬，或持败笼，随手所值，紧操不舍，而相继以死”。[38]

利玛窦的同时代人早就适应了在海上沉浮的生活，他们会尽情嘲弄舵手，尽管他们清楚舵手工作会遭遇的各种技术上的艰难和风险。塞万提斯和莎士比亚笔下的人物就是最好的例子。塞万提斯描绘的堂吉诃德在乘坐小船沿着条小河顺流而下时，自以为是在穿越浩瀚的大海，他责备仆人桑丘 · 潘沙知识的贫乏：“什么分至圈呀、经线呀、纬线呀、黄道带呀、黄道呀、南北极呀、两至呀、两分呀、行星呀、十二宫呀、方位呀，这些都是用来度量天体和地球的。”[39] 由于没有随身携带测量的器具，无法算出他们已走过的确切里程，堂吉诃德自我陶醉地猜测他们已经走了大约两千英里（而桑丘则猜想他们只前进了 5 码），堂吉诃德继续说道：

---

* 这段引文是作者对利玛窦《坤舆万国全图》注文的改写，相关注文如下：“匀分三百六十度，随地而移，如北极出地一度，则南极入地一度也。中横环名曰赤道，日行至此则昼夜平矣。”

"只要我身上带着一个仪器，能够测出极点的高度，我就能告诉你我们已经走了多远。不管怎样，我知道已经走过的地方，也知道马上要到的地方，平分南北两极的赤道线，准就快到了！"

桑丘就问："要是我们到了您说的那条讨厌的赤什么线，那我们算走了多远的路呢？"

"很远啊"，堂吉诃德回答说："因为照伟大的托勒密的说法，他可是最著名的宇宙学家哦，整个有水有陆地的地球共分作 360 度，咱们到了我说的赤道线的时候，就已经走了 180 度！"

"天啊！"桑丘说："是阁下您让我有幸知道了这么伟大的人物，多什么蜜来着，还有他的什么算法。"[40]

相比之下，莎士比亚的描述就更加具体，也更富有寓意。在他的悲剧《麦克白》第一幕里，有一位女巫曾经提到一个女子，她的"丈夫是'猛虎'号的船长，到阿勒坡去了"。17 世纪早期的观众大多数都熟悉这个隐喻，它暗示的是英国商人费奇（Ralph Fitch）的命运。费奇在指挥"猛虎"号前往地中海东部的商业城镇阿勒坡（Aleppo）之前，曾于 1583 年在霍尔木兹被当做间谍逮捕，并被转运到了果阿那个臭名昭著、戒备森严的监狱。1599 年哈克卢伊特（Hakluyt）出版的《航海记》，在第二卷用图解的形式详细记录了这则故事。[41]《麦克白》里的女巫接下来又讲到，那些迷失方向的航海者在风向飘忽不定的环境下是如何勉力支持的，他们绝对应该获得诸如前赴印度船队乘客的同情，正如这段对话刻板的收场白所说：

浪打行船无休息，

终朝终夜不得安，

骨瘦如柴血色干。

年年辛苦月月劳，

气断神疲精力销。

他的船儿不会翻，

暴风雨里受受难。

瞧！我有些什么东西？

女巫乙：给我看，给我看！

女巫甲：这是一个在归途覆舟殒命的舵工的拇指。[42] *

有一点令人好奇，但又很有可能，那就是同时代的旅行文学给莎士比亚的戏剧创作带来了启迪，所以读者眼前的麦克白兼有舵手的勇敢无畏和烦恼缠身。那些舵手和麦克白一样，在某些重要时刻必须痛下决断，但此时天公并不作美，他们被固执的自尊心驱使，决定铤而走险，结果不但毁灭了自己，也毁灭了命运系于一道的其他人。在反宗教改革时代的欧洲天主教世界，人们急切渴望听到这类故事，而生活也为他们提供了丰富的素材。1581 年，利玛窦第一次读到历史学家马菲伊的史著，并为之深深着迷。而马菲伊本人不但陶醉于阅读同时代葡萄牙的海难故事，而且还搜集了许多与利玛窦一样前往东方的耶稣会士的经历，并将其作为素材，写入了他那

* 此处用朱生豪先生译文。

本博大精深的印度史的书。[43]

在 1578 年初，利玛窦从里斯本出发，前往果阿。他所在的船队由三艘船组成：即“圣格里高利”号（St. Gregory）、“伟大耶稣”号（Good Jesus）和“圣路易”号。十四名耶稣会士分乘在三艘船上，每船四五个人。利玛窦、罗明坚和另外三名耶稣会士被安排在“圣路易”号上。“圣路易”号算是一艘“旗舰”，由整支船队的主船长亲自来指挥，然而，这并不是什么激动人心的选择。就在两年前，该船经历了一次梦魇般的航行，尽管当时的天气十分适于航行，共有一千一百四十名乘客拥挤在船上，其中约有五百人死于热病以及由污秽不洁和过度拥挤引发的其他疾病，而这数字还不算在果阿上岸后死去的人数。[44] 但是，利玛窦和他的朋友们还算是幸运的，因为当时葡萄牙国王塞巴斯蒂安已经下令，卡雷克船不能造得太大，以免无法管理；船舱不能太过拥挤，以免疾病蔓延。或许正是这些明智的命令——塞巴斯蒂安的继承者们早就将之忘记——救了他们的性命。[45] 尽管如此，同往常一样，船上的舱位还是很昂贵的。3 月 23 日晚上，当这些耶稣会士登船时，三艘船上的许多船员和士兵早已把他们的客舱位卖给了要存放货物的商人，或是想要更多空余空间的有钱人。[46]

虽然利玛窦关于这次旅行的记录没有保存下来，但幸运的是，他的三位同行者的记述得以流传至今，这三人分别乘坐在“圣格里高利”号和“伟大耶稣”号上。因此我们能知道，“伟大耶稣”号上的神父们境遇十分糟糕，他们住在上层甲板的一个窄小的舱室内，这个舱室是用非常粗劣的木材偷工减料建成的，其空间之小，只要四人在其中同时伸展手脚就能填满。舱内仅有一个极小的橱柜，供他们放置水和其他如油、醋、酒、奶酪和硬饼干之类的东西。“圣格里高利”号上的情况则要好些，神父们住在船尾的舱室，突出在船舵的上方。舱里开有三个窗子，其中一个直接向下对着水面，可以充当临时的厕所，也因此，神父们能听到下方波浪拍击的声音。[47]

三位同行神父在记述中一致认定，船队是在3月24日的黎明时分离港出发的。出发不久就迎来一阵顺风，三艘船驶离海岸，将人声鼎沸的码头甩在了身后。那时，码头上正在慢慢组建一支舰队，那是塞巴斯蒂安国王为了发起对北非海岸的攻击而准备的，舰队最终总共由八百多艘船只组成。[48]利玛窦的船队周围，有许多轻快的小船疾驶着，像是在催促船队加速。港口上空，基督创伤教堂(Church of the Wounds of Christ）的钟声久久回荡。这座教堂是前往印度船队的舵手和船长们的主保堂。[49]

就在这次长达六个月、两次穿越赤道的航海之旅当中，利玛窦平生首次体验了一种教会使命施行者的生活，不过，当时他还没有担任圣职，因此，在耶稣会有关这次旅行的文件中，他还是被称为“利奇兄弟”，或“神学的学生”。[50]船上的生活对他来说，就是即将步入的充满危险之未来生活的缩影，那里有他尚未经历过的种种社会关系，有肉体不适的考验，但同时也存在着自我苦行和献身服务普罗大众的各种机缘。利玛窦在罗马耶稣会学院所接受的训练，已经赋予他强健的体魄，能抵御各种肉体磨难。然而，正像他的耶稣会同事、搭乘“伟大耶稣”号的斯宾诺拉所记述的，在赤道地区炎热的气候，以及船上狭小难忍的环境之中，任何人的行为习惯都会发生改变。要想安然入睡是不可能的，人们唯一能做的就是“整夜汗流浃背，蜷缩在铺于木板上面的狭小床垫，忍受着船舱里的恶臭，还有虱子和臭虫的侵扰”。在持续的炎热和潮湿的环境里，所有的东西都开始腐坏发臭。书上的墨迹开始褪色，金属的刀具和汤匙逐渐生锈，长袍散发出毛料霉烂的味道，饮用水开始发馊，食物开始变质。在这种环境里，人们的牙龈肿胀，牙齿和下颚剧痛难忍，头疼欲裂。[51]

船上的水手大都粗鄙不堪，耶稣会神父们就试图改变他们那些糟糕的习惯。这些人拉帮结伙，彼此争斗不休，尤其是在闷热的夏季夜晚，那时神父们便会介入其中，充当调解人。有时，神父们会采用一套灵活的罚款方法，来减少水手当中无休无止的粗口咒骂。罚款的钱累积起来，之后就派得上用场，只要大家一致同意，就可以把这笔钱做一些造福全体的善事。如果水手们选择向神父忏悔，那么新的问题就出来了，因为神父们发现，想要找到个独处的地方，听他们讲述那些骇人的故事，基本上是不可能的——在这样一艘拥挤的小船上，仿佛每个舱室和舱壁上都长着耳朵。[52]但是，神父们的另一些做法，则会增加船员们的厌烦。他们坚持不渝地制止船员玩纸牌和骰子游戏，甚至把这些玩意儿扔出船外。他们还会没收那些混杂多种语言、带有在他们看来淫秽不堪的插图的书籍，而这些书本来是船员生活中很常见的消遣品。[53]

所以，在剩下的娱乐活动中，最受欢迎的要算是猎捕鲨鱼了。有些水手别出心裁地用布头做成海上常见的飞鱼模样，并给这些假飞鱼安上两根长长的鸡毛，在鸡毛里藏着粗重的金属钩子。然后把假飞鱼放入海中随波逐流，直到有鲨鱼跃出海面上钩。[54]另一些水手则用真鱼饵穿在连着粗麻绳的钩子上，诱捕一条鲨鱼上钩。然后他们用钩子钩住这条鲨鱼的眼睛，切开它的喉部，再将其扔回海中。这时所有甲板上无所事事的人们就成排地靠在船护栏边，激动地大声叫喊，看着其他的鲨鱼聚拢过来，美美地享用它们的同胞，直到再也吃不下为止。这些饕餮食客懒洋洋地在船的周围打转，然后自己也成了捕杀的对象。由于过度陶醉于这种游戏，有一次，四名水手在船边系一块木板浮于海上，并站在木板上观看，结果一条硕大的鲨鱼撞碎了木板，四人都掉入海中。所幸他们被及时救上船，逃脱了葬身鲨鱼腹中的结局。[55]

每条船上的耶稣会士都自成一组，安排他们自己的祷告仪式：每天清晨做一个小时的祷告，每八天做一次忏悔；时常阅读《灵操》以及达·托迪（Jacopone da Todi）的祷告诗；或是在他们狭小的舱室内练习苦行之法，每天做两次“良心的反省”，[56]圣依纳爵·罗耀拉就认为，这种“良心的反省”对灵性生命的成长至关重要。耶稣会士们每天还要至少背诵一次连祷文；在夜晚，他们去驾驶舱内，分两组和声吟唱圣诗，船员们则在黑暗中跪着祷告。[57]在圣徒的纪念日，所有人会列队在甲板上绕船行走，神父们身穿祭服，而辅祭的男童们手持蜡烛，捧着圣物和祭品。[58]在基督圣体节那天（1578年5月29日），有十七名船员身穿各式戏服，上演了一出长达两个小时的戏剧，这出剧演的是“帕多瓦的圣安东尼（Anthony of Padua）之诱惑”的故事，表现其中虔信者与魔鬼之间的战斗。帕多瓦的圣安东尼是葡萄牙天主教的圣徒，船员们为了求得他的佑助，都以极大的热情表演这出戏。[59]

这些圣徒的纪念日为海上的生活赋予了一种特殊的节奏，当利玛窦乘的船停靠在莫桑比克港口时，天开始刮起了逆风，船上的乘客都担心这会使他们错过到达果阿的最佳日期。为了求得风向的改变，他们甚至在8月12日举行了一场祭奠圣格拉希那（St. Gerasina）头颅的庄严仪式，然而却无济于事。船上的大部分人都认为，既然他们在圣母领报节（3月25日）和圣母访问节（7月2日）的时候都在海上，并呈给了上帝水淋淋的祭品，如今却未得上帝眷顾，那么可以推论，上帝显然认为，还在海上的他们没有必要再去庆祝圣母升天节（8月15日），同样，在圣母诞辰（9月14日）的时候，他们肯定还在前往果阿的航海途中，庆祝也无须举行了。[60]

在天气晴好、风平浪静的日子里，耶稣会士们还有其他的任务要做，在他们离开里斯本时，塞巴斯蒂安国王曾经送给他们礼物，包括一些草药和有药性的植物，他们便用锅煎煮这些草药，给船上得病的人服用。[61]有的水手染上了很奇怪的病症，仿佛中邪了一般，这时神父们就得施行各种祷告仪式，为他们彻底驱邪。[62]但是如果船因为无风而停止不动，尤其是在赤道附近的危险水域里，那么人们就会列队，在甲板上举行更为隆重的祷告仪式。神父们手捧着殉道贞女们的头像或者是博尼法斯（Boniface，他有次率领了一支由一万一千名贞女组成的军队）的头像之类的圣物，带领跪拜的水手们祷告，蜡烛的火光在虔信者的手中闪耀，甲板上架起祭坛，圣母和圣子的画像摆放其上，在场的人们无不咏唱圣诗。神父们直接向上帝祈求风的到来，以使船队能够继续前行。同时，他们成功地说服了船上的每个水手拿出些份子钱，或直接从补贴的油中贡献一些，用来赠予莫桑比克岛上由多明我会神父照看的小教堂，使其中贝鲁阿特（Beluarte）女神祭坛上的油灯不致熄灭。[63] 在风暴肆虐的海域，比如好望角附近，海浪拍打着船体，沉沉的黑暗之中，波涛汹涌地向船袭来，刻刻不停。神父们不时能听到船员的忏悔声（此时他们早已抛弃羞愧之情，再不害怕自己忏悔的罪恶被旁人听到），他们把刻有“神的羔羊”（Agnus Dei）的蜡制小圆盘抛入大海，以求得海浪的平息，祈望自己能摆脱疲累和疾病。与利玛窦同行的耶稣会士巴范济（Francis Pasio），后来曾总结了他们在这次漫长的旅程中得以幸存的原因，其中重要的一条就是每条船上至少有四名教士，每当事态到了绝境时，他们总能一次次地扭转局面。[64]

1578 年 10 月，在抵达果阿之后，巴范济在书信中偶然提到，他所乘坐的“圣格里高利”号在莫桑比克时曾载有“三四百名黑人”，[65] 而利玛窦所坐的“圣路易”号则很有可能载得更多。当时“有大量的奴隶在市场上贩卖，既有穆斯林也有其他异教徒，在部族战争中被敌人俘虏之后送来市场”，这些奴隶被人从非洲大陆用船运到莫桑比克岛，葡萄牙人将他们买走，再运到印度去使用。这样，就构成了一条与西部非洲不相上下的奴隶贸易线路，而西非的奴隶主要是运往加勒比地区、秘鲁和巴西的矿山和种植园。在船队横渡印度洋的时日里，劝说这些奴隶皈依基督，成了神父们一项乐此不疲的工作，而大部分奴隶目睹先前死去的同伴之惨状，都选择接受这一信仰。在多数情况下，这些穆斯林奴隶只要答应唾弃先知穆罕默德的名字，就能接受洗礼。有些人来不及皈依便死去，神父会在他们临死时举行一个简单的宽恕仪式。尽管从莫桑比克到果阿的旅程只有短短一个月，其间天气条件十分理想，船上的饮用水和新鲜食物都十分充足，但在“圣格里高利”号上，还是有十八名奴隶死去。同在这整段旅程当中，五百名白人中只有三人去世：一名是船上的杂役工，一名是不幸落水溺亡的水手，还有一名水手从里斯本出发之时就已经染上了热病，最终也未能治愈。[66]

在莫桑比克，利玛窦平生第一次踏上葡萄牙帝国的海外领土，其后，他旅程的每一步，都恰好步入帝国一连串的海外据点——果阿、马六甲，最后到了澳门。尽管莫桑比克岛是一片贫瘠而毫无吸引人之处的土地，但对于船上的乘客、神父和水手来说，这是他们在四个月前离开加那利群岛之后第一次见到的陆地，许多人甚至因为登陆时遭到了耽搁而感到失望。岛上没有淡水，几乎不生长任何可以食用的东西，所有的物品都需要从非洲大陆运过来。但当他们到达时，岛上刚好有充沛的酒、干饼、果饯、大米、小米、禽肉，以及旅客们所尝过的最为美味的野猪肉。船上的人们必定欢欣鼓舞，他们终于有机会活动筋骨，由于长时间待在船上，腿脚都已不便。他们的精神也在教堂中得到休养，这座教堂旁建有要塞，以枪炮护卫，人们可以在安宁的环境中祈祷。岛上还有座规模宏大的医院，堪称地标建筑，伤病员可以得到治疗。[67]但莫桑比克带给人们的快乐，比起船队到达果阿时就不足多提了。正如“圣格里高利”号上的一位神父所写的，在海上漂泊数月之后，即使只是在雾气中朦朦胧胧地看到充满危险的海岸线之一角，也足以让所有的乘客跑到甲板上欢欣跳跃，大声高呼“陆地！陆地！”。能与这种欢乐相媲美的，恐怕只有“我们的灵魂升入天国之后的那种喜悦”。[68]另一位神父的描述也差不多，果阿的群山，被冬雨洗刷得苍翠浓绿，山脚下茂盛的棕榈树和雅致的房舍，好似“一张精美的挂毯，其工艺之生动，几乎已穷尽人之想象”。[69]实际上，又有谁真的能够完全形容这种喜悦呢？五个半月以来，船上每个人所分配到的饮用水极其有限，而且咸涩难喝，如今，置身于果阿耶稣会学院之中，人们可以尽情地洗澡、洗衣，享受凉爽的清水从泉眼和喷水池当中倾涌而出，四处漫溢。[70]

利玛窦生命中余下的几段漫长的航海旅行——1582 年从果阿到马六甲，以及同年从马六甲到澳门——并没有像前面这段经历那么富有戏剧性。但是，他在前往澳门的旅行中病得十分严重，以至于感觉有必要在家信中提及。[71]（就在他抵达澳门后，当年前往长崎做生意的葡萄牙船队中的几名海难幸存者回到了澳门，也带来了他们流落在当时还未开发的台湾岛上几个星期的艰辛故事。[72]）利玛窦在中国行旅期间，曾有两次机会，让他能够再次体验自己当年刚到果阿时的那种兴奋之情，但那已经是大概二十年后了。

第一次是在 1595 年，当时他终于得到了中国官员的许可，从韶州北上到南昌。路途当中满目山川冰雪，牵动了他的怀乡之情，这是他多年来第一次见到雪景，便难得地给马切拉塔的弟弟写了一封家信，记录下自己的心情。[73]第二次是在 1598 年的夏天，利玛窦获准进入中国的陪都，扬子江上的南京城，这也是他渴望已久的事情。然而，当他在 7 月初坐船抵达南京的时候，中国与日本在朝鲜第二轮的战争正好爆发，朝廷颁下诏书，下令逮捕所有看似可疑的外国人。所以，没有人敢邀请利玛窦到家中做客，也不敢把房子租给他住。他自己也不敢多上岸行走，除非是乘坐遮盖密实的轿子在近处简单逛逛。在此情形下，他被迫只能在中部中国的骄阳之下，栖身于狭小而窒闷的船上，在水面上度过了整段酷暑时光。“这真是活受罪”，他在《中国札记》当中这样写道，“船不但很小，还几乎没有什么设施”。[74] 但是，当紧张的战争局势缓和下来之后，就有一位富有的中国官员赵可怀，邀请利玛窦到句容的乡间宅邸作客。从南京骑马到那里需要一天时间。在句容，利玛窦居于优美的环境当中，后来他用一种抒情的笔调回想起当时的愉悦：赵可怀的宅子建在较高的地势上，其规模可与宫殿相媲美，正厅“精心雕琢，雕梁画栋，共开有三扇门，正门向南开，东西两面也各有门。门外有条精心铺砌的通道，两侧的围栏玲珑有致。在栏杆之外是一片开阔的庭园，绿树成荫”。在这处胜地，有一角摆放着供奉中国本土神灵的神龛，就在利玛窦到访的几天时光，他利用这块地方，把随身携带装在盒子里的三联画基督圣像摆放在神龛上，旁边点上香火供奉。他“一整天都待在那里诵念祷文，把自己完全托付给了上帝”。[75]

这些经历在他的心灵里打上了极深的烙印，利玛窦一生中最重要的梦就与此息息相关，即使算不上最重要，至少在他心中是唯一值得写在信中和记录在《中国札记》里的。这个梦，是他坐船从南京到南昌的途中所做的。对他来说，这两座城市正好代表着炽热和冰冷的两极。当利玛窦的小船接近南昌城时，鄱阳湖上正好刮起一阵逆风，使船难以前行。他在船舱中昏昏沉沉地打着瞌睡，思考着传教事业的艰辛。在给幼年时代的好友、马切拉塔的科斯塔（Girolamo

Costa）的信中，他描述了随后的体验：

> 我绝不能忘了告诉你，我做的一个梦。这是在我到达这边几天之后所做的。当时我站在那里，为自己的工作毫无成果、旅途又是如此艰辛而感到忧伤。这时，我好像遇见了一个素不相识的男人，他对我说："那么就是你吗，一直来在这片土地上行游，想摧毁它古老的律法并用上帝的律法来取而代之吗？"那时我惊讶此人竟能如此洞察我内心深处的想法，于是便回问道："你是上帝还是恶魔？"他回答说："我不是恶魔，正是上帝。"
>
> 所以我伏倒在他的脚边，哭泣着问道："我尊贵的主啊，如果你洞悉这一切，为什么到现在还不给我一些帮助呢？"那个人就回答说："到那个城里去吧。"——对我来说他似乎说的是北京——他又说："我会帮助你的。"我满怀虔诚的信仰进入了城里，不费吹灰之力。这就是我的梦。[76]

"到那个城里去吧"，这个指令与保罗在前往大马士革的路上所接受的神秘启示如出一辙，而在1537年，圣依纳爵·罗耀拉也曾在拉斯托尔塔（La Storta）的礼拜堂内见到过救世主现身，利玛窦对这些必定了然于胸。[77]他写道，当他苏醒的时候，眼中正噙满了泪水，他把这个梦告诉了船上唯一的同伴——他的中文老师和挚友钟鸣仁。钟是一位华人信徒，耶稣会候选会士，教名为塞巴斯蒂安。他始终陪伴着利玛窦，作了这一次失败的南京之行，并一同回到南昌。[78]

利玛窦对中国的了解，很大部分来自他在中国江河、湖泊、运河上旅行的经历。他很早就注意到，大多数中国人并不愿意出海冒险，因为海上的航行，甚至是住在海边的生活，都太过危险。他曾经说道："只要两三条船的日本人就可以在中国沿海登陆，并挺进内地，占领乡镇和大城市，大肆烧杀劫掠，而几乎不会遇到什么抵抗。"[79] 当然，这是1550年代的真实写照，但半个世纪之后，这种恐惧依然广泛存在，这让利玛窦觉得难以接受。他说："这让我们很惊奇，尽管走海路既近又便捷，但中国人还是极其害怕海运和海盗，他们不愿走海路运输货品，尽管已经有人向皇帝进言倡导海运，而在过去的年代海运也曾很繁盛。"相应的，中国人把主要精力都集中在内陆水运上，这点和利玛窦在欧洲的经历截然不同。他曾引到当时在西方普遍流行的说法，即很多中国人生活在（河）水面上，如同在陆地上一般。"即便不全是如此，"他谨慎地补充道，"无论如何对于那些一直生活在船上的人而言，这似乎就是实际的情况。"[80]

利玛窦始终抱有一种欧洲军事战略家的眼光，放开视界，注意一些技术上的细节，以便今后可能派上用场。所以，即使是在他临终前所撰写的《中国札记》当中，我们发现他对长江与鄱阳湖的交汇口的水情也有细致的观察。尽管那里水流湍急，充满翻船溺亡的危险，但"在我看来，带有后桅的军舰和船只可以从入海口一直上溯深入到这片区域"。[81] 在当时，利玛窦和其他耶稣会士经常会对他们旅行中经过的江河和水道的情况进行仔细记录，以作为交战侵略行动中军事谋划的基础，而对外人怀有戒心的中国人则总是防备着这种行为。[82] 但更多的情况下，利玛窦的眼光会被雄伟壮观的大船和丰富繁忙的水上生活所吸引。在给罗马耶稣会学院的朋友弗利加蒂的信中，利玛窦以意大利人熟悉的景象作对比，描绘中国的水上风景：这些河流比波河要大得多，有些船只极为富丽雄伟，它的中厅就有罗马耶稣会学院的礼拜堂这样大小——天花板极高，四边开有十扇甚至更多窗户，厅内布置有名人字画和其他各类装饰品，桌椅更是数不胜数。这些船上还有许多房间可供休息和安睡，甚至厨房和药房"都可以直接配给陆地上最好的宅邸"。为名满天下的大太监马堂特制的游船更是富丽堂皇，这艘船航行在北京至苏州的运河上，它的木质梁柱外面不但包漆，更是涂上了金粉，窗户外也装上精致的花格。[83]

在东部中国的主要内陆水道大运河上航行的船只成群结队，不可尽数。每处河岸的水面都被船只填满，它们拥堵在用来调控水位的巨大船闸前，日复一日。有时它们会急速分开一条路，因为有手握重权的达官显贵或是宫中大太监的船只要通过；有时某个船闸会突然开闸放水，那些没有准备的船甚至会措手不及而倾翻。在河岸上，成千上万的纤夫奋力拉拽着满载货物的船只，更多的纤夫则站在旁边，随时准备接替他们的工作。[84]不难想见，穷困和富足在这里交织在一起：在运河边，利玛窦曾见过巨大的储冰室，内中放满了冰块，从南方千里迢迢运去北京的水果和鱼就置于其中保鲜；他也见过一千多个服苦役的纤工排成一列，口中喊着号子，牵拉着由珍贵木材做成的木排。有人告诉他，其中一些最为珍贵的木材，每一棵就值大约三千达克特。这些木排体积庞大，又异常沉重，每天只能拉动五六英里。这些木材是用来重建不久前毁于火灾的几处皇家宫殿，以及修筑万历皇帝的宏伟陵墓。[85]那时代的中国人应该都能体会这些纤工的悲惨境遇，他们经年累月地在运河边劳作，顶着烈日的灼烤，衣不蔽体，正如当时有人所说，“他们背上的皮肤都裂了，像是鱼鳞一般”。[86]

从 1573 年到 1620 年，中华帝国长期处于万历皇帝的统治之下，而利玛窦于中国生活和传教也正在万历年间。当时由于皇帝本人不愿多过问政事，充当皇帝和官员之间的“中间人”的宦官太监们就获得了很大的权力。[87]利玛窦很快就了解到，太监们控制着大运河上获利极为丰厚的运输事务，于是就想方设法和他们一起旅行：一个有权势的太监可以迅速通过一道道关卡，而通常人们在缴纳了大笔通关费后，还得等上四五天才得以放行。利玛窦曾讲述过，有次他和一位耶稣会的同事向一位太监租用货船上的空舱位，准备由运河运水果到北京。从南京出发，他们和船工商定，共付十六达克特，预付一半，抵达后再付一半。而那位太监则向他们额外再要八个达克特，并威胁说如果不付，就把他们的货物和行李全都扔下船去。经过谨慎小心的协商之后，耶稣会士们承诺在到北京之前就把余款全部付清，太监才算是满意了。[88]经此教训，再加上回程时囊中现银紧缺，利玛窦为了节省费用，就空手返程，租了一条极小的船。船费是够便宜的了，但是小船破旧不堪，船主也雇不起纤夫来加快船行的速度。因此，他们每天只能前进几英里路，最后，在北方河港临清遇到水面结冰，再也没法赶路。在那里无所事事地待了几周之后，实在闲不住的利玛窦把同伴和行李撇在船上，独自一人从陆路南行。他雇了一辆独轮手推车，车夫带着他沿着运河岸飞快地前往苏州。这种交通方式他以前从没试过，如今他发现其实既快捷又方便。[89]

利玛窦心里也很清楚，中国的大江大河往往充满危险。当他还在罗马做学生的时候，就曾经历过洪水大泛滥。当时，暴雨倾盆使台伯河水涨出了堤岸，冲毁了农田和房舍，使得粮食的价格成倍猛涨，街头巷尾充斥着抢劫和骚乱。[90]然而，他才到中国三年就亲眼目睹了一场更为可怕的洪灾：暴涨的西江水吞噬了他所居住的肇庆地区，同时爆发地震，使损失更为惨重。当地志书记载，各处有九十个乡镇村落遭受不同程度的损失，有两万一千七百五十九户人家流离失所，超过十万英亩田地的庄稼被毁，共有三十一人在洪水中溺亡。[91]

关于黄河，利玛窦在晚些时候这般描述："这条河给沿岸流域带来了深重的灾难，既因为洪水泛滥，也由于黄河频繁改道。基于此，中国官员举行祭祀活动，伴有许多迷信的仪式，仿佛是在祭奉某种神灵一般。"[92]利玛窦当时对这些"迷信的仪式"所知甚少，因而没发表什么评论。但他后来涉猎佛理，逐步深入，则应该会从中国流传的许多有关人与水的宗教故事中得到一点启迪。

正在利玛窦来华前，在明帝国远洋航海的伟大时代里（在15世纪早期，由宦官将军郑和率领），流传着这样一则故事：有一名水手掉入了海中，但由于他虔诚地信奉"大慈大悲的"观音菩萨，竟奇迹般获救。[93]另外一些传说则更具日常生活的风味，比如有关果贩沈济寰的故事。沈济寰是虔诚的佛教徒，在1593年的冬天，他带着一船橘子渡过太湖，半途之中，忽然遇上了一场大风，湖面顿时天昏地暗，如房屋一般高的大浪汹涌而来，船上的橹和桨都无影无踪，船体开始下沉。沈济寰大声呼救，但令湖岸上的目击者大为吃惊的是，他们看到有两个金甲神把船从大浪中托出，把沈济寰、船工和货物都平安地送到岸边。这两个金甲神人就是金刚神，由于沈济寰十分虔诚，每日清晨开工前都要诵读《金刚经》，出门还随身带有经文抄本，金刚神也为之感动。从此，在太湖地区，沈济寰就以“青果沈佛家”而闻名。[94] * 五年之后，利玛窦乘坐独轮手推车正是路过这片湖岸，他在当地也有不少好友。

另一则故事或许更为动人，这发生在更早些年代，故事的主人公是僧人董吉。董吉和尚不通水性，有一次他想去探视和安慰一位重病的朋友，此时春潮汹涌，他途中被一条水势湍急的河流所阻。这位董吉和尚极富勇气，并怀着对佛陀的虔诚之心，他脱下袍子，把身上带的佛经包在其中，顶在头上，步入了激流之中。河水在他脚下好似只有几寸深，他轻易便过了河，平安到达对岸。但当他踏上河岸时，发现佛经和包裹全都不见了。尽管心中难过，他还是加急脚步；来到朋友家中，却发现那包经书就放在朋友家的桌上。他欣喜地取过来看，发现包经书的袍子早已经湿透，仿佛被大雨淋过，

---

* 这则故事原文为：“明沈济寰，居嘉兴北丽桥，开青果店。每晨起，必持《金刚经》，或出外，则一袋贮经悬胸前，不旷持诵。万历癸巳冬，往洞庭山贩橘，太湖中流，陡遇龙风，湖面昏黑，沈船漂荡如叶，楫橹尽失。巨浪如屋高，出于船丈余。船已陷没水底，呼号间，忽有巨力，提船而起，拔出波间，夹送如飞，顷刻达翁家嘴登岸。则岸人共见有两金甲神行水中，左右擎船而来。船中人知为金刚拯救，共感沈德，号为青果沈佛家。”见《古今图书集成》“博物汇编”第106卷。

但里面的经书却是光洁而干净。[95] *

利玛窦曾品尝过这种遗失圣书经文的痛苦，也经历过失而复得的快乐。在他中国传教的这些年里，他始终希望得到一整套精美的普朗坦《圣经》，他第一次见到这套经书是在印度，传教士把它当做礼物——希望能起到劝导皈依之作用——送给了莫卧儿帝国皇帝阿克巴（Akbar）。[96] 普朗坦《圣经》之所以珍贵，并不仅因为它其中多种语言包含的丰富学识，也不只是它的宗教性内容，最主要是因为它的外表精美：卷帙繁多、纸张精细、封套华丽，这套书共有八卷，每一卷每一页都是精心排印。中国的教徒总是反复抱怨他们的教理书籍脆陋不堪，他们询问耶稣会士，该如何回击那些嘲笑他们的中国士人，因为士人们总是说，这薄薄几页的小册子怎么可以囊括基督宗教所有的智慧。失望于此，有些耶稣会神父就开始自己印制《圣经》，依旧用拉丁文，但有汉字加注。尽管他们还没有足够的能力翻译《圣经》全文，但至少做了一些音译和解释的工作。这些文本对他们的读者而言依然难以理解，可毕竟是在一个正确的方向上

* 这则故事原文为："晋董吉者，於潜人也，奉法三世，至吉尤精进。恒斋戒诵《首楞严经》。村中有病，辄请吉读经，所救多愈。同县何晃者，亦奉法士也，咸和中，卒得山毒之病，甚困。晃兄惶遽，驰往请吉，董何二舍相去六七十里，复隔大溪，五月中，大雨。晃兄初渡时，水尚未至。吉与期设中食，比往而山水暴涨，不复可涉。吉不能泅，迟回叹息，坐岸良久，欲下不敢渡，吉既信直，必欲赴期，乃恻然发心，自誓曰：吾救人苦急，不计躯命，克冀如来大士，当照乃诚。便脱衣，以囊经戴置头上，径入水中，量其深浅，乃应至颈，及吉渡，止着膝耳。既得上岸，失囊经，甚惋恨。进至晃家，三礼忏悔，流涕自责。俛仰之间，便见经囊在高座上。吉悲喜取看，浥浥如有湿气，开囊视经，尚燥如故。于是村人一时奉法。"见《古今图书集成》"博物汇编"第103卷。

前进了一步，因为他们至少给基督教所宣称的东西增添了分量。[97]

由此，普朗坦《圣经》提供了他们所期望的一切。这套庞大的八卷对开本的《圣经》，印有希腊文、拉丁文、希伯来文和迦勒底文等多种文字，还附有由低地国家的一流画家所作精美绝伦的铜版插画，代表了“反宗教改革运动”中奢华花费、坚定信念和虔诚奉献的巅峰水平。它制成于1568年至1572年之间，是普朗坦(Christopher Plantin）应西班牙国王菲利普二世之约在安特卫普印制的。为使这个浩大的工程得以启动，国王花费了两万多弗罗林（florin)，在印制的大部分时间里占用了普朗坦的十个印刷间和三十多名熟练工人。这项工作需要费力搜集各种语言的不同字体模具，在文本字句上需要征求罗马和宗教裁判所神学教义专家的同意，还需要雇用懂得多种语言的校对工，当然，还包括熟练的装订工、着色工和排印工。其中有十三套极尽奢华的《圣经》是专门为皇室定制的，仅此就用掉了三千张羊皮，而其余的一千两百套则使用了一百九十万张上等纸张。[98]

终于，在1603年末，由红衣主教塞维利那捐赠给中国传教事业的一套珍贵的普朗坦《圣经》运抵澳门。1604年2月，费奇规(Gaspar Ferreira）神父被安排携带这套《圣经》连同其他用品和礼物前往北京。他在4月到达了南京，并在当年8月初抵达北京近郊。[99]但就在这里，正像利玛窦在给阿桂委瓦会长的助手阿尔瓦雷斯神父的信中所说，北京的神父们遭遇了一次肉体和心灵上双重的“沉船事故”：费奇规到达京城时，正赶上暴雨肆虐，华北地区所有的河流都泛滥成灾。怒吼的华北河水吞噬了京城近郊成百上千的房屋，使数以千计的人无家可归，费奇规搭乘的船只被洪水冲毁，裂成碎片，船上装载的东西也坠入了滚滚洪流。其中为弥撒特别准备的价值七十达克特的酒当时就沉入水中，再也找不回来。画像、圣匣等宗教用品全都被水卷走。最令人痛苦的是，这套用多种语言书写的普朗坦《圣经》，在横跨半个地球的旅程即将到达终点的时候，还是失落在了泛滥的洪水之中。[100]

然而这套圣书并没有沉入水底。放置在木箱中的八卷《圣经》随波漂浮，并被附近船上的一些中国人从水里打捞了上来。钟鸣仁——来自澳门的华人耶稣会士，曾经多次与利玛窦一道经历险境——看到船工们正打开木箱，不解地翻看着这些天书般的文字，趁他们还没从失望中回过神的时候，钟鸣仁便和他们还价，最终只用了一把铜钱（按照当时意大利和中国的货币兑换比率，大约相当于十分之三个达克特，或者是三个古里 [giulii]）就成功地买回了这八卷《圣经》。而这套《圣经》在当时至少值三百达克特，利玛窦告诉阿尔瓦雷斯，“这是上帝的旨意，让我们能以不到三个古里的价钱买回了它”，大概只是它实际价格的千分之一。这八卷圣书并没有被毁掉，如利玛窦所说，它们只是“略微受了些潮”，镀金的外表依旧完好，装订也没受损。[101] 在圣母升天节那天，做过早晨的弥撒之后，为了戏剧性地吸引信众的目光，利玛窦第一次向北京信徒们展示了这八卷《圣经》，这确实起到了效果：“（信徒们）用钦慕的眼光欣赏着这庄严的圣书和精美的印刷，虽然他们读不懂其中文句，但肯定能对书里蕴藏的绝妙教义有所体察。”[102]

洪水与死亡是水上生活不可缺少的组成部分，耶稣会士们十分清楚，危险无处不在。利玛窦最早在中国建造的房屋位于肇庆，那栋屋子早已被洪水冲击得不成样子。而且，早期对教会财产冲击最为严重的事件之一，是由当地愤怒的村民挑起的，他们要求传教士们捐出物品来建造抵御洪水的堤坝。[103] 利玛窦经常在信中谈到洪水之可怖，也会感叹这种矛盾情况："这些江河流淌，使中国变得如此壮丽与富饶，但也会带来这样深重的灾难。"他告诉阿桂委瓦，他曾经亲眼目睹连日的暴风雨之后，洪水带来的危害："大量的房屋崩塌，甚至被夷为平地，无数财物都毁于一旦，成群的人们溺亡于屋内，或被洪流卷得无影无踪。"[104] 当利玛窦和他的信徒们在那套拯救回来的普朗坦《圣经》边上祷告之时，我们不禁会想，那一刻利玛窦是否会回忆起，它用来买回这套《圣经》的三个古里，相当于在天灾年代里买一个十岁男童的价格。他很清楚这一切，因为他在大运河上曾遇到一个友善的太监，那人送给他一个男童，其身价就值那么多。[105]

有时，河流地区的秀丽风光、水运的便捷，与河水的狂暴及其足以致命的力量交织在一起。1605 年，利玛窦从北京写信给科斯塔说，"这种对比的反差一直存在，并将永远存在下去"，"然而，无论风向如何，圣彼得的船依旧按其使命行驶着"。[106] 1595 年春天发生的事正是如此。当时利玛窦还在韶州传教，他应邀前去拜访一位官衔颇高的武官，此人刚获得任命，途经韶州前往京城，去负责办理朝鲜战事的后勤。我们只能从利玛窦的记录中知道，该武官的名字是佘立（Scielou）。* 这位佘将军有个二十岁的儿子，突染重病，将军多次听人赞颂利玛窦的科学技巧，因而就希望利玛窦为他的儿子治病。利玛窦正好趁这个机会，提出以他的医疗知识作为交换，获得进入北京的许可。佘将军同意交换，承诺为利玛窦进京的许可提供保证。根据利氏的描述，我们几乎可以确定，这位公子的疾病是因为在科举考试中名落孙山，心中郁积了“忧虑和羞愧”而催生出来的。鉴于此，利玛窦就想用西方的记忆法来训练他，帮助他重获信心，再次振作，参加科举，以争取功名。因而，尽管利玛窦基本不具备什么医学知识，还是冒险接受了这个看上去毫无成功把握的任务。[107]

佘将军的船队满载着贵重的物品，带着家人和妻妾、仆从和侍卫，浩浩荡荡地北上，他嘱咐利玛窦尽快与他们会合。利玛窦热切地希望抓住这个难得的机会，离开韶州这个充满敌意、有害身心的环境，他仅用了一天半就处理完在韶州居住五年累积的所有事务。利玛窦把传教工作移交给了他那年轻的助手，刚到中国、还基本不会说汉语的郭居静，以及另两个耶稣会的华裔高级修士，自己则带着两名新来的年轻中国同工，和两位最信任的仆从，租了一条船北上。尽管他们尽力赶路，但还是没能赶上佘将军的大队人马，因为将军凭着他的官衔，可以任意调用纤夫船工拉着庞大的船队逆水航行，而根本无须支付费用。[108]

---

* 德礼贤认为，这位“Scielou”是当时的兵部官员石星，本书作者史景迁并不同意，但他也不确定此人身份。近来学界研究，有“佘立”和“孙矿”两说，此处取佘立说。以下称为“佘将军”。

当利玛窦北行到达南雄的时候，还是没能与大部队会合。利玛窦曾在三年前到过此地，并在当地的中国富商当中发展了一些信徒。这里是北江向南航行段的终点，船员和旅客都在此处下船登岸，带着自己的行李，沿着陡峭的台阶登上梅岭山，在翻过山头之后，就能到达另一条河流赣江的码头。顺赣江北上，就能到达中国的中部地区。成群结队的旅客和商贩在石子路上艰难登行，挤成一团。有几位基督的信徒跑来帮助利玛窦搬运行李，他自己则坐在轿子里，穿过人群。十年以后，当时经过的那些客栈、店家、列队的侍卫兵丁，仍然清晰而生动地留存在他的记忆里。待至登上梅岭山顶，利玛窦便能远眺壮阔的风光，南面是业已经过的广东省，而北面则是尚待探索的江西。在名为南安的河岸小镇，利玛窦再次转渡，由于佘将军另备有一条船等他，两条船就顺流而下，向赣州进发。在平静的旅途中，利玛窦受邀登上佘将军的官船，他们一同讨论科学和宗教问题，倒是把将军儿子的病体撇在了一边。到达赣州时，他们得到了隆重的欢迎，兵士列队鸣枪致敬，声震长空，据利玛窦猜测，手持火枪前来迎接的士兵大约有三千名，他们沿着河岸列队，足足有三英里长。就在这里，利玛窦自己租了条船，雇了些船工，以便独立应付下游航程的险境。在前方有两条大河交汇，山崖陡立，怪风阵阵，水流湍涌，漩涡密布。当地人称之为“十八滩”。[109]

第一个发生事故的是佘将军的妻妾和孩子们所乘的船只，但不严重。船撞上了一块礁石并开始下沉，但由于该处系一浅滩，船身又造得较高，船就此搁浅，将军家人们惊慌地逃到船的上层，很快被紧随其后的利玛窦和他的船工们救出。然而，利玛窦的慷慨使他又失去了自己的船。由于佘将军不愿让他的家眷再抛头露面换一次船，就命令他们留在此船上，待到天黑之后，即可顺利在夜幕掩盖下调换。佘将军在他装行李的船上给利玛窦弄了个铺位，继续行程。[110]

这下利玛窦孤零零地和佘将军雇来的船工们待在一块，唯一陪伴他的是一位年轻的中国信徒，这位信徒来自奉教家庭，曾就读于澳门的耶稣会学院，1592 年被派往韶州协助利玛窦传教。他的葡萄牙语名字叫若望 · 巴拉达斯（João Barradas）。利玛窦十分喜欢他、信任他，认为自己有责任让他获得福祉。[111] 然而，就在几分钟后，痛苦从天而降，刺透了利玛窦的心灵。当年晚些时候，他在写信给澳门的上级孟三德神父时，笔尖依然充满痛惜之情：

> 我们到了一个叫“天柱滩”的地方。此处位于高山脚下，激流奔涌，水势极深。面对发出雷鸣般巨响的河水，我努力祈祷，希望它能够平缓。（江西）这边的船桅杆都做得很高，却没有龙骨，我感到它们在激流中很容易倾覆。但任凭我苦苦恳求，这些舵手和船工还是如此粗心，竟将船以全速驶进了急流之中。顷刻间我们的船就翻了，在漩涡中打转，另外两艘载着将军行李的货船也是如此。我和同行的若望一道掉入了水中。然而，那一刻上帝帮助了我。从船上摆下来的绳索正好在我的手边，我感到那是神圣的旨意，就一把抓住绳子使劲攀拉，总算爬到了船的支架上。这时我发现自己的书箱和床都漂浮在水面上，就将它们拉到身边。而后，几名船工游了过来，爬上了船，把我也拉上甲板。然而，

若望就此沉入水中，激流将他卷走，再也没有露面。[112]

佘将军为自己损失的财物而痛惜不已，而利玛窦则因失去好友而悲痛难抑，他们派出船工沿着河搜寻。这些船工潜入水中，打捞出许多佘将军的物品，大多已经湿透，但却没有发现若望·巴拉达斯的尸身。将军给了利玛窦一笔钱，“用来办丧事”，但既然那时连死者的尸体都没法找到，这笔钱也只好成了补偿给耶稣会的费用。[113]佘将军的船队到达河流下游，又遭遇了一场暴风，船队无法前行，将军感到命运显然在水上和他作对，于是就决定改走陆路。利玛窦曾郑重考虑，是否要放弃整段旅程，但最终还是决定和将军的几个手下一起前往南京，这些属下前去南京是为了料理东家的生意。经历了这次打击后，利玛窦久久未从震惊之中回过神来。在致阿桂委瓦会长的信中他说，自己绝对未曾想到，“上帝竟然会让我在河流中遭遇船难，在此前我已经历过如此多的海上旅行，却从未遭遇失事”。[114]

注释

1 《马太福音》第 14 章第 23—33 节。

2 利玛窦谈到过翻译《圣经》，他拒绝为之，可见 1605 年 5 月 12 日给阿桂委瓦的助手阿尔瓦雷斯的信件，*OS*, p.283。

3 《利玛窦题宝像图》，页 1 至页 3b，《程氏墨苑》，卷 6，第 2 篇，页 36 至 38b，其他版本的译文可见 Laufer, "Christian Art," pp. 107-8, Duyvendak, "Review," pp.389-91。

4 *OS*, p.284.

5 Nadal, *Evangelicae Historiae Imagines,* no. 44. 欧洲的耶稣会士们大多偏爱使用这些插画，意在彰显纳达尔的名著《福音笔记与省思》（*Anotationes et Meditationes in Evangelia*）对于传教士劝人皈依事业的巨大价值。纳达尔本人的神学见解比较正统，丰富且清晰，但是缺少能让人印象深刻的感官刺激和直接性。所以，耶稣会的上层人士们多年来一直为能获得一套插图版的纳达尔著作（由著名的印刷商普朗坦印制）而努力。比起那段印制多语言版《圣经》的时光，普朗坦的印刷机在 1580 年代要空闲许多，当然它们从没停止过。至于那难对付的威克斯兄弟，他们自己作画，还制成版画，也有许多《圣经》场景题材，耶稣会士为了从他们那里获得尽可能多的版画，不但受尽屈辱，而且花费巨大。威克斯三兄弟被视作是欧洲最好的版画家，但同时也是臭名昭著的酒鬼、好色之徒，对钱财贪得无厌。即如其名，他们在 1586—1587 年间不断增高每张版画的价格，但最终还是在 1593 年成功地完成了整个作品。（在普朗坦的《通信集》第 1160、1182、1188、1193、1194 号信中，我们可以了解耶稣会士们和普朗坦之间冗长而精彩的谈判过程。）纳达尔著作的完整版共有 150 页的图画，从诞生、受难到复活，描绘了基督的一生。纳达尔的图中有时还嵌有小图，边上标有字母以凸显，而图下方则有注文。每张插图实际上都是为纳达尔那长篇的评注提供指引，图文并茂，适宜用在布道和解经中。

6 有关与阳玛诺的约定，见 *OS,* p. 260；要求更多纳达尔的书见 *OS,* p. 283。

7 有关这幅画在这一系列版画中的位置，参考 Mauquoy-Hendrickx, *Estampes.* pp. 17, 20-21。这些版画所依据的原作，其画家为 Martin de Vos。在纽约大都会博物馆中藏有原画的两种版式，其一出自 Visscher（51.501.1765:20），另一幅来自 Eduardus ab Hoeswinc [kel]（53.601.18:43）。显然利玛窦采纳的原型是后者，其相似特征，一眼即可鉴别。

8 参见 d'Elia 所著 *Mappamondo* 全书各处，大概的地图则参见 *FR*, vol. 2 卷首插图。另参考 J. H. Parry, *Age of Reconnaissance,* p. 139. 此书认为葡萄牙国王约翰二世是最早为海角改名之人。

9 Gomes de Brito, *Tragic History (1589-1622).* 由 Boxer 翻译，见第 1 页和地图。

10 同上，pp.3-5。

11 同见上书，并见 Parry, *Age of Reconnaissance,* pt. 1, James Duffy, *Shipwreck and*

Empire, pp. 49-51。

12 Carlerri, *My Voyage,* pp. 102-4.

13 *FR*, 1/290n.

14 *OS*, p.125. 1594 年 11 月 15 日信，写给 Fabio de Fabi。

15 *OS*, p.113. 1593 年 12 月 10 日信。

16 *OS*, pp.218, 230.

17 *OS*, p.268. 1605 年 5 月 10 日信。

18 *OS*, p.218 n.1，汾屠立认为，利玛窦的父亲在 1604 年去世。

19 可见这些书中例子。Gomes de Brito, *Tragic History (1589-1622)*. pp. 9-10. Duffy, *Shipwreck and Empire,* pp. 62-63, 73-74.

20 Gomes de Brito, *Tragic History (1589-1622)*. pp. 20-21.

21 同上，pp.15-17; Sassetti, *Lettere*, p.280. Mocquet, *Voyages,* pp. 220-21. 在 Mocquet 的书中他讲述了自己在 1609 年前往果阿的旅程中最糟糕的那些事情细节。

22 Gomes de Brito, *The Tragic History (1589-1622)*. 第 116 页讲到腐烂的木材，第 191 页讲到“施洗者约翰”号上腐烂的船舵。而关于船尾的缆绳可见 *Tragic History (1559-1565)*. p. 31。

23 *FR,* 1/238.

24 *Doc. Ind*. 11/312.

25 *Doc. Ind*. 11/306, 336. 见 Spinola 和 Pasio 的叙述。

26 Downton 船长对此类反抗的叙述可见 Kerr, *General History,* 7/456-60. 亦可见 Boxer, *Fidalgos*, pp. 59-62.

27 Parry, *Age of Reconnaissance,* ch.11,“Atlantic Trade and Piracy”; Boxer, *Fidalgos*. pp. 50-51; Schurz. *Manila Galleon*. pp. 306-8. Schurz 的著作中提到，“圣安娜”号的战利品价值两百万比索，第 313 页又说，在伦敦贩卖这些掠夺品还获得五十万克朗。而 Hakluyt 在 *The Third Volume* 中则说，主要的战利品值“十二万两千金比索”（第 816 页）。Spate 在 *Spanish Lake* 书中则认为掠夺品并没有这么多。

28 Gomes de Brito, *Tragic History (1589-1622)*, pp.11-13; Duffy, *Shipwreck,* pp.70-74.

29 Aquinas, ed. Bourke, p.70.

30 Stevens,“Voyage”, p.467, 有关史蒂文斯在果阿，稍晚的叙述见 Pyrard, *Voyages.* 2/269-70。

31 Gomes de Brito, *Tragic History (1559-1565)*. pp.4-6, 59-60.

32 同上，pp.61-67.

33 同上，pp.68-72.

34 同上，pp.8-9.

35 利玛窦：《天主实义》，第 383 页，Lancashire 译文，第 4 页。

36 D’Elia, *Mappamondo,* plates 3-4.

37 *Doc. Ind*. 11/343. 利玛窦提到莫桑比克时只是一笔带过，见 *OS,* p. 67。

38 利玛窦:《天主实义》,第 425 页,法语译本第 193 页。书中这些话是出自“中士”之口。

39 Cervantes, *Don Quixote,* tr. Cohen. pt.2, ch.29, p. 659.

40 同上，第 658 页。感谢 Ian Spence 提供这一参考。

41 Fitch, “Journey,” p. 472; Hakluyt, *Second Volume*, pp. 250-65. Pyrard, *Voyages.* 2/18-22. 从 Pyrard 书中我们能看到对果阿监狱的生动描述。

42 Shakespeare. *Macbeth*. act 1. scene. 3. lines. 19-29.

43 参考 *São João* 和 *São Bento* 两艘船相互链锁而最终沉没的事，(Duffy, *Shipwreck,* pp. 26-27.）也可见马菲伊的叙述（*L'histoire*, bk.4, ch.3, pp.266-68)。至于从里斯本到果阿的航船生活之细节，见马菲伊书（bk.12, ch.2, pp.119-20.)，还有巴范济的说明（*Doc. Ind.*, 11/366)。马菲伊对这一征程满怀信心，但最初曾遭到萨宾努斯（Procurator Sabinus）的质疑。(*Doc. Ind.*, 11/625-26)

44 *Doc. Ind.*, 10/17, 21, 709-13, 关于 1576 年那悲剧性的航程见同书 11/353。有关船队的指挥官见 Couto, *Decada Decima*, bk.1, ch.16, p.147. 但他书中关于 1577 至 1579 年船队航行日期的记载都已经过篡改。有关耶稣会士的分派见 *Doc. Ind.*, 11/160-62.

45 Duffy, *Shipwreck,* p. 52.

46 *Doc. Ind.*, 11/310-11.

47 有关“伟大耶稣”号见 *Doc. Ind.*, 11/305，有关补给食物见同书 11/342，“圣格里高利号”见同书 11/338。窗子是一些水手开的，他们希望在平静的大海中听到波浪拍打船的声音。

48 1578 年里斯本码头的情况参看 Brooks, *King for Portugal,* pp. 14-15, 160n.

49 *Doc. Ind.*, 11/305, 有关该教堂见 Gomes de Brito, *The Tragic History (1589-1625).* p.30. n. 2，而第二年类似的一次启程见 Stevens, “Voyage” . p. 463。

50 *Doc. Ind.*, 11/161, 375. *FR,* 2/650. plate 22.

51 *Doc. Ind.*, 11/307.

52 同上书，11/308-10。

53 有关玩牌和看书，见上书，11/351，Wicki, “The Spanish Language” , p.16. 文中分析了 16 世纪的船员航行中阅读的情况。

54 *Doc. Ind.*, 11/358.

55 同上，11/308-9，Stevens, “Voyage” , p. 466. 其中说到一则类似的故事。

56 *Doc. Ind.*, 11/310, 351-52. Guibert, *Jesuits*, pp. 94-95, 190-93. 讨论了耶稣会士们对于“良心质询”的使用。

57 *Doc. Ind.*, 11/351.

58 同上，11/311。

59 同上，11/318。

60 同上，11/347。

61 同上，11/351。

62 同上，11/313。

63 同上，11/342.

64 巴范济的叙述见上书 11/354，有关圣物匣见 11/339，关于风暴来临时的皈依和圣迹见 11/312，关于风暴中的祈祷和纳塔尔见 11/316，关于公开的忏悔见 11/316，平静之时则见 11/337，圣人头像见 11/338。“伟大耶稣”号航行的真实细节，形象地展现了利玛窦航行中会遭遇的那种真正险境。在启程时，这艘船状况良好，离开佛得角群岛时在三艘船里一马当先，在轻风吹拂下一路加速到了好望角。然而，在离开非洲大陆的南端后，它驶入汪洋，遭遇逆风，接连两晚上的狂风大作，船被吹至反方向行驶，而舵手竟毫不知情。舵手本人太过相信船上的罗盘，当天气晴朗后，他自信满满地转向北，当时船上看不到陆地，他坚信船只正沿着非洲东海岸一路向莫桑比克驶去。事实上，船这时正在非洲的西海岸行驶，航行指向葡萄牙。尽管许多乘客都感到不对，焦虑地频频对他表示质疑，但他们一路还是走了足足九天，大约八百英里距离。最终，经过漫长而激烈的争论，无论船员还是乘客都筋疲力尽，浑身被雨淋透，而船上的补给和饮用水都已紧缺，舵手终于调转航向，又一次驶向好望角（*Doc. Ind.*, 11/313, 345. 斯宾诺拉用发自心底的愤怒口气说“如此荒唐之事”），这一次成功地绕过了好望角，没有发生意外。然而，可以想见，由于耽搁了时间，时节已晚，他们就必须直接驶向果阿，而不在莫桑比克停留并补充食物和水。“伟大耶稣”号上的船员和士兵都紧握武器，以防发生哗变。斯宾诺拉神父谨慎地说，船上的人大都有此感觉，“舵手实在是不怎么明智”。(*Doc. Ind.*, 11/317.)

65 *Doc. Ind.*, 11/352.

66 同上，11/341, 352-53.

67 参考 Boxer, “Moçambique Island,” pp. 10-15. *Doc. Ind.*, 11/341, 346.

68 *Doc. Ind.*, 11/376.

69 同上，11/350.

70 同上，11/349.

71 有关他的“严重病况”见 *OS,* p.27. 巴范济则说他“略有小恙”，见 *FR,* 1/163, n.9. 同前注以及 *FR,* 2/562, n.1. 德礼贤说，利玛窦从 6 月 14 日至 7 月 3 日在马六甲停留。

72 *FR,* 1/178 n. 3

73 *OS,* p. 219. 1596 年 10 月 13 日信。他说的是“在过去那一年”（*l'anno passato*）。

74 *FR,* 2/11.

75 *FR,* 2/15-16. 金尼阁（Gallagher 译本，第 304 页）把这个三联圣像画说成了耶稣受难十字，完全改变了那场景的意义，就像他经常做的那样。

76 这段文字见于利玛窦 1595 年 10 月 28 日给科斯塔的信，见 *OS,* p. 182. 有关科斯塔的传记可见前书 119 页注 1，更精准的版本见 *FR,* 1/355-56。

77 《使徒行传》第 9 章第 6 节。德礼贤叙述过罗耀拉的反应，见 *FR,* 1/356, n. 1。

78 *FR,* 1/356, n.3. 有关钟鸣仁的生平，见 *FR,* 1/290, n.1。

79 *OS,* p. 48，参见 So, *Japanese Piracy*, pp. 71-73. 该书中有关于中国的几个例子。

80 *FR,* 2/19-20. 关于西方人相信有一半中国人生活在水上，参见 Plancius, *Universall Map,* p.256. 右页。在某种程度上，利玛窦此处或许仍然是在回应达克鲁兹，见 Boxer, *South China*, pp. 111-14。

81 *FR*, 1/348.

82 参见这几处的详细记录，*FR,* 1/228, n.3；*FR,* 1/280。

83 *OS,* p. 68，这是 1585 年 11 月 24 日信，另见同书 66 页注 1。有关马堂的船见 *FR,* 1/92；*FR,* 2/110。

84 *FR,* 2/19, 102.

85 同上书，2/20。

86 Hoshi, "Transportation," p. 5.

87 黄仁宇在《万历十五年》一书中对万历帝的统治作了精要的概括。

88 *FR,* 2/21. Hoshi, "Transportation," 有关私下贸易见第 6 页，太监滥用权力见第 27 页。

89 关于船见 *FR,* 2/31，独轮推车见 2/34。

90 Delumeau, *Vie économique et sociale de Rome,* 2/530-35, 605-6.

91 《肇庆府志》卷 22 页 34a（重印本第 3333 页）。

92 *FR,* 2/18.

93 《古今图书集成》，第 498 部（"博物汇编"，卷 106，页 36b）。

94 同上部，页 35b。

95 同上书，第 498 部，"博物汇编"，卷 103，页 21。

96 利玛窦对这套《圣经》的评论见 *OS,* p. 6. 见 1580 年 1 月 18 日信。

97 见 *FR,* 2/229-31. 其中所插的金尼阁的观察。

98 Voet. *The Golden Compasses,* vol. 2, pp. 37-46. Roover, "Business Organization," pp. 237-39. Rooses, *Plantin,* pp.120-33. 蒙田在罗马曾见一部此版《圣经》，十分精美，见 *Journal de Voyage,* p. 223.

99 *FR,* 2/279, n. 1.

100 *OS,* p. 282.

101 参见利玛窦写给阿尔瓦雷斯的两封信，1605 年 5 月 12 日（*OS,* p. 282）和 1609 年 2 月 17 日（*OS,* p. 388），其中说《圣经》只是"小小受潮"。

102 *FR,* 2/282. *OS,* p. 298.

103 *FR,* 1/245-46.

104 *OS,* pp. 364, 344.

105 见 *FR,* 2/111. 利玛窦把那价格等同于"三钱"或是"三古里"，更多有关东西货币兑换资料见 *FR,* 2/46, n.5, 2/211 n. 2. 参见 Albert Chan, *Glory and Fall,* p. 88. 其中提到 1594 年山东省买卖孩童仅用"一钱"。

106 *OS,* p. 274. 1605 年 5 月 10 日信。

107 见 *FR,* 1/338-39. 德礼贤认为这位"Scielou"是当时的兵部尚书石星，见 *FR,* 1/339，注 1，顾保鹄在《利玛窦的中文著述》（第 241 页）文中也沿用此说。

这观点和我们已知的事实并不符合，但我也无法从所知的广西官员中确认此人是谁。

108 *FR,* 1/341.

109 景观和旅行见 *FR,* 1/343-44. 还有 *OS,* p. 103 其中的南雄部分。

110 *FR,* 1/344.

111 有关巴拉达斯，见利玛窦书信的两个段落，*OS,* p.128, 194。

112 *OS,* p.132. 1595 年 8 月 29 日写给澳门的孟三德的信，*OS,* p.193-94. 1595 年 11 月 4 日写给阿桂委瓦的信。

113 *FR,* 1/345.

114 *OS,* p.193. 1595 年 11 月 4 日信。

要

第四章　第二个记忆形象：回回

利玛窦选择了“要”这个汉字作为他构建记忆形象的第二个例子。[1]这是个易写难翻的汉字，可以表示很多意思，比如“想要”什么或者“需要”什么，又如某个重要的东西，或者是某件必须做的事。读者必须根据具体的语境来判断其意义。因此，在1584年罗明坚和利玛窦合作完成的《十诫》第一个汉译文本中[*]，“要”字是第一诫的第一个字，在第一诫“要诚心奉敬一位天主，不可祭拜别等神像”当中，“要”字格外具有力量。[2]1605年前后，利玛窦征得果阿上级的允准，出版了《天主实义》一书，收录了天主教的一些基本祈祷文和信条，其中“要”字被用来翻译“fundamental”（基本）的意思。[3]

为了把这个字所包含的多种面向的意义都汇集在读者可以理解的记忆形象当中，利玛窦首先把这个汉字分割成上下两个部分。这样就产生了两个独立的汉字，上半部分意为“西方”，而下半部则

---

* 即在肇庆出版的《祖传天主十诫》。

表示“一个女子”。但是，利玛窦并没有简单地创造“一名来自西方的女子”这样一个形象，因为这并不能引发出他所期望的联想。利玛窦所做的更加复杂，他创造出的形象所包含的诠释，能从完全不同的两方面去理解。

第一种解释是大部分中国人都首先会想到的，利玛窦把这个“要”的形象解释成“一名从西夏地方来的穆斯林女子”。他作出这种构想，是来自他的记忆法老师教他的一种结合了音与义的解字法：“要”字的上半部分意为“西方”，发音是“xi”，它即是“西夏”这个名字的前半部分（“西夏”指的是在中国的西部曾经十分强盛的古代王国）；“要”字的下半部分是“女人”的意思。而西夏国曾经占据的地区，现在已经成为中国穆斯林（“回回”）的家园，他们是穿越了中亚的重重沙漠地带才迁居到那里的。无论如何，至少这也是一种解释，我们可以想象在利玛窦的眼中，这名女子有着极具异域风情的外表，能让人联想起中国疆域最边缘的游牧部族生活。她应该身穿鲜艳的服饰，脚蹬毡靴，留着戈壁地带人们常见的长辫子。

然而，“要”的形象，还可能引发别种更为复杂的联想，利玛窦通过这样对其定义——“取西夏回回女子之象”——打开了更多的可能性。在这种解释里，“西夏”仅仅提供了一个宽泛的地理位置，而“回回”这个词在当时并不只限定于穆斯林。通过与中国士人学者的交谈，以及他自己的观察和研究，利玛窦十分清楚“回回”这个词也包括散布在中国的犹太人群体，以及当时依然存在的聂斯脱利派基督徒（景教徒）后裔。在明帝国中，犹太人被称为“挑筋回回”（因雅各与天使角力时扭伤脚筋，犹太人不食牛羊脚筋），而景教徒则被称为“十字回回”。[4] 所以，对利玛窦来说，这名西部的女子是“回回”，就意味着“要”字当中包含着这三种基本的信仰或者禁忌，它们彼此的关联十分紧密。她提醒利玛窦，如果儒、释、道三教已经在中国文化里内化为一体，那么伊斯兰教、基督教、犹太教这三教一体在中国是被容许的，而且彼此间不被分而视之。既然后面这三教之间都有个重要共识，即接受只有一个真的上帝，这难道不是其中蕴含的真正“要义”么？

在记忆宫殿会客大厅的东南角，两名武士依然立在那里，彼此作格斗状。利玛窦把这位意为“必要”的西域部族女子也带到厅中，将其安放在东北角，使她尽可能接近两名武士，不至于落到人们视野之外，但又不会太接近，以免一眼看去与武士相混淆。如此，只要利玛窦仍将她存放在那里一天，她就会沐浴在记忆宫殿静谧的光芒中，镇定而安详地伫立着。

1584 年，利玛窦住在肇庆城，绘制了一张世界地图，他为各个国家的名称都标注了同音的汉字，并将这幅地图在他宣教的屋子中展示。肇庆城规模庞大，商贸繁华，在一名西方来客的眼里，它的规模是西班牙塞维利亚的三倍。当地许多有钱人前去拜访利玛窦时，看到自己的国家出现在一张全球的地图上，都感到惊奇，兴味十足。其中一位访客在未经利玛窦允许的情况下，私自复制了一份，并用木板刻印。于是该图很快就流传开来。由于它太受欢迎，利玛窦决定再制作一份更详尽、更准确的版本，因前一份绘制得十分仓促。[5] 在 1584 年至 1602 年期间，他一直致力于修改工作。在由他自己新出版的图中，他添上了新发现地区的最新信息，对各片区域作了精确标注。当地学者见此，无不景仰他的工作，写了许多颂文称赞他的学识，利玛窦将这些文章都收入了地图中。在图上，利玛窦用小巧而清晰的汉字为各个国家作了注释，这有助于将西方文明介绍给充满好奇的中国人，尽管他自己尚未被人熟识。在1602年版的地图上，利玛窦在意大利西海岸这片地区，即亚平宁半岛和西西里岛之间的空白处加注说，“此方教化王不娶，专行天主之教，在罗马国”。[6]在图中欧洲西海岸的大西洋地带，利玛窦则写道：

> 此欧逻巴州，有三十余国，皆用前王政法，一切异端不从，而独崇奉天主上帝圣教。凡官有三品，其上主兴教化，其次判理俗事，其下专治兵戎。土产五谷、五金、百果，酒以葡萄汁为之。工皆精巧，天文性理无不通晓，俗敦实，重五伦，物汇甚盛，君臣康富，四时与外国相通，客商游遍天下。[7]

在地中海的东端，利玛窦将巴勒斯坦标注为“圣土”，而“天主降生于是地”。君士坦丁堡、麦地那和麦加在图上都有标明，但没有注文。在里海南端、波斯西北部的狭小地区，标有“回回”之地，但也没有注释。[8]

利玛窦如此选择，当然包含着深思熟虑，且不可明言：如果中国人得知在基督宗教发源地的西方，都有这样深重的信仰分歧，那他们就很难被利氏所宣扬的宗教所吸引。利玛窦本人就是在无休止的宗教纷争环境中成长起来的，他很清楚天主教信仰在欧洲饱受攻击。尤其是1570年代他在罗马那段初学修士的时光，各派人士不知疲倦地布道、宣教，使教会内的论争愈演愈烈。有些宣教士出入显贵场所——如教皇的私人讲道士托莱多（Toledo）神父、耶稣会的本笃（Benedict）神父、圣方济各会的帕尼查雷拉（Panicharella）修士、嘉布遣会的卢普斯（Lupus）修士等，他们才情卓著、口若悬河，拥有各自的追随者；另有一些出没在大街小巷、集市、广场，或是夏日公园里拥挤的人群中，有些深入乡间，到葡萄园或是其他地方，在围成一圈的雇工中间宣讲。有的耶稣会士带着唱诗班歌手，在街巷和乡间游走，用“悦人的歌曲”去激发工人们的热情，“以歌声缓解他们劳作的疲倦”。传道者们还深入烟花之地，在妓女中间讲道，或是选择在当地著名的高利贷者家门口。在平民区的街头巷尾，耶稣会士们尤其活跃，曾有时人亲眼目睹，耶稣会士们立在市场的货摊或窗檐边上，面对着他们的听众，发表慷慨动人的演说，并向人们免费派发礼物——那是些带节的鞭绳，以使信众在私下里能够不断鞭策自己。[9]

至于在圣彼得大教堂，耶稣会士们不但要倾听罗马公民和其他意大利人的忏悔，还要接待所有前来圣城朝圣的人。他们设立了一套规矩，可以轮换使用两种语言倾听忏悔，每名神父都能流利地使用意大利语以及另一种语言——比如英语、波兰语、法语、西班牙语或佛兰芒语——这第二种语言的标识会写在忏悔室上方的一块布告板上，神父们则手持一根白色棍子坐于其中。如果一名朝圣者无法找到能听懂他话的神父，那就需要从附近的教化所中再召来一位——那里共有十二名耶稣会士随时待命。如果需要一位懂希腊语或叙利亚语、阿拉伯语的有经验的神父，那就非罗曼努斯（Baptista Romanus）神父莫属了。他原本信犹太教，新近才皈依。他那非凡的语言能力和新萌发的基督信仰可谓相得益彰。到了1590年代，耶稣会已经培养出一些能说二十七种不同语言的神父。[10]

这种多语言文化氛围的出现，也有赖于教会收藏的大量外语书籍。在1570年代后期，罗马所有的耶稣会学院都已有了很好的图书馆，英国的流亡天主教徒格里高利·马丁（Gregory Martin）曾评论道："每位教士都能获得大量最好的图书"，他还惊奇地补充说，耶稣会甚至有外语版的活字字模。[11] 这些资源背后都有著名的梵蒂冈图书馆的支持。该图书馆每周对普通读者开放三天（周一、三、五），在冬季则有炉火取暖，使读者有极舒适的阅读环境。1581年3月，蒙田拜访此处时，对自己能毫无阻碍广泛取阅图书而欣喜不已，同时，他还惊喜地看到了纸草文献和古希腊的手写本，维吉尔、塞涅卡和普鲁塔克著作的善本，托马斯·阿奎那著作的手稿，亨利八世抨击马丁·路德文字的署名抄本。还有一部"来自中国的书籍，一眼望去就与众不同，纸张是用某种特别材料制成，比我们的纸更加精细和透明。由于这种纸不吸墨水，因此每张纸只有一面写字，然后再对折起来"。[12]

传教热情无所不在，旧的精神洗礼观念不断被更新。教皇尤里乌斯三世（Julius III）在1550年下诏推广圣依纳爵·罗耀拉为耶稣会编定的《章程》，其中所有的耶稣会士都要作如下的宣誓："我们发誓，自愿承担一种特殊的义务，执行罗马教皇所下的有关灵魂提升和信仰传播的任何指令，无论现在或将来，我们时刻准备出发，绝没有任何托词与借口，义无反顾前往被派的任何教区——无论希望我们去土耳其或是其他异教蛮荒之地，就算是那片被叫做印度的地方，或是其他企图分裂教会的人群中，我们都坚贞不渝，在所不辞。”在阿桂委瓦会长时代，这种力量仍然发挥着很大作用。[13] 格里高利 · 马丁就充分意识到，这种誓言对鼓动耶稣会士的心灵起到了至关重要的效果，在 1577 年到 1578 年间，正是利玛窦准备接受委派远赴东方的这个时期，马丁描述了当时在罗马的耶稣会士中焕发的高昂斗志：

> 对于他们之中的某些人，上帝允许他们献出自己的生命，但在危急的情况下，应表明他们的慈爱之心。对余下的人，上帝会佑护他们，施展他那慈爱的力量，他接受子民们良善的意愿，怜爱他们，因为他要委任他们，长久地投身圣事。这些人满怀仁爱之心和无上热忱（他们带来的成果毫无疑问是无可比拟的），他们当中许多人以诚挚的精神和炽热的情感，渴望受派前往另一个不同的世界，也就是去东印度和西印度的异教蛮荒之地，劝导那里的人皈依我主。这是一项充满艰险、歧路丛生的事业，最终取得伟大成功的可能性很小，会使坚定良善的人动摇他们的意志。[14]

利玛窦只是到了晚年才给后人留下了一丝线索，让我们得以知晓，他对当时这场传教热潮的感受——当然，他的感受是与他自身经历无关的。1596 年 10 月 12 日，他在南昌给他意大利学校时代的好友弗利加蒂写了封信，在信中利玛窦回顾了当年他们俩是如何憧憬着到印度去传教，成为前往那片“被忽略的丛林”的“浩荡大军”的一分子。然而，他也向弗利加蒂保证，意大利的信仰生活其实和中国的一样丰富多彩，因为“一个人没有必要刻意为成为殉道者而向坚硬的钢铁上猛撞，也没必要为了成为朝圣者而踏上万里征途”。[15]

当时，耶稣会士和所有海外传教团体的成员一样，都接受了良好的训练。他们的训练课程十分严格，除了神学、古典学、数学以及科学知识的研习之外，还有“论辩”方法的培训。这种培训通常在周日晚餐之后进行，采取两种方式中的一种：第一种方式是，一名学生先阐述一个给定的神学观点，然后由他的同伴们对这一观点进行攻击，这些同伴事先已有一天的时间来准备，使他们的攻击更加严厉，之后则由发言人自己来反驳这些攻击。另一种方式是，由老师作为代表来阐述异端思想，之后让学生们运用论辩技巧去驳斥这个“魔鬼的代言人”。然而问题也是存在的，当他们通过这种高强度的训练方式去指导学生们组织论点、分析信仰，并培养记忆技巧的时候，往往会面临程式化的危险。因而，最终还是要将昆体良和西塞罗等人教授的方法论——原本是用在教授法律和修辞学中的——应用到神学领域。[16]

教会在许多场合中进行生动的演示，以突出此类论战的象征意义。在教皇本人的礼拜堂里举行的特别仪式上，四福音书和使徒书信都同时用拉丁语和希腊语诵读，以提醒所有听众，拉丁教会和希腊教会都是天主教的组成部分，教皇是这两者的共同领袖。但是，为了显示希腊教会的衰落，在用希腊语诵读时，灯光要变暗一些，仪式也会简略些。而当再次用拉丁语诵读时，教堂又会恢复到灯火通明。在耶稣会神学院中，在每日两次用餐时间的《圣经》学习中，若要对异端思想进行驳斥，需要用到希腊语的《圣经》版本时（希伯来语版本也是同样），则一定要同时用拉丁语版本以作参照。[17]

然而，尽管这些训练步骤非常精巧，而且象征意义十足，但这并不意味着学生们以此就能熟习敌人的信条。很久以前的 13 世纪晚期，有一位名叫拉蒙 · 卢尔（Ramon Lull）的大臣和学者，他曾经在马略卡岛（Majorca）生活过，当时该岛刚被天主教力量征服，但岛上还存有不少的犹太人和穆斯林。卢尔根据自己在这个宗教混杂的岛上的生活经验提出，教会必须认真对待这项任务，即学习异教徒的语言，引导人民大众与敌对信仰的代表去辩论，尽力击败他们。卢尔认为，他自己的著作应该被翻译成异教徒的语言，“人们应当走到鞑靼人中间，向他们传道，展现上帝的力量；而鞑靼人也应被吸引到巴黎来，学习我们的语言和文字，带着我们的知识回到自己的国土”。[18] 在他早年的重要著作《异教徒与三位圣贤》当中，卢尔想象出一段拖沓冗长的对话，一位异教徒就上帝创世、摩西先知、弥赛亚、耶稣复活、天堂和地狱的意义，以及穆罕默德与《古兰经》等问题，依次向一名犹太人、一名基督徒和一名穆斯林提问。对于这名异教徒最终选择了三人中谁的回答，卢尔并没有给出结果，他以一幕精心设计而不失礼仪的场景结束了这本书——犹太人、基督徒和穆斯林都为自己回答中可能无意对别人造成冒犯而相互道歉。[19] 但是，卢尔后来到了晚年，实际上立场已经有所改变，对伊斯兰教抱有极端和公然的敌对态度，如此，所有真正宽容的精神已经迅速消逝了。同样在 13 世纪这个时期，与此相应的是，在中亚地区受到蒙古帝国友好对待的方济各会传教士，带回了他们关于佛教的最早报告。报告包括有对佛教的祷告、冥思、经书以及圣人的初步描述，在很多方面其实相当精确。但这些信息并没有被多少欧洲人注意到，也没有在欧洲的学术研究中传承下去。[20]

无论如何，至少到了14世纪中期，在薄伽丘的故事里，这种犹太教、天主教和伊斯兰教相并立的观念得以深化。薄伽丘在《十日谈》第一天的某个故事中就已经表达了这种观念。故事说的是大苏丹萨拉丁（Saladin）出题考问一位精明的犹太人，想借此攫取这犹太人的钱财。苏丹试图引诱犹太人说出些轻率亵渎的话，他便能抓到把柄。于是他就问这个犹太人，在三种宗教当中，究竟哪一种才是“真正可信的”。犹太人并没有直接回答，而是讲了一个三枚戒指的故事：有一名富人，他的家族里有个传统，一家之主在临终之前，要将一枚精美的戒指传给他最喜爱的儿子，并让他继承家业。到了富人这代，他对三个儿子都同样地宠爱，在他眼里三人的天赋秉性也不相上下，于是他在临终前，秘密找来工匠仿制了两枚几乎可以以假乱真的戒指，并将三枚戒指分给三个儿子。直到富人死后，三个儿子才发现他们每人都有一枚戒指，于是只好分享了家产，共同来主持家业。“究竟哪个儿子才是真正的、合适的继承人，这个问题就这样被搁置了，也永远无法解决”，薄伽丘这样写道，“同样的情形也发生在上帝天父赐予他三类子民的三种律法上，这也就构成了您的问题。每个宗教都认为它才是对上帝衣钵的合法传承，每个都觉得它拥有上帝赐予的真律法，并遵从上帝的指令。但就像戒指的故事一样，这个问题实际上应被搁置起来。”[21]

在16世纪中期的意大利，尽管反宗教改革的情绪依旧狂热，但民众普遍对伊斯兰教有所接受。1584年，就在利玛窦进入中国大陆一年后，一个意大利磨坊主梅诺奇奥（Menocchio）在接受宗教裁判所的调查时，坚称圣灵已被同时赐予"异端教徒、土耳其人和犹太人"，"他将后三种人都视为宝贵的，以相同的方式得到拯救"。[22]从梅诺奇奥对天堂的描述，以及他所抱有的其他一些信条来看，他应该已经看过《古兰经》，或至少谈论过这部经典。在1547年，《古兰经》的意大利文译本就已经问世并开始流传。[23]

拉蒙·卢尔的有些想法，尤其是他提出的"技艺"的思想，将记忆法、魔术以及那些能调动和掌控世界各种力量的组织技巧融合一炉，在16世纪的法国和意大利曾经风靡一时。但是，阿拉伯语的训练在当时仍没有多少人关注，更不用提印度、中国和日本的语言了。因此，利玛窦在学校里也没有机会学习这些语种。[24]除了在1550年代末，正处少年时代的他在马切拉塔听到了奥斯曼土耳其入侵的警报外，利玛窦对伊斯兰力量的第一次真正体验，是他在1578年末抵达果阿的时候。自从1510年德·阿尔布克尔克（Afonso de Albuquerque）从比贾布尔（Bijapur）的穆斯林苏丹手中夺取果阿之后，这个城市一直是葡萄牙的殖民地，并顺理成章地成为一个兴旺繁华的宗教、战争和贸易中心。果阿驻扎着由国王亲自委派的总督，管理葡萄牙的所有印度殖民地，实际管理城市的则是一个由葡萄牙贵族、地方法官和商会头目组成的市政议会。这些人负责城市的防卫，管理商业生活，处理公共市政事务，稳定当地食物价格。当时的果阿住着三四千名葡萄牙人，还有来自许多不同国家的天主教教士，以及大约一万名印度居民。[25]然而，尽管果阿是葡萄牙在东方的最大堡垒，它依然是脆弱的，难以武装和供给，它与葡萄牙在莫桑比克和霍尔木兹等地的其他哨点之间，通常只有一些相当脆弱细微的联系。

在果阿岛和附近的萨尔赛特地区，穆斯林的势力要比印度教居民大得多，因为印度教徒已被迫接受基督徒的统治，他们的庙宇被彻底毁坏，许多礼仪风俗和节日庆典都被强行禁止，那些不愿屈服的婆罗门则被没收了财产，囚禁在船上。另有法条规定非基督徒不能执掌商会，还强迫非基督徒无偿地在码头的葡萄牙船上做苦工。[26]当地还颁布了复杂的法律条文，规定几乎所有的印度教孤儿都必须送至果阿圣保罗教堂的耶稣会神父那里，交由他们来教育和抚养，“直到他们长大，能够自己决定自己的宗教信仰为止”，这个过程实际上是逐步施加压力，引导他们在可预见的未来皈依基督。[27]利玛窦曾经记述过他在果阿居留期间，和当地学院中的学童轻松相处的时光，这些孩子最小的只有五岁，最大的也不过十六岁。他们腿上绑着铃铛，在教堂的祭坛前快乐起舞。他们还会排成小型的“童子军”队列，在教堂前开阔的广场上来回行进，接受检阅，还手持火枪，朝天鸣放，愉快地向上帝致意。男孩们成群结队在街上四处奔跑，唱着耶稣会神父教给他们的宗教歌曲，他们当中有些人是里斯本坐船过来的孤儿唱诗班的成员。利玛窦和其他新到的耶稣会士一道，去附近的教会学校，那里四百多名当地的孩童集合起来，男孩们排一列，女孩们排一列。他们先用当地方言，然后又用葡萄牙语大声朗诵着主祷文、“万福玛利亚”和十诫。接着，当神父们示意后，他们整齐一致地向地上吐唾沫，以表示对他们之前所信奉神祇的唾弃。[28]

与这些印度教徒逐步沦为从属地位形成鲜明对比的是，穆斯林的势力却在不断滋长。综观 16 世纪中叶，印度穆斯林统治者不断蚕食着德干地区的维阇耶那伽尔王国（Vijayanagar）——历史上最后一个印度教帝国——的领土。而与果阿邻近的比贾普尔苏丹的势力，也对葡萄牙领地构成了长久的威胁。有些记述中曾提到，穆斯林的舰队是如何迫使天主教神父迅速登岸并隐藏起来，也有人说，穆斯林的海关官员会向行旅过关的神父收取高额费用，如果神父不愿交，那些穆斯林还会攻击他和他的随从们。[29] 有时，一些皈依了伊斯兰教的葡萄牙人会对果阿的外围地区发动攻击，在 1570 至 1571 年，比贾普尔苏丹出兵包围了果阿城，战事造成惨重的伤亡，尸横遍地，使原本美丽宜人的乡野变得让人触目惊心。“在那时，这片地区不再像以前那样美丽”，与利玛窦同行的巴范济写道：“这当然是由于大群的穆斯林在这里战死，空气中弥漫着尸臭，令人厌恶。”[30]

但如果和莫卧儿君主阿克巴所统治的控制着整个北印度的帝国相比，其他所有这些威胁都相形见绌了。利玛窦和他的同时代人一样，亲身感受了阿克巴王朝的伟大。他写道，这位统治者拥有“七十个王国，能调动一支三十万骑兵和两万头大象组成的大军”。在现存利玛窦所写的最早一封信——1580 年写给科英布拉的一位友人——当中，他毫不掩饰自己对阿克巴拒斥伊斯兰教而可能皈依基督的激动之情。[31] 当时阿克巴欣然接受了一些葡萄牙神父和顾问，并在 1579 年派遣大臣阿布杜拉汗（Said Abdullah Khan）作为外交特使来到果阿，这些举动都使得利玛窦盲目乐观起来。特使带来了一封信，要求派两名天主教神父到他们的都城法特普希克里（Fatehpur Sikri）去，并带上“律法和福音书等主要书籍”，以便他们和阿克巴讨论宗教问题。在耶稣会士看来，这是一个了不起的进步，“尤其考虑到通常对于摩尔人而言，基督徒就像是凶残的野兽”。[32]为了表达他的诚意，阿克巴甚至还送来了两头骡子，好让两个传教士的旅途变得舒服些。当阿克巴的特使到访时，果阿的总督以及民政、军界和教会的头面人物在奏乐声中前往迎接，利玛窦描述过这一盛大的场景。特使访问了耶稣会学院，参观了图书馆、药房、教堂和餐厅，他以崇敬的姿态欣赏圣母玛利亚的画像，聚精会神地聆听唱诗班的吟唱，亲自参加了至少十六名耶稣会士为他到来而特意举行的神学辩论会，这一切利玛窦看在眼里，心中激动难抑。他写道：“我们最大的愿望莫过于能让整个印度皈依天主。”他还记述了三位神父动身离开果阿，带着刚刚运抵的八卷本多语言对照的普朗坦《圣经》，作为礼物呈给阿克巴。当然，利玛窦的预感并不全然乐观，他补充说：“毕竟这些人还是穆斯林，我可以预想到前进的道路上一定充满着困难，就像他们以前给我们造成的那样。”[33]

果不其然，尽管阿克巴小心仔细地翻阅了这套多种语言对照的《圣经》（根据耶稣会士的描述，他恭敬地亲吻了每一卷书），并邀请天主教神父与穆斯林的高级神职人员举行了多场宗教辩论，他允诺让他的儿子学习葡萄牙语，还观看了一场弥撒典礼，但在此之外，他对基督宗教始终没有表现出很大兴趣。[34]据当时在法特普希克里的耶稣会士说，在他们会面时，阿克巴经常在谈到要点时表现出茫然，这主要是因为他“吸食了太多鸦片，并嗜好享用一种由罂粟壳、麝香果、肉豆蔻、印度大麻以及其他东西酿成的饮料。这些东西会使人变得呆滞而昏昏沉沉，以至于我们以为他如同恩底弥翁（Endymion）一般沉睡。”[35] 综合这种种观察，利玛窦最终得出结论，阿克巴从来就不是真心想皈依基督，他之所以邀请耶稣会士们访问他的都城，要么是“出于某种自然的好奇心，想了解别种宗教的一些新鲜玩意”，要么是他怀有特别政治目的，因为葡萄牙人的支持对他来说可能很有用。[36]

耶稣会士们原本希望，“莫卧儿帝国的国王能够觉醒，并意识到先知穆罕默德是错的，他所制定的律法更是毫无道理”，但这一希望注定是要破灭的，有些传教士提出，“至少这位国王是犹太人强有力的敌人”，借此聊以自慰。[37] 当然，在对待犹太人这一方面，阿克巴的态度和果阿宗教裁判所的政策是一致的。宗教裁判所对那些被称为“新基督徒”的犹太人，也就是那些“改信者”（Conversos）——他们出生于犹太血统家族，在1497年葡萄牙将犹太人驱逐出境之后，被迫改信基督教——那充满敌意的行为，让利玛窦感到十分忧虑。1581年，在利玛窦写给阿桂委瓦会长的第一封信中，他大胆地表达了这种想法。[38]

说来也实在奇怪，在1578年到1582年间，宗教裁判所对于犹太教徒（或者曾经是犹太教徒）群体的威胁抱有很深的警惕，其敏感程度远远超过以往和以后的任何时期。而恰好那时利玛窦就在果阿。自从1578年塞巴斯蒂安国王在亚卡撒基维惨败后，由于国王战死而尚无子嗣，国家的未来就处于不确定之中，整个葡萄牙和它的领地中都弥漫着高度紧张的气氛。此时，对犹太人的防备又戏剧性地浮出水面。这一心态可以在其对摩洛哥犹太人的反应中窥见。摩洛哥的犹太人之前一直担忧，如果塞巴斯蒂安国王得胜，会强迫他们改信基督教，所以，当他们得知国王的死讯后，欣喜万分，公开狂欢，并打算将其作为第二次解救的日子而每年庆祝。

似乎是出于对这些犹太人的反应，几乎从战事一结束，葡萄牙国内就已经传闻四起，说塞巴斯蒂安国王并没有死——因为没有人亲眼目睹他的死——而是逃回了欧洲。冒充国王名头的人开始出现，而“塞巴斯蒂安主义”（Sebastianismo）的崇拜也应运而生，人们坚信国王终有一天会归来，带领他的子民重获自由。“塞巴斯蒂安主义”还悄无声息地与一股性质相异但同样危险的暗流混在一起，这股暗流来自有着“先知”之称的阿内斯（Goncalo Anes）的著作。阿内斯是一名葡萄牙鞋匠，在16世纪早些时候曾写过一些带有空想的小册子，描绘一个新弥赛亚的到来。这些书用大胆而又含糊的言辞描写了一位“隐士”（Encoberto）的故事，这是一位王子，希望在葡萄牙的统治下建立一个乌托邦式的普世君主国家。这些小册子在犹太“新基督徒”当中很受欢迎，流传甚广，以至于在1541年被宗教裁判所下令查禁。阿内斯本人也遭到了审判，被迫公开宣称放弃他的想法。[39]

当1580年西班牙人接管了葡萄牙后，阿内斯的著作重新煽起了那些信奉“塞巴斯蒂安主义”的葡萄牙人的爱国热情，他们当中既有老基督徒，也有所谓“新基督徒”。到1581年，宗教裁判所再次下令，禁止人们阅读阿内斯的著作。此外，与菲利普国王竞争王位的有力对手——除了塞巴斯蒂安的阴影之外——还有深受民众欢迎的堂·安东尼奥（Don Antonio），他的父亲是有着皇室血统的葡萄牙王子，他的母亲名叫戈麦斯（Violante Gomes），是一位改信基督的犹太女人。尽管西班牙军队迫使唐·安东尼奥在1581年逃离葡萄牙，他却获得了西班牙各个敌手的道义支持和武装援助。虽然奉派前去支援他的一小支法国舰队大败而归，但到1582年他仍占据着亚述尔群岛顽强抵抗（法国人之所以支持他，是由于他承诺如果获得王位，将把巴西让给法国）。只有到了1583年夏天，西班牙人最终攻占亚述尔群岛后，菲利普的海上帝国才算真正扫平所有潜在威胁。[40]

对于犹太人在欧洲遭遇的磨难，利玛窦应该了解不少，他曾亲眼目睹过许多事情。当他还是个八岁孩童的时候，马切拉塔的犹太人高利贷事务所曾遭到过猛烈的冲击，而在1564年，也就是他十二岁那年，有一位在马切拉塔经营屠宰场的犹太人在大斋节期间依然贩卖肉类，当地许多民众愤怒异常，试图阻止这种行为，这个犹太人最后靠着特别的豁免才得以平安无事。[41]另外，在当时，安科纳（Ancona）成了那些被西班牙和葡萄牙驱逐出来的犹太人的避难所，利玛窦应该对犹太人在那里的活动有所了解，尤其是当宗教裁判所迫害安科纳的犹太人时，导致中东地区的犹太商人集体抵制与安科纳城的贸易，为此安科纳的教会人士十分担忧，并试图将宗教裁判所的诉讼转移到马切拉塔去。[42]

但最重要的是，罗马的犹太人实在是太引人注目了，无论他们是皈依政策的对象，或是它的反对者。当利玛窦还在罗马见习时，那里的犹太人还生活在1555年颁布的严苛法令的束缚中，必须居住在狭小的犹太人区，每逢夜晚，以及耶稣受难周，就不能离开该地区拥挤的街道。每到周六下午两点，他们一定得去“主佑三位一体教堂”参加祷告仪式，男人们聚集在讲坛前的长凳上，而女人们为避免抛头露面则挤在上层楼座，这些犹太人往往会被大批好奇的罗马市民和外地来访的游客层层包围。当天早上，他们聚集在自己的犹太教堂里，聆听耶稣会的波塞维诺（Possevino）神父讲道，有时则是嘉布遣会的卢普斯（Lupus）修士，或是马里亚（Francisco Maria）神父，神父往往会带着一名改信基督的犹太人——多数情况下是个叫安德里亚斯（Andreas）的人——共同宣讲弥赛亚，讲述主的受难，以及所罗门的真福。神父们所讲的旧约文本他们都已熟悉，但解释却大为不同。在听道时，那些有意愿改信基督的（被称为慕道友）身穿白袍，而新近受洗的（也就是新信徒）则穿着黑袍，他们都在基督徒中安坐。从1578年起，受洗的犹太人获准进入新开办的希伯来神学院中研习，学拉丁文、希伯来文，还有他们的母语意大利文。这所学院由教皇格里高利十三世资助，每月能得到一百克朗。一年之后，学院的学员数量激增，这是由于前犹太拉比罗曼努斯新近皈依基督，并把大量青年从中东带到了罗马。[43] 那些愿意受洗的犹太人，用格里高利 · 马丁的话说，常常“与旧兄弟同胞已无法相容，关系十分疏远”。他们就在慕道友的家里由特别的老师加以授教。当被认为时机成熟后，他们就会加入受洗的行列，参加一年两次为新皈依者们举行的盛大洗礼，时间在每年复活节和降灵节的前夜，地点则在拉特朗圣若望大教堂（St. John Lateran）的君士坦丁洗池前。在利玛窦时代，这洗礼是由亚萨主教哥德维尔（Thomas Goldwell）主持的，哥德维尔是威尔士人，但早被放逐，常年漂泊在外。[44]

罗马的犹太人也在城市的经济生活中扮演着重要角色。由于一直以来教会都禁止基督徒放高利贷，犹太人就如同以往一样，控制着这个行当。他们在服装买卖行业里也表现活跃，即使是在犹太聚居区律法通过之后，他们也被允许每周一次去拿沃那广场（Piazza Navona），在那里挂起各类五颜六色鲜艳夺目的服饰、挂毯和布料，一边展示一边叫卖，成为罗马城独特的风景。犹太人实业家也试图将一些新的产业发展机会带到罗马，他们对制衣的新技术进行试验——大斗兽场（Colosseum）的废墟就暂且成为实验基地以及丝绸生产场所。那时有一位威尼斯犹太人发现了一年两次孵化蚕蛹的方法，消息传来，罗马人对丝绸贸易的兴趣顿时大增。一名家具行业的能工巧匠发明了一套可折叠的床和书桌（但销不出去），而另一名发明家则试图制造出新式机关枪，威力相当于五十支火绳枪。[45] 无论他们在生意上成功与否，犹太人都得承受世俗或者教会势力在经济上的任意盘剥，尤其是那些改信基督的犹太人更需时刻提防，以免被指控为反水倒退。一旦他们遭到这种指控，宗教裁判所就会使用各种可怕的手段对其展开调查。1570 年代的宗教裁判所，在格里高利·马丁的描述中，就是执行“对抗异端信徒、叛教者、巫师和邪术家的行动”，“所有的手段都是为了拯救这些人的灵魂，而所有宽容的赦免，都是为了能让他们改过自新”。这些言语背后则是严酷的威力，单在安科纳一地，就有十二名犹太人被绑在柱上受火刑，尸身灰飞烟灭。[46]

在整个16世纪，葡萄牙人都非常清楚，犹太人正在逃离这个国家，或者逃往安科纳（最初教皇就允许他们去那里避难），或是去果阿和科钦。在果阿，宗教裁判所直到1560年，才在自身大审判官的主持下正式成立，但早在那之前（确切地说是在1543年），已有一名可怜虫受到它的宣判。那名受害者是一个叫迪亚斯（Jeronimo Dias）的医师，他是新基督徒，大概是由于私底下秘密举行犹太教仪式而被判处火刑。[47]在1560年代，在果阿南方的科钦地区，被确认的犹太人数量实在众多，以至于这些新基督徒有时亦奉从的印度当地统治者曾被天主教神父们戏称为"犹太人的王"。[48]很快，许多神父就被派往南方，去找出这些犹太人中的叛教者，部分犹太人被抓捕，并当即被押回果阿审判。[49]宗教裁判所派出去的人尤其注意监视那些"白犹太人"的行动，所谓的"白犹太人"来自葡萄牙，他们听说科钦是犹太人的避难所，便万里跋涉通过土耳其和霍尔木兹海峡到达果阿。他们似乎被认为比那些"黑犹太人"更加危险。所谓"黑犹太人"是指与印度南部当地人通婚的犹太人，或是早先就已经皈依犹太教的当地人。[50]

1571年，当塞巴斯蒂安国王的宠臣德·丰塞卡（Bartholemew de Fonseca）受派主持果阿当地的宗教裁判所之后，犹太人的处境就变得愈发艰难。德·丰塞卡受命之时，尚未年满三十，对于这项新任命欣喜万分。在他看来，新基督徒们——他喜欢称其为"弑主者"——正在侵蚀着印度，他常常夸口吹嘘，自己主持过无数审判，把无数人送进了监狱，他最爱挂在嘴边的无非是"某某的父亲或者祖父是被我送上火刑台的"，"某某的尸骨是被我挖出来的"。[51] 在1578 年 9 月，也就是利玛窦到达果阿之后两个月，我们可以发现德 · 丰塞卡得意洋洋地记述道，他"在这片大地上燃起了熊熊火焰，把异教徒和叛教者的尸体都烧成了灰烬"。[52] 从利玛窦早期的一封信中我们能知晓，利玛窦本人对当时这种极端的火刑在印度地区流行感到不安。1575 年和 1578 年在果阿的两次大规模火刑，肯定加深他的这种不安：前一次火刑烧死了十九个人，其中两个是路德教徒，余下十七个是犹太教徒；而后一次，又有十七人被烧死，这次所有人都是"犹太异教徒"。[53]

在所有这些事件中，耶稣会的地位十分微妙。宗教审判不仅制造了一种恐怖的威慑，同时也是一个盛大的社群聚会：在教堂和街上举行的活动仪式颇为壮观：调查会在教堂进行，而到了街上，受审人和审判官组成长长的、精心装饰的队伍在城中游行（许多放弃信仰并向神父忏悔的人得到宽恕，他们也加入了游行的队列，同在其中的还有少数即将被判处死刑的人们）。通过没收那些有罪人士的财产，宗教审判也成为教会和审判官们聚敛钱财的主要渠道。[54] 耶稣会士的任务是帮助那些被判处有罪即将送上刑场的人忏悔，同时在审判中担任官方的评审员，并联合签署罪行判决书。[55] 另一方面，在 1570 年代，耶稣会的墨库里安（Mercurian）会长决定吸纳一些最具聪明才智的新人加入该会，多亏这个决定，大量的犹太新基督徒得以加入，这些人中有几位（其中一位神父与利玛窦一起搭乘"圣路易"号）远赴印度，尽忠职守，最后在当地逝世。[56]

在印度的耶稣会士并没有把主要精力放在当地穆斯林和犹太人

身上，而是关注果阿南部大量的本地基督徒社群，相对而言这些人对福音的接受度更高。从利玛窦的书信中我们会发现，在这里，年轻的他仍然全神贯注地观察着局势。这些通常被称作“圣多马基督徒”（St. Thomas Christians）的人，既给天主教神父带来了问题，也带来了发展的机会。根据传统的教会说法，耶稣的门徒多马沿着商贸路线穿越了小亚细亚，沿着印度的西海岸南下，他最终在今天的马德拉斯（Madras）一带被害之前，已经在科钦发展了大批的皈依信徒。[57] 长久以来，欧洲人对这些亦被称作“马拉巴基督徒”（Malabar Christians）的人有一些基本的了解。最早到印度的欧洲人曾经历过一阵迷茫——最初抵达印度南部的葡萄牙航海者，曾经将印度教女神卡莉（Kali）的神像当做圣母玛利亚的神像崇奉——但渐渐地，他们就建立起与南印度基督徒的联系。这些南印度的基督徒寻求葡萄牙当局的保护，以对抗当地的穆斯林王公，这让“发现”他们的人十分高兴，葡萄牙人趁机从中牟取巨利，他们答应提供保护，交换条件是实际控制盈利极丰的科钦胡椒出口生意，获得事实上的贸易垄断。[58]

若对马拉巴基督徒的信仰做更仔细的探究，就会发现他们认定玛利亚是基督的母亲，而不是上帝的母亲，这种信仰证明他们属于聂斯脱利派——这是一个早期从教会中分裂出来的教派，后被天主教视为异端。显然，马拉巴基督徒依然从叙利亚教会中获得灵性的指引，并遵从其领导。

到了 16 世纪，对于如何处理这些新的指控，天主教会中产生了很大的分歧，而这种分歧很快导致极大的混乱。即如此，当地的教士聚集在果阿议事会，一致声讨科钦教区的一位主教，将其斥为异端，但与此同时这位主教已说服了葡萄牙统治者和罗马教皇，承认其教义为正统，甚至很有可能晋升为红衣主教。[59] 当利玛窦到印度时，教皇正巧决定将科钦教区的管辖权分派给两位敌对的主教，这两人与聂斯脱利教派首领都多少有些联系，但都自称完全代表罗马天主教会的正统。葡萄牙人对这两名主教都将信将疑，因为他们希望主教的候选人能完全忠于他们的利益。两名主教中一位是西蒙（Simon），他更多地得到了圣方济各会教士的支持，而耶稣会士则大多支持另一位主教亚伯拉罕（Abraham）。这个亚伯拉罕在竞争中逐步占据了优势，他在耶稣会士的帮助下，在瓦皮科塔（Vaipikkotta）办起了一所规模庞大的神学院，进一步巩固了自己的地位。在学院里，大约五十名学生研习拉丁语、迦勒底的礼拜仪式和神学，并用古叙利亚语举行祷告仪式。

然而天有不测风云，在 1579 年 11 月，利玛窦染上了一种危险的疾病，被送到科钦去疗养。这是热病的一种，差点让利玛窦客死他乡，就在同一个月里，这种病已经让果阿的好几个耶稣会同事失去生命。但就在科钦期间，利玛窦依然觉得很难分辨两位主教各自的主张。[60]

无论在教区管辖权上有何种混乱，利玛窦清楚地发现，相较以往，一些礼拜仪式上不合规矩的地方已经被纠正。在早期，对马拉巴基督徒进行观察的人们曾经写道：

> 他们削发的形式是反过来的，本该削发的地方留着头发，而

> 周围的一圈则全部剃光。他们身穿白衫，头戴穆斯林的头巾，赤足行路，留着长长的胡子。他们在祭坛上讲诵弥撒，极其虔诚，和我们并无区别，胸前捧着十字架。主祭者步入教堂时，有两人分侍左右。他们用盐腌面包代替圣饼，并供于神坛，保证数量足够给予参加祷告的每一个人。然后，把所有盐腌面包分发下去，仿佛那真的是被神赐福的面包，每个人都走到祭坛的下方，从神父手中接过面包。[61]

然而，在利玛窦时代，他看到令人高兴的变化已经发生，到那时，"当地教会和罗马教会之间，除了语言之外已没有差别"。甚至说，若是罗马教会能给科钦当地发来经书印本，那么罗马的每日祈祷书和弥撒经书都能逐字逐句转换成一种双语的文本，如此，这唯一的语言问题也能迅速得到解决。[62]

从其他一些记述我们可以得知，由于嫉妒或敏感，果阿地区的许多西方教士拒绝让一些比他们更有天赋的印度学生接受高级的神学训练，利玛窦对这一点深感难过，当地的印度人，"无论他们学识多深，同其他白人相比，都很难得到神父的信任"。[63]从这种态度我们可以猜到，对耶稣会士试图阻止宗教裁判所对当地基督徒施加酷刑的行动，利玛窦多半是抱有同情的。耶稣会士们认为，至少应给予这些基督徒二十年的宽限期，让他们努力弥合自己与罗马教会的差别。然而，这种宽容的态度在当时并未被许多人采用。利玛窦抵达之前的十年里，大约有三百二十名当地印度基督徒被送交果阿宗教裁判所加以"审讯"。[64]而利玛窦显然发觉，印度基督徒在礼仪和服饰方面，发生了彻底的、令人满意的变化。他在 1580 年 1 月 18 日写信给高斯（Emanuele de Goes）神父——他在科英布拉的神学老师，后者可能对这些细节会有兴趣：

> 他们的服饰如今追随那些葡萄牙神父的款式（胡子也都剃掉了），做弥撒时所穿的礼服也和我们并无二致。弥撒中使用圣饼，而不再是之前使用的面包。他们不再如以前那般，在圣餐中只领圣体，而是更多地举行完整的圣礼，现在还加上了以前从未做过的坚信礼和圣油礼。就连建造教堂他们也模仿我们的风格。[65]

写下这些句子后不到四年，利玛窦自己却已剃掉了头发和胡子，身披佛教僧人的长袍，坐在中国南方的肇庆城里。由于相信要在中国传教必须穿僧人的服饰以体现宗教的神圣感，利玛窦体会到继续作为局外旁观者已变得十分奢侈，他决心一头扎入"文化适应"这个是非暧昧的世界。他精心盘算了计划：中国人会对他带来的西洋棱镜、闹钟和书籍兴趣浓厚，成群地到访他居住的小屋，接着，他就能和他们展开宗教论题的对话。在他那小礼拜堂的祭坛上展放着圣母与圣子的画像，更能为他的宣教言语提供视觉上的促进效果。[66]

利玛窦自认为，他这一步走对了。1585 年 11 月，他在写给好友弗利加蒂的信中，说到肇庆城里这一小批西方人的情况："你可以想象我现在的样子，我已经变成了一个中国人！无论是衣着、外表、待人接物的礼仪，在所有的外在方面，我们都是中国人了。"[67] 和之前的那些欧洲人一样，利玛窦显然发现了佛教和基督教外在形式上有许多相似之处：僧侣们都穿着长袍，在仪式中清唱圣歌，都主张禁欲和苦行，还包括庙宇、塑像、塔楼、大钟，甚至是雕刻或绘画的圣像。所以，他会开玩笑说，只要你是半个意大利人（留着整齐的短发），又是葡萄牙人（把胡须剃掉），外加遵守基督教的基本礼仪规范，那么在中国人的眼里你就是一个和尚。[68]

几年之后，利玛窦才逐渐意识到，之前他给自己营造的外在形象是错误的。模仿僧侣并不能给他带来声望，当他开始认识到大部分僧人在中国社会中地位较低时，就试图转换自己的角色。1592 年，他用带有歉意的口气给阿桂委瓦会长写信，其中说，“为获得更高的社会地位，我们不再在街上步行，而是坐轿子，由轿夫抬着走，就像有身份的人那样。在中国这块地方，我们迫切需要这种方式树立威望，否则，在这块异教徒的土地上没法开展工作。因为在这里，洋人与和尚的名声都是很糟糕的，我们需要这种手段，或其他方式，来让民众看到，我们并不像那些和尚一样恶劣。”[69] 利玛窦的这个想法，得到一些有名望的中国士绅以及他上司范礼安的支持，于是，在 1595 年夏天，他终于做出了决定。他给澳门的好友孟三德神父写信说：

> 我们蓄起了胡子，也把头发留到齐耳长。与此同时，我们穿上了当地文人在社交场合的那种特别服装（与我们以前穿的僧服大不一样）。我头一次留着胡子外出，而且还穿着中国达官贵人访客时穿的衣服。这种袍子是用紫色丝绸做的，长袍的褶边、领口和衣边都镶有大约不到一掌宽的蓝色丝边，敞开的袖口上也有同

> 样的镶边，整个看上去像是在威尼斯常见的那种式样。袍子还配有一条蓝边紫色的宽腰带，束紧即可使长袍敞开得更加自如。[70]

穿着这身长袍，脚上蹬一双绣花的缎子鞋，从他在罗马的学徒时光以来，利玛窦从没有穿得如此光彩照人。在罗马耶稣会学院里的意大利学生（他们享受着教皇的特别保护和资助）通常穿着蓝色或紫色的曳地长袍；而其他的学生从国外来，要么自费研读，要么只有很少的资助，他们就只能同那些较低层次学校里的大部分学生一样，穿着简单的黑色长袍。[71]

利玛窦对中国社会不同阶层的认识，经历了很久，才慢慢转变。他最早就这个问题发表评论，是在到中国一年后，当时他总结道，中国影响最大的共有三个宗教：分别属于儒家士人、佛教徒和道教徒。他感觉儒家的士绅阶层是最为重要的，尽管这些人既不相信天堂，也不相信灵魂不朽，还认为其他教派所说的鬼魂或者来生都只是些“笑话”（una burla）。[72] 又一年之后，到了 1585 年 10 月，他在写给阿桂委瓦会长的信中说，他开始意识到，这个问题其实更加复杂。从本质上看，中国的儒家士人和古希腊的伊壁鸠鲁学派有着类似的一些信仰；而相对的，较低层的劳苦大众在信仰上更像毕达哥拉斯学派，因为他们对灵魂不朽的信念是和另一种更宽泛的想法联系在一起的——即灵魂可以在人世间和动物界之间轮回转换。[73]

然而利玛窦慢慢地转变了这种看法，后来他认为，在佛教和道教的基本教义当中，都有着对基督教三位一体说的拙劣模仿，也就是说把三种不同的神性融合在了一起。在中世纪欧洲的基督徒中存在一种思想传统，即相信伊斯兰教中有虚假的三位一体说。在中国也发现这种类似的虚假三位一体，这种想法促使他将其看做是魔鬼作怪的一个完美例子。他说道，“这清楚地表明所有这些说法的来源，也就是所有谎言之父，从来没有停止它那令人惊叹的努力，即把自己伪饰成跟他的创造者上帝一般”。[74] 利玛窦同时也对儒学中居于核心的国家和家庭的伦理观、对祭祖和祭孔等仪式的意义、对一定意义上象征“士人圣殿”的儒家学派都有精到的观察。但到了此时，他发现，正是因为儒家对来世的存在与否抱持一种绝对中立的姿态，使得许多儒家士人“在自身之外，同时也信奉另外两个教派之一”。[75] 以此，利玛窦对这一切很快有了准确的评价，无论是由中国这三个教派组成的新型综合体，还是以此带来的晚明信仰融合主义的成长，他说：“在这些被认为是最贤明的人当中，最普遍的见解是这三个教派可以融为一体，人们可以同时信奉它们。其实，他们既在欺骗自己，也在欺骗别人。他们总是觉得，当宗教能以更多的形式被谈论，对这个国家带来的益处就越大，实际上，这种想法会造成极大的混乱。”[76]

随着利玛窦对中国这三个宗教和伦理思想上的基本流派认识越来越深，他同样发现，他在欧洲早已知晓的三种教派——伊斯兰教、天主教和犹太教——之间，也是一幅相似的、被歪曲的图景。甚至早在他到达中国之前，就可能已经了解到伊斯兰教在中国流传的一些情况，因为佩雷拉（Galeota Pereira）和达克鲁兹（Gaspar da Cruz）都在他们出版的书籍中提到这问题。利玛窦自己也曾经苦苦思索过伊斯兰教从何途径到达远东、并以何种方式开展传教。[77] 到达中国一年后，他有了更多了解，尽管提到在中国有“摩尔人”居住时，利玛窦还是表示自己“并不知道”他们是如何来到中国的。[78]接着，他了解到更多穆斯林商人从事贸易的方式，了解到他们横跨大陆——从波斯经由中亚来到中国西部——寻找玉石、麝香和大黄之类的物品，利玛窦心中对他们有了更为精确的认识，在某些地方他把这个庞大的族群称作“撒拉逊人”、“摩尔人”或是“土耳其人的追随者”。[79]1598 年利玛窦第一次到北京时，他听说有两名阿拉伯来的穆斯林带了几头狮子，作为礼物呈献给大明朝廷，并因此受到礼遇，在京城居留。于是利玛窦派了一位中国基督教徒去拜访，以期了解他们更多的背景。[80]

由于商贸路线的关系，大部分中国的穆斯林居住在西北地区，包括陕西省和甘肃省，那里曾经是旧西夏国的统治区域，1227 年西夏被蒙元所灭。起初，利玛窦对帖木儿帝国的崩溃，以及那之后穆斯林大规模迁移到中亚地区的浪潮知之甚少，也并不了解由于伊朗国已经改宗伊斯兰什叶派，而大部分来中国的穆斯林则属逊尼派，因此后者与西方伊斯兰故土之间的政治和经济联系基本已经被打断。但是没过多久，他就对伊斯兰教在中国的传播状况有所知晓了。他曾记到，1599 年，士人祝世禄（正是他最早将利玛窦介绍给制墨名家和刻书家程大约）曾劝他在南京定居，因为南京对外来者颇为宽容，“在那里已经居住着大量皈依伊斯兰教的撒拉逊人”。[81]利玛窦还记述说，大量的穆斯林居住在港口城市广州，正是在那里，他坚信穆斯林有意散布谣言，把葡萄牙人说得十分邪恶，以此来破坏蓬勃发展的西方贸易事业。[82]尽管如此，利玛窦同时也观察到，中国穆斯林的数量虽然巨大，但其信仰力量则相对微弱：

> 由于中国西部边陲与波斯接壤，一直以来都有很多伊斯兰信徒迁进这个国家，他们的子孙后代繁衍得太过迅速，马上就派生出千千万万家庭，遍布中国大地。几乎每个省份都能见到他们的踪迹，他们会建造华丽的大清真寺，诵祷经文，施行割礼，举行礼拜活动。但据我们所知，他们和我们传教士并不一样，他们并不试图传播自己的宗教信仰，谨遵中国的法律，对自己的宗派意识很淡漠，中国人对他们的评价也不高。
>
> 即由于这些原因，他们被当做本土中国人看待，并不被怀疑会暴起作乱，他们能入学、参加科考，乃至做官。他们中有许多人已经取得官衔，抛弃了旧有的信仰，而余下唯一的禁忌就是吃猪肉，这似乎是他们永远无法习惯的。[83]

明代的穆斯林确定对其旧有习俗作了一些重要的改变，比方说把清真寺造成佛塔的模样，不再造宣礼塔，而是让宣礼吏在清真寺进门处召唤信徒来祈祷。[84]然而利玛窦多少有些一厢情愿地认为，林林总总的迹象——比如汉语文献的阿拉伯译文在中亚流传，伊斯兰经典的汉文本缓慢而明显的传播，以及西部地方力量的逐步增长最终可能危及中华帝国本身的稳定——都显示着伊斯兰教势力在中国的顽强生存。[85]

对于“西方三教派”的另两个——基督教聂斯托利派（景教徒）和犹太教——而言，情况就大相径庭了。利玛窦曾惊讶地发现，在南京和华中地区的某地，居然还有零星的景教徒居住，但总数也不过“五六家”，而且似乎早已失去了他们所有的信仰，把教堂改成了寺庙，甚至有的还改信了伊斯兰教。他们之中基督信仰残存的唯一痕迹就是，他们似乎对《诗篇》（psalter）还存有一些知识，而且吃猪肉，并有画十字的举止。[86] 有些中国当地士人也知道景教徒是留长发的，他们要么是直接观察到的，要么是听人传说，于是就劝说利玛窦，不要像佛僧那样把头剃光。[87] 利玛窦从一些语言材料推测，最早到中国的景教徒是从亚美尼亚地区来的；他在北京看到一口古钟，上边刻着一座教堂、一个十字架，以及一些希腊字母，利玛窦由此进一步判断，早期景教徒来自东正教会的某个分支。利玛窦从很多人那里听说，16 世纪早期对景教徒的迫害——或者只是穆斯林有意编造谎言说迫害即将来临——使景教徒们害怕得放弃了自己的信仰。[88] 到 1608 年，利玛窦最终还是派出一名耶稣会华人修士和一名新皈依的河南开封人，到开封去，试图解开这个谜团。他们确实找到了一些景教徒，但还是无功而返。“这些人不愿承认自己是基督徒的后裔，或许是害怕这些询问的人会伤害他们，又或许是因为这些教会的子孙只是想被看做中国人，他们为自己有着外来的血统而感到羞耻，在任何国家，这都是不光彩的，在中国人里尤其是件丢脸的事。”[89]

对利玛窦来说，还有更让人着急的事。1602 年，有一位所谓的“摩尔人”告诉他，在以前西夏国统治的西北边陲地区，穆斯林倒是不多，但有着“一群白人，留着长长的胡须，他们造起带有钟楼的教堂，吃猪肉，信奉玛利亚和以撒（还把基督称作我们的主），崇拜十字架”。[90] 若这一传说属实，则这些基督徒还坚定地抱持着他们的信仰，并且与早期教会有着很强的联系，利玛窦自然急切地希望验证它的真实性。然而，路途实在太过遥远，在1605年7月，他带着遗憾写信给阿桂委瓦会长，说："由于缺少盘缠，我们没法派出人手去搞明白，这些人究竟有多少，他们是从哪里来的。”若想弄清楚这群人是否和印度的那些一样是景教徒，就只有留待利玛窦之后的耶稣会士来完成了。[91]

起初，利玛窦关于这些景教徒的了解大部分来自中国的犹太人，这些犹太人比中国的基督徒对自己的信仰还热心得多，这在利玛窦看来无疑是讽刺的。[92] 在中国发现犹太人的踪迹比发现穆斯林（穆斯林在东南亚和印度十分强大，这一点他早就知道）或基督徒更让利玛窦惊奇。利玛窦在书信里、在《中国札记》中多次讲到一次让他刻骨难忘的会面：1605年的夏日里，在北京，有一位名叫艾田的花甲老人到他寓所去看他。起初有些误会，艾田把圣母、圣子和施洗约翰的画像误认为是利百加、雅各和以扫，于是他把利玛窦当成了犹太人。他告诉利玛窦，在开封还留存着七八户犹太人家庭，他们建有自己的教堂，大约花了一万多斯库多；他的两个兄弟还认得希伯来文，而在杭州还有个更大的犹太人社群。利玛窦给艾田看了他的普朗坦《圣经》的希伯来文部分，艾田能认出这种文字，但看不懂。[93]

在当时的书籍里，对于公元1世纪到7世纪犹太人在东方的活动有着相互矛盾的记述，为了真正探清犹太人在中国的历史，利玛窦派出一名耶稣会士去考察开封的犹太教堂。这名教士在那里受到了良好待遇，他进入教堂，观察到其中放着的希伯来文《摩西五经》

与《旧约圣经》的前五卷十分相近，只不过这些希伯来文本“像古时一样不加标点”，表明这个犹太社群十分古老。尽管那时这些人里很少还能读懂希伯来文，但他们仍然施行割礼，而且禁食猪肉。那些生活在北京的犹太人则会违背饮食上的教规，他们的理由是如果谨守禁忌的话就会饿死。[94] 利玛窦发现有几名犹太人对他们的宗教信仰怀有怨恨，不听从拉比的话，他很自信地觉得，这是把他们劝化为基督徒的大好时机。他曾写道，可惜的是没有时间能让他将此想法付诸实施。他还在《中国札记》中说，由于他有学者和教士的名望，有一些开封的犹太人甚至邀请他去做拉比，条件只是禁食猪肉。[95]

艾田曾告诉利玛窦，由于犹太人不吃猪肉，中国人会把他们当做回回，尽管事实上犹太教徒和穆斯林彼此厌恶。艾田还说，他在开封读过利玛窦用中文写的书，其中阐发了一神论思想，在了解到利玛窦并非穆斯林之后，他立即认为利氏肯定是名犹太人。[96] 同样，许多中国朋友劝说利玛窦和穆斯林一样参加科考谋个一官半职，这让利玛窦有些动心，还曾写信去征询范礼安的意见，因为到处可见的清真寺和《古兰经》的公开流传，让伊斯兰教获得了基督教所没有的优势。[97] 利玛窦自己意识到（就像几个世纪前拉蒙·卢尔和薄伽丘说过的），一神信仰和共同的早期先知已经把基督教、犹太教和伊斯兰教紧紧联系在了一起。在他出版第一本用中文撰写介绍基督信仰的书里，他介绍了基督这个先知和导师，但没有讲述十字架受难的细节，之后他就观察到“许多书被撒拉逊人买去了，他们觉得这和他们的教义很像”。[98] 在 1608 年 8 月的信中，他告诉阿桂委瓦，他的很多书都被“摩尔人宗教的信徒”买去了，因为“他们觉得这本书比中国书都更好地讲述了上帝”。南昌的儒生们也这么认为，所以他们指控耶稣会士“散播一个鞑靼人（或撒拉逊人）的画像，说那是他们的神，来到人间，会给人们带来富足和繁荣”。[99]

尽管利玛窦早就脱掉了僧袍，但他还是没能获得苦苦追求的儒生地位。1602 年，他终于获准参加早朝觐见，匍匐在空荡荡的龙椅之下。之所以空荡荡，是因为万历皇帝早已不接见朝仪的使者。由于大明的朝臣把利玛窦和穆斯林当成了“一国同胞”，利玛窦和三名中国穆斯林一同参加朝仪，并从后者那里学到了很多上朝礼节。在礼部的宿馆里，他和这些“撒拉逊人”同住一处，并轻松地谈论着外面的世界——威尼斯、西班牙、葡萄牙、霍尔木兹和印度。[100] 利玛窦的觐见让万历皇帝很高兴，他对耶稣会士希望见他也有所耳闻，深感兴趣，尽管没有面对面交谈，他还是让宫内的画家画了一幅北京耶稣会士们的全身像。利玛窦在宦官里的线人们亲眼目睹了那场景，皇帝凝视了画像好一会儿，说道：“他们是回回。”[101] 这不仅仅是胡子和衣袍差别的问题，而是中国人对外来者带有冷漠的一视同仁。在利玛窦心头涌起的欧洲历史上无数悲壮惨烈的争斗，在中国人那里则被简化成了一个含糊的名称。

这并不是说利玛窦已经抛弃了最基本的传教使命，当他的情绪处于低潮之时，总有别的事情能使他重新振奋。比方说，在身处印度那段最沮丧的日子里，他收到了耶稣会的历史学家马菲伊寄来的一份抄本，那是马菲伊的鸿篇巨制——讲述葡萄牙人在亚洲扩张历史——的序言。早先利玛窦对于马菲伊对印度地理和政治的关注，并没有特别的兴趣，他还曾经刻薄地讽刺道，如果马菲伊能从“一个体面的摩尔人或是极端聪明的婆罗门”那里获得点信息，他的写作会更加精彩。[102] 然而，当他读到马菲伊这篇新写的序言后，他的情绪完全改变了。在这寥寥几页的篇幅里，马菲伊认为，过去的那个世纪里西班牙人和葡萄牙人不断探索世界的伟大事业，在影响和重要性上，堪比亚伯拉罕和他的子孙们在传播上帝教诲中发挥的作用，抑或罗马在教会历史上的地位。地理的探索发现、国家间的贸易、福音的传播被汇集到同一项伟大的事业当中。马菲伊写道，对这一过程的认识弥足珍贵，基督宗教遍布世界各地给人带来欢欣和喜悦，遭遇强大的邪恶力量又难免让人悲伤，当人们意识到，如若上帝达到了目的，可能会将这个世界带向终结的末日，这会使人们满怀喜忧参半的敬畏之心。马菲伊自己已感到毫无畏惧，抛掉了所有的怀疑与不信任，因为他要讲的故事，是如此的伟大而波澜壮阔。[103]

马菲伊坚信，人类每一个体的命运，都与上帝为人类设计的长远规划紧密相连，在一番谦恭有礼的表达后，他阐述了自己无畏的决心，要探索上帝的旨意：

> 那“永恒存在”在所有的时代统治着世上的一切，智慧的人们应该觉得，我们要不断努力，以一种简洁而静穆的方式，增长对他的爱慕之心，而不是冒失而徒劳地去窥探他的秘密和想法。因为没有什么会比天神的律令更为奇妙，那一切是如此的永恒而充满规律，仅凭渺小的人类要去推测它，则是无比困难。尽管如此，人类心灵相当程度上仍然具有理性的能力，而死亡的重负会促使他

> 们不断提升自己，并评判周遭事物。因而，那神圣的天意会预先安排好一切，他会用一种不为人注意的秘密方式去引导世界走向那个完美的终点。[104]

马菲伊在这篇短短的序文中所展现的手法和使用的语言，深深地打动了利玛窦，他给马菲伊回信说："读了您写的序言后，我欣喜若狂，我相信其他读者也是一样。尽管我没法成为您这些材料的合格评判者——部分是因为我自己的无知，更多的是因为我对您的挚爱之情让我根本无法对您做的任何事情感到不满意——我还是要说，就像是'窥一斑而见全豹'，我仅是读了您的序言，就能对这整段历史有了深入了解，别人肯定也有同感。"[105]

当时耶稣会的阿桂委瓦会长，也很善于通过不断给他的传教士们写信，激发他们的满腔热情——尤其是献身上帝的勇气和参与创造历史的雄心。他告诉他们，远东的传教事业为当时"教会的困难局面"提供了"珍贵的机会"，同样它也为上帝在《以赛亚书》第41章第18节所作的伟大预言提供了令人振奋的证据：

> 我要在净光的高处开江河
> 在谷中开泉源
> 我要使沙漠变为水池
> 使干地变为涌泉[106]

1586年5月，阿桂委瓦写信给利玛窦和他的同事们，提到在日本成千上万的人受洗成为基督徒，这消息足够令人高兴，但是“现在，从中国也传来了好消息，我们的不懈努力被上帝赋予荣耀，为这个庞大的帝国开启了光辉的信仰前景”。为了回答中国传教的前景问题，他说，教皇西斯都五世（Pope Sixtus V）已经批准了一项特赦。[107] 他在 1590 年的信中又说道，有时他会觉得心力交瘁，想到这么多能干的传教士离开了问题同样严重的欧洲，不禁忧心忡忡，为了要“组织这些路途遥远的冒险，为传教事业选取领袖，引导他们的传教工作”而感到手足无措。然而，就在那些时刻，当他回想起圣安布罗斯（St. Ambrose）的教导就会充实而满足：“耶稣基督的圣体就是我们的教会，而我们就是他圣体上散发出的甜香。”或许也会想起保罗在《哥林多前书》（第 1 章第 23 节）中说的“犹太人是要神迹，希利尼人是求智慧，我们却是传钉十字架的基督。在犹太人为绊脚石，在外邦人为愚拙”。[108]

对利玛窦来说，在这个充满敌意的世界里，没有谁比他的耶稣会兄弟鄂本笃（Benedetto de Goís）更能体现这种冒险精神和坚定信仰。尽管他们两人从未碰过面，利玛窦向鄂本笃的同事们热切询问了他那伟大旅程的经过，接着还为他写了一本极尽详细的书——利玛窦从没有为其他人（无论是中国人还是西方人）这样做过。从 1602 年到 1605 年，鄂本笃历经四年，从阿克巴统治的阿格拉城（Agra）出发，步行经过阿富汗和突厥斯坦，到达了长城脚下的中国西北边疆。鄂本笃出生在亚速尔群岛，当过兵，说一口流利的波斯语，他在旅途中假扮成一个亚美尼亚商人，与其同行的是一位名叫以撒（Isaac）的亚美尼亚基督徒。为安全起见，他们跟大约有四百多名穆斯林商人和朝圣者的一队人马同行。鄂本笃的旅行意图部分在于想开辟一条中欧之间更近的交通路线，当时走海路既漫长又危险，新教的劫掠者们经常会纠缠和骚扰天主教船只，但不止于此，鄂本笃更重要的使命在于探究在中国之外是否真的还有一个“契丹国”（Cathay），传说那块中亚的土地曾被伟大的汗八里可汗统治，而有一群与世隔绝的基督徒也居住在那里。一直以来都有旅行商人带回那里人们的故事，他们在教堂里崇奉十字架和圣母玛利亚，用圣水触摸头部，在仪式中分享面包和酒，领做礼拜的神甫身穿黑袍，并且终身不婚。[109]

根据利玛窦记述，鄂本笃在喀布尔跟一位喀什来的贵妇成了朋友，这女人是虔诚的穆斯林，正从麦加朝圣归来。她在这漫长旅途的末段，已经花光了身边所有的钱，鄂本笃就卖掉随身带着准备去中国贩卖的靛青染料，换了六百斯库多，把钱全借给了她。为此信任，这女人给了鄂本笃丰厚的回报，当他们最终到达喀什后，她赠予鄂本笃超过四倍价值的上等玉石。[110]然而，坎坷的命运伴随着鄂本笃整个旅程，他的暴富反而招来了同行其他商人的贪婪和敌意。鄂本笃在甘肃边境的肃州城逗留了整整一年半，由于不识中文，他一边试图给北京的耶稣会神父们写信，一边努力想取得官府的同意，让他跟随一支骆驼商队进入中原，但很快，他身上所有的钱财都被骗光，除了以撒之外所有的同行者都弃他而去。1607 年 3 月，一名北京来的耶稣会士终于找到了他，并带来了足够的盘缠送他去京城，然而，那之后十一天，鄂本笃就溘然长逝。[111]

1608 年 3 月，利玛窦在写给好友科斯塔的信中说道，当时，忠实的以撒已经启程返回印度，“这次消耗巨大的旅行并非毫无成果”，有些宗教信仰和地理上的问题终于得到解决：

> 现在，无论对印度总督，还是所有耶稣会士来说，事情终于弄清楚了，并没有一个另外的“契丹国”(Cathay)，而且从来不曾有过，有的只是这个中国。北京城就是汗八里，而中国的国君就是大可汗。至于传说中在那个国家居住的基督徒，实际上就是那些很早前来到中国的人们，他们虽然依旧保留着“十字架的信徒”这一称呼，但自己也不知道十字架究竟代表着什么。从各方面来说，这些人都是异端信徒。但是，由于他们建造的庙宇看起来像基督教堂，里面还有蜡烛和祭坛，他们的祭司身着斗篷，口诵圣歌，所以摩尔人就认为这些人肯定是基督信徒，他们告诉耶稣会士，那里有一个很大的基督教群体。[112]

所以，利玛窦至少把这些告诉了他在欧洲的朋友们，但我们无法知晓利玛窦是否和中国友人谈起过这些戏剧性的事件、这些模棱两可的人，或者谈过多少。鄂本笃逝世的消息，当然是利玛窦本人逝世前不久才得知的，但鄂氏带来的讯息一定让利玛窦心中对比较宗教信仰的理解变得更戏剧化，这些观念是如此的充满矛盾和疑惑，使利玛窦自己无法直接表述。或许正是为了强调这种不明确，利氏将他那本探讨人生悲剧性的书命名为《畸人十篇》。在意大利语中，利玛窦这部书名的意思是“悖论”，但这个中文书名对中国读者而言可能意味要深远得多。书名中的“畸人”，利玛窦取自写于公元前3世纪的古代道家经典《庄子》，在该书的第六篇，这位道家哲人向他的读者解释了世间的礼仪是如何的不同，而“真人”又是如何做的：

> 古之真人，不知说（悦）生，不知恶死。其出不䜣，其入不距。翛然而往，翛然而来而已矣。不忘其所始，不求其所终。受而喜之，忘而复之。是之谓不以心捐道，不以人助天，是之谓真人。[113]

庄子觉得，这些“真人”已经无需凡人的惯常礼俗，而天地间的法则也和他们关系不大，因为“其一与天为徒，其不一与人为徒”。在该篇的后面一段里，利玛窦取用那个名词作为他的书名。《庄子》中说，有一位孔子的门徒问孔子，何为“畸人”，该怎么定义这种人。孔子答道：“畸人者，畸于人而侔于天。”[114]

正是在这种意义上，作为一个“矛盾的人”（畸人），利玛窦作为基督徒才能接受自己被称为“回回”，而在他的记忆宫殿里将那位西夏部族妇女也贴上同样的标记。因为他清楚，在他步入天国的那一天，他的上主会明察他那似是而非的身份，就像他看待那些古时的“真人”一样，带走他，将他视作天国的同伴。

注释

1 利玛窦：《西国记法》，第 17 页。

2 参见 *FR,* vol. 1, plate 9. 图版所对第 194 页记载了利玛窦中译的"十诫"。《出埃及记》第 20 章第 2 节。

3 参见 *FR,* 2/289，注 1 和注 2，关于《天主教要》。注 2 篇幅很长（一直延到第 291 页），实际上可以说是德礼贤所写的，有关利玛窦此书方法和写作的一篇很好的论文。

4 见 *FR,* 1/113，利玛窦在此讨论了这个词。《创世纪》第 32 章第 32 节。

5 有关肇庆的大小，见 Bernard, *Aux portes*, p. 196. 有关早期的这张地图，见 *FR,* 1/208-9 以及注文。

6 d'Elia, *Mappamondo,* plates 19 and 20. Giles, "World map," p. 378.

7 d'Elia, *Mappamondo,* plates 23 and 24. Giles, "World map," p. 377, 其中提到的只是"二十四国"，或许指的是该地图更早的一个版本。

8 d'Elia, *Mappamondo,* plates 19 and 20. 有关利玛窦的地图、中国人对其的反应，以及各种版本，洪业（William Hung）都做过仔细研究，见《考利玛窦的世界地图》。Kenneth Ch'en, "A Possible Source"，此文研究利玛窦地图亚洲部分的中国知识来源，提到了许多有用的信息。

9 参见 Gregory Martin 对于 1577 和 1578 年在罗马观察各色传道者的记录，*Roma Sancta*, pp. 71-74. 也可见 Culley and McNaspy, "Music" , p. 222. 有关这种传道方式的由来可见 O'Malley, *Praise and Blame in Renaissance Rome.*

10 有关忏悔者和罗曼努斯神父见 Martin, *Roma Sancta*, pp. 68-69, 169，有关各种语言情况见 Delumeau, *Vie économique,* 1/217.

11 Martin, *Roma Sancta*, p. 175.

12 Montaigne, *Journal de Voyage en Italie,* pp. 223-24. 有关开放日见 Martin, *Roma Sancta*, p. 240.

13 Ignatius of Loyola, *Constitutions,* ed. George Ganss, p. 68. 关于阿桂委瓦在君士坦丁堡推行"积极"政策的例子，参见 Pirri, "Sultan Yahya"，尤其是第 65—66 页关于曼奇内利传教的内容。

14 Martin, *Roma Sancta*, p. 170.

15 *OS,* p. 214.

16 有关"论辩"见 Ignatius, *Constitutions,* pp.194-95 (par. 378). Martin, *Roma Sancta*, p.164。有关这种文体的形成见 Ganss, St. *Ignatius' Idea of a Jesuit University*. pp.255-60。

17 Martin, *Roma Sancta,* pp.103, 116. 在圣巴西尔（St. Basil）修道院，所有布道仪式和唱诵都用希腊语，该修道院离罗马只有十四英里。见前书第 152 页。

18 Hillgarth, *Ramon Lull,* pp. 2, 6, 20. 引文见页 49。

19 Lull, *Le Livre du Gentil.* pp. 210-11. Hillgarth, *Ramon Lull,* p. 24. 书中认为卢尔"含

蓄地觉得此处仍有保持优雅之必要”。

20 Lubac, *La rencontre du Bouddhisme*. pp. 35-38.

21 Boccaccio, *The Decameron*. tr. McWilliam, pp. 86-89. 引文见第 88 页。有关这个故事的讨论也见 Ginzburg, *The Cheese and the Worms*. p. 49。

22 参见 Ginzburg, *The Cheese and the Worms*. p. 9-10, 51, 62。

23 同上，pp.30, 77, 101, 107。

24 Hillgarth. *Lull*, pp. 280-87, 有关卢尔和炼金术见前书第 294 页，Lubac, *Rencontre*. p. 63。

25 Diffie & Winius, *Foundations of the Portuguese Empire*. pp. 323-34, 我粗粗地估计了人口数字，根据前书第 331 页，注 37。Boxer, *Portuguese Society*, pp. 12-13.

26 Costa, *Christianisation of the Goa Islands*. pp. 25, 30-32, 59, 96-97. 有关商会规矩的一个例外，可见第 162 至 163 页。

27 这些语句出自 Costa，见其博学而带辩护性的著作，*Christianisation*. pp. 59, 120-22。

28 *Doc. Ind.*, 11/360-61. 有关唱诗班见 Culley and McNaspy, “Music” , p.241-42.

29 Costa, *Christianisation*. pp. 14, 15.

30 *Doc. Ind.*, 11/365. Costa, *Christianisation*. p. 85.

31 *OS*, p.11（1580 年 1 月 30 日信），p. 4（1580 年 1 月 18 日信）。

32 Correia-Afonso, “More about Akbar” , p.58. Renick, “Akbar’ s First Embassy” , pp.35, 43.

33 *OS*, pp.4-6. 1580 年 1 月 18 日信。

34 Correia-Afonso. *Letters from the Mughal Court*, pp.58, 83, 110, 115 n.6.

35 同上书, pp. 77, 78 n.13（略有改动）, p. 53 n. 16 有关所谓的阿克巴对于鸦片输入“职位”的沉迷。

36 *OS*, p. 25. 1581 年 12 月 1 日信。参见 Renick, “Akbar’s First Embassy” , pp.40, 43-45,

37 引述见 Correia-Afonso, “More about Akbar” , pp.60, 61.

38 *OS*, pp. 19-20. 1581 年 11 月 25 日信。

39 Brooks, *King for Portugal*. pp.39-40, 170 n.14. Yerushalmi, *Zakhor*, p. 47. 有关纪念塞巴斯蒂安之死的“第二次普林节”。

40 Brooks. *King for Portugal*. pp.25-31. Estoile, *The Paris of Henry of Navarre*, tr. Roelker, 有关法国人在这场战事中的无能。

41 Paci, “La Decadenza” , p.174 n. 136, p. 176 n. 153.

42 有关安科纳的犹太人，特别参见 Cecil Roth, *The House of Nasi*, pp.135-39, 149。还有 Azevedo, *Historia*, pp. 364-65. Martin, *Roma Sancta*, p.129. Pastor, *History of the Popes*, 14/274-75.

43 主要的细节可以参见 Martin, *Roma Sancta*, pp.77-82, 126, 205。蒙田同样描绘了这些仪式，见 *Journal de Voyage*, p.234。还有 Pastor, *History of the Popes*, 14/272-74 讨论的是犹太人对经济压迫的回应，并列举了一些改信者的姓名。

44 Martin, *Roma Sancta*, pp.82-83, 96.

45 Delumeau. *Vie économique*, 1/502-7 讨论了许多此类产业实验的细节。有关服装市

场见 Martin, *Roma Sancta*, p.76。

46 Martin, *Roma Sancta*, p.241. Pastor, *History of the Popes*, 14/274-75.

47 有关迪亚斯见 Baião, *A Inquisição de Gao*, 1/263。有关科钦见 Azevedo, *Historia*, pp.230-31。有关安科纳见第 364 页。

48 Azevedo, *Historia*, p. 230.

49 Baião. *Inquisição*, 1/36.

50 关于“白犹太人”与“黑犹太人”见 Baião. *Inquisição*, 1/41, 45。有关科钦的吸引力和转化见 Azevedo, *Historia*, pp. 230-31。

51 Baião. *Inquisição*, 1/85, 87.

52 同上书，2/55，1578 年 11 月 25 日信。

53 *OS*, p. 20. 利玛窦 1580 年 11 月 25 日信件。Azevedo, *Historia*, p.232. 另参考 Pyrard de Laval, *Voyage*, 2/94-95. 书中给出了 1608 年前后果阿的宗教裁判所滥刑的例子。

54 Hanson. *Economy and Society*. pp.76-79. 书中很好地讨论了程序和财政收支。也可见 Baião, *Inquisiçã*. 1/272 讨论财产情况，以及同书 1/187-88 讨论丰塞卡主持的仪式。Stephen Greenblatt, *Renaissance Self-Fashioning*, p.77. 其中对宗教裁判所作为“恶魔般的剧场”作了有趣的讨论。而 A. D. Wright, *The Counter-Reformation*. p. 43 讨论了这一时期“对恶魔行为学问上的沉醉”。

55 Costa, *Christianisation*. p. 197.

56 Schütte, *Valignano's Mission*, pp.60, 67. 有关孟三德的犹太祖母见 Dehergne（荣振华）, *Répertoire*. no.741, p. 239。

57 早期一些文本的概述见 Brown, *Indian Christians*, ch.2. Mathew and Thomas, *Indian Churches*, pp.5-21. 利玛窦的想法可见 *OS*, p. 8。

58 Brown, *Indian Christians*, pp.12-13, 15.

59 此人是 Mar Joseph，参见 Brown, *Indian Christians*, p. 22。

60 *OS*, p. 8. 利玛窦在 1580 年 1 月 18 日写给 Goes 的信。有关利玛窦的病况，以及一份冰冷的、死去教士和十几岁学童的列表可见 *Doc. Ind.*, 11/699. 有关西蒙和亚伯拉罕的争论以及瓦皮科塔的神学院可见 Brown, *Indian Christians*, pp.22-26. Mathew and Thomas, *Indian Churches*, pp. 27-29. Wright, *The Counter-Reformation*. pp. 140-41 讨论了为处理马拉巴基督徒问题而发展出的一套制度形式。

61 引文见 Duarte Barbosa, *Description of the Coasts of East Africa*, bk.2, pp.600-601, in Brown, *Indian Christians*, p. 283.

62 *OS*, p. 9.

63 *OS*, p. 20. 1581 年 11 月 25 日给阿桂委瓦的信。

64 Costa, *Christianisation*. p.198. 认为这当中“没有用心去做”。同书第 195—197 页讨论耶稣会士们反对宗教裁判所的言论。

65 *OS*, pp.8-9.

66 *FR*, 1/167 n.3, 1/192 n.3 讨论利玛窦的佛僧服饰，有关其他话题，见本书第六、八章。

67 *OS,* p.72. 1585 年 11 月 24 日信。

68 *FR,* 1/124-25, 1/36-37.

69 *OS,* p.104. 1592 年 11 月 15 日信。这里我将“inventioni”翻译成“手段（devices)”。

70 *OS,* pp.136-37. 1595 年 8 月 29 日信。这里我把“roxa escura”翻译成“紫色”，所依据的是，利玛窦的这段描绘其后在他的书信里出现了多次（以不同方式），他一直用意大利语的“paonazza”来表示紫色，见 *OS,* pp. 173, 183, 199-200。也可见 Young, *East-West Synthesis*, p. 16. 以及 *FR,* 1/358，后一段文本中利玛窦审慎地删去了许多过分华丽的细节描述。

71 Gregory Martin, *Roma Sancta*, p.128. 其中有过描述。

72 *OS,* pp.48-49，1584 年 9 月 13 日信，写给罗曼（Giambattista Roman)。

73 同上，p.57，1585 年 10 月 20 日信。

74 见 *FR,* 1/128. 早期有关穆罕默德、阿波罗和妇女的传统，可以参考 Metlitzki, *Matter of Araby,* p.209.

75 *FR,* 1/118, 120，参见他的评论。

76 *FR,* 1/132. 有关晚明的诸教融合，最好的介绍见 Judith Berling, *Syncretic Religion of Lin Chao-en*。

77 Boxer, *South China in the Sixteenth Century,* pp.36-38, 219-21.

78 *OS,* p. 48. 1584 年 9 月 13 日信。利玛窦说“还不知道”(no sé cómo)。

79 *OS,* p.380. *FR,* 1/24.

80 *FR,* 2/27.

81 *FR,* 2/47.

82 *FR,* 1/149.

83 *FR,* 1/110-11，有关晚明时期穆斯林叛乱的情况，可见 Barbara Pillsbury, “Muslim History”, pp.19-20. Morris Rossabi, “Muslim and Central Asian Revolts”. Albert Chan, *Glory and Fall,* pp.118-19.

84 Israeli, *Muslims in China*, p.29. Thiersant, *Mahométisme*, 1/53 有关改造成佛塔的形制。

85 有关早期阿拉伯语—汉语译本，见 Forke, “Islamitisches Traktat”，这是一项极为出色的学术解读和重建工作。有关清初高产的穆斯林学者刘智及其著作，可见 Israeli, *Muslims in China*, pp.145-47，以及 Thiersant, *Mahométisme*, 2/364-68。Thiersant 著作该卷还对刘智和马注的著作作了长篇翻译。雍正曾对穆斯林问题下有一重要谕旨，见 Thiersant, 1/55-56. 刘智所写的穆罕默德生平，充分展现了 18 世纪中国人对伊斯兰教的基本看法，参见 Isaac Maon 所作的翻译和评注，*Arabian Prophet*, Shanghai, 1921.

86 *OS*, p. 290. 1605 年 7 月 26 日写给阿桂委瓦的信。*OS*, p.344. *FR*, 2/320.

87 *FR,* 1/336 n.1.

88 *FR,* 1/112, 114, 2/320.

89 *FR,* 2/323. 利玛窦在另一处也提到当地人的这种沉默，见 *OS,* p.344.

90 *FR,* 2/141 n.4.

91 *OS,* p.290. 而在第 289 页曾提到较早的一封信，讨论同样话题，如今已不存。著名的公元 718 年的景教石碑直到 1625 年才被发现，那时利玛窦已经逝世十五年了。有关此碑的分析与碑文翻译，参见 *Chinese Repository*, 14:201-29, May 1845。关于景教的早期历史，一直到利玛窦的时代，可以参见 Henri Bernard, *La Découverte de Nestoriens Mongols,* pp.14-31。

92 *FR,* 2/323.

93 *OS,* p.290. *FR,* 2/317-24. Dehergne and Leslie, *Juifs de Chine*, pp.8-12. 该书对犹太人在中国的早期历史诸种史料作了概述，同书第 216—218 页有一份简明的参考书目。

94 *FR,* 1/112, 2/324. *OS,* p.344.

95 *FR,* 2/324-25.

96 *FR,* 2/316-18.

97 利玛窦曾谈起过这样的对话，并有意想询问范礼安的意见，见他在 1605 年 5 月 12 日写给阿尔瓦雷斯的信，（*OS,* p. 281.）范礼安于 1606 年 1 月在澳门去世。

98 *FR,* 2/179.

99 给阿桂委瓦的信见 *OS,* p. 360，有关南昌的文人见 *FR,* 2/452.

100 *FR,* 2/141-42, 145.

101 *FR,* 2/130.

102 *OS,* p. 24，1581 年 12 月 1 日信。

103 Maffei, *L'Histoire,*“Proemio”, p.3，有关马菲伊作为历史学家在早些时候的一些问题，见 Correia-Afonso, *Jesuit Letters*, p.113，有关他的名声，见 Martin, *Roma Sancta*, p. 245. Dainville, *Géographie,* pp.122-26.

104 Maffei, *L'Histoire,*“Proemio”, p. 1.

105 *OS,* p.24，1581 年 12 月 1 日信。

106 Acquaviva, *Letters (29 Sept. 1583)*, pp.47-48.

107 Acquaviva, *Letters (19 May 1586)*, p.78.

108 Acquaviva, *Letters (12 Jan. 1590)*, pp.110-11, 113.

109 *FR,* 2/398-402, 2/393 n. 1. 德礼贤画了一张详细的地图展示他的路线，见 *FR*, vol.2, plate 20，对 396 页。Bernard, *Le Frère Bento de Goes,* pp.45-47.

110 *FR,* 2/437. 鄂本笃卖掉这些玉石得到了一千两百达克特，“只有其价值的一半”。

111 *FR,* 2/434-38. Bernard, *Le Frère Bento de Goes,* pp.102-10. Rossabi, “Muslims and Central Asian Revolts”, pp.172-75. 该书讲述了当时喀什噶尔的政治情况。

112 *OS,* p. 338，1608 年 3 月 6 日信。利玛窦详细讲述了鄂本笃的事，见 *OS,* pp.347-50, 391。他第一次提到鄂本笃到达中国的消息在 *OS,* p. 327.

113 《庄子全集》（*Complete Works*）第 78 页。亦可见标准的中文版本《庄子 · 大宗师》，顾保鹄《利玛窦的中文著述》，第 248 页。

114 这里我基本是按照 Watson 翻译的《庄子全集》，但重新组织语句，并用利玛窦所说的“畸人”（paradoxical）代替 Watson 的用词“singular man”。

第五章 第二幅图像：赴以马忤斯之途

利玛窦为程大约《墨苑》挑选的第二幅画，描绘的是耶稣复活后，遇到两位门徒正赶路去以马忤斯的故事。利玛窦记得，《路加福音》第24章是这样写的：

> 正当那日，门徒中有两个人往一个村子去，这村子名叫以马忤斯，离耶路撒冷约有七英里远。他们彼此谈论所遇见的这一切事。正谈论相问的时候，耶稣亲自就近他们，和他们同行。只是他们的眼睛迷糊了，不认识他。耶稣对他们说："你们走路彼此谈论的是什么事呢？"他们就站住，脸上带着愁容。
>
> 两人中有一个名叫革流巴的，回答说："你在耶路撒冷作客，还不知道这几天在那里所出的事吗？"耶稣说："什么事呢？"他们说："就是拿撒勒人耶稣的事。他是个先知，在神和众百姓面前，说话行事都有大能。祭司长和我们的官府，竟把他解去定了死罪，钉在十字架上。但我们曾经盼望要赎救以色列民的就是他。……"
>
> 耶稣对他们说："无知的人哪，先知所说的一切话，你们的心，

信得太迟钝了。基督这样受害，又进入他的荣耀，岂不是应当的吗？”于是从摩西和众先知起，凡经上所指着自己的话，都给他们讲解明白了。

将近他们所去的村子，耶稣好像还要往前行。他们却强留他说，时候晚了，日头已经平西了，请你同我们住下吧。耶稣就进去，要同他们住下。到了坐席的时候，耶稣拿起饼来，祝谢了，掰开，递给他们。他们的眼睛明亮了，这才认出他来。忽然耶稣不见了。他们彼此说：“在路上，他和我们说话，给我们讲解圣经的时候，我们的心岂不是火热的吗？”

这段话看起来尽是隐晦之处，寓意深远。多少世纪以来，教会的神父们着迷似的研究其中每一个细节：为什么是七英里？因为这些门徒仍然在耶稣受难的七日周期里，一旦到了第七天，他们就能对耶稣的复活有所了解，但此时他们依然身处途中。以马忤斯究竟算不算是一个“村子”，还是用更合适的词，是一个“要塞”或者“城堡”？为什么这段话里只出现了一个门徒的名字？或许因为另外一人正是福音书作者——路加自己，他由于天性谦逊，隐瞒了自己的在场。基督是不是改变了自己的形貌，所以门徒们没认出来，还是仅仅因为他们的眼睛尚无法看清基督真正的本相？为什么门徒说“曾经盼望”基督能带来救赎，难道他们这么快、这么彻底地丧失了对基督的信仰？为什么他们到达以马忤斯时，基督“好像还要往前行”，难道他是有意带错路？若此，这种欺骗的行动又怎么符合他那神圣的本性呢？还有，当他们坐下来开始吃时，耶稣究竟把面包掰成了几块，每一块又代表着什么呢？[1]

在程大约分给他的那点篇幅中，利玛窦不可能把所有这些想法、细节、注解统统表达进去。就像处理“波涛中的彼得”那个故事一样，他以自己的方式改创了经文，并加上了这么个标题：“二徒闻实，即舍空虚”。他并没有用中文翻译“Emmaus”这个地名，此则故事的意义在于“途中”，而不在于目的地：

> 天主救世之故，受难时有二徒，避而同行，且谈其事而忧焉，天主变形而忽入其中，问忧之故，因解古《圣经》言，证天主必以苦难救世，而后复入于己天国也，则示我勿从世乐，勿辞世苦欤。天主降世，欲乐则乐，欲苦则苦，而必择苦，决不谬矣。世苦之中，蓄有大乐，世乐之际，藏有大苦，非上智也孰辩焉。二徒既悟，终身为道寻楚辛，如俗人逐珍贝矣。夫其楚辛久已息，而其爱苦之功，常享于天国也。[2]

所以，利玛窦讲述“赴以马忤斯之途”这个故事，一方面是为了展现基督的论理和讲道，另一方面则是要阐述长期接受磨难的苦行观念，这种不懈的苦行最终将会把人带入天国的极乐。

如果利玛窦身边有纳达尔的《福音故事图像》，那么他也许会选择其中的第141号插图赠予程大约：在这幅插图上，耶稣和两位门徒在以马忤斯，他们坐在桌边，耶稣用右手把面包递给左手边的门徒，仆人们忙着端进更多盛满食物的盘子，男女主人则恭立一旁。但由于他没有纳氏的书，就选了威克斯一组关于耶稣受难版画中的一幅，那幅错误的“波涛中的彼得”版画也来自同组，这两幅图倒是相映成趣。那张门徒们在船上的画，表现了穷苦渔民在水中劳作、奋力拉网的场景；而在这幅以马忤斯的画中，两名悠闲的绅士在一座宏伟的宫殿（或是城堡）前热烈交谈，他们脚蹬长靴，持有结实的手杖，衣装雅致，像是出远门的样子。

程大约请的那位中国画工，并不能完全把握威克斯画中的明暗对比和人物姿态的细微之处，尤其是基督指向一个方向而门徒却劝其去另一个方向的场景。同样，他也没能清晰地描摹出背景中的那幅插图，威克斯使用了同一画幅上“场景置换”的方式，让我们看到基督最终走入宅邸的房间，正在为坐在他身边的两个门徒分面包。[3]

但这并不打紧。用餐的部分已经从利玛窦的故事中消失了，任何看过程大约书的中国读者都会发现，画面上的三个人物正在热切交谈，同时也能体察到，尽管这三人身着远行的装束，但在那一瞬间却是静静伫立，仿佛被时光冻结。如若一位观者同时读过配画的文字，他能感觉到，在天主身侧的两个人，不会再逃避已然发生的一切，而正学着去接受；他也会了解，立于当中的基督，这个一只手半举、正轻声告诫门徒的人，已经度过了所有的磨难，正准备重返他的天国。

1559 年，罗马的耶稣会出版了第一本重要著作，即古罗马诗人马提雅尔《铭词集》(*Epigrams*) 的修订本，当时身处马切拉塔的利玛窦还是个七岁孩童，正开始学习拉丁语。那时候，耶稣会创始人圣依纳爵·罗耀拉心中一直怀有愿望，想为耶稣会找到一套属于自己的印刷机，在1556年去世前，他为此四处奔波。一开始，罗耀拉试图让佛罗伦萨的柯西莫·美第奇（Cosimo de'Medici）公爵赠送给耶稣会一套，但后来公爵拒绝了。之后他又想以四十达克特的价格——看起来十分合理——从一个威尼斯的中间人那里买一套，然而罗耀拉发现，威尼斯人的印刷机字体太小，式样也太老旧，于是就回绝了这笔买卖。直到罗耀拉去世时，罗马市面上终于出现了拥有令人满意字体的印刷机，这种机器共有三万个字母，有大小字形，既有罗马字也有意大利语字，且价格只有二十个达克特。[4]

这种对于理想印刷字体的追求，以及拉丁文经典著作的大量出版，标志着耶稣会正式进入了晚期文艺复兴人文主义的最终阶段。选择马提雅尔的《铭词集》作为他们首个主打的出版品，其目的是很明显的：马提雅尔的铭词警句中有许多以玩笑甚至粗俗的方式表现露骨的性内容，然而这些令人反感的成分并不能掩盖，某些时候反而助成了这一事实，即马提雅尔被认为是古典时期最杰出的拉丁文文体作家之一。尽管在耶稣会身处的世界里，西塞罗式的纯正表述风格已经成为新的标准，取代了中世纪末期粗犷的拉丁口语文风，但耶稣会士们仍然认为，他们不能因为马提雅尔的作品淫秽就不研究他。[5]

所以，罗耀拉的主张是，鼓励耶稣会的学者们去改编经典作品，制出新的版本，去掉所有令人反感叙述的痕迹，但仍然保留作品中那些伟大的道德训导，使其能被用来作为文体教学的典范。罗耀拉把这项任务交给弗卢西乌斯（Andreus Frusius）去完成，后者既是学者，也是音乐家。尽管弗卢西乌斯同样逝世于1556年，但他在去世前，已经完成了对马提雅尔作品的修订，由此罗马耶稣会的印刷厂可以继续出版这本书。弗卢西乌斯还完成了对古罗马诗人贺拉斯作品的修订，由维也纳的耶稣会印刷厂出版。[6]弗卢西乌斯去世之后，罗耀拉这个“从经典中去除一切可能损害青年人纯真的成分”的想法并没有随之泯灭。在一位大师级德意志排字工的引导下，耶稣会的印刷事业继续蒸蒸日上，这位排字工利用耶稣会的学生帮他校对文字，并逐步达到了罗耀拉设想的目标，不仅出版“清洗过的”经典文本，而且还印制一些廉价的教会和祷告文献，使即便最穷困的学生也能负担，其中就包括罗耀拉的《灵操》以及耶稣会的《组织章程》。1564年，在改宗天主教的犹太人罗曼努斯的努力下，耶稣会的印刷机增加了一套阿拉伯文的铅字字体，并首次印制出了一批阿拉伯语文献：包括特伦特公会文件的阿拉伯语译本、阿拉伯语语法书籍，以及《圣经 · 新约》的阿拉伯语译本。很快，1577年，耶稣会又获得一套希伯来语铅字，从而也被用来印制希伯来语的语法和教学材料。[7]

原本，罗耀拉为耶稣会学院勾画了一套完整但稍显宽泛的计划，而当利玛窦在1570年代进入罗马学院学习时，这套计划已被修订得更为完善。尽管在马切拉塔学校的求学经历让利玛窦在法律研习上已有了相当基础，起初他也想继续这一方向，但后来他决定加入耶稣会后，就必须修习一套更为严格的课程，这套课程在过去十年里不断发展，到1566年已形成了精密的纲要。[8]由语言学部的老师承担的，是“人文学”的正规训练，这是耶稣会学院的初级修习。那时候，利玛窦已经二十一岁了，但有些年纪小的学生甚至可能只有十岁。在这里，学生要学习拉丁文的详细语法——尽管他们已经开始说了，所有课程讲授用拉丁文，男孩在校期间也必须用拉丁文对话。他们开始学希腊文，修习修辞学、诗学和历史方面的精读课程。根据不同学校和学生的不同水平，完成这些课程需要两到四年的时间，接着，学生就能升入更高一层的技艺学部，这里的“技艺”，指的是那些可以通过理性学习的自然科学门类，包括逻辑学、物理学、形而上学、道德哲学和数学。修完这些课程，就能学习法律、医学和神学。如果学生选神学，那么有三门课程可供选择，学生需修习其一：第一是经院神学，即托马斯·阿奎那教授的、利用理性来研究上帝天启之事实；第二是历史神学，即对教会的法令和经典律法作细致的考察；最后是对神圣文本（《圣经》）本身作逐字逐句的深入研究。[9]

利玛窦修习的岁月里，罗耀拉的一条警训，即学生“要谨记老师所布置的”被严格地执行，耶稣会的导师都认同这一条。罗耀拉同时还力图在学校中引入一种挑战的氛围，他觉得学习必须和青少年特有的竞争本能结合在一起：“为了让学生取得更大的进步，更明智的办法是把能力相当的人安排在一道，促使他们在从事圣职中相互砥砺和进步。”[10]或许，利玛窦和他来自厄比诺的朋友帕肖内（Lelio Passionei）之间，正是这种“神圣的相互激励”关系在驱动，使他们在罗马学习期间，分别建立起一套自己的“记忆宫殿”体系。二十年后，利玛窦在中国时，又回想起了那段美好的岁月。[11]

在罗马上学时，利玛窦阅读的大量书籍使他的记忆能力令人惊讶，甚至超过了《致赫伦尼》或昆体良和苏亚雷斯等人著作中所设想的人类记忆极限，尽管我们还不知道利玛窦究竟读了哪些书。在其后的日子里，他之所以能有一种飞速记忆连续四五百个汉字的能力，或许部分是因为学习了记忆理论家如隆伯赫（Host von Romberch）的技巧，后者的书1533年首次在威尼斯出版。隆伯赫为记忆储存的场所设立了一套细致的体系，他是在记忆城市中按照场所来分类的——比如有商店、图书馆、屠宰场、学校等等，进而，他按照人类、植物以及动物的形象，或者是物体相互关联的逻辑顺序，发展出复杂的“记忆符号系统”。[12] 与此同时，如何选择记忆形象，分别固定在这每一处记忆场所，就变得十分微妙和复杂。要真正明白这些记忆专家在设计生动的记忆形象——以使人们永远无法忘记——这点上达到了何种程度，只需看一下格拉塔罗利（Guglielmo Grataroli）的著作就一清二楚了。格拉塔罗利是一位炼金术士兼医生，同时他也对研究能够增进人类记忆的饮食养生法很有兴趣。他所写的关于定位记忆体系的书1553年在苏黎世首次出版，到1555年在罗马也出了一个版本。格拉塔罗利同意当时流行的关于记忆形象应该“引人发笑，惹人同情，唤起钦慕”的理论，在此基础上，他发展出一套由场所、物件和人物形象三部分组成的体系。他先按照惯常做法设计记忆场所，然后在每个位置都放置一个物件——比如一把夜壶、一盒止痛膏、一盘石膏，这是格拉塔罗利首选的三种东西——接着安置不同的人物，每个人物都是他所熟悉的，并精心命名，使之构成一幅能使人快速记忆的图景。以此，按照顺序，格拉塔罗利能够快速地想象他的朋友彼得拿起装满尿的夜壶，统统倒在了詹姆斯头上；马丁用手指在膏药盒子里蘸了点止痛膏，涂在亨利的肛门上；而安德鲁则从盘子里弄了些石膏抹在了弗朗西斯的脸上。假如一个人能够通过这种双关语、类比性或者能产生具体概念的想法组合，把这些图景联系在一起，那么他就再也不会忘记了。[13]

这两种不同的记忆技巧——创造生动的形象和冗长排序，利玛窦都能够很好地掌握并组合起来运用，正缘于此，利玛窦从一开始就对进入中国抱有极大的热情，并随后在中国公众中取得了极具戏剧性的成功。他在 1582 年末抵达澳门，开始学习汉语时，正是这种记忆技巧保证他不被学习语言的艰难所击垮，而是非常兴奋，甚至是怀着胜利的喜悦宣告自己所取得的巨大“飞跃”。在 1583 年 2 月写给他以前的修辞学老师德福纳里（Martino de Fornari）的信中，他说道：

> 近来我完全投入到了汉语学习当中，我可以肯定地告诉您，汉语和希腊语、德语有着极大差异。在说汉语时，会产生太多含糊歧义，因为有许多词甚至可以表示一千多种事物。很多时候，两个词之间唯一的不同只在于四个声调中发音的高低。由此，中国人在对话时，会把想要说的话写下来——因为所有书面文字是相互不同的。说到书面文字，如果您没像我一样亲眼见到并使用它们，您肯定不会相信世上还有这样的文字存在。世界上有多少言语和事物，就有多少个汉字，所以汉语有超过七万个字，每个

> 都不相同，极为复杂。如果您想看些例子，我会寄一本加上注释的汉语书给您。[14]

利玛窦继续描述他想象中汉语的单音节结构，他注意到，每个表意字都有一种普遍适用性，在其中“蕴含着很大的优点，尽管语言各不相同，但整个国家的人依靠这种书写文字都能理解彼此的通信和书籍。这种事用我们的语言文字就没法办到”。利玛窦仔细研究了每个表意字的构成，所以，在澳门仅仅待了五个月，他就感到自己可以正确地写出知晓的任何汉字。他还说道（这种口气他以前的修辞学老师肯定会很喜欢），“我脑子里已经装下了成千上万的汉字”。[15]

利玛窦的语气如此兴奋，其实不难想象其原因：如果汉语“有着和世上的词语和事物一样数量的字”，如果人们都能学着以很快的方法把每个表意字拆分成不同部分，每一部分都有特别的含义，那么对于在记忆术上经受过良好训练的人来说，将每个汉字变成记忆的形象就轻而易举了。令人高兴的是，汉语和希腊语的语法之间的差别显而易见，这让汉语记忆术变得更为有用。利玛窦在印度的那些年里，教授希腊语并不是快乐的体验。希腊语句型变化复杂难记，需要花不少工夫；与之不同的是，利玛窦发现一个汉语句子的所有细节都可以用一连串记忆形象的方式表示出来：“他们的单词没有冠词，没有格，没有单复数，没有阴阳性，没有时态和情态的变化，这对我们记忆语句很有帮助；他们只用一些特定的、很容易解释的副词形式，就能解决问题。”[16]

在此之后，利玛窦又花了十二年时间以自己的方法学习汉语，以至于他终于可以用汉语来解释这套方法。从他存留下的书信中，我们能够推测出他那艰辛的学习历程中最重要的几步。1583 年，利玛窦获得中国官员允准，在肇庆城中安定下来，到了第二年的夏秋时节，他已经开始讲道，并偶尔会听人忏悔。在 1584 年 10 月，他尝试不带翻译，自己与人对话，并自感已有很好的汉语读写能力；到 1585 年 11 月，他已经可以在人群中流利地演说，而且在中国助手的协助下几乎能阅读所有看到的东西。到这个水平后，由于工作负担过重，心情不佳，他的学习停滞了一段时间。

到 1592 年，我们发现许多书他仍然读不懂，因为“老师很缺乏，出于各种原因，我们从没找到过能教一两年以上的老师”。最后，在上司的催促之下，他终于得偿所愿。在 1593 年 12 月，他和人宣告要开始一项攻读“四书”的计划，“四书”也就是中国人在学堂里常用的儒家经典入门书籍《大学》、《中庸》、《论语》和《孟子》，利玛窦还试着要把“四书”翻译成拉丁文。他请了一位学识丰富的老师，因此他说“在我步入老年时（他已经四十一岁了！），我又一次成了学童”。到 1594 年 10 月，在连续十个月每天上两堂长课之后，他终于有了突破性的进展。“我已经鼓起了足够的勇气，从现在开始我可以自己用中文写作了。”[17]

1595 年，利玛窦在南昌期间，他把这些研究融会贯通，对自己的中文知识和严格的记忆法训练重获信心。并且还会聪明地利用那些中国朋友对熟记诗书的渴望，来宣传自己的记忆学说。在给澳门的上司孟三德神父的信中，利玛窦作了详细的描述，其中洋溢着成功的喜悦：

有一天，我接受了一群秀才的邀请，参加他们的聚会。席间发生的事情让我在他们也在这城里所有其他士人的心中获得了很大声望。事情是这样的，在此之前，我已经为许多汉字创制了一套记忆定位体系，因为和这些文士的关系不错，我盼望能得到他们的认同，向他们表明我懂汉语。我心里明白，这对于展现上帝的荣耀，对于推动我们的事业都极为重要。因此，我告诉他们，随意在一张纸上以任何方式写下大量汉字，不需按照什么顺序，我只要看过一遍，就能按照他们所写的方式和顺序把这些汉字牢记于心。他们照此做了，胡乱写下了许多汉字，我读了一遍之后，就按顺序一字不差地背诵了出来。这些秀才见此都大为吃惊，仿佛是不可想象的大事。为了使他们更为惊奇，我又凭记忆把这些字从后向前按序倒背了一遍，这让他们愈发惊异万分。当下，他们就开始恳求我，要我传授这种记忆力背后神奇的法则。由此我的声名立刻开始在当地士人圈子里传播开来，其速度之快，让我根本无法记清有多少城里的秀才和要人前来登门拜访。他们问我，是否愿意教授这门学问，并收他们为徒，他们会以老师之礼待我，并付给我如老师一般的报酬。

我回答他们，我不会以教授学说换取钱财，现在，我还没有完全在城里安定下来，身边没有朋友，也没有用来教书的屋子，整日忙于应付这各色社交来访——其实我就是没法答应。不过，当我真正安定下来并有了房子，我会满足他们的要求。因为说真的，

> 这种记忆定位体系的发明就像是为中国文字量身定做的，因为汉语里每个字都是表意的形象，因而特别有效。[18]

尽管利玛窦在给孟三德信中否认他正在教授记忆法，但我们在另一封给阿桂委瓦会长的信中发现，他在1595年11月已经试着教过了。[19] 虽然他自己声称，在中国人当中流传着说法，不管什么书，他只要读一遍就能背诵出来，但他坚决否认了这一点。然而，如果看他给朋友帕斯奥内（Lelio Passionei，住在摩迪纳）的信就会发现，实际上，他在有意煽动中国人对记忆术的热情："他们认定，我只要把书读一遍，就永记在心，再也不必多读了。虽然我发誓不是那样的，他们并不愿意相信我——尤其是因为，当和他们聊到一些他们写的（哲学）书籍时候，有时只是为了好玩，我会凭记忆找出他们的文章，逐字逐句地背诵出来，然后再倒背一遍。"[20] 对于那些雄心勃勃攀登科考阶梯以获得功名仕宦的中国年轻人而言，牢记那些经典作品至关重要，利玛窦敏锐地观察到了这一点："那些金榜题名的士子，父母家人和城里的官员会为他们举办盛大的庆祝活动，因为他们不信上帝，他们会把这个视为至上的荣耀，甚至进了天堂。"[21] 利玛窦自己认识一位高官（也就是前一章中差点使他葬身水底的佘将军），他的儿子在乡试落榜之后，生理和精神都出现了严重危机。利玛窦很了解这种对获得功名的渴求，在《西国记法》中他说道："如学者尝忆念读过经书，其某卷、某张、某行款，恍如在目。"[22]

利玛窦之所以想用他的记忆法给中国人留下深刻印象，是想引起中国人对他的文化的兴趣，进而引导他们对上帝产生兴趣。其实，他带到中国，并慢慢学着去翻译和重新解释的那个“文化”，其主体是他 1572 年底到 1573 年 10 月在佛罗伦萨耶稣会学院，以及随后，1573 年底到 1577 年在罗马学院的文学部学到的那些知识。[23] 宽泛地说，这些知识主要由道德哲学和数学两块构成。在 1570 年代，这两门学问都有突飞猛进的发展，层出不穷的新问题需要以极细致的心思去处理。在道德哲学方面，圣依纳爵和他的继任者们定下目标，要培养这些年轻的耶稣会士的文化水准，使其能站在时代智识生活的前沿。这给每个学生带来了极其繁重的学习任务，需阅读消化大量的古代文学著作。高度赞赏拉丁风格的时代风气使得人们要去记诵一些重要的经典，比如西塞罗的演说、昆体良的修辞术、马提雅尔的铭词警句，以及贺拉斯、奥维德、维吉尔等人的诗歌选集，更不用说像李维记录的汉尼拔军前演说这样著名的“指定篇章”。与此同时，人们对希腊文学的兴趣也在不断增长，这使得他们要熟读伊索寓言、品达的颂诗、赫西俄德和色诺芬的作品，还包括柏拉图的对话录、阿里斯托芬的《蛙》，以及荷马史诗的选段。从所有这些作品中，人们不仅要学习其风格与内容，更要了解其表达的类型和论辩方式，如此这般，人们才能以大众接受的方式雄辩滔滔地发表自己的演说。[24]

在这个“反宗教改革”的时代，一种被称为“新斯多葛主义”的综合性学说得以复兴，这种学说综合了古希腊晚期和古罗马早期的思想因子，并与基督教的各种思潮结合在一起，形成了一种特别形式的基督教人文主义。因而，在上述文学经典之外，人们还需对基督教传统和异教的古典传统——包括两者的大量文献——之间的复杂关联和互动有深入了解。所以在此，对大量文献的熟记又变得非常重要了，而且相较于文体力量，这些文献中的道德内涵更值得关注。因而，利玛窦的精神世界中有着特别的组成部分，包括塞内卡对暮年和死亡的冷静而有力的叙述，还有爱比克泰德为这个严酷而不可预知的社会开出的药方——如何保持个人心智的健全和正直。[25]

1608 年春天，在他生命的最后时光里，利玛窦在北京给他的好友科斯塔写信，说道："我身边书籍是如此匮乏，我现在写作刊印的东西，大部分都是以往存留在我记忆之中的。"当时他记得最清楚的，可能就是这些斯多葛学派，或是人文主义者的作品：在那一年，他用中文出版了《畸人十篇》，其中就包含了逐字逐句抄录的普拉努得斯（Planudes）对伊索生平的介绍，以及爱比克泰德著作的大量段落的意译。由于当时士人热衷于引述此类充满异国风味的语句，这些西人著述会通过士人文集的大量刊印而传布开来，因而保证原文的清楚和准确就变得至关重要。[26] 毫无疑问，利玛窦在早些时候（1595 年）出版的另一本著作《交友论》也是凭记忆完成的，在该书中，利玛窦随意引用了莱申特（Andrea de Resende）的同名著作中选编的几十位经典作家的语录。尽管我们不能确认，利玛窦在旅行中一定没有携带莱申特的书，但他带上的可能性不大。更合理的情况是他在意大利学习时代就读过莱申特书中的大量段落，并牢记于心。另一事实能增加这一判断的可信度，即利玛窦将这些"友谊"格言的数量从七十六条增加到一百条耗费了不少工夫，看起来他是在慢慢地回忆，并不断添加到格言库当中。[27] 在 1605 年，利玛窦以中文出版了《二十五言》，这是一本爱比克泰德著作的选集，其成书过程与前两者也很相似。尽管该书进行了重新编排和删改，但所有的段落都来自《手册》（*Encheiridion*）一书，这书精选自爱比克泰德那些部头更大的哲学书籍。同样的，也许利玛窦随身带着该书，但更可能是他在学院时熟记了爱比克泰德的选集，当三十年后置身中国，发现这些沉睡的记忆有用时，又把它们召唤了出来。[28]在 1601 年，万历帝命利玛窦整理一个歌曲集，以使那些宦官在摆弄利氏进呈的键琴时有曲可唱，利玛窦立刻从青年记忆中找到了贺拉斯的诗歌、塞内卡和彼特拉克的诗文，并巧妙地将其编成了唱曲。[29]

在利玛窦的学生时代，他所研习的另一大块学问是数学，要弄明白这些通常的记忆技巧如何应用到数学学习上，多少有些困难。利玛窦在罗马学院的数学老师是克拉维乌斯，1574 年，当利玛窦刚升入“技艺学院”进行学习之时，克拉维乌斯的名著——对欧几里得《几何原本》的修订和分析——刚好出了拉丁文本。克拉维乌斯是一位卓越的教师，和当时其他劝阻学生学习数学的耶稣会高级导师不同的是，他满怀热情地坚信科学知识的价值。[30]克拉维乌斯一直强调，对自然现象的细心考察有助于个人对精神世界的省思。他自己是一位出色的数学家和天文学家，后来成了伽利略的好友，他曾对罗马学院里的青年耶稣会士们说，“对科学的正确理解，对于理解哲学当中的其他部分而言，既是有用的也是必需的。明白这一点对学生而言至关重要”。他经常举出其他教授的反面例子提醒学生，那些教授由于缺乏基本的数学知识，在讲解亚里士多德和柏拉图时会犯一些滑稽荒谬的错误。[31]

他的学生们在学院里应该学什么？克拉维乌斯对此有着清楚的认识：“天体的数量和运动方式、星象观察的多种形式、星体之间的相互作用——这个会随着不同的吸引、排斥、彼此间的相对距离而不断变化——相连物质突然的永久性分离、海潮的涨落与流向、季风、彗星、彩虹、烟气以及其他各种气象景物，还有诸如运动、质量、距离、作用、反作用之间的比例关系等等，关于这些，数学家的研究已经汗牛充栋。”[32] 克拉维乌斯认为，要使得数学这门课的教学成功有效，教师必须有超常卓越的才能，而学生们必须极度细致地集中阅读那些他觉得重要的材料。一年级学生（los lógicos）可在头四个月里学习欧几里得的前四本著作，用一个半月的时间学习实用算术，用两个半月的时间学习行星与天体，两个月学习地理，接下来——如果时间还有富余——还可以学习欧几里得的第五和第六本著作。二年级的学生（los philósophos）则以两个月学天体观测（用来测算各种星体的运动）、四个月学行星理论、三个月学透视法，剩余的时间里就学习钟表制作和教会历法计算等理论。有一些优秀的学生获允在三年级时自修一些阅读课程，研习更高阶的星体理论，学着制作万年历、行星表以及使用四分仪等。[33]

利玛窦在罗马学院的四年里，克拉维乌斯都是他的数学老师，很可能利玛窦也在自习高级星体理论的优秀学生之列。利氏在数学上花的功夫，可能影响到了他的神学训练的速度，因为他直到 1580 年住在印度时，才结束了自己的神学课程。[34] 1582 年 10 月，克拉维乌斯创制的著名改良版历书——以当时的教皇格里高利十三世命名——在欧洲开始使用，第二年远东教会也采用。利玛窦本可以和其他的欧洲文人一样，亲身感受到克拉维乌斯着迷于“教会历法”的成果，“教会历法”已列入了二年级学生的课表，但那时候，利玛窦已经和罗明坚一起进入中国，在肇庆定居了下来。[35]

利玛窦终其一生都与克拉维乌斯保持着联系，两人感情真挚，他们交换书籍，频繁通信，利氏还向他的中国读者介绍这位老师——称其是欧几里得之后最伟大的数学家，欧几里得的真正继承者。利玛窦在他用中文写的数学著作里，提到欧几里得时，只是简单将其名字大致音译为“欧几里”——还提到他出生在“约千年前”。这样会让任何对此有兴趣的中国人觉得，欧几里得是个天主教会数学家，而事实上他是个生活在公元前500年的古希腊异教徒。而利氏提到老师克拉维乌斯时，则给了他一个中文名字“丁先生”。这是个非常奇妙的双关语，和建造记忆宫殿时所使用的技巧有相似之处，以此克拉维乌斯的名字就变成了拉丁语的“clavus”或是英语的“nail”，而“nail”这个英语词翻译成中文时恰好就是“钉”。“丁”* 是中国文字中写法最为简单的字之一，几乎就像欧洲字母中的“T”一样容易辨别。中国人当然清楚这个字要比其他字容易写得多，所以他们会说一个蠢人“目不识丁”。这种说法，尽管非常讽刺，但看起来很适合当时的利玛窦，他正开始试着将西方的数学介绍给中国士大夫。[36]

托马斯·阿奎那早在13世纪就已经揭示了数学在天主教会知

---

* 利玛窦在《西国记法》中提到“借钉为丁”。

识体系中的核心地位。他将数学看作一个适合青年在起步阶段研习的主题，因为它那从一个事物到其特性的直线推演方法，使它成为“最简单、最具确定性的人类学问”。同时，数学知识与记忆法理论的基本前提能够完美契合，由于人的心灵会对安排有序的事物印象深刻，因而以数学方式和谐排序的事物会让人特别容易记忆，欧几里得几何定理的排序就是一个很好的例子。[37] 想象和理智的结合使得几何学成为可能，这门学问展示了在事物的自然序列中，人的能力与局限。数学知识的产生是人的一场胜利，但对数学的需求恰好也反映了人的弱点。正像阿奎那所说，上帝和天使们并不需要那些数学图式，因为所有事物在他们眼中都是整齐划一的。[38] 因而，数学似乎提供了一种特别的精确，“数学处于自然和神学之间，但比它们都更有确定性”，同时，它没有情感的束缚，“如果一位几何学家作了一个正确的证明，这和他的食欲无关，也与他是欢乐抑或愤怒没有联系”。[39]

在 16 世纪耶稣会学校的网络遍布欧洲，在这些学校中强调科学教育，并不只是为了和同样强调科学的新教学校竞争，同时也是为了取悦那些喜爱科学胜于其他的精英与贵族。通过强调自己的数学技巧，耶稣会士要证明他们不但矗立于现代知识的前沿，而且还继承了意大利晚期文艺复兴人文主义的精华。他们之所以拒绝接受哥白尼的日心说理论，继续以地球静止居中、七个水晶星体环绕周围的理论为基础来教授天文学，是因为他们尊重这一知识体系的古老传承和宗教正确性，同时认为否定这一体系的根据还不充分。[40] 1572 年一颗新星被发现，1577 年，人们又观察到一颗大彗星，这些事件在西方学者和天文学家当中引起广泛讨论，并促使克拉维乌斯对他所抱持的某些预设观念进行反思，但最终他没有改变想法。[41]这一切发生时，利玛窦正在罗马学习。

一旦利玛窦开始熟悉汉语和中国学问后，他就不再会像贬斥中国宗教活动那样，轻视中国人的自然科学知识。中国的天象观测成就卓越，举例来说，1572 年的超新星和 1577 年的彗星在中国都有详细的记载，包括出现的准确日期、表面的大小与亮度、运动轨迹等。[42]但他还是试着去说服中国人，让他们相信中国天象观测法的理论基础并不牢固。就像他在欧几里得《几何原本》中译本序言中所说："窦自入中国，窃见为几何之学者，其人与书，信自不乏，独未睹有原本之论。既阙根基，遂难创造，即有斐然述作者，亦不能推明所以然之故。"[43]利玛窦声称，自己有特别之能，足以帮中国人弥补这一缺陷。他坚决地自称为克拉维乌斯的学生，而克拉维乌斯是欧几里得学问的传人，而且，他还自信满满地将自己看作意大利思想传统的一个特别代表：

> 吾西陬国虽褊小，而其庠校所业格物穷理之法，视诸列邦为独备焉，故审究物理之书极繁富也。彼士立论宗旨，惟尚理之所据，弗取人之所意。盖曰理之审，乃令我知，若夫人之意，又令我意耳；知之谓，谓无疑焉，而意犹兼疑也。[44]

利玛窦进一步作了概括，向他的中国读者讲述克拉维乌斯教授给他的知识。数学就像一条大河，它有四条主要的支流：算术、几何、音乐以及天文学加上年代学。利玛窦用一种赞美诗式的文字娓娓道来，讲述数学的各个组成部分：

> 此四大支流，析百派。其一量天地之大，若各重天之厚薄，日月星体去地远近几许，大小几倍，地球围径道里之数，又量山岳与楼台之高，井谷之深，两地相距之远近，土田城郭宫室之广袤，廪庾大器之容藏也。
>
> 其一测景以明四时之候，画夜之长短，日出入之辰，以定天地方位，岁首三朝，分至启闭之期，闰月之年，闰日之月也。
>
> 其一造器以仪天地，以审七政次舍，以演八音，以自鸣知时，以便民用，以祭上帝也。
>
> 其一经理水土木石诸工，筑城郭作为楼台宫殿，上栋下宇，疏河注泉，造作桥梁，如是诸等营建，非惟饰美观好，必谋度坚固，更千万年不圮不坏也。

在利玛窦的描述里，这仅仅是一个开始。数学的应用还涵盖这个世界上所有的力学设备，比如抬起重物或是移动货品，它包括沙漠和沼泽中的灌溉和排水装置、航道与水闸、光学的原理、平面与曲面的知识、透视和明暗技巧等等，在他这一长串单子的最后则是地理学，再现这个地球上林林总总的学问——山脉、海洋、王国、大陆、海岛、区域，“佥布之简中，如指掌焉”，整张地图的每个细节都“与天相应”，而且都用比例尺来规划，“不错不紊”。[45]

在中国的那些时光里，利玛窦基本上对所有的学问分支都有所涉猎。包括有钟表制造、光学、天文观测、测量、音乐、地理学、几何学。在大部分领域，凭借他对学院里获得知识的记忆，加之他随身携带的为数不多的书籍，便足可应付了。利玛窦做过许多复杂的事，比如测算日月食，估量纬度，制作整体性的可调节的日晷（在所有地点都指示精确），甚至是让他在中国获得了极大声誉的绘制大型世界地图，凡此种种，如考虑到他在旅途中始终随身带着墨卡托（Mercator）1569 年出的地图、奥特留斯 1570 年制印的地图，以及在克拉维乌斯的《球体》（*Sfera*）与皮克罗米尼（Alessandro Piccolomini）的《地球》（*Sfera del Mundo*）两书所附异常细致的估算纬度的测量表，就不难理解了。[46] 克拉维乌斯的著作尤其重要，因其不仅仅是理论性的，还带有精细入微的工作图解和注释，不但能向学生展示如何使用设备，还能使他们知晓如何制造设备，细致到了整体构架中的每一个木块和螺栓的组合。[47]

1596 年，利玛窦收到了一份礼物，这是克拉维乌斯论天体观测仪的新书（该书于 1593 年在罗马出版），这对他帮助更大了。书中有着大量详细的图表，使利玛窦在天象观测上获得了一个极有帮助的新工具。克拉维乌斯的论述依旧是集精确性与实用性于一身，让利玛窦手中又掌握了一种新的计算方法。这本新书曾使得欧洲的学者将天体观测仪视为"仪器之王"，并写下许多极富感情的文字去称颂它的伟大。[48]

究竟利玛窦是否因为精通数学和天文学而获得了其他什么社会能量，我们无从知晓。这么说是因为，尽管欧几里得的书由于克拉维乌斯那精细的翻译和注释而对后代人而言变得容易理解，但在当时，在欧洲大部分地方，此书既被用来阐释今天我们所说的“科学”，同时也被术士所用。1570 年，克拉维乌斯翻译的欧几里得著作的一个英文版在伦敦出版，占星术士狄约翰（John Dee）为该版本作序，其中直截了当地批评了他那些“癫狂而鲁莽的、心怀怨恨的、倨傲的同胞”，他试图让他们了解，新近被证明的数学原理是如何对占星术构成支持的，“数学方法有力地证明了自然光的运作和影响，证明了日月星辰相互之间的隐秘作用”，[49] 狄约翰继而试图表明，欧几里得几何的精确性实际上加强了狄所主张的“人类分布学”的说服力，这种“人类分布学”把人本身作为衡量所有事物的至高无上的数学尺度，它甚至会导向一种伟大的、终极性的“元学问”，能“控制所有的人类经验”，是通向“统摄所有鲜活的感性经验、以全部的数学方法推导出的所有正确结论”的唯一路径。[50] 利玛窦或许不会用这样的语言来写作，但实际上面对此种理念和内容，他并不会感到惊讶。

尽管在利玛窦的这个数学分支清单中，地理学名列最后，但他却在这个领域里取得了伟大的成就。他几乎以一人之力制作了精确的世界地图，所有地名均以中文标示。这份地图未经授权的印刷达数十次之多，最终，一个巨大无比的版本出现在北京万历皇帝的内廷，这张图由六块大嵌板组成，每块宽度都超过六英尺。但这并不意味着利玛窦制作地图完全不凭借外力，一些敏锐的学者研究表明，利玛窦的地图里，对美洲和北欧许多地方的注解文字，都源于翻译 1592 年版的普朗修（Plancius）地图——此图是由别人寄给他的，而有关中亚走廊这一段的介绍甚至不是来自翻译，而取自 12 世纪的中国学者马端临编纂的政书《文献通考》。利玛窦几乎全盘抄录了普朗修和马端临的这些材料，甚至包括一些臆想的内容，这倒是与他作品中体现出来严密的科学性背道而驰。[51]

不论如何，利玛窦所做这一切，主要目的是为了让更多中国人关注他的科学成就，从而使他们更容易接受基督信仰。他在写给克拉维乌斯的信中说，正是出于这种想法，他在自己制作的可调节日晷的底座上刻了段中文，指出，如果不对上帝的恩宠有所了解，那么人类的努力注定是徒劳的，他还告诫那些从日晷的表面观察时光流逝的人，他们既无法重回过去，也不能预知未来，唯一能做的就是牢牢把握当下的机会，及时行善。[52]

在人际关系的话题上，利玛窦重申了这些想法，对“友谊”进行分析。1595 年，他出版了一本小册子讨论这个话题。此书是为南昌的一位士绅所作（1601 年又刻印了一个扩充版，加上了几篇中国友人写的揄扬的序言），按他自己所说，这本《交友论》在中国精英圈子里为他带来的声望与赞美，比他别的著作都要多。此说法也得到一些明代杰出士绅著述中的评论佐证。[53] 利玛窦认为，友谊，应该是超越钱财资助和其他物质考量的存在，它是条纽带，将两具毫不相干的肉身连接一心。在困境中，友谊方能显示它的珍贵——在顺境里友谊太容易维持，反而失去了它重要的意义。[54] 利玛窦借用了塞内卡的想法，他并不为他去世的好友们感到遗憾惋惜，因为在他们生时他就已预见其死亡，而其死后仿佛依然鲜活。而西塞罗给利玛窦的教益是，一个人若不无时无刻全身心帮助朋友，就不是真正的朋友，只能算是个商人。他还用了马提雅尔的反讽警句：人若朋友寥寥，就少了许多欢乐，但同时也省却了不少烦恼。而普鲁塔克带给利玛窦的则是巧妙的比喻：人如果非要和那些最无用的人交朋友，就像是走进了大染坊，难免会被染料溅一身。[55] 利玛窦的中国读者对所有这些说法都不难接受，甚至当他们看到《交友论》的第 24 条时，也不会惊奇，那条是这么说的："友者过誉之害，较仇者过訾之害，犹大焉。"这里会让人感到惊奇的是，这句话其实来自伊拉斯谟，后者曾受到圣依纳爵 · 罗耀拉相当严厉的批评，在 16 世纪晚期，伊拉斯谟的著作被认为并不适合耶稣会的读者。[56] 利玛窦愿意引用伊拉斯谟的话，表明他是在最大范围内寻找有意义的格言，而不仅是拘泥于教会正统文献。

利玛窦利用他的中国朋友来传布《交友论》和其他著述，他很自信，这些著述中传递的道德讯息终会闪光。由于他并没有着力推广基督教义中更为强硬的那部分，许多年长的中国士人很容易将其引为同道。举个简单例子，当利玛窦与当时著名的儒家士人郭正域结交后，通过郭氏，他的著作被另一位著名士人邹元标读到。邹氏起初只是出于礼貌而读，但他随后发现自己与利玛窦所见多有相合。幸运的是，邹元标写给利氏的信留存至今，我们可以详细地检视这位明代知识分子对耶稣会士的回应：

> 得接郭仰老，已出望外，又得门下手教，真不啻之海岛而见异人也，喜次于面。门下二三兄弟，欲以天主学行中国，此其意良厚，仆尝窥其奥，与吾国圣人语不异。吾国圣人及诸儒，发挥更详尽无余，门下肯信其无异乎？中微有不同者，则习尚之不同

耳。门下取《易经》读之,“乾”即曰“统天”,敝邦人未始不知天,不知门下以为然否?[57]*

利玛窦估计不会全盘同意邹的想法，但他确实可以利用“乾卦”的六线形来支持他的看法，即中国人的早期古典文本里，就已有了与基督教相去不远的“神力”概念。这个卦，由六条不中断的直线构成，在中国人眼里它具有“乾”的创造力量，并以“元亨利贞”解之。早期对这一卦的注文说道“大哉乾元，万物资始，乃统天”，注解者又说，知晓这一进程的“圣人”能“大明终始”，并清楚地认识到“乾道变化，各正性命”。[58]

在 1590 年代后期，利玛窦找到了一套劝人皈依的办法，那就是发展私人关系和科学知识传播双管齐下。当然，利玛窦希望通过讨论严肃科学问题吸引优秀的中国学者入教，这一做法被证明是有效的。利玛窦在中国最早结交的朋友里，有一位是瞿汝夔，尽管瞿氏最初与利玛窦接触，是因为他以为利玛窦身怀炼丹之术，但后来两人继续交往，瞿汝夔开始研习克拉维乌斯的《球体》，还为翻译欧几里得《几何原本》第一卷作了些初步的工作。瞿汝夔在 1605 年皈依了天主教，他的这些几何学翻译，尽管只是颇为粗浅的尝试，却引起了中国南方一些颇具才华的数学家的注意。[59] 1600 年，上海学者徐光启进入了利玛窦的生活，这是否由欧几里得的几何学促成，

* 此段引文中的“郭仰老”，作者史景迁认为是郭正域，但学界还有一说，认为这是另一耶稣会士郭居静（字仰凤）。

尚不得而知；但可以确定的是，当徐光启皈依基督，于 1604 年通过科考成为进士，并在北京翰林院获得职位之后，欧氏几何学成为加深两人友谊的重要纽带。利、徐两人在整整一年里每日早晨会面，逐句逐行地研读克拉维乌斯对欧氏几何的注释本，直到最后修改完成了对整个前六卷的翻译，并在 1607 年出版。[60] 这本杰出的译著转而又深深打动了一名叫李之藻的高官，他是因为仰慕利玛窦的制图术而与其结交的。李之藻与利玛窦就这种几何学的意义进行过几次长谈，两人还合作编写过几本数学著作，1610 年，即利玛窦逝世前夕，李氏最终皈依了天主。[61]

这些中国学者接受利玛窦传播的西方科学，是件值得铭记的大事。他们并不是希望通过吸收西方思想来获得好处的社会底层。瞿汝夔出身于显赫的世家：他的父亲瞿景淳曾在 1544 年的殿试中名列榜眼，后又出任明代官修百科全书《永乐大典》之总校，去世时被追赠礼部尚书的高位。[62] 李之藻出身于杭州的将军家庭，并在 1598 年高中进士，他结识利玛窦时已在工部任职。[63] 徐光启则出自商人家庭，在 1580 年代的很长一段时间里，他还是一名巡游的私塾先生——在明代这只是份糊口的工作——但到 1597 年他中举，随即在 1604 年又中进士，进入翰林院，正如我们所知，这是此泱泱大国内所有士人为之羡慕的职位。[64]

毫无疑问，这些人都在传统儒家教条规范中浸润多年，但这并没有构成他们理解西方科学的阻碍。我们要强调，这些人各自最感兴趣的那几个领域——对瞿汝夔是化学，对李之藻是制图学，徐光启则是几何——不论是实验还是理论，在中国本土都已经有了长久而厚重的历史，成就卓著，虽然耶稣会士们很少提到这点。[65] 利玛窦能够提供给他们的，当然包括新的材料，但还有新的视角，让他们能拿来评估自己已有的知识，另外，利氏还给他们带来一种目的意识，使他们相信，在利玛窦的帮助下，他们能重新找回中国传统中失落的东西。徐光启在欧几里得《几何原本》的序中就表达了这种意识，该译本是他根据利玛窦的口译作笔述并修饰成文的。徐写道，中国古代的王者和学人原本在数算、音乐和机械创制方面占有绝大的优势，但到了秦始皇的时代（也就是公元前 3 世纪末期），焚书坑儒使这些技艺顿时失传,结果就是后世中国学者“如盲人射的，虚发无效，或依拟形似，如持萤烛象，得首失尾”。[66] 李之藻在为利玛窦的世界地图所作序言中，更清楚地阐述了中国在过去时代的伟大成就，他认为，中国人的地理知识在元代便取得了关键性的突破，即使是利玛窦的地图也没能详尽地展示历史上中国周边的那些朝贡国，利玛窦自己则记道，李之藻“整整花了一年”，仔细分析了他从事纬度计算背后所依据的数学原理，最终，李氏看到这些原理体现了东西海“不变之理”后，颇为满意，才建议利玛窦制作一张全新的、更大的地图，他亲自批准其刻印。[67]

利玛窦和这些士人都热爱书籍和印书。他本人曾对中国人的识字率有着过高的估计，他说，“他们中只有极少数人对书籍毫无所知”，但他有个观察是对的，中国所有的宗教团体都更希望通过书籍来传播教义，而不是通过讲道和公开演说。[68] 利玛窦习惯性地对事物的细节深感兴味，他深研了中国士人使用之笔墨的制作过程，以及制纸和线装书的方式。他指出，中国书籍的用纸太薄，易被撕坏，且无法保存太久。聚会时他会拿出西方上品纸张，每次仅几张，以使在场士人能看清其中差别，就像他有时会特别展示西方书籍的装订和修饰一样，这些书籍都是他随身带的，可称为一个小型图书馆。[69] 利玛窦对中国各城市中常见的以书法闻名的士人都很有兴趣，这些人通过帮书法粗疏的官员书写公文之类赚钱，或是直接卖字为生。利玛窦感到很惊异，抄写一篇文辞优美的悼文能换来八个达克特，甚至写几行书法也能值十分之一个达克特。[70] 相较而言，他对那些“职业文人”倒并不是很惊奇，那些人往往精于算术，情愿为其他人撰写书文，而并不要求署自己的名字。[71]

当然，利玛窦时刻注意着中国社会里那些对传教能带来帮助的部分，他抓住了印书这个切口，大展拳脚。中文基督教祷文的最早一个版本，就是他和罗明坚在 1584 年编译的（根据的是早先的一个拉丁文版本，可能是在印度草拟的），获得肇庆地方官员准许后，在当地耶稣会士的住所印了一千两百本。[72] 利玛窦在罗马学院求学时，学院曾派一些学生去帮助德意志来的排字匠师去制作书籍，有些人会推测，利玛窦或许也是其中一员，因为显然他对印书的具体细节十分熟悉。他仔细记录了中国的工匠如何把一整版倒置的书法文字刻在木板上，木板的材质通常是苹果木或梨木，其速度甚至与当时欧洲的排字工排一页金属活字同样快。他还指出，中国印书法的一大优势在于，人们一次可以只印少量的书，而把字版留存，将来亦能重印，即使要作小改动，也十分迅速且廉价。[73] 尽管他感到汉字太多，又太复杂，对学术发展是一种“阻碍”，而且，中国人浪费了太多材料刻印那些有害或者无用的书籍——考虑到当时每年印的佛道图书卷数以千万计，他这样想倒也很自然。然而，利玛窦依然认为，这种对学问的热情能够让许多中国的少年和成人避免“堕入那种人类天性所导致的恶习当中”。[74]

利玛窦曾注意到，中国人善于熟记阅读的东西，并向别人转述，而传教士们就可以利用他们这种特点。但遗憾的是，他并没有基于此观察对中国人的记忆术训练作进一步分析。在推广他自己的记忆术系统时，利玛窦还举例说明这套体系已经被远古的那些君王成功使用过，试图以此吸引中国读者注意。古昔之“般多国王”，利氏写道，对他所统治的二十二个国家的语言都了然于胸（他指的是本都国的米特拉达梯国王 [Mithradates of Pontus]）；而“巴辣西国王”则能记住他麾下成千上万士兵的名字（这指的是波斯的居鲁士大帝）；至于“利未亚”国王派去罗马的使节，能牢记他在罗马遇到上千位官员的姓名（这是皮洛士国王的使臣辛尼阿斯 [Cineas]）。[75]这些奇怪的人名对于中国读者而言其实没有什么特别意义——只是增强说服力的一些符号而已。

其实，这些例证最显著的特点反倒在于，它们和中国文人士大夫的兴趣几乎背道而驰。这最好地说明了，如果仅从字面上将欧洲语言文本译介到明代的中国，并不明智。对中国人而言，前面的三个例子都有些不着边际。在中国，选派使节去外国宫廷并不是一种带有敬意的表示——事实上中国人几乎从不这么做——即便真有人前往异邦，他也根本不会想去记住那些胡人的姓名；儒家士人并不关心外国语言，他们只是希望外人能和利玛窦一样学习汉语，开展交流。而且，明代很少有官员想在军队中谋求仕进，正如利玛窦所知，即使在军中谋得相当高的职位，仍会被人看作身居下品。[76]

上述三个例子或许来自普林尼的《博物志》的简编本，其中讲述记忆的章节正好有此三例。[77]或许有人会想，除了这些，利玛窦平常和中国士人朋友闲聊时，是否还谈及其他人和事。利玛窦在成长过程中，读过许多拉丁人文主义者和斯多葛派作家的著述，比如西塞罗、昆体良、塞内卡等，他们的作品都提供了很好的例子，有许多东西是中国人所看重的，因此，中国士人更容易产生亲近。比方说，塞内卡能牢记两千个按顺序排列的人名，或是两百行任意的诗句；狄奥迪克底（Theodectes）有能力对读过的诗句过目不忘；查马达斯（Charmadas）则熟记他到过的图书馆里所有书的全篇内容。[78]这都能引起中国人的共鸣。来自古代西方的这些人物，与中国历史上那些著名文人共享同样的美名：不必怀疑，利玛窦的士人朋友们肯定和他提起过东汉时期的祢衡，此人长途旅行归来，能记得所有过目的碑刻铭文；或是邢邵，他在读《汉书》五日之后便能整部记诵，而在雅集之时，在场所有人吟诵的诗篇他都能随后复述；还有唐代的卢庄道，阅书一遍后便能倒背如流。最令人惊叹的则是张安道，他在与世隔绝的环境中长大，始终认为只要从头到尾读过一本书，“每个人”都能牢记于心，直到有一天别人好意地纠正了这想法。[79] *

至少我们可以设想，通过利玛窦的这种基督教中介，儒家和古罗马这两个伟大的传统相互汇聚，是多么的有趣，在相似的场景下，

---

* 此段作者原文中将人名“祢衡”误作“Ni Heng”，“卢庄道”误作“Lu Jiangdao”。

记忆的手段却千变万化。如若以这些例子展开对话，那将是一种理想方式，“人”——相对于神力——的问题将会凸显出来，而人类行为中理性的地位也将得以分析。若果真如此，不论利玛窦还是他的中国友人们都会意识到，中西之间的相似是如此显著。如果按照普林尼所说，恺撒能够“同时下达命令和听取上报，一次能就不同的要事向手下口授四封传信，或者，如在空闲时，一次能口授七封信”，那么，隋朝的刘炫不也能同时听取和处理五份下属呈递的信报吗？[80] 如果西庇阿（Lucius Scipio）能叫出任意一个罗马市民的名字，地米斯托克利（Themistocles）认得雅典所有的公民，那苏颂在南京为官时期，不也将所有的记簿人丁牢记脑中么？苏氏还在传统的王朝正史基础上，自己创制了一套编年的“定位”体系。[81] 相似的例证即便在各种商业和娱乐领域内也能找到。荷腾修斯（Hortensius）能记住拍卖场上每件物品、每次拍卖的价格，而陈谏则牢记他的账本上、他的织机产出的每一个细节。[82] 斯凯沃拉（Scaevola）在他骑马回乡间家中的路上，能在脑海里重演他刚输掉的棋局中每一步走法，而王粲对围棋棋局有着同样惊人的记忆能力，即使他只是一个旁观者。[83]

利玛窦通过谈论记忆，或是几何学的分析，将宗教讨论提升到一个更高的层次，同样，在必要的时候，他还可以利用斯多葛式的人文主义。皈依之后的徐光启有一回和利玛窦谈道，他最大的恐惧是自己的儿子终将死去。我们很难想象利玛窦不会从他的记忆仓库里调出爱比克泰德（Epictetus）的那些话，因为后者也曾经被同样的恐惧所困扰。爱比克泰德是用希腊文写作的，而利玛窦将之译成了汉语，“当你喜爱某物时，记着扪心自问，‘那本质上究竟是什么？’若你喜欢一个水壶，那就说‘我喜欢的是一个水壶’，由此即使它碎裂了你也不会难过。若你亲吻你的妻儿，那就说‘我亲吻的是一个人’，由此即使他们死去你也不会哀伤”。[84] 利玛窦还译了爱比克泰德在另一处所说的：“永远不要说‘我失去了什么’，而只是‘我将它归还了’。你的孩子真的死去了么？他只是被归还给了原主。你的妻子死去了吗？她只是被归还了罢。”[85] 所有这些语句，爱比克泰德想说的，只是一种斯多葛式的论调：“若你想要让你的妻子、儿女、友人永远活着，你就是愚蠢的，因你正在希望控制自己所不能控制的，把不属于你的据为己有。”[86*]

一旦此类讯息和教导被徐光启或李之藻接受后，利玛窦就会进一步引导他们，进入一种包含着基督信仰本身的对话。利玛窦把这类言语都写下来并最终出版《天主实义》，此书的基本形式是一位中国士人和一位基督教学者的对话，展现的则是天主教教义的纲要。然而，即使在这样一本书里，利玛窦依然要借助古典传统来引导中国读者接受他的核心观念。在该书第三篇中间某段，利玛窦开始说道，“古西国有二闻贤，一名黑蜡，一名德牧。黑蜡恒笑，德牧恒哭，

---

* 以上三段话均见于《二十五言》，利玛窦所记为：一、“倘有受益于物而爱之，尔极思夫何物类也，从轻而暨重焉。爱瓯耳曰：‘吾爱瓦器’，则碎而不足悼矣。爱妻子曰：‘吾爱人者’，则死而不足恸矣”；二、“物无非假也，则毋言已失之，惟言已还之耳。妻死则已还之，儿女死则已还之”；三、“欲子不死亦愚也，乃欲人非人矣。踰分之任，智者毋负，负所不能任者，并失其所能任者焉。”正如作者提到，利玛窦对爱比克泰德原文作了修改。

皆因视世人之逐虚物也，笑因讥之，哭因怜之耳”。[87*] 有了这个希腊典故作基础，利玛窦开始发挥，希望吸引中国读者随他一道思索：

> 吾观天主亦置人于本世，以试其心，而定德行之等也。故现世者，吾所侨寓，非长久居也。吾本家室，不在今世，在后世，不在人，在天，当于彼创本业焉。今世也，禽兽之世也。故鸟兽各类之像俯向于地，人为天民，则昂首向顺于天。以今世为本处所者，禽兽之徒也。[88]

即便利玛窦竭力向中国人展示他那套与上帝或灵魂有关的推论，而且同时保持着四种相互变换的角色：传教士、教书匠、朋友和导师，但他在内心似乎仍将自己视作学生和孩童，努力解释那些无法明了之物，努力挣脱爱比克泰德，但只是退回了柏拉图那里。作为《天主实义》书中最令人印象深刻的段落之一，利玛窦说了这些话，给所有相识或不相识的中国士人：

> 天主正教以此颁训于世，而吾辈拘于目所恒睹，不明未见之理。比如囚妇怀胎产子暗狱，其子至长，而未知日月之光，山水人物之嘉，只以大烛为日，小烛为月，以狱内人物为齐整，无以尚也，则不觉狱中之苦，殆以为乐，不思出矣。若其母语之以日月之光辉，贵显之妆饰，天地境界之文章，广大数万里，高亿万

* “黑蜡”和“德牧”，今日译为赫拉克利特和德谟克利特。

丈，而后知容光之细，桎梏之苦，图圄之窄秽，则不肯复安为家矣。乃始昼夜图脱其手足之桎梏，而出寻朋友亲戚之乐矣。[89]

此段文字，不仅巧妙地将克拉维乌斯和柏拉图《理想国》（见第七卷）里的思想编织到论述当中，而且他最后描述的场景也是精心之选。因为友人欢聚、结社饮宴正是明代上层社会生活的重要部分，这些利玛窦自然十分熟稔。确实，我们可以根据利玛窦在餐桌边景况的变化，来重新看待他的中国旅程，区分出生理和精神上的不同阶段。正如他曾说道，中国的一切事务，包括宗教在内，都是在餐桌边讨论的，茶余饭后，才入主题。[90] 1580年代的华南，利玛窦在穷困的乡间村舍中如履薄冰般旅行，那里的人们聚拢在临时搭建的“祭坛”边上，利氏用磕磕巴巴的汉语小心地为他们作着祈祷。据利玛窦说，那餐食“品种不多，相比之下其心意更打动我们，尽管对他们而言，这食物很丰盛，且口味甚佳”。[91] 到了1590年代早期，利玛窦到了华中地区，经常出入一户新皈依的基督徒商人家庭，探讨天主的旨意。这家人早已放弃了佛教徒的素食习惯，如今他们可以悠闲地享用宴会的美食。[92]

到了那个世纪末的南京，频繁去高官宅邸出席冗长的宴请，对利玛窦而言已成习惯，儒家士人们有时会邀请当地富有声名的佛教僧人前来，与利玛窦展开辩论。利氏作了详细的记录，包括他如何区分人性与上帝之完美的不同，他又是如何努力记下针锋相对辩论的每个细节，为其后出版批判佛教的著述做好准备。[93] 1601年以后，利玛窦又来到了新的世界——北京，很快他就陷入无休无止的宴请当中，经常一天内就有三四回。到此时，寻求旁人的接受已不是问题，最困扰利玛窦的，是社交活动压力和不断的释经几乎耗尽了他的精力。[94] 当时有人记载，这位耶稣会士出入此类场合，“纵情吃喝”，无须过多怀疑，无休止的社交活动对利玛窦造成了极大损害。[95]

在北京，每隔三年，利玛窦都要面临一大关，来自全国各地的考生蜂拥入京，参加三年一回的进士考。许多人会带着举荐信来拜访利玛窦，或是捎来旧日友人的书信和问候，让他不得不疲于应付。所以，利玛窦溘然长逝的那一年——1610 年——正值会试之年，这毫不奇怪。在当年 5 月初的一天，当他应付完一整天的拜访，回到耶稣会住所，躺倒在床上，他感到头疼欲裂，筋疲力竭。有人宽慰他，身体很快会康复，他答道：“不会了，此乃积劳成疾，将有性命之虞。”[96] 他的耶稣会同事和中国友人们都十分关心其健康，他们请来七位不同的大夫为他诊治，这些人开出三套不同的药方。

在 5 月 8 日那天夜晚，利玛窦向熊三拔神父（Father de Ursis）作了例行的告解。第二天下午，他陷入神志昏乱，持续了整晚，直到 5 月 10 日。那一晚上，他口中呓语连连，诉说着心愿，要说服中国人和他们的皇帝皈依天主。到 10 日夜晚，他接受了临终涂油礼。他的著作已不成问题，因为他已经烧毁了私人信件，把其余的手稿整理完毕，并亲手封上最后一件给阿桂委瓦会长的信函。然而，突然间，他转头看着同伴们，用微弱但清楚的声音说道：“我无比热爱和崇敬科顿神父（Pierre Coton），他此刻正在法兰西宫廷中。尽管我俩并不相识，但我原打算今年给他写信，献上我的祝贺之意，因他为上主奉献了荣光。我还要亲自告诉他中国教会的情况。如今，请向他致以我的歉意，我已无法完成这个任务。”在神智混乱的情况下，利玛窦的这番言语显得如此清楚而有条理。自从法国国王亨利四世宣布放弃新教转皈天主教后，耶稣会士科顿就成了法王的忏悔神父，他在无比困难的处境下，以高超的技巧很好地扮演了这一角色。很自然，在利玛窦生命最后的几个小时里，他梦想着能成为万历这个长寿的中国皇帝的忏悔神父。科顿似乎是利玛窦最后念及的名字，在 5 月 11 日黄昏，他直直地坐在床上，合上双眼，告别了人世。[97]

注释

1 Aquinas, *Catena Aurea*. pp. 772-79. 萨克森的鲁道夫斯指出，这个故事里有三点最值得注意和默思：一是基督在了解门徒们悲伤的原因时所怀的仁善和友爱；二是他和这些“较低层次”的门徒说话时的谦逊；三是他在向门徒们解释所见之事时的耐心善意（Ludolfus, *Vita Jesu Christi*, p.716）。在《灵操》一书中同样也省思了以马忤斯的故事，作为基督对世间诸人显灵十三神迹的第五个。（Ignatius, *Exercises*, nos.226, 303）

2 《利玛窦题宝像图》，页 4 至 5b，程大约：《程氏墨苑》，卷 6，第 2 篇，第 38b 至 41 页。Duyvendak, “Review,” pp.391-92.

3 Nadal, *Evangelicae Historiae Imagines*, fig.141，就是未被使用的那幅画。利玛窦用的那幅原画有一个印本藏于纽约大都会博物馆（Prints, Netherlands, Martin de Vos file, 53.601.18:44）。

4 Castellani, “La Tipografia del Collegio Romano”, pp.12-13，此处把货币“斯库多”等同于“达克特”。

5 Robert Palmer, “Martial”, 此文有着精彩的概括与分析，并作了极为清楚的翻译。

6 有关一般主张，见 Dainville, *L'éducation des Jésuites*, pp.181-84. 有关在课程中删改马提雅尔和贺拉斯，参见 *Monumenta Paedagogica, 1586*, p.435. 有关弗卢西乌斯遵照罗耀拉的指示，见 Castellani, “Tipografia”, pp.11, 15. Palmer, “Martial”, p.913. 关于作为音乐家、罗耀拉的好友的弗卢西乌斯，见 Culley and McNaspy, “Music and the Early Jesuits”, p. 218.

7 Castellani, “Tipografia”, pp.11, 14-16.

8 Ganss, *Saint Ignatius' Idea of a Jesuit University*. pp. 296-301. 同书第 326—327 页则关于圣依纳爵最初的计划。Pachtler, *Ratio Studiorum*, pp.192-97 有关 1566 年纲要的细节，其中第 195 页有关《致赫伦尼》。

9 Ganss, *St. Ignatius' Idea of a Jesuit University*. pp.44-51, 60. 同书第 304 页关于拉丁文对话的指示。

10 同上书，p.304-5。莱德斯马的训示见 *Monumenta Paedagogica, 1586*, p.361. Schwickerath, *Jesuit Education*, pp.493-97.

11 *OS*, p. 235. 1597 年 9 月 9 日写自南昌的信。

12 Romberch, *Longestorium Artificiose Memorie*, pp.22-26, 36, 49-51.

13 Grataroli, *De Memoria Reparanda*, pp.78-82. Thorndike, *History of Magic*, 5/600-16. 此书有一个很好的格拉塔罗利小传。对于格拉塔罗利的英译者 William Fulwood 来说，这些形象不太好让人接受，因此他在 *Castel of Memorie*（London: William How, 1573）一书中作了些淡化，壶中装的是水，而这些生理器官部位也含糊带过。格拉塔罗利的著作尽管经此删改，但在十七世纪末的英格兰，依然在大学生中广为流传，见 Marius d'Assigny, *The Art of Memory* (London, 1699), pp.72-74。

14 *OS*, p. 27.

15 *OS*, p. 28. *FR*, 1/36-37. 利玛窦举了例子，汉语中表示"heaven"的"天"字，这在达克鲁兹的叙述中早已提到过，见 Boxer, *South China*, p.162。

16 *OS*, p. 28.

17 有关他学习汉语的各阶段进步，参见 1584 年 9 月信(*OS*, p. 49)；1584 年 10 月信(*OS*, p. 60)；1585 年 11 月信（*OS*, p. 65)，其中说"已经能流利地说这语言"(già parlo correntemente la lingua)；1592 年信（*OS*, p. 91)；1593 年 12 月信（*OS*, pp.117-18)；1594 年 10 月信（*OS*, p. 122)。

18 *OS*, p.155-56. 有关孟三德，参见费赖之《列传》第 11 位。荣振华《补编》(Dehergne, *Répertoire*) 第 741 位提到他的祖母是一位"新基督徒"，也就是说原来是犹太人。他和利玛窦一起到果阿，乘坐的是"圣路易"号。

19 *OS*, p.211.

20 *OS*, pp.235-36.

21 *OS*, pp.239-40.

22 《西国记法》，第 18 页。

23 Bortone, *P. Matteo Ricci*, pp.35-40.

24 Schwickerath, *Jesuit Education*, p.494; Schimberg, *L'éducation morale*, pp.132-33, 139. *Monumenta Paedagogica*, *1586*, p. 351. Dainville, *L'éducation des Jésuites*, pp.168-71. 也可参见 Dainville 书第 187 至 188 页，有关耶稣会的"人文主义的和文化方面的训练"(*humanisme de culture et de formation*)，还有 Villaslada, *Collegio Romano*, ch.5。

25 Zanta, *La renaissance du stoïcisme*, pp.12-14, 126-27, 203-5.

26 1608 年 3 月 6 日写给科斯塔的信（*OS*, p.336)，利玛窦《畸人十篇》的第 187—188 页论述伊索，第 131 页提到爱比克泰德。利玛窦谈到伊索的部分见 Planudes le Grand, *La vie d'Esope*，见"前言"和第 13、14 章。尽管我只看到 1765 年鲁昂(Rouen)的版本，我设想利玛窦时代的版本次序是一样的。有关伊索的故事在明代学者中的传播，可见张萱《西园闻见录》，第 15 章，页 39b 至 40b；张萱的传记见 *DMB*，第 79 页。

27 见利玛窦《交友论》。D'Elia, "Il trattato sull' Amicizia", pp.454, 463-65. 德礼贤所说利玛窦采用的北堂藏 1590 年巴黎版本，其实应是晚些时候才带入中国的。若我们比较利玛窦的释义和德礼贤"Trattato"文中引到的莱申特原文，则更能证实上述想法。

28 Epictetus, ed. *Oldfather*, vol.2，《手册》(*Encheiridion*) 可见第 479—537 页。亦见 Christopher Spalatin, "Matteo Ricci's Use of Epictetus' Encheiridion"，此文细致地整理了《手册》与利玛窦《二十五言》之间的关系。

29 德礼贤在"Musica e canti"文中记下中文，并给出了意大利语译文。我在此要感谢

Thomas Greene，他帮我指出这些歌词来自贺拉斯（*Odes*, II, 4, 18, III, 24）、彼特拉克（Ascent of Mt. Ventoux）、塞内卡（*Epistolae Morales*, 93）。

30 有关在欧几里得所有研究著作中克拉维乌斯 1574 年著作的地位和作用，可以参看 Heath, *Thirteen Books*, 1/105. 关于否定科学教育的攻击性言论，参看 Dainville, *L'éducation des Jésuites*, pp. 324-25.

31 *Monumenta Paedagogica, 1586*, p.476. 有关与伽利略友谊的开始，参看 Phillips, "Correspondence of Father Clavius", p.195. Villoslada, *Collegio Romano*, pp.194-99, 335。

32 *Monumenta Paedagogica, 1586*, p. 472.

33 同上书，pp.471, 478. 克拉维乌斯的同事托雷斯曾概述过一份类似的课程，但划分阶段有所不同，见同书第 477 页。

34 *FR*, 1/207-8. *OS*, p. 13.

35 *FR*, 1/167n.

36 利玛窦与徐光启：《几何原本 · 序》，4—5 页（重印本第 1935—1937 页）。

37 参见此书解释：Vincent Smith, *St. Thomas on the Object of Geometry*, p. 6.

38 同上书，pp.43-44。

39 Thomas Aquinas, ed. Bourke, pp.40, 278-79.

40 Dainville, *La Géographie*, pp.37, 39, 42. Thorndike, *History of Magic*, 6/46.

41 Thorndike, *History of Magic*, 6/73-74.

42 参见对这些中文材料的讨论，Ho and Ang, "Astronomical records", p.77。

43 《几何原本 · 序》，页 5a，重印本第 1937 页，Moule, "Obligations", p.162。

44 《几何原本 · 序》，页 1a，重印本第 1929 页，Moule, "Obligations", p.154. d'Elia, "Presentazione", pp.177-78。

45 《几何原本 · 序》，页 2，重印本第 1931—1932 页，Moule, "Obligations", p.155-57. d'Elia, "Presentazione", pp.179-81。

46 利玛窦讲到克拉维乌斯和皮克罗米尼见 *OS*, p.72. 有关他对奥特留斯的应用，见 Ch'en, "A Possible Source", p.179. 一些图表的例子见 Clavius, *Astrolabium*，关于太阳与十二宫见第 572—579 页，有关"正弦"见第 195—227 页。

47 Clavius, *Astrolabium*, p.43 细致地讲述了使用各种工具、木工和仪器建造方面问题。有关他另外一些工作图纸的例子，可见 Clavius, *Fabrica et Usus Instrumenti ad Horologiorum Descriptionem.* (Rome, 1586), pp.7-12.

48 这部书大约八英寸长、五英寸宽、厚两英寸，以金属夹扣钉住，共 683 页，既便于携带，也很实用。此书到手后，利玛窦在信中表达了感激之情，见 *OS*, p.241，1597 年 12 月 25 日写给克拉维乌斯的信，指的是前一年的事。对天体观测仪的赞扬可见 Dainville, *Géographie des humanistes*, p.40.

49 Dee, *Preface*, A ii and B iii.

50 Dee, *Preface*, A iii.

51 有关普朗修，见 Heawood,“Relationships of the Ricci Maps”; Plancius, *Universall Map*, tr. Blundevile. 有关马端临，见 Kenneth Ch’en,“Possible Source”, pp.182-90. 有关该地图早期的接受和流传，见 *OS,* p.51. *FR,* 1/207-10. 有关皇帝与地图见 *FR,* 2/472-74.

52 *OS,* pp.241-42. 1597 年 12 月 25 日在南昌给克拉维乌斯的信。

53 *FR,* 1/368-69. *DMB*, pp.1139-40. 可参考焦竑《澹园集》（48/9b，写于 1603 年之后）一书中对《交友论》某段落的赞赏（此处我要感谢郑培凯提供了这一参考文献），有关焦竑可见 *Eminent Chinese of the Ch’ing Period*, pp.145-46。

54 可参见 d’Elia,“Il trattato sull’ Amicizia”, items 1-3, 5, 9。

55 有关这些篇章，见德礼贤在“Il trattato”中的分辨，塞内卡见第 15 条，西塞罗第 28 条，马提雅尔第 47 条，普鲁塔克第 67 条。

56 同上，第 24 条。有关圣依纳爵与伊拉斯谟参见 Guibert, *Jesuits,* pp.163-66, n.36. 顾保鹄：《利玛窦的中文著述》，第 243 页提到利玛窦还引用过蒙田，这个发现十分吸引人，但顾氏并没有提供可靠的证据。

57 邹元标：《答西国利玛窦》，见《愿学集》，第 3 卷第 39 页。有关邹元标，可见 *DMB*, pp.1312-14。有关郭正域，见 *DMB*, pp.768-70。我认为郭正域是利玛窦和邹元标的中介，其证据可见 *FR*, 2/43 n.1。

58 Richard Wilhelm, *The I Ching*, tr. Cary Baynes, pp.4, 370-71. 有关利玛窦将基督教价值“适应”儒家的微妙问题，已有许多论述，参见 Bettray, *Akkommodationsmethode*, pt.5. Harris,“The Mission of Matteo Ricci”. Young, *Confucianism and Christianity*, pp.59, 73, 94, 126-28. 此书中强调了一点——很重要但经常被忽视——即基督教事实上威胁到儒家的基本价值观念。Paul Rule 即将出版的著作就讨论基督教对孔子的态度，他将在更深层面上考察其中关联，该著作基于他 1972 年澳大利亚国立大学的博士论文上写成。

59 *FR,* 1/298, 2/342. 有关这最初的译稿 1589 年和 1590 年在韶州文人圈中的吸引力，参见 *FR,* 2/55。

60 *FR,* 2/357-58. Joseph Ku,“Hsü Kuang-ch’i”, pp.90-93. 有关徐光启和利玛窦的《几何原本》翻译在中国数学史上之地位，参见 Joseph Needham, *Science and Civilisation in China*, 3/52, 110, 446-51。

61 *FR,* 2/476-77.

62 *Eminent Chinese of the Ch’ing Period,* p.199. *FR,* 1/296 n.1.

63 *Eminent Chinese,* p. 452. *FR,* 2/168 n.3.

64 *Eminent Chinese,* p. 316. Joseph Ku,“Hsü Kuang-ch’i”, pp.25-27, 35-36. Monika Ubelhör,“Hsü Kuang-ch’i”, 15:2/217-30. 详细叙述了徐光启的家庭和教育。

65 有关这些背景可见李约瑟书中的详细研究，见 Needham, *Science and Civilisation in China*, vol.5, pts.2-5, sec.33（化学）, vol. 3, sec.22（制图学）, vol. 3, sec.19（几何学）。

66 《几何原本》，“徐光启序”，页 1b，重印本第 1922 页。此处的英译文见 Moule,

"Obligations", p.152.

67 D'Elia, *Mappamondo,* plates 11, 12. Giles, "Chinese World Map", pp.368, 371.

68 *FR,* 2/283.

69 这些例子都见 *FR*, 中国墨见 1/34，中国纸见 1/25，西方纸见 1/25 n.5，装订见 1/283, 1/196。

70 *FR,* 2/11, 46, 112.

71 *FR,* 2/44-46.

72 此即《天主实录》，后来耶稣会士们觉得该书在风格和内容上都不成熟，故而弃用，见 *FR,* 1/31, 197。

73 *FR,* 1/31.

74 *FR,* 1/38, 2/314.

75 见《西国记法》中的例子，页 3b，重印本第 14 页。利玛窦又简略地讨论了中国的记忆法，见 *FR*, 2/283.

76 在中国古代军人中我们会找到一些例外情况，搜检记载更早期的一些材料，会发现五代时期的魏仁浦能记得每支属军将官和兵士的名字,他们的开销和军饷(见《古今图书集成》,册 606,页 35a,以及《宋史》卷 249,8802 页)。还有三国时期的朱桓，不但牢记他属下所有兵士的姓名，甚至还记得他们妻子和孩子的名字（《古今图书集成》，册 606，页 32b，以及《三国志》卷 56，1314—1317 页）。

77 Pliny, *Natural History,* pp.563-65. Soarez, *De Arte Rhetorica,* p.59. 其中有米特拉达梯、居鲁士，但是没有辛尼阿斯。

78 Seneca, *Controversiae,* pp.3, 5. 有关狄奥迪克底见 Quintilian, *Institutio Oratoria,* 4/243，而查马达斯见 Pliny, *Natural History,* p. 565。

79 这些中国古人的例子可见《古今图书集成》，册 606，页 32b、34a、34b、35b。

80 Pliny, *Natural History,* p.565.《古今图书集成》，册 606，页 34a。

81 关于西庇阿见 Pliny, *Natural History,* p.563，地米斯托克利见 Cicero, *De Senectute,* pp.29, 31. 关于苏颂可见《古今图书集成》,册 606,页 36a,还有"四部丛刊"本《三朝名臣言行录》，卷 11，第 268—269 页。

82 Quintilian, *Institutio Oratoria,* 4/225，《古今图书集成》，册 606，页 35a。

83 Quintilian, *Institutio Oratoria,* 4/233，《古今图书集成》，册 606，页 32b。

84 徐光启的这些话可见 *FR,* 2/253，利玛窦《二十五言》第 335 页第 6 条，依据的是爱比克泰德《手册》第 487 页，第 3 条。在中文论述中利玛窦用"爱"字代替了原文"吻"。

85 利玛窦《二十五言》，第 338 页第 10 条，其中颠倒了次序并特别说是"儿女"，见爱比克泰德书第 491 页第 11 条。

86 利玛窦《二十五言》，第 345 页第 19 条，其中颠倒了次序并只提儿子的生死，见爱比克泰德书第 493 页第 14 条。

87 利玛窦《天主实义》第 426 页，译文 *Lettres édifiantes,* p.194。

88 利玛窦《天主实义》第 428 页，译文 *Lettres édifiantes,* p.195-6。

89 利玛窦《天主实义》第 561 页，译文 *Lettres édifiantes,* p.319-20。

90 *FR,* 1/76.

91 *OS,* p.56，1585 年 10 月 20 日给阿桂委瓦的信，亦见 *OS,* p.63。

92 *FR,* 1/314-16，此人是南雄的“若瑟夫”（Giuseppe）。

93 *FR,* 2/76-79.

94 *FR,* 2/161.

95 沈德符《万历野获编》，第 785 页，其中说利玛窦“饮啖甚健”。

96 *FR,* 2/537.

97 利玛窦患病和去世见 *FR,* 2/538-42，焚烧书信见 2/546，有关科顿与留尼斯一道接受圣母会训练，见 Villaret, *Congrégations,* pp.92-93，有关其传教事业见 Guibert, “Le généralat”, p.90。

利

第六章　第三个记忆形象：利益与收获

记忆宫殿那样高高矗立着，阳光均匀地洒在宫中每个角落。宫里的会客大厅仍然静寂无声，在它内部还有更多值得细细思索的地方。在大厅东南角是两名静止的武士，作出正在搏斗的样子，而东北角上则是那位西夏妇女，被称作“回回”。

利玛窦选择了汉语“得利”之“利”字作为他的第三个记忆形象。为了创制一个中国人容易牢记的形象，他将“利”这个字从正当中竖切分成了两半。这样就成了两个新的象形文字，其中一个意思是“谷物”（禾），另一个则是“刀片”或是“刀刃”（刂）。以这两部分，利玛窦组合成了一副记忆图景，“取一农夫执镰刀，向田间割禾之象”。[1]

照例而言，记忆形象所包含的内容比它表面看起来要丰富得多，此处亦然。其特殊意义在于，利玛窦选择了“利”这个汉字作为他的中文姓氏。当然，利玛窦在他个人的罗马字母标音体系里将其写为“ly”（而不是“li”）。大略言之，这个“ly”在发音上比较接近他原名的开头音节“ri”，考虑到汉语中并没有“r”这个卷舌音，“ly”

拿来标音当然是合适的。但是，汉语中发“ly”这个音的字有许多，它们都算是合适的。利玛窦独独选用这个字，似乎是充分考虑到了它的多义性：一方面，这是基于传教工作的意义，《马可福音》第8章第36节说“人就是赚得全世界，赔上自己的性命，有什么益处呢？”；另一方面，它又带有一种存活于当地且以货易货的意味，正如《创世记》第37章第26至28节所记，犹大为了说服众兄弟把约瑟从他们给他挖的坑里拉上来，以二十舍客勒银子的价卖给以实玛利人，所说的话：“我们杀我们的兄弟，藏了他的血，有什么益处呢？”

十年后，利玛窦为后人留下了一条小小的线索，从中可以发现，他对这种跨文化的微妙涵义已有察觉。他赠予程大约的四幅画都撰有题辞，亦用了西文字母为汉字注音，其中有两次他自称为“欧逻巴”人，而将他的中文姓氏注为“Ri”，而另外两次他自称属于“耶苏会”，相应地将“利”字注为“Ly”。[2]

利玛窦用这个新组合形象来表示“获利”——与他自己的姓氏相同，那是一个正在收割的农夫，静静待在宫中会客大厅的西北角，他站在那名西夏“回回”妇女的左边，与那两位搏斗中的武士对角线相立。按利玛窦之指示，他将一直待在那里，随时准备收起庄稼。

在利玛窦的时代，对金钱利益的追求和对教会的信仰是同一条道路，两者几无差别，想要在这两个方向上作出权衡取舍，并无多大意义。

举例而言，16世纪葡萄牙的那些改皈天主的犹太人，由于多年来一直遭到宗教裁判所严酷无情的处罚，几乎已到山穷水尽的地步，他们开始将财产外迁去佛兰德斯和意大利。但最终在 1577 年，这些人与塞巴斯蒂安国王达成了一项协议，如若他们为国王的非洲战事提供二十五万达克特的资金支持，国王将给予他们十年的豁免权，免去所有那些针对异教徒的罚金。他们给出了这笔钱，但结果是塞巴斯蒂安国王战死沙场，而他的继任者认为塞巴斯蒂安之死正是上主对这笔丑陋交易的惩罚，因而断然废除了协议。[3]

另一例亦然。信奉天主教的帕尔玛（Parma）王子率领西班牙军队，进攻新教地区的安特卫普。新教的领袖，奥兰治的威廉（William of Orange）告诫该地市民，要拆毁布拉夫加仑（Blauwgarendijk）那著名的大海堤，引入海水淹没安特卫普附近的平原地带，这样一来，即使帕尔玛王子封锁谢尔特河（Scheldt），该市仍可确保从海路获得供应。然而，安特卫普城中的屠宰行会却阻止了威廉这个方案的实施，因为安特卫普和海堤之间的大片土地上，放养着一万两千头牛，如果引入海水，就会毁了他们的生意。最终，帕尔玛果然封锁谢尔特河，安特卫普城得不到供应，在 1585 年 8 月，西班牙军队攻占了城市，驱逐了所有新教牧师，安特卫普又重回天主教统治。[4]

利玛窦在中国时，邮递通常很缓慢，且易丢失，所幸信差总能成功将邮件从澳门送到韶州或北京，因此传教士们的生活依然能够与外面的世界相通。但到 1609 年，意外发生了。通常有一位年轻的中国基督徒担任邮差，定期去澳门取信件，并会给香山的澳门边界上的守卫奉上例钱。有一次他觉得，该是时候不需要再送钱了。

但卫兵们没拿到钱，就将邮差当做间谍逮捕，押到县衙受审。县令审问了一番，又命人将其送至知府处。知府审问之后又交给了巡抚。巡抚令人将其痛打一顿，判终身入狱。出于对案情的审慎，巡抚还命人将邮差随身所带的二十二封信件逐字逐行地译成汉语，正巧，当时有些葡萄牙人正在广州参与定期市贸易，于是便被强迫帮助翻译。这些材料都长期被存放于广州城归并档案的阁库内。由于这些信件里带着中国人认为很有嫌疑的内容，比如说澳门耶稣会学校运作的细节，或是担心荷兰人攻击而设立防卫的问题等，中国官员就要求收信方——也就是韶州的耶稣会士们——离开中国。[5]

对于金钱和财富的累积，天主教会从来就没有一个明确的态度，它可以是让人立下终生清贫的誓言，但另一方面又建起高高耸立的教堂尖塔。圣依纳爵·罗耀拉讲到“灵操”修行第一周周末时，需对“基督王”有所省思，其中就谈到了耶稣会士保持清贫的必要性。那些尽力修行的人应当用心倾听基督的这些言语：“我意愿去征服所有异教徒的土地，所以，无论谁想要参与我的事业，就必须和我吃同样的食物，饮同样的水，穿同样的衣装。而且，他在白日要与我一起工作，在夜晚要与我一道守夜。”[6] 然而，罗耀拉也意识到，对尘世中的凡人而言，要达到这些要求未免太难，因此，他让这些从事灵性操练的人，在第二周的第四天，在他们默想之时，对人类的自我选择要抱一种更为宽容的态度。在他的安排里，这种默想和对“两种标准”的深入省思放在同一天，但顺序上要稍晚一些。“两种标准”的省思要求人们反省如何在魔鬼与基督之间选择，在富有、荣耀、骄傲与贫穷、谦卑、甘愿被人蔑视之间选择。用罗耀拉的话说：

这是三种人的故事。每一类人都因为他们对天主的爱而获得了一万达克特，可这并不是本来就应赐予他们的。贪恋这笔钱会让他们产生负担，而他们希望摆脱这种负担，拯救自己的灵魂，从上主那里获得内心的安宁。但这并不那么容易。

第一种人。他们情愿摆脱因这笔钱而产生的贪恋，在上主那里获得安宁，以确保自己获得拯救。但若如此，在死亡那天来到之时，他们都没有动用其中的一分一厘。

第二种人。他们也想摆脱对钱的迷恋，但他们愿意以这样的方式：即把他们所得到的，保留在自己手中，这样上主的意愿就会与他们合一。因此，尽管那可能是更好的方式，但他们决定，不会通过让出这笔钱而寻求拯救。

第三种人。他们同样希望摆脱对钱的迷恋，但他们选择的方式是，既不保留这笔钱，也不放弃它。他们行事，只是按照上主给他们的启示来决定如何做，一切只是为了更好地服务和赞颂神圣的陛下。同时，他们会努力驱使自己，斩断对金钱的迷恋，他们所有的行动，只是为了服务上主这唯一的目的，而自己并不欲求获得什么。结果便是，他们无论接受什么，或是放弃什么，都是为了更好地侍奉天主。[7]

在利玛窦成长的世界里，人们十分看重金钱及其用途，因此，这种反省很可能会在他这样的人心中产生回响。尽管他的家乡马切拉塔并不是一个名胜之地（按照蒙田的说法。蒙田曾在1581年春季从罗马到安科纳的途中路过此地），真正壮丽的建筑寥寥，但说起来依然足够漂亮。马切拉塔位于意大利富饶的乡村地带，小城坐落在丘陵的顶部，入口处新修了一座宏伟的大门，上刻有金色的大字“Porta Buoncompagno”，代表着这里是从罗马出发穿过教皇辖区大路的终点，同时也是教皇派往各地区使节驻扎的总部。[8] 城中心有大广场，周围环绕着高耸的钟塔和宏伟的主教教堂，教皇使节的宅邸、商会会馆，延伸出去是一条窄窄的石子小路，一路蜿蜒下坡，通向另一个广场，那里就是耶稣会学校所在。城里还有许多道路，沿着山体的轮廓弯弯曲曲，有的顺着城墙，有的直下陡坡，小路被切成一段段高低不齐的台阶，几乎所有这些，都是利玛窦一步步走过的地方，他一定记得清清楚楚，他脑海中的记忆宫殿，也很有可能就基于这幅山城的图景。马切拉塔也出产美酒，人们在酿酒时持续加热，使其蒸发掉一半的分量，变得愈发浓醇。一年里的各个时节，街边都有人叫卖美酒，而街上则遍布朝圣者，他们徒步而行，穿着长袍，手持旗帜和十字架，这一切都显示出他们正在前往圣地洛雷托（Loreto）。[9]

利玛窦对佛罗伦萨也很熟悉。1572 至 1573 年间，他差不多在那里度过了一年的时光，那年他二十岁，刚立过入会的誓言。[10] 在很多年后，当利玛窦来到那些陌生的中国城市时，正是佛罗伦萨成为他衡量这些城市的标尺。比如他说过，南雄城“和佛罗伦萨差不多一般大”，南雄是广东省北部一个繁华的水路贸易集散地，在那里利玛窦劝服了一个商人“若瑟夫”（Giuseppe）皈依天主教；利玛窦还和佘将军一道去过赣州，在他看来，赣州的内城就比佛罗伦萨“更大”；至于南昌，在利玛窦眼中是一座这样的城市——“充斥着炼金术士、猎奇者、学者，以及那些有兴趣学习记忆定位理论的人们”，他一开始认为南昌有佛罗伦萨的“两倍大”，但随着对南昌城逐渐熟悉，在后一封信里他又改为了“差不多大”。[11] 当然，在另一封给他以前修辞学老师的信里，利玛窦首次描述了自己开始学习汉语的努力，其中也提到了以前在佛罗伦萨的朋友们。[12]

罗马，尽管利玛窦在他的书信和《中国札记》中提到很少，但同样是他念兹在兹之地。1571 年，他作为初学修士驻于圣安德鲁·奎林纳莱教堂，住所就在教堂边，当时他随身只带了几本书，其中之一就是《罗马：神奇之城》(*Mirabilia Urbis Romae*)，此书讲述了这座帝国之城往日的荣光，并附有许多描绘宏伟古迹的插图。[13] 利玛窦在华期间，曾写信要求给他寄些有关罗马的最新、最精美的插图书籍，以使中国人能对罗马这座城市有所了解。1596 年，在写给老同学弗利加蒂的信里，他就说，如果弗氏能说动耶稣会会长或者学院的一些老师，给他寄去这样的书，“对我们这边人而言价值千金，这将使我们在此地文人圈中获得极大声誉。如若这对你而言费用太大，可回信告诉我要花多少钱，我会从此地（将现钱）寄给你，抑或寄给你同等价值的物品”。[14] 十三年以后，他又写信给阿桂委瓦会长的助手阿尔瓦雷斯，多少有些怒气冲冲，“我已多次要求从欧洲寄一本《罗马古事》(*Roman Antiquities*) 过来，我需要铜版印制的，这样就可向此间人士展示。但我至今仍未收到，不知是我的信没有寄到，抑或他们没法买到书。在此我要告诉尊敬的阁下，得到此书将在这里发挥极佳的效果，我请求您能认真关注此事，将此书寄到北京的宫廷这里来。”[15]

1580 年代后期，就在利玛窦离开罗马之后，教皇西斯都五世（Sixtus V）对罗马城进行了大规模的重建，城市面貌大为改变。这时，米开朗琪罗在三十年前设计的圣彼得教堂穹顶终告完工。当然，利玛窦也没有见到新建的耶稣会罗马学院，这项工程于 1581 年至 1585 年间进行，教皇格里高利为此投入大约四十万达克特资金。但利玛窦应该对耶稣会辉煌的新教堂——耶稣大殿（Gésu）已有了大概印象，这座教堂是由帕尔玛王子的叔父红衣主教法内塞（Cardinal Farnese）于 1575 年开始修建的，当利玛窦还是耶稣会学院学生时，这个教堂尽管只完成了一半，但已开始用于举办弥撒、祷告和聆听忏悔。[16] 自然，利玛窦也应目睹过罗马节日庆典的盛况。其中最为盛大的应该是圣体节了，那时，教廷的大批达官显贵聚在一起，列队从教皇宫步行到圣彼得广场，整条长街为各色彩布旗帜所掩映。街道两旁搭起篷子，形成拱廊，上面挂满了各色上好的花毯，以及绣有所有主教纹章的织品，撑起拱廊的立柱上缠绕着鲜花和绿叶。行道两旁民宅的窗口也挂满了各种鲜亮的布段。瑞士卫兵和骑兵队身着红色天鹅绒的军服，在唱诗队和朝拜者人群的周边行进，这些朝拜者每人手持两根白色蜡烛。在那高潮时刻，号角齐鸣，圣天使(St. Angelo）城堡的礼炮响彻云霄，教皇本人立于乘舆之上，出现在众人面前。[17]

1575 年的庆典期间，利玛窦还是罗马耶稣会学院的学生，当时有几万名朝拜者从意大利各国赶赴罗马，多达上千个团组，当时记录此事的平蒂尼（Angelo Pientini）也被这种壮观的景象震惊了，同样被震惊的还有马丁（Gregory Martin），他转录平蒂尼的记述，介绍给英国读者：

> 我要说到的是来自罗马以外城市的其他同道（许多也是绅士和贵族），他们以各种不同方式表现出虔诚与博爱。他们手持金银质的十字架和受难圣像，擎着以贵重丝绸和天鹅绒织成的旗帜和条幅，上面绣有各种圣像。他们随身还带着各种法衣、祭坛面布、祭器和乐器，为的是在旅途中以及到了圣城之后，做庄严的弥撒时使用。更为令人惊奇的是，他们每个队伍都有着独特的神圣供品，作为圣物展示，有的代表着死亡和罚入地狱，有的象征着天堂的欢愉，更有其他象征的物件，比如教会的征战、圣战的获胜、天使的序列，殉道者和殉道场景的展现等等，甚至还有各个圣徒、纯洁圣母、旧约故事情景、吐露心声的忏悔者等等，几乎包含了一切能够打动天主教徒心灵的物品。[18]

利玛窦在1578年到达印度的果阿，他发现，那里的教堂尽管不如罗马的那样富丽堂皇，但依然让人印象深刻。果阿的圣保罗教堂拥有前后三进的大中厅，前方有一座宏伟高耸的祭坛，而一幅描绘圣保罗皈依的巨大油画更增添其庄重气氛。这座教堂是由阿尔瓦雷斯（Emmanuel Alvares）神父在1560年代主持修建的，其中的圣龛由教友冈萨雷斯（John Goncalves）建造，而罗德里格斯（Marcos Rodrigues）神父将其镀上金色。利玛窦在教堂做过晚祷，由五名教士领祷，又有近一百名孤儿和将要接受洗礼的印度本土信徒合唱，为其伴奏的乐队使用了多种乐器，包括铃鼓、小号、长笛、提琴和钢琴。他还朝拜过教堂中的一尊十字架，这是由耶稣会的前任会长博贾（Francis Borgia）赠予教堂的，据传是由一块本就是十字形的原木制成。该教堂举办的大弥撒场面十分壮观，人数众多，以至于需要三十多位教士参与其中。[19]

当时的果阿算是座全球性的城市，利玛窦居于耶稣会驻所，渐渐与其他许多同道组成一个小团体，其中包括英吉利来的新修士卡德讷（Stephen Cudner），他担任图书管理员的工作；两位葡萄牙神父，达席尔瓦（Martin da Silva）是高级神父，每周日布道，卡瓦哈尔（George Carvalhal）则是神学教师；贝尔伍兹（Roger Berwouts）是佛兰芒人，主管药房和修会的餐厅；还有两位新来的意大利人，阿桂委瓦（Rodolfo Acquaviva）神父和巴范济神父，他们被安排在医院工作。[20]

从利玛窦的书信来看，他十分喜爱当地耶稣会驻所的建筑。利玛窦亲眼见证了它的扩建过程，扩建包括外屋、礼拜堂和宿舍。尽管当时面包房、洗衣房和马厩的修建还未结束，但它还是被利玛窦形容为一台完整的“机器”。[21] 确实，就在利玛窦到达果阿当月，一位久居于此的人士写道，耶稣会驻所宅邸就像“一座百花齐放的花园”，“这是一片欢乐的天堂，如果我能这么说的话，无论是建筑材料、规模、风格，还是外观，它都是同类建筑中最棒的，从其他各教区来的同仁们无疑都认同这一点”。[22] 有位神父认为，要论规模和美观程度，只有米兰的耶稣会驻所能与之媲美。置身其中，听着唱诗班的歌声，配上风琴与号角的乐声，这一切在缤纷的鲜花与果树间飘荡，耶稣会士们仿佛又回到了欧洲。[23] 帕西奥神父是与利玛窦同时抵达果阿的，他惊异地发现，此地干净得难以置信。即使是最穷困的那些黑奴——他们随处可见，购买和养活都很便宜——也都穿着洗得干干净净的棉布短裤和长裤，富人则大多身穿丝绸服装。釉色瓷器在此地也很常见，人们不仅用来作餐具，存放食物，甚至还放在床底下当夜壶用。[24]

然而，在果阿这地方修建如此华美的建筑，要比在罗马困难得多。光是找到技艺高超的设计师和工匠，就已经够麻烦了。耶稣会士不允许任何印度教徒和穆斯林来绘制基督宗教主题的画。[25] 甚至耶稣会内部的才艺之士，从事这工作也有诸多限制。比如在罗德里格斯神父身上发生的事就有记载，但却没有任何解释。这位神父是佛兰德斯地区的布鲁日人，他于 1563 年至 1601 年间在果阿居住，并有志于专心从事艺术，但却一直被限于制作一些很小的物件。他的上级曾没收了他许多工具和装备，禁止他雕刻他最喜爱的耶稣受难像，甚至有些日本的神父想让罗神父去日本，但该要求也被驳回。这位艺术家在 1591 年写给耶稣会会长的信中，沮丧地说，“我所有的灵感全被浪费了”。[26]

这种能人缺乏的境况，或许能为某些听起来稀奇古怪的事情增加一些可信度，比如有关英国画家斯托里（James Storie）的真假“绑架”的故事。1583 年，这位画家和另外三位英国旅人被投入了果阿的监狱。由于四人都不会说葡萄牙语，而有两人会说一些荷兰语，所以罗德里格斯神父就成了他们几个人的翻译。四个英国人中，一位名叫费奇（Ralph Fitch）的回忆起罗神父时还带着感激之情，说他是“一位名叫马克的佛兰芒人……对我们很友善”。然而，荷兰人林邵腾（John Linschoten）对他的看法就不是这么正面了，林氏是一个精明的商人和航海家，长期住在果阿，他声称，罗神父曾经秘密上报，说狱里的这些英国人“有一大笔钱”，并试图为耶稣会弄到这笔钱。林邵腾还绘声绘色地讲述了斯托里的故事：

> 尽管神父们其实都知道，他（斯托里）并不是实际掌控钱财的人，但因为他是一个画家，而画家在印度是很缺乏的，耶稣会迫切需要一个来绘制教堂壁画，如果从葡萄牙国内找一个来，将花掉他们一大笔钱。所以他们很喜欢他，希望他迟早会带上另外几个英国人，包括所有的钱财，一道加入耶稣会。
>
> 总而言之，他们劝服这名画家加入了耶稣会，斯托里在他们的学院里待了一阵子，那里的人给他安排了大量的工作，尽量给他最好的待遇，所有这些都是为了笼络另外那几个英国人。然而，留在监狱里的三人仍然生活在极大的恐惧中，因为他们根本听不懂来人的语言，而那里的人也听不懂他们仨说的话。[27]

最后，费奇和另一位朋友秘密逃离了果阿，他们和其他几个担保人在总督那里还留有一些担保财物，也都弃之不理了。但是斯托里依然待在他那个“金光闪闪的笼子”里——按照林邵腾的说法——直到最后获得自由。

> 这个英国画家此时已经是一名耶稣会士了，当他听说自己的同胞们已经逃离，又逐渐发现耶稣会已不像起初那样善待他，内

> 心便开始感到懊悔。由于斯托里本人并没有立过什么正儿八经的誓言，而且还被告知要搬离耶稣会的住所，他就答复他们，声称自己毫无疑问能在果阿城里谋生，而且耶稣会的人无权逼他做自己不情愿的事。由于耶稣会士们没法指认他犯罪来迫使其留下，他最终决定离开。他们千方百计想让他留在耶稣会学院，但都没有成功。斯托里在城里租了间房子，开了家店专替人作画，很快就生意兴旺。最后，他和一个葡印混血的女人结了婚，并打算就此安定下来，度过余生。这个英国人教会了我许多东西，比方说怎么做买卖、在阿勒颇到霍尔木兹之间如何航海、陆路商贸要注意的规则和民众风俗习惯，以及沿途所有城镇地区的情况。[28]

自从1510年德·阿尔布克尔克从比贾布尔的穆斯林苏丹手中夺取果阿后，这座城市一直在葡萄牙统治下，毫不奇怪，它已经是一个兴旺的宗教和商贸中心，当然，战事也很频繁。然而，当利玛窦在1582年底到达澳门时，葡萄牙人在那里扎根还不到三十年，但也已经成了个热闹的所在。

澳门的情况比较怪异，名义上它还是广东香山县的辖区，因而司法上要接受当地中国官员的管辖。澳门居民仍然要接受财产搜查，甚至是查扣。该城和中国大陆之间由一道守卫森严的城墙隔开，中国人每个礼拜只能通行两次，之后则必须持有官方通行文书。[29]在1582年，澳门的总人口大概在一万左右，其中可能有四五百个是葡萄牙人，其余的包括他们的配偶——印度裔或者华人、他们的混血孩子、黑奴、各种宗教会社人士，以及居于此处的三四百户中国人，他们靠翻译、开小店或小手工谋生。澳门这地方有三座教堂、一座大医院，还有一个善堂。[30]其中耶稣会的教堂特别漂亮，这得归结于1571年，澳门日本航线上的商队船长德威列纳（Antonio de Vilhena）出钱，将教堂原来的木头屋顶改成了漂亮的砖瓦房。利玛窦在耶稣会的大院里甚至还有一间个人的小屋，这是他的朋友罗明坚为迎接他到来而建的，所花费的三十达克特是由当地居民捐的。罗明坚在1579年由果阿被派至澳门，而利玛窦到澳门也是罗氏坚决要求的结果。在这里，利玛窦终于可以在一个和平、安静的环境里专注地学习汉语，澳门有一批已受洗的华人天主教徒帮助他，既作为老师，也是他的翻译。[31]

如果说利玛窦有时会觉得自己与外部广阔的世界处于一种隔绝当中，那其实只是一种幻觉，因为澳门商贸成败的每一个细节都会对耶稣会扩张的希望产生影响。相应的，澳门的财富其实主要依赖于那些葡萄牙大帆船，又被称作“大黑船”，他们每年航行一次，从果阿出发，经过澳门到日本。关于这支船队的掌管权，葡萄牙王室只授予皇室成员、重要的商界人物和军队大将，这条航路能保证收益颇丰（除非遇上船只失事），原因在于16世纪下半叶的远东贸易局势里的两大现象：第一是中国和日本不同的金银兑换比价。在中国，白银是占统治地位的金属货币，数量稀少，需求量极大。而在日本，以银两作为货币并不怎么流行，且银的开采量很大。因此，若在日本获得白银，到中国去购买丝绸，再运回日本贩卖，高明的商人大概能获得百分之三四十的利润，倘若他们还能把中国的黄金运到日本去换取白银，那收益将会高达百分之六十。[32]第二是明朝皇帝禁止中日之间的直接贸易，起因是倭寇对中国船只和沿海城镇的频繁抢掠。虽然有的日本商人开始在菲律宾和东南亚等地寻找新的市场，还试着去购买越南甚至远至孟加拉和波斯等地出产的丝绸，但大部分人还是安于和葡萄牙人做买卖。作为这个贸易的中间人，澳门的葡萄牙商队真是再完美不过了，他们也丝毫不用担心中国那些既霸道又精明的商会的竞争。[33]

为了能将收益保持在最高水准，澳门商人们定出了一套规矩，所有从中国人那里买丝绸的活动都由三个选举出来的“代理官”来总负责，这三个人（其中一个往往是耶稣会士）要保证在两年一次的广州定期市贸易上，* 所有合格的公民都参与到丝绸买卖中，目的是保证每人都能有一个份额，以使“从中获取的利润能抵家庭一年的开销，并维持其地位”。[34]“代理官”将全澳门民众每年购买丝绸的总量定在最高一千六百担（每担大约相当于西方的一百三十三磅）。然后，这批买来的丝绸在国王的船队司令指挥下装船运到日本，每担都以固定的价格卖给一个日本商人联会，这样就可避免日本人故意拖延买卖时间来压低价格。所有的商人都必须遵从规定，在定额之外不得再贩卖丝绸，也不得私下将日本人给的白银转装他船运回澳门，再投资买绸匹，这并不奇怪，许多日本人提出过如此要求。在执行这些禁令上，教会与国家是合作的：非法贩运日本白银之人将会被逐出教会，银子也会被没收，同时，在专卖协议之外私自在日本卖丝绸也会被重罚——有记载称，一名贪得无厌的船长曾被罚

* 当时广州定期市为半年一次，一年两次，作者此处有误。

白银四百盎司之多。[35]

由于日本对丝绸的需要实在太大，而其中利润也足够丰厚，因此在 16 世纪末的战国时期，日本各家贵族为了让“大黑船”能够停靠他们控制的港口，争夺十分激烈。著名将军丰臣秀吉对这项贸易尤其热心，1581 年，他命中间人在长崎购买了多达十万磅的生丝，第二年又在萨摩买了同样多生丝。在 1560 年代，耶稣会士们企图推动与部分日本贵族的贸易，认为那些贵族有可能皈依基督信仰的，到 1571 年后，商队定期去的是迅速繁荣的港口长崎，因为统治长崎的家族是天主教徒。当新皈依的日本贵族把整个长崎城立契让给耶稣会后，在该世纪末的若干年里，这个城市实际上是由耶稣会统治的。[36]

早期，在 1550 年代，与日本做生意最成功的商人是外科医生阿尔梅达（Luis de Almeida），他在日本热心支持各种慈善事业，建立了一座孤儿院，还为麻风病人和梅毒患者建了医院。1556 年，阿尔梅达正式加入耶稣会，还捐了一笔钱，大概四千达克特，耶稣会士们马上将这笔钱投入丝绸贸易。这贸易获利固然丰厚，但也充满了风险。1573 年发生过一起灾难事故，“黑船”在日本海岸遭遇台风，船上五百人溺水身亡，大概价值八十万达克特的货物沉入水底。[37]

1578 年，利玛窦以前的老师范礼安在前往亚洲时，谈定了一个新的商业协定细则，据此，如果不考虑事故的情况，耶稣会日本传教团就能保证从贸易中获得一定收入。范礼安得到澳门市政议会的允准，在每年一千六百包的丝绸里，耶稣会得到了五十包的特许贸易权。他估计，耶稣会能够从中国商贩手中以每包九十达克特的价格买来，总共是四千五百达克特，然后再以每包一百四十达克特的价格卖给日本人，总价七千达克特。如此一来，毛利就是两千五百达克特，当然，整个买卖过程中运费和其他税收要占总收入的百分之十三，但即便如此，每年的净利润也能有一千六百达克特左右。精明的范礼安在定协议时还附了个条件，澳门市政议会同意，即便所有的丝绸在日本都没有卖掉，耶稣会也不会承担任何由其他商队造成的损失；还有，耶稣会名下的这五十包永远被算在最先成交的丝绸当中，这样，耶稣会的这笔生意就基本旱涝保收了。从别的材料里我们还发现，澳门的耶稣会士还可以将未出售的丝绸留给日本的神父，留待以后出售，这样便能省下运回澳门的费用，又或是将大宗丝绸委托给日本的其他商人代售，这办法让他们在前后几年里又获得了两千达克特的额外收入。[38]

耶稣会参与到这种买卖活动中，是否有违道德，这问题无疑值得讨论。特伦托大公会议就在范礼安到达东方前不久结束，在会上，教会的一些高层人士力主对这些参与贸易活动的教士处以暂时除名、甚至是永久逐出教会的惩罚。[39]然而，在中国和日本的耶稣会士既没有像拉美那样物产丰饶的大地，也没有如同果阿那般由造船业和过路税费带来的商业收入，若想支撑慈善和传教事业，除了在这些贸易上投资，几乎别无他法。他们持续将资金投在跑长崎航线的葡萄牙大帆船上，就像投给每年在阿卡普尔科和马尼拉之间来回贸易的西班牙大帆船一样。他们总是用一些似是而非的擦边球借口，比如，如果一个人没有真正“接触”到买卖中的丝绸，那就不能叫做买卖，如果他没有“踏足”中国市场，实际上也等于没有参与贸易活动。[40] 1570 年代，当范礼安刚开始加入远东传教事业时，他就感到有必要征求当时耶稣会总会长墨库里安的意见，他指出，整个生意从头至尾实际上完全是由中间代理人来操作的，而东方传教会的贫穷也是他们不得不如此做的理由。墨库里安在答复之前，还特意就此上告教皇格里高利八世。在教皇允准之后，总会长才正式同意了范礼安的计划。当然，从最初作出贸易的决定，到罗马允准的消息最后传到澳门，已经过去了三年多的时间。尽管有了教皇的允许，澳门和日本的耶稣会士们内心依然对从事这桩买卖怀有深深的不安，有的人甚至写信要求立刻停止参与丝绸贸易。直到 1580 年代后期，阿桂委瓦会长再次肯定了墨库里安的立场，指示耶稣会士继续从事这项商业投资，事情才算有了结果。[41]

1582 年年底，利玛窦抵达澳门之时，发现他的上司范礼安——那位孜孜以求为远东传教寻求新的经济支持的神父——也在城里，与范在一起的还有四位日本贵族家庭出身的天主教徒，范氏准备护送这四位日本人回欧洲，巡回各国王室作演讲。这四个青年人在澳门努力地学习拉丁语、葡萄牙语、西班牙语，对欧洲音乐也产生了浓厚兴趣。然而，那年发生的一系列事情，却凸显了建立在海路贸易基础上的财富来源之脆弱。7 月里，两艘葡萄牙帆船满载丝绸驶向日本，其中一艘在台湾海岸失事沉没，所幸船员和乘客都被救起；而后到了 12 月，范氏带着四人终于登上了由三艘小船组成的船队出发，但船队才到新加坡，其中一艘就失事了，范氏几人所在的船也进了水，不得已只好将船上价值数十万达克特的货物扔掉以减轻船重，饶是如此，船还是在马六甲搁浅了。[42]

对耶稣会的经济状况而言，如果在驶回果阿或欧洲的途中发生船只和货物的损失，那影响将波及甚广，尤其是船只如果在到达葡萄牙人控制的马六甲之前就沉没，则最为糟糕。到马六甲之后，尽管他们要付出很大一笔通关税费，但其中有一部分会因王室的免税权而再返还给耶稣会。[43]然而，正如利玛窦所记，即如1582年驶向日本的货船失事，给正在蹒跚起步的中国传教事业带来了很大危机，海难损失的货物总共价值二十万达克特，而其中耶稣会的份额大概有八千。事情并不只是耶稣会损失了自己的钱那么简单，丝绸货船的收入基本上“支撑着整个澳门城”，而当这座城市损失如此巨大，很少有人还会愿意捐助耶稣会。这样，耶稣会就遭受了双重打击。坏消息还不止这些，当年罗明坚和另几个耶稣会士跟着葡萄牙商人前赴两年一次的广州定期市贸易会，尽管他们甚至在朝贡使节路经广州所住的驿馆中租到了几间空房，但终究无法得到中国地方官员的允许，在那里永久居住，这就意味着，每次定期市贸易会结束，他们都得返回澳门。[44]

这是耶稣会在政治上手忙脚乱、经济上捉襟见肘的时期，而在1582年，澳门的耶稣会士获允进驻中国内地，从而使沙勿略的伟大梦想终于成为现实（沙勿略早在1552年在中国海岸的岛上去世，那年利玛窦正好出生）。随后的日子里，传教事业在经济上依然困难重重，西班牙人和葡萄牙人的持续争斗使耶稣会内部也产生分裂，而另一方面中国人对他们的态度也阴晴不定。尽管外部条件如此恶劣，但耶稣会的事业还是取得了微小但稳固的进展。

在整个1580年代，中国大陆只有两三名耶稣会传教士，陪他们的是一两名中国初学修士，以及六七名家仆。这十年的大部分时间他们都被限制在肇庆地区活动。这时期每年皈依天主的中国信徒平均大约是十五人，而其中大部分是年长者或病人；受洗的人数看起来更可观一些，但神父们自己也承认，这其中大部分是濒死的婴孩。[45] 到了 90 年代，尽管中国人不再允许他们在肇庆传教，但在三个新的传教中心——韶州、南昌和南京，工作开展得更成功，这时中国已经有了六至十名教士，众多修士，每年皈依的信徒亦有数十，其中不乏一些成功的学者和商人。[46] 在 1601 年后，第四个传教点——北京的事业开始起步，耶稣会教士的数量攀升到十七位，每年皈依的人数不低于一百五十名，其中许多人还来自权贵之家。[47] 1605 年传教事业似乎到达了一个顶峰，有三名明朝皇族子弟一起加入了天主教。耶稣会士们多少带有诗意地把这三人的头衔想象成了“王”，所以就有意给他们起了特别的教名——卡斯帕（Caspar）、梅尔吉奥（Melchior）和巴尔塔萨（Balthasar）。[48][*] 也正在此时，利玛窦曾自夸道，耶稣会在中国的成功不但毫不逊色于他们在日本的成就，而且可以和“从使徒传道时代一直到今日的所有事功”中任何一件相媲美。[49]

从利玛窦和罗明坚存世的书信可看到，从中国传教一开始，他们就十分热衷于使用一种策略，即通过赠送中国人合适的礼物来达到目的，他们将这视为传教事业的关键所在。罗明坚本人在 1580 年寄给耶稣会会长一份物品采购的初步清单，他要求一些反映旧约

---

* 这是基督宗教传统中，耶稣基督降生后前来朝拜的东方三王（三博士）的名字。

故事和耶稣受难之传奇的插图书籍，要一本介绍西方天主教国家的绘图书（以此中国人能了解欧洲是一个文明之地，而不是一群不守规矩的商人的聚居之所），以及一本装帧精美的《圣经》。[50] 一年之后，罗明坚又去信问道，教皇是否可能给他们一笔一千达克特的“援助”，这钱可以由葡萄牙商人带到澳门。在早期，罗明坚相当乐观，他计划着能使万历皇帝本人皈依天主，因为他会要来并呈上一些“圣物”，包括一本“装饰奢华的、内含四种语言版本的《圣经》”（很明显他指的是刚赠给印度莫卧儿皇帝阿克巴的八卷本多语种普朗坦《圣经》），而绣有《圣经》新旧约故事场景的挂毯可以用来“装饰中国皇帝的宫室”，还有布置一个皇帝可用来做弥撒的奢华礼拜堂所需的全部家具。罗明坚还提到，他的“中国朋友们”还热情建议他送给中国统治者两架钟——大的置于宫中供报时用，声音遥远可闻，小的用作家用，就如同“我离开罗马那年，红衣主教奥西诺（Cardinal Orsino）送给教皇的那个”（那是在 1577 年）。[51]

在随后若干年，耶稣会士掌握的汉语还不足以解释复杂科学概念时，他们便把时钟作为关键工具。这一方式之所以如此有效，是因为当时中国的时钟制作技术相对并不发达。在北宋时代，中国已经有了以水和沙驱动的、带有复杂擒纵齿轮的时钟，与之相配还有精巧的装饰和机械设备，但随着 1127 年北宋亡国，制钟工匠们被迫流离南迁，这种工艺就此失传，荣光不再。然而，在 16 世纪 70 和 80 年代的欧洲，钟表技术正在发生革命性的变化，尤其是成卷带钢弹簧的发展，使得驱动装置变得更小而更有力，这让欧洲时钟制造业掀起了一股小型化的浪潮。随之而来的，是钟表销售向中产阶层扩张，其主顾并不只停留在富人们和公共机构了。反过来，销售量大增又带来钟表技工的专业化，从设计、装饰到制作，各个环节都变得更精细而专门。[52] 罗明坚对这种技术的发展显然有所了解，1583 年他写信给新任会长阿桂委瓦，就要求能有“一架一人高的金属钟，其重锤应是内置的，因为这边的绅士们并不青睐将重锤置于外面的款式”。[53] 在此前，罗明坚已将自己手边最好的一架钟赠予了广州的一个武官，以争取他对传教的支持，但也许正如罗氏所预见的，这个礼物只是徒然增加了他所受的压力，因为别的官员也想要同样的礼物。两广总督就一直坚持要一架西洋钟，尽管他已经收到了价值超过一千达克特的礼物，包括天鹅绒、驼毛呢、水晶镜，还有一副眼镜（这眼镜是罗明坚神父额外赠送的，有次一个本土郎中在给罗氏放血时，没有找准静脉位置而导致脓肿，剧痛之下，与总督约定见面的他只能卧床休息，因为害怕他的爽约会惹恼那位大官，罗明坚就以礼物补偿）。凑巧的是，1582 年 8 月利玛窦到澳门时，正好带着一架类似的钟，这是由耶稣会果阿大主教罗德里格（Vincentino Rodrigo）送给中国传教团的。[54]

1582 年底，罗明坚已经康复，他与巴范济（与利玛窦同船抵达澳门）两人前往肇庆，把钟送给总督。总督收下了礼物，也接纳了他们。这是在旧儒略历 1582 年的 12 月 30 日，新的格里高利历后一年才在远东开始实行。两人获准居于肇庆的一座佛寺内，看上去总督似乎愿意让他们永远住在那里。[55] 然而，耶稣会士们发现，而且不断被残酷现实提醒，中国的官员并不会因为收下这些礼物就为他们提供长远的保证。该总督在 1583 年春天离任，两人别无他法，只能离开肇庆，重回澳门。范礼安对在中国开展事业感到有些绝望，于是他命巴范济前往日本。当新任总督再次允许传教士入驻肇庆之时，巴范济已经上船离开，于是这一次是利玛窦跟着罗明坚，他们到肇庆已是1583年9月10日。

中国的第一个传教点算是开辟了，但新的财务问题又被提上案头，直到1610年春天在北京去世之前，这问题利玛窦一直在勉力应付。的确，利玛窦十分专注于记录租用土地、屋舍以及房产价格之类问题，他的记述中保留了晚明经济生活这一面的许多详细资料，这些资料我们在其他地方很难获得。他的第一个“基地”在广东省西部的肇庆，当地官员在一座寺庙院舍边上“分配”给他们一块地。那地方在城墙外边河岸之上，四周是菜园和村舍，虽然狭小，但还算令人满意。[56] 耶稣会士们并不打算在此造中式庭院，他们最后决定建一座砖房，中央有一条走廊，每边各有一间屋，窗子是西式的。屋子后边有个露台，正好饱览河流景色。而在工程的第一阶段完成时，他们已经花了超过两百五十达克特。[57] 这些钱有部分是他们自己带着的，余下款项则来自卖掉一块玻璃棱镜所得、澳门富人维加斯（Gaspar Viegas）的捐赠，再加上向澳门华人借的一百达克特。但是，由于此处已经没有地方再造一座像样的教堂，利玛窦和罗明坚就开始买四周的一些小块土地，甚至包括一些“挺漂亮的房子”，这样他们就有了一座教堂和“一片小花园”。这些投资至少花了二十达克特，但问题是可能招致当地民众的诸多不满。1589年，新上任的地方官员对传教士并不友好，要求他们离开肇庆。总督给了他们六十达克特要买下这些房子，但他们知道，总督自己看上了这处宅子，而且给的钱远远低于市价，强烈的抗议无济于事，两人别无他法，只好接受。[58]

耶稣会士的下一个据点是广东北部的韶州，利玛窦在城边的河岸上看中一块地，大概一百三十英尺长，八十英尺宽，他准备出八到十个达克特买下来，但卖家听说他对此有兴趣后，就把价格涨到八十达克特。在这桩买卖里，由于卖主过于贪婪，利玛窦似乎得到了地方官员的支持，在这块地上建房不需要另外多付费用，但显然这就招致卖家的记恨。与肇庆一样，耶稣会士意在扩张地盘，他们把眼光瞄准邻近一块地，带有两个水塘，要价是五十达克特。[59] 这笔钱是由澳门汇寄过来的。

然而，不久之后利玛窦再次搬迁，到了江西省的南昌。起初，他们没把握还能像之前一样拿到足够资金，于是决定租屋居住，用的是教会给的五十达克特。但是很少有当地人愿意租给他们，地方官员也不愿给他们正式的购买许可。最终，利玛窦征得了官员的口头许可，并决定花六十达克特在城内买了一间小屋，其中五十达克特是原本用于租屋的，余下的钱是他卖掉随身带的精巧日晷所得。[60] 后来的事情证明，这间小屋完全不适合居住，它太小，而且经常会被泛滥的河水淹入，于是，利玛窦离开那里后，后继的耶稣会士看中一套漂亮的大宅，想要花一千两百达克特买下来，并改造成一个修道所，但当地人强烈反对。最终，传教士把原来这小屋以极低的价格卖了，用五百达克特买了一座新屋，却也大不了多少。这笔新购房买卖后来还产生了所有权的争议，导致无尽的复杂法律商讼。[61]

当利玛窦开始在南京和北京找常居住所之时，就算从整个中国而言，他也称得上极有经验和技巧的谈价者。作为任务，他需要为他的耶稣会同事、形形色色的仆从、初学修士、信徒和访客们寻找大的住处，但他也很清楚，外国人直接去购买大宅子通常会招来排斥和怨恨，于是他采用了一种办法，就是去找那些中国人认为“闹鬼”的房子。靠这办法，他在南京找到一处房子，可供“八到十名传教士”居住，只要四百达克特。同样，一些年后他在北京找到一个“大大小小总有四十间房”的住所，也只要七百达克特。[62] 无论是在南京还是北京，利玛窦在买下房产之前，都至少先租一年，这是为了缓和当地人的不满，同时也是了解行情，看是否有更好选择。也在这两地，利玛窦尝试使用信用证，来安排大笔资金从澳门汇到当地，但最后他都被骗，这让他得出结论：“在信用借款方面，我们看得够清楚，根本没法相信中国人。”[63] 同样在两座京城，利玛窦还成功地避开了因为购置房产而带来的基本劳役和税费：在南京，他说服地方官，免掉了他们夜间在所住区域巡逻值夜的义务；而在北京，传教士们被永久免除市政税，这节省了一笔不小的开支，每年大概是五个达克特。[64]

比起这在北京的最后时光，经济上这般游刃有余，传教士们起步的日子里真是步履艰难，两者有若云泥之别。回想1584年的春天，利玛窦和罗明坚在中国大陆待了没几个月，就得想法造起房舍和教堂，他们要养活自己和同住的仆从，要承担他们的翻译及其家属的一切开销，很快就花光了身上所有的钱。就在这个当口上，肇庆知府王泮告知，如果他们能从澳门给他弄一架钟来，他就会帮助他们。观者见此，也会有命中注定之感，传教士们自然当即从命。[65]

他们在中国的事业成功与否，似乎总是被这种官员的一时兴起或是口味的改变所左右。罗明坚本来可能是身无分文、颜面扫地，灰溜溜地出城门回澳门去，如今却乘坐王泮那有着三十多名桨工的漂亮大船走水路，他立于王泮身前，神气地进了澳门城。但他却发现，澳门人也没有现钱，那年从日本过来的商船归期已过，却迟迟未到，全城人都在发愁，没有人愿意给耶稣会士金钱援助去买时钟。罗明坚只好把澳门最好的制钟工匠带回肇庆，和利玛窦一道工作。这名工匠是在哪里学的冶金术和制钟手艺，如何学得，都已无从知晓，利玛窦只说他“是个加那利岛民，黑皮肤，从印度过来”，并是个熟练的工匠，其他细节再没提到。王泮派了两个中国铁器工来和这个黑人工匠一道做事，利玛窦自己有时也参与工作，这个小团队讲着多种语言，努力制作，最后居然成功地造出了一架能走的时钟。讽刺的是，花费了如此多劳动，王泮府中无一人能正确地调好这架钟。也许它的平衡不准，或者是发条没上对。总之不论如何，王泮把钟还给了利玛窦，也没有抱怨，利玛窦将其挂在了自己屋子的墙上。[66]

当罗明坚在澳门筹钱的那些日子里，利玛窦正在肇庆过着勉强糊口的日子，为了应付眼前的开销，他只好卖掉了一个用威尼斯玻璃制作的多棱镜，卖价是二十达克特，利玛窦心里很清楚，这比它的实际价值要高得多。[67] 另一方面，罗明坚在澳门，起初只借到一百达克特，但到了 1584 年的早春时分，运气突然来到，前一年出航的商船终于回到了澳门，由于之前长崎城大部分被一场大火所毁，去日本的商队因而耽搁了时间，回程也晚。这样，罗明坚终于可以回到肇庆和利玛窦团聚，他带回来四百多达克特，其中部分又是由富商维加斯所赠，余下的则可能来自耶稣会在日本商贸中的分成，那一年据说贸易收益相当可观。[68]大势的转机还不止于此，一年之后，阿桂委瓦总会长又寄来了四只钟，都是用发条驱动的，一只是很普通的“放在桌上”那种，在整点整刻都会发出不同音律的声响。但另外三只都非常小巧，可以穿绳之后挂在脖子上。这很好地反映了欧洲钟表制造水平的迅猛发展。菲利普国王在马尼拉的代办在途中又为耶稣会士们送去了另一只钟，同样也是上弹簧发条，“制作非常精美”。[69]

传教士的境况变化如此剧烈，一会儿处于破产边缘，一会儿又因为获得奇珍异宝和大量银两而变得富有，如同钟摆上下，我们就很能理解，为何有如此多中国人会认为利玛窦必定是个炼金术士。所以这并不奇怪，尽管他一再否认自己有任何特异的炼金技巧，但也从没能使这种传言彻底消失。在晚明时代，炼金术的实验主要集中在两个领域，而且都和道教信仰有关。一个是致力于炼制长生不老的灵丹，另一个则是把普通金属变成白银。无论是在哪个领域，汞——通常在西方被称作水银，在中国叫丹砂——都是在其过程中十分重要的物质，这是由于它的颜色、重量以及稳定性，再加上它那卓越的特质，能与其他金属化为合金。[70]利玛窦揣测，中国人很有理由认为他是一名擅长熔炼金属的术士，因为葡萄牙商人们确实在广州买了大批量的水银，将其运到印度和日本，而当他们回来时，又带着满船的白银。由于耶稣会士从不承认有任何外在的经济来源，中国人自然而然地就会认为，他们肯定是在自己熔炼白银，又或者是与擅长炼银的葡萄牙术士们有所联系。[71]但回过头来说，利玛窦自己的态度其实也在助长中国人的这种炼金术士猜测，他不仅积极地参与各种技术实验，热衷于制作科学仪器，而且还对自己的经济来源问题三缄其口。他甚至还有可能暗示别人，自己具有特殊力量，我们知道的是，他有次曾告诉自己的耶稣会同事："承认自己是一名炼金术士，总比承认自己的钱来自澳门，罪过要小一些。"[72]

奇怪的是，中国人将水银和白银生产联系在一起，其实并没有错。到16世纪后半叶，西班牙人在墨西哥的萨卡特卡斯（Zacatecas）和秘鲁的波托西（Potosi）——后者在利玛窦世界地图注文中标为世界主要的银矿储藏地——两地的大规模银矿开采开始走下坡路，起因是新开采了许多富矿，熔炼花费更少。但随后，由于对低含银量矿石的汞齐化技术的应用，这种下降的势头得到了遏制，甚至还带来了一个对全球经济有大影响的繁荣时期。这项技术首先是在德国的矿井中发明的，1572年开始应用于波托西的矿井，从那时开始，拉丁美洲的白银生产——甚至是整个西班牙帝国的经济力量——便极大地依赖于可供使用的水银供应量。[73]西班牙人的水银主要靠的是他们本土阿尔马登（Almaden）的矿产，再加上伊德里亚（Idria）的水银矿作为补充，大量水银装船横渡大西洋到拉美，直到17世纪初，秘鲁的万卡维利卡（Huancavelica）也发现了水银矿。

英国人的私掠船对这种货物运输的重要性了解得一清二楚，所以他们不遗余力地拦截从西班牙驶出的水银运输船，就像拦截从拉美回程满载白银的船只一样。1592年，怀特（Thomas White）船长曾记录，他们的"和睦"号（Amity）船虏获了两艘西班牙货运船，装载着一千四百箱水银：“我们截获这批水银，就意味着，每一箱的水银到我手，西班牙国王就会少得一箱白银，总共这些白银原本由秘鲁的矿主们上缴给他，价值大概有六十万镑。”[74] 利玛窦在秘鲁有一个很亲近的耶稣会好友，也是他的马切拉塔同乡，费罗（Battista Ferro），他们一直保持联系，而且利玛窦希望费罗能转到中国传教团。直到 1599 年他才放弃这种希望，因为西班牙与葡萄牙的关系变得如此紧张，不同地区传教团的人员交流根本没法实现。[75]

利玛窦同样研究过托葡萄牙人把龙涎香从东南亚运到广州的种种细节，他也知道，大明的宫廷热烈地渴望得到这种物品，因为他们相信将其与水银一起炼成丹药，可有起死回生之效。[76] 我们有理由相信，利玛窦对于 1580 年西葡联盟后双方之间贸易的兴盛是有所了解的，但后来两国矛盾又浮出水面，兴盛局面再次中断。还在西葡贸易时期，大量中国水银被运往日本，在马尼拉总督和墨西哥大主教的通信中，双方也在认真考虑建立中国与马尼拉之间的直接通航。利玛窦曾经明确地写到过这种贸易可能性，他很少分析此类经济问题，他认为，西班牙人有意与中国人展开直接贸易，但这种愿望被澳门的葡萄牙人故意破坏了，因为他们害怕西班牙人会将拉美的白银大量倾销到广州市场上，从而拉低银价，损坏他们丰厚的商业利润。但由于葡萄牙人一直慷慨地给耶稣会捐助，耶稣会士们也只能支持他们保持独立的意愿。[77]

利玛窦在华的日子里，从未摆脱过他与炼金术士的联系。在肇庆传教的早期，有一位奸猾的信徒到处声称自己可以证明传教士掌握炼金法术，这给他们带来了一场严重的危机。凭借着他和利玛窦的关系，这名信徒四处骗取钱财和女人，最终被揭穿。[78]巧的是，在肇庆城外的山上确实有被废弃的银矿，矿里住着许多无家可归的人，组成匪帮，经常骚扰劫掠附近的村民，这让事情变得更加复杂，人们普遍相信，白银生产和违法行为有着某种关联。[79]所以，当传教士在1589年被迫离开肇庆时，当地谣言四起，称他们是因为不肯交出从水银里炼出白银的秘方才被赶走的，这说法不仅当地人深信不疑，甚至稍后，当利玛窦尚在世时，还有人将其著录入书，广为流传。[80]

炼金术士的名声还随着利玛窦一道来到南昌。南昌本来就以充斥着各种炼金术的实验者而闻名，这使得他几乎没法除去自己身上的这虚假名头。1595年10月，他在给密友科斯塔的信里不无自嘲地说，自己永远无法抹去这种“名声”，因为“我越是肯定地声称自己完全不懂炼金术，他们越是不相信我”。[81]当利玛窦在1598年第一次短暂地拜访北京时，有一位老资格的宦官派了下人来欢迎他，并向他打听炼金法术，当这老太监听说利玛窦不懂怎么把水银变成白银，当即命令他离开北京。[82]甚至到了生命的最后阶段，利玛窦依然为炼金术士的名声所累，1609年他写信给巴范济，其中也倾吐了自己的愤怒。好友瞿汝夔以前就曾要求跟随利玛窦研习炼金术，之后才成为天主教徒，在那一年更是沉迷于炼金术中无法自拔，以至于利玛窦不得不强令他做一次全面忏悔，并按照罗耀拉《灵操》中的方法重返正途。[83]另一位中国士人沈德符，在利玛窦生命最后几年在北京时，是他的邻居，沈氏在《万历野获编》中曾说道，“(其)不权子母术，而日用优渥无窘状，因疑其工炉火之术”。换句话说，他可以通过法术来创造自己的财富。但沈氏还说，他本人并不相信利玛窦是炼金术士。[84]

在耶稣会士和中国人的关系里总是有很多含糊的东西，尤其是在“服务”这个问题上，很多时候他们自己的独立性和献媚权贵之间往往界限不清。几乎从来到中国大陆开始，利玛窦和罗明坚两人就觉得，自己是在给中国人跑腿。比方说，1585 年夏天，罗明坚受两广总督之托，到澳门去购买北京朝廷所需的羽毛饰品。中国人似乎很想得到这些羽毛，尤其是最珍稀贵重的那些，他们之前就几次向罗明坚索要。这可能是因为他们想将其作为礼物呈给朝廷，抑或被某个方济各会修士带来的羽毛画和羽毛工艺品给迷住了，这些物品是那个修士在 1570 年代末期从马尼拉带到广州城，用各种颜色的羽毛拼合制成,“工艺如此精美,仿佛是以手工绘制的”。[85] 另一次，罗明坚本人一时头脑发热，曾想过试着为万历皇帝弄来一只活的鸵鸟，他给阿桂委瓦会长写信说 :“对中国帝王来说，一只活的鸵鸟会是非凡的礼物，因为他会如此地珍爱这鸟的羽毛。任何活的走兽或飞禽，只要不是中国本土产的，都会被认为弥足珍贵。”[86] 尽管传教士们并没有自作牢笼，纠结于如何把活的鸵鸟运到北京这样复杂的事务上，但他们仍然非常看重鸵鸟羽毛。在 1580 年代，西班牙准备派遣使团拜见万历皇帝，在进呈礼物的清单上，羽毛饰品被认为是最重要的。而 1584 年，在为中国人“开眼看世界”而制作的第一份世界地图上，利玛窦就用不同的羽毛制品来标识和区分不同的拉丁美洲国家，[87] 或许他想到了阿兹特克人的习俗，在祭礼甚至是战斗时穿戴缀满羽毛的服饰。

利玛窦自己在1589年也曾接到北京的要求，是由肇庆地方官员转达的，要他去弄来几匹上好的欧洲鲜红色毛料，于是他就乘坐地方官给的船前往澳门。在澳门，他通过关系找到当地葡萄牙商人，买了中国人想要的一切，而且“价格还很公道”。[88] 1585年，两方贸易和传教事业之间出现了更紧密的结合。那一年前任肇庆知府的兄弟从家乡——远在北面的浙江省——来到肇庆，带着一批上好的丝绸，想去广州的定期市贩卖。但他并没有如愿出手这批货，便转而找耶稣会士帮忙，作为回报，他会把传教士们带回浙江，以便在那里开辟新的传教区。传教士们当即找到葡萄牙商人买下了这批特别的货物，价钱相当可观。[89]

在以上这几个例子中，商业运作同时都带有明确的传教目的：在第一例，当罗明坚去澳门买到那些羽毛后，就带上教士孟三德一道返回中国大陆；第二件事，利玛窦去买鲜红毛料，正好借此机会与范礼安长谈。在第三例中，罗明坚帮人做丝绸买卖，获得了到一个新省份（浙江）去探索传教可能性的机会。

也基于同样考虑，尽管耶稣会其实并不是一个托钵修会，但在他们刚到中国的日子里，似乎愿意接受一切可能的施舍。罗明坚在华传教之初，接受过广州官员提供的免费寄宿，甚至是一些吃食和鲜鱼；在肇庆的第一座小教堂落成后，虔诚的中国施主们送来供奉的焚香，还有祭坛灯具用的油料，利玛窦全都欣然受之；他和罗明坚还一道接受澳门华人的借款，用来建造他们在肇庆的第一所住处。[90] 许多时候，中国人出于礼貌或是好奇来拜访利玛窦时，会呈上名帖，并很有绅士风度地留下一些礼金，这些钱有时多达五个或十个达克特，但有时仅有些许铜钱罢了。[91] 有时官员来访，欣赏完利玛窦精心保存在一个玻璃箱中的宗教绘画（如基督的三联像），或是收下一些基督宗教文书后，会留下一些体面的礼物。比如肇庆地方的一名军官来访时，利玛窦和罗明坚送给他一本天主教教义评解的小册子，这是他们最早编写的此类中文读物，当时汉语依然生涩，军官则给了他们三个达克特。另有一名交趾支那（Cochin China）来的使节，前往北京经过肇庆时，用银两和焚香换了几本同样的小册子。传教士们在各处居住时租住不同屋舍，其中往往会有中国士人送来的桌椅，或是其他家具饰品（decorative items）。[92]

到底接受多少礼物算是合适，这是个微妙的问题，尽管大部分礼物送来总是有着如此这般的原因。利玛窦几乎从不拒绝接受别人赠送的交通工具，因为行路盘缠往往十分昂贵，而且那些身居高位、能够赠此礼物的官员往往本身也是免费得自国家。如此，利玛窦即使在手头缺少盘缠时候，也照样能够体面出行，比如乘坐那种华丽的大帆船，由纤夫奋力拉船逆流而上；或是搭乘由军队和哨卫护送的船队；或是骑着高头大马，出外野餐；或是稳坐八抬大轿，还有牲口为他驮行李。[93] 甚至在他外出赴宴之时，富有的中国主人还会为他打点轿工的费用，并给他的仆人们赏钱。有时，慷慨的中国友人直接就给他不少银两，为了减轻他旅途中的劳顿，尤其是在利玛窦出名之后，有人甚至事先没知会他就直接付掉旅费。所以会出现这样的情况：有一次利玛窦乘船远途出行，携带着布置一间小礼拜堂的所有物品，当他正准备为存放这些物品的杂物房和两间舱室的费用讨价还价时，却被告知根本不用付钱，因为早有一位朋友给了船家两倍的路费，这让利玛窦喜出望外。[94]

中国友人这样随心所欲的慷慨行为，确实在利玛窦生活中的某些时刻起了很大帮助，但却不能真正对传教事业构成支持，无论何时，当政治气候变得不利于传教士时，一切都归于空无。1585年，范礼安与印度总督达成了一个协议，每个中国传教士每年能得到一百达克特薪俸，外加几壶弥撒用的酒。此协议后被菲利普二世国王确认“永久有效”。这笔钱将从经过马六甲的商船缴纳的过境费用中抽出，每年3月和10月由参加定期市的葡萄牙人带给耶稣会士们。[95]除了日本丝绸贸易所得和上述这项皇室补助外，在华耶稣会士还从澳门的葡萄牙商人那里得到许多贵重的馈赠，尤其是在1590年代，有一次葡萄牙人为一位中国本土教士捐赠了五百达克特，另一次则是祭坛上使用的两个银质圣餐杯，其他各种捐助也多达几百达克特，有些是现钱，也有房契之类。[96]

毫无疑问，大部分捐赠人是真正虔诚的教徒，他们希望耶稣会的在华传教事业能蒸蒸日上，他们心灵向善，期待天主拯救中国人的灵魂，除此之外别无他意。然而也有些人，他们馈赠是为了感谢耶稣会士，往往是帮他们解决了棘手的经济或法律问题，抑或找回逃跑的奴仆。利玛窦自己就经历过这种事，他也十分坦然地记述于笔下。那时，每户在澳门的葡萄牙家庭平均有五六名男性黑奴（还不包括这些奴隶的妻子儿女），而在华的耶稣会士自己，也往往带着几名黑皮肤的“卡菲尔”或是“印度”的仆人以及守门人，显然，他们并不是人身自由的劳力。利玛窦觉得没必要隐瞒这一情况。[97]他还写道，许多这种奴隶逃脱主人控制，到了中国人那里，签下书契，卖身给中国的地方武官。中国武将很喜欢这些黑奴，觉得他们“勇敢而昂扬”，尤其是那些曾经受过葡萄牙人军事训练的。也有些奴隶是日本人，“临阵对敌时中国人很怕他们”，还有一些则来自非洲和爪哇，尽管并没有那么让人害怕，但依然会“给敌人带来恐惧”。[98]

耶稣会士的策略是，试着找到这些逃跑奴隶中已经受洗成为天主教徒的那些人，劝说他们：从长远考虑，回到主人身边，重回澳门的天主教环境更为有利，总比跟着那些中国异教徒要好，尤其是中国人在任何情况下还是“把他们当奴隶一样使唤”。如果有的奴隶流露出回归的意愿，耶稣会士就会和他们的主人以及澳门主教商谈，请求赦免这些奴隶的罪过，然后传教士会带着他们过境重回澳门。正如利玛窦所说，“这些做法不但能帮助那些堕入异教歧途的灵魂重回正道，而且会为他们的主人赚下几千达克特，因为这些奴隶通常非常有用”。[99]

一旦中国人知晓事情的经过，只会增添他们对耶稣会士行动的猜疑。在明代，民众普遍厌恶澳门，按照利玛窦与阿桂委瓦会长的通信中所说，这或许还会波及那些想定居澳门的华人：

> 因为澳门地处中国版图的最边缘，那里所有人都被视作外人，会对中国造成危害，所以中国人对他们往往报以怀疑。任何与该地有交易的人都会被视作别有用心，走到哪里都会被怀疑。此种心态根深蒂固，以至于在中国互相敌视的人们若要说对方坏话，就会说，“这家伙是经常去澳门的”。我自己就亲眼见过这样的事。[100]

这段话说明，明代人已经开始意识到，澳门已成为一块独立的、外国人的“飞地”。于是，他们抱以敌意的对象已经从外国人扩大到那些澳门华人，就像他们对待其他海外华人一样，这些人被认为丢弃了中国人传统价值观念——也就是儒家的世界观。明代学者张燮曾作《东西洋考》，介绍外国人和海外旅行，假如利玛窦读过其中对葡萄牙人的描述，他甚至一定会想跟这些葡萄牙人保持距离。“佛朗机（人）身长七尺，眼如猫，嘴如莺，面如白灰，须密卷如乌纱，而发近赤。”张燮又进一步对随着葡萄牙人来的那些天主教教士作了分析，他们人数众多，执掌权柄，对国家政策有很大影响，当罪犯被带上刑场受刑时，他们口诵圣书，为之送行。[101]

从 1583 年耶稣会士进入中国大陆开始，中国人这种惧怕和厌恶的心态就挥之不去，利玛窦在肇庆时，不得不向当地官员保证，不会从澳门带任何人过来，而官员其实也是受到了民众暴力威胁的巨大压力。利玛窦试图平息批评之声，他对官员说，自己想在这座宁静的城市居住，“只是因为”这地方能够“远离澳门买卖和世俗事务的嘈杂”。但当地的儒家秀才并没被他说动，他们提醒地方官，利玛窦和罗明坚来到肇庆，正像早期的葡萄牙人来到澳门——最先是外表无害的没几个人，而后越来越多，直到想驱逐也变得心有余而力不足。[102] 最终在 1589 年，民众的巨大压力迫使耶稣会士离开肇庆，其中一条理由就是，耶稣会士新建的房舍正处河边，传教士们会乘坐私制的快速小船，顺流而下，不时把中国的所有秘密都告诉澳门的葡萄牙人。[103]

若想知道利玛窦最终用了什么招数解决问题，在中国能正常贸易和获利，人们就必须回到他对礼物的运用上。天主教会其实一直难于取舍，该送给中国人何种礼物才能获得传教的最大成功，这个问题衍变成了一场无休无止的戏剧——半是梦想，半是现实——罗明坚的鸵鸟只是其中最具怪异想象力的一个例子而已。最具雄心的一幕出现在 1580 年代早期，罗曼（Juan Battista Roman）受菲利普二世国王派遣管理菲律宾，当时希望在中国开辟一个口岸，供西班牙人通商，他就建议西班牙派出一支皇家使团，前往拜见万历皇帝，并为皇帝送上大约价值六七万达克特的礼物。这其中包括：至少十二匹从新西班牙运来的马；天鹅绒、锦缎、金色织布、佛兰芒的地毯、威尼斯的多棱镜和圆镜、大型时钟、油画、玻璃器皿、红白葡萄酒、刀剑和其他镀金的武器，等等。[104] 耶稣会士支持这一派遣使团的想法，但罗曼的最初提议因为得不到西班牙王室的支持而作罢。后来，范礼安一直寄希望于罗马能派出一支正式的教皇使团前往北京，他建议教皇要为皇帝送去价值四千至六千达克特的礼物，由四名耶稣会神父转交。[105]

最终，耶稣会士们为皇帝奉上的礼物价值还不到九百达克特，而这却使他们在北京居留长达一百多年，这笔买礼物的钱还是在 1599 年损失惨重的船难后，澳门的耶稣会主事想方设法凑出来的，利玛窦把自己在华期间随身携带的所有物品都加了进去。[106] 无论如何，这批物品足足用了八匹驮马和三十多个脚夫才拉进了北京城。这是在 1601 年 1 月的某天，利玛窦念及此事，多少带着点骄傲之情。这些礼物包括三幅宗教画，其一是玻璃盒中的基督三联画，其二描绘的是圣母、圣婴以及立于一旁的施洗者约翰，其三则是圣母与圣婴两人（最后这幅画在路途中被笨拙的脚夫摔坏，画板裂成三块，利玛窦略带讽刺地说道，若让欧洲的鉴赏家们见此，必以之为无用，但对中国人来说，裂开的画作看上去更为古老，因而身价反倒会上涨）；还有一架带有重锤的大钟，一架稍小些的桌面座钟，由发条驱动；一本镀金的日祷书、一部装帧华美的奥特留斯制图学名著《世界概貌》（*Theatrum Orbis Terrarum*）。礼物中还有一些多棱镜和沙漏、彩色腰带、几匹花布、一把欧洲银币、一个犀牛角（这在传统中医里是珍贵的药材），以及一架小拨弦琴，这种琴并非是用键盘弹奏，而是以小琴拨拨弦发声（原本还应该有一架带摺箱的小型手风琴，利玛窦在澳门订制的，但这琴送到南京时，利玛窦已经北上了）。[107]

耶稣会士们如此孜孜不倦地开列这些礼物明细，显示出他们是何等重视这些物品，尽管他们自己也清楚，这和之前那些个宏大的方案比起来显得多么寒酸。利玛窦原本相信，这是欧洲诸强国向中国那位孤僻而强势的皇帝展现财富和技术的时候，但当他到了北京，住进招待外国来访者的四夷馆，一下子震惊了，那些外来进贡使团对待礼物进呈这项礼节是如此随便。中国人对他们的客人毫不重视，将其安排在没有任何家具的斗室之中，“如同羊圈一般”；而反过来，这些外人也像是在表达蔑视之情，送的尽是些带有木柄的粗制铁剑、用麻絮丝将薄薄铁片拼在一起的所谓“胸甲”，要么是看上去将要跪倒的病马，利玛窦觉得，这些东西“一看就让人忍不住想笑”。[108]

然而，进呈礼物并宿于四夷馆之中，耶稣会士们毕竟还是得到了礼部发来的补助，包括有大米、鲜肉、盐、酒、蔬菜、薪柴，足够五个人生活，还有一位全职的仆人听候命令。在传教士不断要求下，太监们终于传来口谕，准许耶稣会士从驿馆搬出，在北京城租屋居住，原先每月供五人的伙食补助不变，另还加上合八个达克特的银两。

几星期之后，一位同情利玛窦的高官保证，如若伙食薪补未能发放（这已发生多次，令耶稣会士生活艰难），将给以同价值的银两，也就是每月另给六达克特。[109] 这钱并不多，但足以令人欣慰，而且同时传教士们还收到更多的馈赠。比如，1602 年首辅沈一贯随手赠礼，便差人送来价值四十达克特的银两，以及一些布匹和皮货。出于回礼的习俗，利玛窦赠予沈氏的儿子一个以威尼斯玻璃制成的多棱镜。利玛窦曾在多处提到，由于光透过多棱镜后仍能保持纯净，有些中国人特别喜欢它，认定其价在两百到五百达克特之间，甚至将其称作“无价珍宝石”，事实上，无论何种多棱镜，在欧洲都只要八个拜若奇就能买到（baiocchi 是一种意大利的铜钱，价值还不到一个达克特的百分之一）。[110] 如今，有了这多种收入来源，耶稣会士们就能够平安度过眼前的经济困难，这些困难多半是丝绸商船在风暴中失事或被海盗袭击所带来的。当然首要的是，北京的朝廷对利玛窦和他的同事们公开的经济支持——再加上北京与南方城市之间远隔千里——使耶稣会士们得以暂时喘口气，不用再纠结于证明自己并非受制于澳门葡萄牙人这类伤脑筋问题。

利玛窦所获得的成功，绝大部分是由他精心谋划而来，并非出于偶然，当然，有时别人在追逐利益的过程中，也会给耶稣会士带来意料之外的更大收获，利玛窦自会欣然受之。举例而言，一些不信教的中国人试图通过刻印《天主实义》等宗教书籍并在外省贩卖而获取额外收益，这使得天主教教义传播更加广泛，而本来靠耶稣会士自己，是无法办到的，这尤其使利玛窦欣喜万分。[111] 但总体而言，利玛窦对于教会面临的任务之艰巨，是有充分准备的，也计划了许多应急之法。《新约》中多次说到，农人在田间一刀一刀地收割，聚在一起才能迎来金色的丰收，此类告诫一直在他脑中回响。但他万般小心，既不索要过多，也不期望过大。1599 年，他在信中告诉科斯塔："此刻，我们在中国，还未到丰收之时，甚至还未播下种子。我们才刚开始拔除野草，驱赶野兽，还要提防潜伏在暗处的毒蛇。"[112] 九年之后，同样还是与科斯塔通信，他又说，尽管此时耶稣会在中国已建立起四个传教基地，有二十名神父和教内兄弟在中国工作，甚至可以说他们已经拥有了一台大"机器"——这个词利玛窦在几乎三十年前曾用来称赞果阿耶稣会驻所，对他而言别有一番力量——但无论如何，他仍然感到，"胜利的果实这会儿才刚种下，远未到收获之时"。[113]

利玛窦竭尽所能为将来的丰收作准备，而他对于音乐的利用很具启发性。尽管罗耀拉曾经公开禁止在耶稣会行动中出现音乐伴奏，因他担心这会使教士在开展神圣工作时有所分心，从而让世俗之人觉得耶稣会和其他宗教团体的修士并无不同，但在这个问题上，他的想法并没有被贯彻，在利玛窦的时代，耶稣会里对音乐的运用——无论是歌唱还是演奏——都大行其道。[114] 利玛窦拥有许多非凡技能，但他却不是一个乐师，尽管在罗马和马切拉塔时他肯定学习了许多音乐知识，但他还是没有太多音乐才能，对中国音乐也不是很喜爱。他注意到音乐在部队军事演练和宗教仪式中能发挥很好效果，但他觉得谱写和声很难，由此他开始怀念在欧洲时已经熟识的有键乐器和四声乐系。[115]

无论如何，在那些礼物中，有一件东西他带在身边横穿中国，最后还在 1601 年进呈给了朝廷，就是那台小拨弦琴。这件礼物本来可能只是个新奇物什，实际上没什么用处，但利玛窦 1600 年在南京时，在闲暇时间让郭居静神父（他是一位很好的乐师，但因其教士职责无法离开南京）教授新来的年轻修士庞迪我（Diego Pantoja）弹奏几首奏鸣曲，并调试琴弦。[116] 随后，利玛窦带着庞迪我一起到了北京，正如他所希望的，皇帝对这台小拨弦琴颇感兴趣，并命耶稣会士教宫中的四名宦官乐师弹奏它。庞迪我正好也已学会，便接受这一任务。

这一次，利玛窦又显示了他的机敏和非凡预见力。因为四名太监中有两人年轻聪颖，学习西洋音乐进展迅速，而有一名老太监已年逾七十，进展甚慢，利玛窦让他们每个人各只学一章，这样即使这位老太监学习缓慢——大概花了一个月才勉强学会他那章——他也不会在宫里太丢面子。在等待之时，利玛窦和年轻太监们又用汉语作了八首歌词，可以在拨弦琴的伴奏下吟唱。[117]

可以想象，利玛窦所作的歌词主要关心的是道德和宗教主题。他描写人心如何趋向天主；描写尘世俗人向往长生的愚笨；描写天主的荣耀如何充盈世间，比悦耳的乐声充盈在厅堂中更加圆融；他描绘青春如何飘然逝去，直到我们有心过一种道德的生活；描绘天主如何赐予我们荣耀万分，无论我们怎般贬低自己；描绘死亡终究不放过任何人，它既不慑于王侯宫殿之威严，亦不怜悯穷苦大众之鄙陋。这些歌词并不胜在文辞优雅，但却有意使句式短小，适于歌唱，而其中之道德教诲也清晰可见。下为整组歌词中的第二首：

牧童忽有忧，即厌此山，
而远望彼山之如美，可雪忧焉。

至彼山，近彼山，近不若远矣。
牧童、牧童，易居者宁易己乎？

汝何往而能离己乎？忧乐由心萌，
心平随处乐，心幻随处忧，
微埃入目，人速疾之，
而尔宽于串心之锥乎？

已外尊己，固不及自得矣，
奚不治本心，而永安于故山也？

古今论皆指一耳。
游外无益，居内有利矣！[118]

利玛窦的这组八首歌词，在中国的文人士大夫中当即风靡一时，按他自己的记述，各式抄本印本竞相出现，传布甚广。许多中国官员听过此曲，或是读过文词之后，都对利玛窦称颂不已，因在内廷之中，终于可以表达如此想法，皇帝亦可按此提高其品德。[119] 由于当时法律严格，除皇室、宦官和嫔妃之外，任何人不得进入内宫，毫无疑问利玛窦本人并无机会进宫，亲耳听到他之歌词、庞迪我之曲调，是如何被吟唱的。但他自认遣词造句煞费苦心，因而每当他想象那些宦官——或是被宦官教会的宫女——在紫禁城内唱诵他的歌词，必定也心满意足。

举例而言，在这第二首词的最后一句中，他揭示专注“外在”生活之短处，将之与“内在”世界相对照。他使用“内”与“外”这两个汉字，正点到了传统中国政治和道德思想中最大的两分，这既可以用于地理方位、心理状态，也可用来形容野蛮的外人与中国的子民之间的差异，更可以之区分宫墙内隐秘森严的世界与墙外的天地。由于该词的尾句中出现了“利”字，也就是利玛窦选来作为自己姓氏的字眼，当宫内之人每次唱道“居内有利矣！”，实际上也是在唱“居内者，利玛窦矣！”当然，这一切并不是真实的，但却寄托着利玛窦永恒的心愿。同时，这些不为人知的声音，带着利玛窦的梦想盘旋上升，在静静的夜空中飘荡。

注释

1 《西国记法》，页 5a，重印本第 17 页。对晚明时代这种“获利动机”的分析，可参见 Brook,“ Merchant Network”, p.186。

2 见《利玛窦题宝像图》，在“赠文”和彼得的那幅图像中他写作“Ri”，但在以马忤斯和所多玛这两幅图像中写作“Ly”。在这几幅图中，利玛窦的签名形式像是难解的符码，我希望此发现有助于解开此符码。在 *DMB*（第 215 页）中编者曾作了尝试，看似精巧，但仍无法成为定论。因为在别的著作里利玛窦对“Deus”也用了大不相同的写法，比如在《天主实义》（1/3，重印本第 381 页）中就写成“陡斯”（Dou-si）。

3 Azevedo, *Historia,* pp.131-32. 此书中以“克鲁扎多”（cruzado）作为货币单位，又见 Gomes de Brito, *The Tragic History of the Sea, 1589-1622,* tr. Charles Boxer, p. 55 其中认为，达克特、克鲁扎多和里亚尔（real）这三者在当时大概是等价的，每个都大概等于四个英吉利先令。

4 Essen, *Farnèse,* 3/222-24. *New Cambridge Modern History,* 3/198-200；奥兰治的威廉没有等到自己的预警变为现实那天，在那之前，1584 年 7 月 10 日，他就被暗杀了。

5 *FR,* 2/518-20，这是金尼阁的叙述。这个驱逐令即使颁布，似乎也没有被很好地执行。

6 Ignatius of Loyola, *Spiritual Exercises*, tr. Puhl, sec.93.

7 同上，secs.150, 153-55.

8 Montaigne, *Journal de Voyage,* p.256.

9 参见 *Storia di Macerata*, vol.5, plate 5, facing p.312. 这是 16 世纪末马切拉塔镇的一份详图，标明了所有主要建筑和城墙的位置，由 Libero Paci 和 Ceresani Giuliano 两人绘制。

10 有关他去佛罗伦萨的资料比较稀少，见 *FR*, 1/ciii，Bortone, *P. Matteo Ricci*, pp. 35-36.

11 参见 *OS*，其中南雄见 103 页，赣州见 192 页，南昌有佛罗伦萨“两倍大”，见第 175 页和 202 页，而“差不多大”见第 235 页。

12 *OS,* p. 28，写给 Fornari。

13 *FR,* 2/553n，Bortone 书中有插图，画的就是圣安德鲁教堂和耶稣会住宅，见第 27 页。

14 *OS,* p.217，1596 年 10 月 12 日信。

15 *OS,* p.390-91，1609 年 2 月 17 日信，写给阿尔瓦雷斯。

16 O'Connell, *Counter-Reformation,* pp.272-74. Villoslada, *Storia*, pp.148-54. 两书都讨论了罗马大规模的重建，关于耶稣大殿参见 Martin, *Roma Sancta*, p.58。

17 Martin, *Roma Sancta*, pp.86-88.

18 Angelo Pientini, *Le Pie Narrationi*，转引自 Martin, *Roma Sancta*, pp. 231。

19 关于圣保罗教堂及其中油画，见 *Doc. Ind.*, 11/358, nn.112, 113, 114. Schütte, *Valignano's Mission,* p.113。有关仪式和唱诗见 *Doc. Ind..* 11/359. Culley and McNaspy,“Music”, p.243。

20 *Doc. Ind.*, 11/349-51.

21 *OS*, p.5，1580 年 1 月 18 日信，*Doc. Ind.*, 11/358。

22 *Doc. Ind.*, 11/329，Petrus Parra 的信，1578 年 10 月 28 日写于果阿。

23 *Doc. Ind.*, 11/319-20，Nicolas Spinola 的信，1578 年 10 月 26 日。

24 *Doc. Ind.*, pp.364-65，巴范济信，1578 年 11 月 30 日。

25 Costa, *Christianisation*, p.34.

26 Schütte, *Valignano's Mission*, pp.236-37, n.196.

27 Linschoten, *Report*. p.517. 和斯托里一道的另三人分别是 Fitch、一个叫 William Leedes（或者叫“William Bets of Leeds”）的珠宝商人，还有 John Newbery。参见 Fitch, *Letters*,p.514. Newbery, *Letters*, p.512。

28 Linschoten, *Report*. p.520.

29 有关澳门居民群体，见 Boxer, *Portuguese Society*. pp.12-13, 43. Pyrard, *Voyage*, 2/172-173. Fok,“Macao Formula”, pp.144-47。

30 Boxer,“Macao as Entrepôt”, pp.65-66. 利玛窦对城市人口的估计见 *FR*, 1/152. 有关中国人对当地社群的态度见 Fok,“Macao Formula”, pp.72-94. Ptak,“The Demography of Old Macao”。

31 有关教堂见 Boxer, *Fidalgos*, p.39，有关利玛窦的住处见 *OS*, p.402, appendix 3，罗明坚致墨库里安的信，1581 年 11 月 12 日，澳门。罗明坚要求利玛窦来见 *OS*, p.398，1580 年 11 月 8 日信。

32 有关白银的兑换比率见 Atwell,“Bullion Flows”，第 82 页的表格。“百分之六十”的数字见 Kobata,“Gold and Silver”, p.254. 有关此贸易的细致研究可见 Boxer 的两书：*Fidalgos* 和 *Great Ship*，有关十七世纪早期果阿和中国之间的贸易可见 Pyrard, *Voyage*, 2/174-77。

33 Iwao,“Japanese Trade”, p.2. 有关当时的中国商人对中国东南部的贸易以及对外商贸的情况，可见 Brook,“Merchant Network”, pp.202, 205-6. 参见 Cheng Pei-kai（郑培凯）,“Reason and Imagination”, ch.1. 其中对当时中国经济以及白银在其中所起之作用作了很好的分析。

34 Cooper,“Mechanics”, p.428.

35 同上书，pp.425-26, 430, 432.

36 作为概述见 Spate, *Spanish Lake*, pp.151-57，有关丰臣秀吉见 Iwao,“Japanese Trade”, p.7，有关长崎的捐赠见 Elison, *Deus Detroyed*, pp.94-98，有关定期贸易的细节见 Boxer, *Fidalgos*, pp.30-38。

37 Boxer, *Great Ship*, pp.37-38. Boxer, *Fidalgos*, pp.30-31. Schütte, *Valignano's Mission*, pp.212, 218 n.130.

38 Schütte, *Valignano's Mission*, pp.184-85, 314. 此处换了计量单位，把相当于 133 磅的“担”（piculs）换算成了“包”（bales），并将斯库多换成了达克特。Cooper,“Mechanics”, p.428. 范礼安的数据中有些前后不一致的地方。更多细节可见 Elison, *Deus Detroyed*, pp.101-5。

39 Cushner, “Merchants”, p.366. 讨论了 Navarro 和 Molina 的观点。

40 Cushner, “Merchants”, p.360, 364.

41 Schütte, *Valignano's Mission,* p.185 n.388. Takase, “Unauthorized Commercial Activities”, pp. 20-22. Boxer, “Macao”, pp.71-72 讨论了与耶稣会士们合作的那些精明的中间人。

42 Frois, *Tratado,* pp.17-18. 当利玛窦在 1582 年第一次到达澳门时，不让中国人了解到欧洲新教世界的想法并不完全是异想天开，这些日本贵族青年们在欧洲的旅行都被安排在西班牙的领地或是教皇及其意大利盟国的领地，所以他们很有可能不会注意到新教地区。（详细的论述可见 Lach, *Asia in the Making of Europe*, vol.1, bk.2, pp.688-706）但在 1588 年以后，英国人打败了西班牙的无敌舰队，而菲利普二世的大将帕尔玛王子在安特卫普的意外胜利后，也无法成功地攻占阿姆斯特丹，对荷兰新教势力造不成根本打击。西班牙和葡萄牙原本想以天主教信仰之名，两国能联手统治全世界的航路，但这愿望已破灭。

43 Boxer, *Fidalgos,* p.40. 其中引到的数字是五万达克特。

44 *FR,* 1/178, 178 n. 3. *OS,* p.396，罗明坚致墨库里安。

45 *FR,* 1/cx-cxi. *OS,* pp.55-56. 其中 1589 年是一个高峰，当年有十八人皈依，其中几名是妇女。

46 *FR,* 1/314-18, 2/94. 在 *FR,* 3/80 有分门别类的索引，在“Battesimi”条下，以地域区分，通过这可以得出更精确的数字。

47 北京地区皈依者的人数可见 *FR,* 2/356，1605 年中国各地教士的分布见 *FR,* 2/268 n.3，以及 2/276 n.6，北京富人的皈依者（穷人中传教情况差些）见 *FR,* 2/160, 310, 354.

48 *FR,* 2/337.

49 *FR,* 2/270，这种乐观情绪出现的确切时间可能是 1603 年，即范礼安最后一次访问澳门的时候。

50 *OS*（appendix 2），p.398，1580 年 11 月 8 日信。

51 *OS*（appendix 3），pp.402, 404, 406，罗明坚致墨库里安信，1581 年 11 月 12 日。有关整体上耶稣会采用的“送礼”策略，参见 Bettray, *Akkomodationsmethode,* pp.25-32.

52 有关中国钟表技术的背景，李约瑟书中有仔细研究，见 Needham, *Science and Civilisation,* vol.4, pt.2, pp.435-546. 有关欧洲的背景，参见 Domenico Sella, “European Industries 1500-1700”, pp.382-84. Cipolla, ed., *Fontana Economic History*，还有 David Landes, *Revolution in Time,* pp.67-97. 至于 Landes 不同意李约瑟之处，见其书第一章。

53 *OS*（appendix 6），p.419，1583 年 2 月 7 日信件附言。

54 *FR,* 1/161-64. *OS*（appendix 6），p.415，此处罗明坚详陈了他眼镜的故事和他的苦恼。

55 *FR,* 1/166 n.4.

56 *FR,* 1/167-68, 176-79.

57 *FR,* 1/184-88, 192. *OS,* p.432. 耶稣会士们花的“250 两”银子，其价值可能要高于 250 达克特，尽管准确的转换数字很难确定。*FR,* 2/352 n.4 认为一两银子等于一克鲁扎多，而 FR, 2/352 n.5 认为 450 两银子等于 800 斯库多。Schütte, *Valignano's Mission,* p.314 其中则认为在日本 20000 两白银等于 30000 斯库多。十七世纪早期，旅行家 Jean Mocquet 发现在果阿大约 12 到 15 两白银等于 25 斯库多（Mocquet, *Voyages*, p.342.）。

58 详细可见 *OS,* pp.420, 431-32（给 Cabral 的信）,*FR,* 1/264, 278-79. Takase, "Unauthorized Trade", p.20 提到日本耶稣会士也遇到类似的房产地产问题。还可见 Elison, *Deus Detroyed,* p.102. 谈的则是范礼安对日本传教开销剧增的忧虑。

59 *FR,* 1/285-86, 286 n.4. *OS,* p.461，价钱是以比索计的。

60 *FR,* 1/374, 378.

61 *FR,* 2/448, 464-66.

62 有关南京的房屋见 *FR,* 2/83-84, 93，北京则见 *FR,* 2/352。

63 *FR,* 2/30, 93.

64 南京见 *FR,* 2/346，北京见 *FR,* 2/355-56，类似的逃税方式还可见 Geiss, " Peking", p.74。

65 *FR,* 1/178 nn.4, 6, 1/201.

66 *FR,* 1/201-5.

67 *FR,* 1/190.

68 罗明坚致阿桂委瓦，澳门，1584 年 1 月 25 日，*OS,* pp.419-20. 也见 Boxer, *Fidalgos,* pp.41-42，还有 *Great Ship*, pp.45-46. 但是耶稣会的主要"支持者"维加斯在同年启程前往印度，看 *OS,* pp.431-33，1584 年 12 月 5 日自澳门，Francis Cabral 给范礼安的信。Cabral 使用的拼写是"Villegas"。

69 *FR,* 1/230-31. 罗明坚在 1585 年 10 月 20 日写给阿桂委瓦的信中也要更多同样的钟，见 *OS,* p.60. Landes, *Revolution in Time,* pp.87-88 其中详细谈到了十六世纪钟表的小型化，在该书第 99 页讲到当时用精致的钟表作为给伊斯兰人的"贡品"。

70 利玛窦的解释见 *FR,* 1/104-7，整个中国炼金术试验的历史背景可见 Needham, *Science and Civilisation*, vol.5。

71 *FR,* 1/240，著名的剧作家汤显祖在 1592 年其实也相信利玛窦是一个炼金术士，参见徐朔方《汤显祖和利玛窦》，第 274 页，第 277—278 页。Carletti, *Voyage,* p.146 提出了他自己对于当时收购水银的一些看法。

72 *FR,* 2/390.

73 D'Elia, *Mappamondo,* plates 9, 10. Brading and Cross, "Colonial Silver Mining", pp.553-54. Spate, *Spanish Lake,* pp.186-94.

74 有关水银贸易模式的介绍可见 Cipolla, ed., *Fontana Economic History,* p.395. Brading and Cross, "Colonial Silver Mining", pp.562-64。布罗代尔（Fernand Braudel）在 *Wheels of Commerce* 一书中讨论了这种贸易许多有趣的方面，比如第 323 和 386 页讨论 Hochstetter 在十六世纪早期试图建立一个水银贸易卡特尔的失败尝试；第 326—327 页讨论 Huancavelica 和 Fugger 对 Almaden 的控制；第 174 页讨论塞维利亚和伊德里亚的联系；第 169 页和 406 页记载有位十七世纪晚期的商人提到，将

中国水银运到美洲的“新西班牙”(New Spain)可以获利百分之三百；而第 379 页提到十八世纪 Greppi 家族大量收购水银的事。怀特船长讲述他缴获大量水银可见 Kerr, *General History,* 7/455. Brading and Cross,“Colonial Silver Mining”, 第 555 页给出了水银与白银生产所需比率的精确数字，亦可见 Spate, *Spanish Lake,* pp.189-92。

75 *OS,* pp.245-46, 245 n.5，1599 年 8 月 14 日致科斯塔的信。*FR,* 1/217-18 关于利玛窦对紧张关系的看法。

76 *FR,* 1/240，*DMB,* pp. 318, 905 也证实了这种情况。也可参见 Fok,“Macao Formula”, pp.93-95 尽管在该书中龙涎香被称为是一种“调料”。

77 *FR,* 1/216-17. Chan,“Chinese-Philippine Relations”, pp.52, 62.

78 *FR,* 1/240-41.

79 《肇庆府志》，卷 22 页 78a，重印本 3421 页。

80 *FR,* 1/313.

81 信可见 *OS,* p.184, 1595 年 10 月 28 日, 南昌故事的细节见 *FR,* 1/359n, 375. *OS,* p.175。

82 *FR,* 2/29.

83 *OS,* p.382，1609 年 2 月 15 日信，也见 *FR,* 2/490.

84 沈德符：《万历野获编》，第 785 页。

85 有关中国人的要求见 *FR,* 1/225, 163 n.7，方济各会的礼物可见 Bernard, *Aux Portes,* p.129。有关这种令人惊叹的工艺之诸般细节，此种刊物的特辑给出了许多例子：*Artes de Mexico,* n.137, ano 17,“Tesoros de Mexico——Arte Plumario y de Mosaico”, 尤其可见 Marita Martinez del Rió de Redo,“Comentarios sobre el arte plumario durante la colonia”.（我要感谢 Diana Balmori 告知这条文献）。而旅行家 Mocquet 也因为一次幸运的羽毛买卖获利颇丰，避免了在果阿陷入赤贫境地。见 *Voyage,* p.287。

86 有关这一“活鸵鸟”(*struzzo vivo*)的事见 *OS,* p.449，1586 年 11 月 8 日信。

87 *FR,* 1/216，d’Elia, *Mappamondo*，巴西见版号 5 和 6，“新西班牙”见版号 7 和 8，婆罗洲见版号 15 和 16。Chan,“Peking”, p.135 提到北京商人曾将价值 6500 两白银的羽毛进呈朝廷。

88 *FR,* 1/266-67.

89 *FR,* 1/227. 这笔买卖在教会这边的背景可见 *OS,* pp.59, 444，利玛窦写给阿尔梅达的信。有关晚明浙江的丝绸贸易可见 Brook,“Merchant Network”, p.199。

90 罗明坚接受的施舍和食物见 *OS,* p.413, 416，1583 年 2 月 7 日信。利玛窦接受的焚香和油料见 *FR,* 1/195，来自澳门中国人的借款见 *OS,* p.420，1584 年 1 月 25 日信。

91 *FR,* 1/74, 259，字面上是“斯库多”。

92 有关三联画见 *FR,* 2/16，地方军官见 *OS,* p.56，使节见 *OS,* p.57，家具见 *FR,* 2/48.

93 船只见 *FR,* 1/341，军队护卫见 *FR,* 1/346，野餐见 *FR,* 1/302，轿子见 *FR,* 1/345, 2/15, 2/426。

94 赴宴的赏钱见 *FR,* 1/370，旅行的礼物见 *FR,* 2/100, 2/104，预付旅费见 *FR,* 2/101。

95 *FR,* 1/224, 258.

96 *FR,* 1/334, 2/92.

97 有关奴仆见 Boxer, "Macao", p.65，有关利玛窦的"卡菲尔"或"印度"黑奴见 *FR,* 1/246，有关当时奴隶的使用可见 Bettray, *Akkomodationsmethode,* pp.148-50。

98 利玛窦的分析可见 *FR,* 1/262.

99 *FR,* 1/262. So, Piracy, p.57 提到当时有些做了海盗的黑人。

100 *OS,* p.287，利玛窦写给阿桂委瓦的信，北京，1605 年 7 月 26 日。

101 张燮《东西洋考》，卷 5 第 6 页（重印本第 183 页）。张燮在此提到葡萄牙人，但这也是他听别人讲起马尼拉时所知。

102 *FR,* 1/181, 187, 189.

103 *FR,* 1/264.

104 *FR,* 1/216 n.1.

105 *FR,* 1/248 n.1, 2/7 n.3.

106 *FR,* 2/91 n.2.

107 到达北京见 *FR,* 2/123，这些礼品的细节见 *FR,* 2/114, 123 n.5, 124 n.1，没有带来的乐器见 *FR,* 2/90，沈德符在《万历野获编》（第 784 页）中以当时中国人的视角提到了这些礼品。

108 *FR,* 2/139-40.

109 *FR,* 2/151, 153, 156.

110 1602 年的礼物和多棱镜见 *FR,* 2/154，更早一些的多棱镜见 *FR,* 1/346, 2/37，只值八个拜若奇可见 *FR,* 1/255, 2/142. 有关拜若奇和达克特的兑换比率的研究指出，事实上在 1567 至 1573 年间，其比价大约是 115 比 1，见 Delumeau, *Vie économique et sociale de Rome,* 2/660-65。

111 *OS,* p.386.

112 *OS,* p.246，1599 年 8 月 14 日信。

113 *OS,* p.338，1608 年 3 月 6 日信。

114 Culley and McNaspy, "Music", pp.217-26.

115 在操练时的效果见 *FR,* 1/268，在仪式中见 2/70，和声很难见 1/130，四声部和键盘见 1/32。

116 *FR,* 2/132. 利玛窦在 *FR,* 2/29 中把这种乐器称作"gravicembalo"，在 2/39 中又叫做"manicordio"。荣振华《补编》第 607 号说庞迪我生于 1571 年，1600 年 3 月至 5 月在南京。有关郭居静，可见荣振华书第 158 号，费赖之书第 15 位。利玛窦曾利用郭居静深厚的音乐功底来帮他分析汉语口头演讲时的各种音调，见 *FR,* 2/32-33.

117 *FR,* 2/134-35.

118 利玛窦《西琴曲意八章》，第 284—285 页。D'Elia, "Musica e canti", pp.137-38. 中国学界目前对利玛窦的音乐作品兴趣很浓，可见阴法鲁《利玛窦与欧洲教会音乐》，以及在《音乐研究》1982 年第 4 期上的答辩文章，第 70、105 页。

119 利玛窦概括了他中国友人们的评价，见 *FR,* 2/134-35。

Crispijn de Pass fecit et excudit

第七章　第三幅图像：所多玛之人

将收入程大约《墨苑》的第三幅图，利玛窦选择了一个讲述罗得（Lot）生平故事的系列版画，这些版画是由安特卫普的老德帕斯（Crispin de Pas the Elder）创作的。老德帕斯用了四幅画来描绘罗得的故事。第一幅画中，上帝听说了所多玛城的罪孽后，宣布将毁掉这座城市；第二幅画，所多玛的人们都围拢在罗得的屋子前，试图破门而入，侮辱那些在屋里避难的人（实际上他们是天使），而上帝使众人变瞎；第三幅描绘城市毁灭之前，罗得带着他的妻子和两个女儿在天使的保护下逃出城去，而罗得的妻子，只是回头望了一眼，就立刻化为盐柱；第四幅讲的则是罗得的两个女儿灌醉了她们的父亲，随之与其同寝，以为他们家延续后代。[1]

利玛窦当然希望中国人能对所多玛的罪恶和这座城市之命运有所关注，这个故事记于《创世记》第 19 章第 24 至 25 节："当时耶和华将硫磺与火，从天上耶和华那里，降与所多玛和蛾摩拉，把那些城，和全平原，并城里所有的居民，连地上生长的，都毁灭了。"不巧的是，和圣彼得行于水上那幅画一样，这四幅图也有些问题，其中没有一幅能与利玛窦想说的内容完全吻合。最后他选择了老德帕斯的第二幅图，因为它最好地再现了那种混乱恐慌的状态：天使伸出双手，使所多玛人变瞎，罗得双手紧扣，乞求他们停止这些罪恶，所多玛的人们有的在地上爬滚，有的依然伸手去抓住那个陌生人，远处的塔楼代表着这座让他们骄傲的城市。

为了突出自己的观点，利玛窦对这个故事作了改造，赋予它圣经原文不曾有的清晰性。尽管他在前两幅图中并没有点出“加利利海”和“以马忤斯”这两个地方的名字，但在这幅画里，他尽量给出了“所多玛（Sodom)”这个词发音最为接近的汉字“锁多麻”，这样将来耶稣会神父们和中国文人讨论时亦能有所凭据。当然利玛窦很谨慎，他有意使用了“麻”字来翻译最后一个音节，以区别于他中文名字中的“玛”字。他将这篇短文取名为“淫色秽气，自速天火”：

> 上古锁多麻等郡，人全溺于淫色，天主因而弃绝之。夫中有洁人落氏，天主命天神预示之，遽出城往山。即天雨大炽盛火，人及兽虫焚烧无遗。乃及树木、山石，俱化灰烬，沉陷于地，地潴为湖，代发臭水，至今为证，天帝恶嫌邪色秽淫如此也。
>
> 落氏秽中自致净，是天奇宠之也。善中从善，夫人能之。惟值邪俗而卓然竦正，是真勇毅，世希有焉。智遇善俗则喜，用以自赖，遇恶习则喜，用以自砺。无适不由己也。[2]

如果将利玛窦的这段文字与图画对比起来看，我们所得到的感官印象，远比老德帕斯所希望的更为强烈。我们可以从画中人物脸上的表情得知更多东西。这些巍峨的塔楼与穹顶，直插入暴风雨肆虐的天空，却将在大火中统统毁灭。穿过广场，将会永远有一个散发恶臭的大湖。而且，因为画上只有罗得和天使，并没有罗得的妻女，这边可省却许多麻烦的解释。对于《圣经》这样年代久远的文本，为什么他的妻子会变成一根盐柱，为什么罗得的女儿们要和他同寝？解释这些问题都可以留待以后。

1559 年 8 月，教皇保罗四世在八十三岁高龄去世，整个罗马城陷入一种狂乱的庆祝状态里。暴乱的人群涌入装饰典雅的宗教裁判所总部，将其洗劫一空，档案记录都被毁掉，所有能找到的囚犯都被放跑，最终这栋建筑被放火烧成灰烬。在朱庇特神庙中，那尊庄严的教皇塑像不久前刚刚立起来，也被砸倒在地。塑像的头被弃当街，有的人为了显示嘲弄之意，在塑像头上套了一顶黄色的帽子——也就是保罗四世命令罗马的犹太人必须戴的那种，而塑像的躯体则被人拖走，丢进了台伯河。教皇是在夜晚下葬的，多少有些偷偷摸摸，在圣彼得教堂的地下墓穴，埋得“尽可能深”，墓室里还有警卫把守。罗马的大街上，充斥着喧哗叫卖的小贩，售卖文学小册子，讽刺刚去世的教皇和他那三个臭名昭著的侄子——卡拉发（Carafa）兄弟。[3]

对教皇去世如此反应，其讽刺性在于，保罗四世生前恰是热烈地想要改革教会，他本人过着一种斯巴达式的、虔诚而志于献身的生活。但在推行诸种改革主张过程中，他四面树敌。保罗四世对西班牙一直带有无法妥协的仇恨，他千方百计遏制菲利普二世的各种要求，并致力于从西班牙人手中夺回那不勒斯王国，正因此导致阿尔瓦公爵的军队兵临罗马城下；而法兰西人的反干涉也遭遇厄运，吉斯公爵的军队正在此期间到过马切拉塔街头。保罗四世还以道德的名义，严酷推行政策，禁止一切公共娱乐活动。在梵蒂冈领地内，任何男子若被发现与情妇厮混，都将被逮捕并发配到船上去做苦役。教皇禁止一切狩猎活动，甚至连舞会都禁，当时人抱怨道，在罗马，一年到头“仿佛都在过四旬斋节”。[4]

在罗马和安科纳城，保罗四世发起了无情的反犹运动，他命人逮捕有犹太情妇的天主教徒，严格将犹太人限制于封闭的“隔都”（ghetto）区内，禁止他们与天主教徒买卖食品，或为天主教徒医治疾病。教皇强迫领地内的犹太人变卖所有的土地产业，他以五十万达克特的价格为教会买来了大片的地产，这只是实际价格的五分之一。每周的星期四，他事必躬亲地参加宗教裁判法庭的重大政策会议，并不断赋予这些审判官新的权力，比如有权追捕那些犯通奸罪的人，就如同抓捕异端邪说分子一般，强暴女性和为妓女拉皮条之人都被抓捕，而犯下鸡奸罪的则被判以重刑，有的是当众火刑。[5]

对于罗马的民众而言，最后这条尤其显得讽刺十足，说到教皇手握重权的三个侄子之一，红衣主教卡拉发（Cardinal Carlo Carafa），此人不仅过着常人难以置信的铺张奢华生活，酷爱打猎和赌博，而且更是个臭名昭著的浪荡之人，他与男女两性情人的风流事迹，整个罗马城无人不晓，唯独教皇本人蒙在鼓里。当时居住在罗马的法国名诗人杜贝莱（Joachim du Bellay），曾经仿照奥维德的情诗和特克斯托（Textor）描绘美少年伽尼墨德（Ganymede）的诗句，写下讽刺卡拉发之年轻男宠的许多诗，而这还是当时流传的各色辱骂文字中最为文雅的。卡罗·卡拉发在1560年被他叔叔的继任者、教皇庇护四世处以极刑，他死时极端痛苦，因为绞刑架上的绳索两次在他快要丧失意识的时候断开。[6]

当此等情事轰轰烈烈上演时，利玛窦还是个马切拉塔的孩童，对此知之甚少，顶多就是从旅行者或是祷告神父那里略有听闻。但围绕保罗四世的故事具有普遍的道德意义，它揭示了权力和人性弱点之间的内在联系，也表明道德的严苛审查与公众对习俗的轻视之间互有重叠。它完美地符合《圣经》中的告诫，就像在《以赛亚书》中可以看到，愤怒的上帝反复申说一点，所多玛的命运实际上正隐喻地球的命运。在以赛亚看来，无论是穷困悲惨的乞丐，还是脚下叮当作响的美丽女子，无论是放荡的情妇，还是呕吐的醉汉、宫中的阉人，这一切都代表着一个淫靡罪恶的世界，它会葬送天地间的其他，也很快毁掉自己。在这个世界里，男男逆性（sodomy）是对偶像崇拜的惩罚，而大火与硫磺是对男男逆性的惩罚。在这里，以赛亚对着犹太人的希西家（Hezekiah）王大喊："从你本身所生的众子，其中必有被掳去、在巴比伦王宫里当太监的！"[7]

在利玛窦的时代，城市中的铺张奢靡、穷困、堕落之行随处可见，他本人显然不会只从传闻和《圣经》预言中才对此有所知晓。当他尚为孩童时，马切拉塔城中流传着各色丑闻，包括由通奸引发的谋杀，或是私生子导致的各种社会问题。[8]到1570年代，马切拉塔城中就如何安排妓女的住所闹得不可开交，究竟是否要将她们集中一处，若此，又置于何处？可以想见，城中长老们所做的每一个决定都招致居民们的反对。[9]

同样的，罗马与同时其他城市并无二致，人性的高贵与堕落在罗马的大街上并存。人若信教之心越虔诚，发现的就会越多。无论哪个教堂，只要事先安排有特别奉礼，大批乞丐就会在那里聚集。格里高利·马丁曾写道，放眼所及，“有太多太多苦难悲惨的人”，“他们聚拢在街道的两旁，我从没见过如此情景”。马丁被告知，在这些跛足的、疯癫的、瞎眼的、聋哑的人当中，大部分都不愿意住在城市的慈养院中，而宁愿摊躺在大街之上，在行人川流的教堂附近寻找机会，因为他们觉得在这里可以获得路人更多的施舍，远比教皇庇护四世定下的每日七个铜板的救济钱要多。[10] 他可能和利玛窦一样，并不知道其中细节，这些乞丐多是被其秘密领袖精心组织的，他们分为十九个小组或“专业”，还被仔细训练过，扮成诸如疾病缠身、重伤残疾、土耳其战事的伤退老兵，或是恶魔上身之类的各色人等，以最大程度博取民众的同情。[11] 然而，这也许也会使他们认识到这无穷无尽的社会苦难的另一面。城里的人们最为关注，也最怜悯那些弃婴——往往是赤贫人士或妓女所生，所以他们在圣灵节日时，在特定的教堂附近组织盛大的游行，募集善款并广而示之。圣依纳爵 · 罗耀拉本人就尤其关心这些孩童的命运，他帮助建立了抚养他们的慈善孤儿院。[12]

在 16 世纪后半叶，罗马注册在案的妓女大约有六百至九百名，她们分散在城市的各个角落，要价从一个到十二个达克特不等。在饥荒年月，有更多的妇人被迫以此手段谋生，价格更为低廉。而那些与卖淫活动有关联的人——比如提供房舍、拉皮条、帮佣等等——数量大概是妓女的十倍，当时整个罗马城的人口也就十万左右。教皇数次想把卖淫活动限制在罗马城特定的狭小角落，但都以失败告终。如果全城的这些女人某天一致行动，把钱全从银行里取出，估计罗马的几家大银行只能被迫倒闭。[13]

一个人如何看待社会剥削和人民苦难，自然取决于他观察的角度。格里高利·马丁尽管清楚知道教皇在1567年想将所有妓女逐出城外这一失败尝试，但他还是惊叹于整个1570年代罗马城控制妓女之严厉。他仔细地形容了妓女们如何被限制在城市的固定区域，她们饱受“各种法律和条令的折磨”，人们会发现，“妓女们从她们那令人恶心的生活里只能获得多么微小的慰藉”。这些女人被强令以短小的面纱蒙面，穿着特定式样的衣装，没有立遗嘱的权利，死后也不得以天主教徒的方式安葬，甚至不得乘坐大马车。她们永远处于被羞辱的境地。[14]

然而，当蒙田1581年寄居在罗马城里时，令他印象最深的是娼妓无处不在。在他的描绘里，乘坐马车或步行逛街去看妓女是罗马闲暇时光的主要娱乐。妓女们立于窗边，或站在露台上，搔首弄姿，“她们美丽的外表是多么有迷惑性，以至于我目不转睛地盯着她们，颇为陶醉。我经常一时冲动下马，让她们为我开门，我就可以钦羡地欣赏其外表，自然，这比她们实际模样要漂亮太多”。其他有些罗马人为了观赏妓女，会在马车车厢的顶部特意开一个洞，一位罗马神父将其称为“观星”，蒙田对这种诙谐的文字游戏非常着迷，他说，这就好像是“从我们的马车里看星盘一样”。[15]

利玛窦住在罗马时候，对这些情形是否关心，我们不得而知，但无论如何，当他 1577 年至 1578 年住在里斯本时，诸如乞讨、卖淫还有蓄奴之类的事情对他的触动一定很大。里斯本是一个国际贸易都市，也是葡萄牙海外帝国的首都，那里到处都是当地商贩、即将前往印度或巴西的苦工、死于海难的水手的遗孀，还有背井离乡的穷困农民及其孩子。[16] 佛罗伦萨商人萨塞迪（Filippo Sassetti）1578 年也住在里斯本，根据他的说法，里斯本遍地都是奴隶，其中黑奴当然最多，但也有零星的中国人和日本人。在街上会看到，那些有意购买的人在付钱之前，先会让黑奴们在路上走走，跑几步或跳两下，还会让他们张开嘴检查牙齿，“每头”奴隶价格大约是三十至六十达克特。[17] 在果阿，同样能发现这些社会的弃儿，那些还有一种新人，就是中国人和印度人的混血儿。他们一般都是可悲的绑架儿童贸易的产物。这种贸易是葡萄牙人在澳门建立的，中国罪犯是他们的帮凶。[18]

耶稣会士们在果阿也用奴隶做工，在那个社会里，并不是所有的体力劳动都由白人来完成。而在澳门，奴隶也很常见，那里奴隶与自由人的比例大概是五比一。[19] 利玛窦在《中国札记》当中很坦诚地谈到，他帮助澳门的葡萄牙当局找回那些出逃去中国内地的奴隶，利玛窦自己在华期间也带有黑奴——“一个印度黑人”和“一个非洲黑人”，至少在他来华传教早期是如此，黑奴在耶稣会士住所当家佣和守卫。[20] 还有其他黑人给利玛窦做翻译，直到他本人学会汉语，这些人可能是澳门的华人和黑奴结婚所生的后代，他们从小就成为天主教徒，同时会说汉语和葡萄牙语，因而是翻译的绝佳人选。利玛窦有一次提到，这黑人把中国人给吓坏了，之后在他的传教生涯里就再没提过黑人。由于他的汉语水平逐步提高，渐渐可以转用中国仆人。[21]

利玛窦当然知道，在海外一直有华人奴隶的买卖。他对这种买卖并没做过道德评判，只是简单地说，这可能是上帝想用这种方式让中国人皈依天主教，因为这些奴隶有时会被西班牙人和葡萄牙人买下，之后会受他们的主人或当地教士的影响皈依天主。[22]这些被卖到海外的华人里，很多原本不是奴隶，是在中国东南沿海被绑架的儿童，卖到外人之手，价格出奇一致，每个男童或女童大概是十五至二十达克特。有些孩子出身读书人家，最终会成为葡萄牙军官或历史学家的秘书或助手。虽然果阿总督在1595年明文禁止买卖中国奴隶，违此条令的葡萄牙人将被处以高达一千达克特的罚金，但此交易并没有停止。[23]

利玛窦把出现这种华人奴隶的罪责大部分归于中国人自己，他还将其泛化到中国社会的层面，归结为中国人天性里的弱点，比如欲望强烈但同时行事胆怯。[24]基于差不多相同的立场，利玛窦对中国社会的总体看法可以拿来作一个类比。尽管他有时候被视为一个对中国毫无批评的完全的赞扬者，但他并不是。对于如何评价这个国家及其政府，利玛窦内心挣扎不已，他从没有产生过一个综合的意见。他只是提出了两组毫不相容的观察，无疑，现实的中国正是居于其间。

在积极的一面，中国，无论是就其自身而言，还是同欧洲相比较，都有很多值得利玛窦赞赏的地方。中国地大物博，这片土地上生长的作物种类繁多（他发现中国不产的东西大概只有橄榄和巴丹杏），中国人精心耕作美丽的小菜园，他们热爱花卉、江西瓷器（利玛窦认为是世界上最精美和令人喜爱的东西），巧妙地利用煤来生火烹饪和取暖，他们对于古代青铜器的鉴赏，水墨画、书法、印刷术的成熟和普及，所有这些都令利玛窦艳羡不已。[25] 对于儒家的道德体系，他也很赞赏，甚至有点将其理想化，因为他希望向教会的上层证明，中国人本来就适合皈依天主。他认为，中国人的葬礼和祭祖礼仪并不是迷信，虽然地方官员也焚香并用动物献祭，但他们主持的儒家仪式并没有什么宗教意义；成为一个儒家的追随者，其实质像是成为一个学会的成员，而不是某种神学教派的信徒。当然，中国人对于世界有一种泛神的观念，而且富人喜欢纳妾，除此以外，如果排除佛教和（或）道教的因素，中国人“肯定能成为天主教徒，因为他们的学说在本质上并不包含和天主教信仰本质相对立的内容，天主教信仰对他们也不会构成什么妨碍，相反，它对于中国经典中宣称未来要达到平和宁静的大同社会，会有确实的帮助”。[26]

为了实现群体的完美道德性，中国人建立了一套完整的官僚系统，还有一批监察御史履行监察之责，利玛窦把他们比为古代斯巴达施令的五位治安官。因此，尽管皇帝拥有很大权力，但中国依然有“许多共和国的因素”，因为皇帝始终要对大臣的动议有所回应，而正是这些大臣，对于国家每年高达一亿五千万盎司白银税收收入的使用安排，有着最终的决定权。[27] 甚至在宗教实践中，中国人也不像罗马人、希腊人、埃及人那样对自己的神表现出“不得体的行为”，事实上，人们的确可以说“在宗教这件事上，我们所知的欧洲异端教派没有一个比中国人犯更少的错误”。[28]

但是，在这个理想的伊甸园里，也隐藏着诱人犯错的蛇。利玛窦在《中国札记》的某处记到，他第一次拜访韶州时，被邀请去了韶州城外的一座佛寺。利玛窦的描绘细致入微，其实他正在搭建一个精巧的修辞结构，以阐述自己想法：

> 在那里，我们眼前是一片平坦的山谷，绵延到远方。两旁的山体并不太高，满山种的都是果树和其他悦目的树种，四季常青。山谷的田地里耕种稻米和其他蔬菜，由溪水灌溉，永不枯竭。清澈的水流从山谷中央穿过，洗去两岸的尘埃，直流向远方的青山。[29]

然而，这样美妙的地方，真正的中国伊甸园，也是朝拜一位僧人的圣地所在[*]。这僧人生活在八百年前，他以自己的肉身来喂养蛆虫，在利玛窦看来，这其实是对禁欲苦行生活的一种嘲讽。现在居住在这里的僧人，甚至连对这种被扭曲的虔诚之感觉都已丧失，他们的所作所为，与这片美丽的风景大相径庭：“他们生活放荡，有些人娶妻生子，这是佛家清规所不允许的，有的人还去干拦路抢劫的勾当，杀人越货。”[30]

同样，中国这片土地上的人民和统治者，也已不复高贵，纯洁过往已被遗忘，他们堕入了欺骗与贪婪的循环，暴力斗殴风行，盗贼四起，监察者自己都须被层层防范。在中国人优雅外表的背后，

---

* 这寺庙是当时韶州府境内的南华寺，此僧人即六祖慧能。

隐藏的是可怕的现实：人们之间相互猜忌，互不信任——不信任自己的同乡、挚友、亲戚，甚至是亲生孩子。还有，这个国家的经济生活也是破碎万分，市场上的任何物品，都有两种价格——“其一是给当地人的价，其二是给无孔不入的官员的价，后者要便宜太多”。官员们以这样虚假的价格从手工匠人和商人那里买到任何想要的商品，其结果就是，诚实经营的手工业者无法生存，被迫离开。[31]

1585 年 11 月，就在利玛窦来华不久，他写信给罗马学院时期的同学弗利加蒂，描绘了普通中国人是如何惧怕他们的统治者。他说，这里的官员在举办公开仪式时，场面比罗马教皇都要盛大虚华，而皇帝本人就像古代亚述的暴君萨丹纳帕路斯（Sardanapalus）一般，被禁锢在宫殿中，周身环绕的是妃子、太监、鸣唱的鸟儿和开花的果树，虽享尊荣，但难掩其可悲。[32] 晚些时候，利玛窦又详细阐述了这一想法，他观察到，皇帝本人是如此恐惧，他不再面见廷臣，不敢外出，除非私下出行，安排一队完全相同的马车，乘坐其中一辆。皇帝生活在这片土地上，“就像到处都是欲置其于死地的仇敌”，而根本不是自己统治之领土。在利玛窦看来，他的生活“与地狱无甚区别”。[33]

利玛窦之所以觉得这生活如同地狱，有多种原因。其一就是，皇帝所住之处太过富丽壮观。利玛窦在 1602 年曾进过紫禁城，恭敬地在空空如也的皇帝宝座前跪拜，他写道，紫禁城中巨大的庭院大概能容纳三万人，还有，皇家养的象群、三千大内卫士、紫禁城宏伟的城墙，这一切都让人倍感其威严和权势。[34]《中国札记》和他写的信里，曾记叙到那些重建故宫时从中国南方以水路运来的巨木，还有那些用来做梁的杉木，无论从哪里运来京城，每根都至少值一千至三千达克特，利玛窦屡屡惊叹不已。有一次他站在耶稣会住所的门前，看着一百头骡子拉着巨大的车队经过，车上载的是宫殿地基的大石块。人们告诉利玛窦，尽管这些石块来自附近的采石场，但每块大概也值一千达克特。至于整座皇宫，大概值三百万两黄金，按当时的兑换比价，应该是三千多万达克特。[35]

万历帝自己的陵寝建在京城西北面的明朝皇家陵地，群山环绕，它的规模甚至更大，石料、木材、砖瓦、运输等等所耗费的人力物力当然也更多。这座陵墓开始建造时，皇帝本人还未年满二十，而后他对修陵的每一步工作都投以极大的关注和热情。[36] 利玛窦和他的乐师朋友庞迪我，都很机敏地利用了万历皇帝建造一座辉煌陵墓的心愿，皇帝有次派太监送来信件，上面列出了有关欧洲风俗的一系列问题，其中就包括皇家葬礼。耶稣会士们详细地答复了这些问题，其中，他们讲述了 1598 年 9 月西班牙国王菲利普二世去世及葬礼的种种细节。通过太监，他们告诉万历，菲利普国王的棺椁是铅制的，放在一个木制的大棺材里，再一起安置在一个为此特别建造的教堂的石砌墓穴中。[37] 他们还送给万历帝一幅宗教版画，名为《耶稣之名》，画上是末日审判的场景，神圣罗马帝国皇帝、教皇和各国国王王后都在跪拜，一面是天使，一面是地狱，这引起了万历皇帝的许多想象，他命令宫廷画师临摹了一幅尺寸更大的，还上了色。

这次冒险算是成功，于是他们又向皇帝进呈了一幅描绘威尼斯圣马可教堂和广场的画作，还有一本书，书里有一系列精细的画，内容是菲利普国王在埃斯科里亚尔（Escorial）宫中的圣洛伦佐教堂的场景，但他们后来知道，这些东西被一名大太监据为己有，并没有呈给皇帝，这让他们很失望。[38] 当万历帝了解到，欧洲的皇帝们拥有高层的宫殿，而自己居住于较高楼层时，他不禁哈哈大笑，这做法在他看来是很荒唐的。这个例子让利玛窦感受到“所有的人都满足于停留在他们所成长起来的生活方式中”。[39]

对利玛窦来说，万历皇帝是个谜一般的人物，在某种程度上非常独裁专行，但从另个角度看又显得处处受制。然而，最终看来，他还是对利玛窦产生了很大影响。如果我们看到他在临终前对科顿神父——这个比他年龄更小的同时代耶稣会士——表达出无尽钦慕，我们就能想象，利玛窦一定梦想着有朝一日自己能成为万历皇帝的告解神父，就像科顿使亨利四世——纳瓦尔和法兰西国王——重新皈依天主教那样。[40]

然而，利玛窦从没有和皇帝当面交谈过，更不用说使他皈依。皇帝只和自己的嫔妃与太监交谈，在这个世界里，这些太监的权力就迅速上升，因为他们成为皇帝与宫墙外的官员交流的唯一纽带。利玛窦与皇帝打上交道，所有一切都是通过太监进行。在此，又一次地，利玛窦对此情况的看法依然很分裂。人们如果仔细地读过《圣经》，应该对此不会陌生。在《但以理书》（第 1 章第 3 至 4 节）当中，巴比伦王尼布甲尼撒（Nebuchadnezzar）不就是命令太监长从以色列人俘虏中挑选出那些“通达各样学问，知识聪明俱备”的人，让他们学习迦勒底的语言，以便将来足以“侍立在王宫里”吗？当利玛窦在北京与太监们一道从事“科学”工作时，有很多例子表明，他们当中许多人给利氏留下了不错的印象。利玛窦曾教四名太监乐师歌曲，庞迪我教他们弹奏拨弦琴；此外，在1601年，利玛窦又教另四名太监如何给钟上发条，以及如何维护宫中的几架大钟，他还与他们一道，将雕饰精美的外壳组装到这几架钟上。还有，宫中的太监算师曾帮助利玛窦拼装那幅巨大的世界地图的十二个版块，1608年初，皇帝突然心血来潮，要求给他及皇室呈上这副地图。利玛窦把这些太监都看作"我们的朋友"，当他们来耶稣会士北京寓所拜访时，都表现得"很是亲热"(Con molto amore)。[41]

另外还有些例子，表明利玛窦与几位掌握大政实权的宦官也关系不错。利玛窦很清楚,这些太监尽管大多"出身于社会的最底层"，但在万历朝，他们同时也是"皇帝的仆人、顾问，甚至是他的挚友，所以我们可以说，实际上是这些人在统治国家"。[42]耳聋的老太监冯保尽管自视甚高，但还是很期望能从利玛窦那里得到一块威尼斯的玻璃三棱镜,1599年他在南京私邸举办极其盛大的宴会招待利玛窦。太监马堂在1590年代是中国朝野上下最有权势的人物之一，许多高层官员都提醒利玛窦，他们自己都根本无法差动马堂。1600年，马堂邀请利玛窦去天津看一场杂耍把戏，让利玛窦大开眼界。杂耍者可以同时抛耍三把大刀，仰天用脚转动巨大的瓷缸，并用同样方式转瓷鼓和木头桌子；一名跳舞的男孩拿出一个人形泥偶，逗弄它，抱着在地上打滚，憨态可掬。利玛窦坦承，这一切都"让人大饱眼福"。[43]

利玛窦在华期间，有三次重大危机，太监们都处在风口浪尖，这些在利氏的《中国札记》当中都有记录。第一次危机发生在1598

年至 1599 年，明朝与日本丰臣秀吉的战争刚结束，北京皇宫的部分房屋突然遭遇大火。为重建宫殿筹集资金，许多太监被派到华中和华南地区。为了完成摊派的任务，这些人肆意地搜刮钱财，到处强闯民居、横行霸道、敲诈勒索，终于在临清和苏州这样的城市里引起了市民和手工匠人的大暴动。[44]那时，利玛窦找的一名邮差在南昌和南京送信途中，被抢劫并杀害，尸体还被抛进河里，这或许和那段时间的暴乱和恐怖活动有关系。[45]

第二次危机是在 1603 年，是由万历皇帝和宦官们掀起的一股恐怖风潮。当时北京城里出现了一本匿名的“妖书”，此书批评了万历帝最宠爱的妃子，以及那些想让该妃子的儿子取代皇帝长子（并不受万历帝喜爱）成为太子的人。利玛窦生动地描绘了当时情况：许多人被秘密逮捕、密探无处不在，文人被抓捕受刑，当时影响很大的真可和尚*入狱致死，等等。当时有人指认真可与这“妖书”的撰写有关，万历帝下令用竹杖打他三十下，但还没打完他就断气了。真可去世时六十岁，他是一名极有造诣的高僧，也是个著名的学者和文士，与当时中国许多名士——比如伟大的剧作家汤显祖——都有交往。利玛窦对佛教总是怀有深深的敌意，他用一种尖刻的笔调谈及真可的事，说到人们都鄙视他，因为“平时他总是自称习惯于将肉体置之度外，但当他受杖刑时，却和其他俗人一样大声哀嚎”。[46]

最后一件事则与太监高寀有关。当时有传闻南方的吕宋岛有金

* 即达观和尚，又号紫柏，俗姓沈，名真可。

山银山，高寀拼命鼓吹，说动了万历帝派遣官员去马尼拉探宝。这支中国寻宝队的出现，加上当时迁居菲律宾的中国商人和手工匠人的数目逐年增多，让西班牙人觉得中国人即将入侵，于是，1603年他们发动了残酷的屠杀，大约有接近两万名中国人丧生。利玛窦最担心的是，北京的耶稣会士们也许会被认为和西班牙人的行动有牵连，在1605年初，写给罗马友人马塞里（Maselli）的信中，他表达了这种焦虑："此间的朝廷对这件事有许多议论，我们担心这会给我们带来麻烦，因为在此之前，我们总是无比谨慎地不让旁人知道，我们是他们（西班牙人）的朋友。"但是，有位中国官员去了菲律宾，把一封马尼拉西班牙人写的信带回了福建省，让这种欺瞒几乎被揭穿。利玛窦继续说：

> 信件被译成了汉语，并送到北京。信中说到，它是在"耶稣降生后1603年"写成的，这正好和我在教义问答中的说法一模一样。然而天主降恩，没有人注意到这点，除了保禄博士，我提醒他不要和任何人提及此事。另有一点，也会让旁人不把我们和西班牙人看作同一宗教，他们把天主之名用西班牙语写成"Díos"，而我们则写的是葡萄牙语"Deus"。[47]

北京的耶稣会神父们想尽办法，要让中国人以为，他们和西班牙人、菲律宾人并无关系，恰好当时太监们都忙于自己事务无法抽身，内阁上层官员又正在相互争斗，这让耶稣会士们得以过关。利玛窦在信中提到的"保禄博士"正是上海学者徐光启，他皈依了天主教，并帮助利玛窦翻译欧几里得。徐光启清楚，这个毁灭性的证据不能让他在翰林院的同仁们得知，他们中有些人——尤其是那些佛教徒——见此将会非常高兴，并以之攻击利玛窦。

到了 1605 年，利玛窦已经确信，京城的风气很坏，当某人感觉会有人对其不利时，就拿钱财开道。腐败因而成了一种保护性的策略：

> 国王对他宫廷里的太监极端残忍，经常因为些很小的借口，就将他们杖打致死，所以没有太监还敢再去关心宫外的事情，除非那事情能给他们带去大笔的钱财。朝廷里的官员也学着做同样的事，他们从各省来到京城办事的官员那里索取钱财，本身这些地方官的钱就是从城乡民众那里搜刮来，还要再分一部分给京官。这座城市已经成为名副其实的、混乱的“巴比伦之城”，各种罪恶横行，毫无公正，没有人有任何虔信，也没有人有任何意愿想去净化自己的灵魂。[48]

这段话使用的措辞，与文艺复兴时期教会的批评者们是何等的相似！那时人们将罗马和那些贪腐的教皇称作“巴比伦的娼妓”。利玛窦熟谙这套修辞，他在批评佛教教派时，像是另一种应和，他说佛教拥有“巴比伦式混乱不堪的教条，太过复杂，以至没有人能够正确地理解它，或描述它”。至于北京这座堕落的城市，利玛窦怀着道德之心评判说，城里住着“一群毫无男子气概的人，终日只知享乐”。[49]

利玛窦与许多富人交好，至少他对这类铺张无度的社会境况还是比较熟悉的，因为他曾经写道，当某人要去职或离开一座城市时，经常得参加“朋友为他举办的七八场宴席，以示人情来往”。从他对中国酒的评论里可以看出，这并不是随意偶然的观察，他说此处的“酒倒是比较像啤酒，并不太烈，如果喝太多以至醉倒，第二天早晨也就没事了”。然而，他这些玩笑话也不太靠得住，因为他自己还描绘了许多北京城里醉汉横行的场面——城里的街道上那些走路晃晃悠悠的人，“满身酒气，踉跄倒地，嘴里出言不逊，行为不端”。在这里，穷人和官员唯一的区别就是，后者在官府宴饮糟蹋形象之后，还可以坐在轿中，在轿帘的遮掩下被送回家。[50]

利玛窦对北京城里的穷困和苦难也知之甚多。我们还无法确定，他是否了解那些街头流浪的帮派，那里头尽是些生存境遇最让人绝望的流浪者，他们往往是遵从父母之命被阉割了之后又没能进宫当太监的年轻人，游荡在外，欺负那些穷苦的小贩。[51] 我们也不知道，他是否了解，北京城富人阶层所持的白银和穷人的铜钱之间的兑换比例频繁变动，受许多复杂因素影响，在 1590 年代，这曾导致千万人穷困而死。那时，由于管理不善和官员的漠视，整个社会救济体系基本崩塌。[52] 他的友人、天主教徒徐光启对穷人的苦难很有发言权，他极有可能和利玛窦提到过，在那寒冷的冬季，街头乞丐会付一个铜板，夜晚躲进堆放草料和毛皮的仓库里，以免在外冻死。[53]

我们确实知道的是，利玛窦曾在北京城里奔走，拜访城中的各位顶尖学者，与他们讨论科学和宗教话题，因为他留下了一幅让人印象深刻的图画，画中他骑马在街上，头罩黑色面纱；和城里的有钱人一样，这是为了抵御沙暴打脸。每年干旱季节，沙尘暴对北京城而言如同噩梦。利玛窦经常这样在街上骑着租来的马匹或是骡子，手持他自己印的指示地图，标出房屋和达官贵人住所的方位，由于他头罩面纱，无法被人看清长相，不会特别吸引路人的关注。[54]

利玛窦这样评价中国："这个国家遍地都是奴隶。"他觉得造成这种情况之原因，部分是由于男人的自然性欲，"男人活着不能没有女人，但又娶不起妻子，于是就把自己卖给富人为奴，富人则会把女奴给他们做妻子，这样他和他的子孙们便世代为奴"。另外有些人，虽然攒些钱够娶个妻子，但却无力抚养孩子，只好以两三个达克特的价格把孩子卖掉，利玛窦伤感地说，"这价格甚至还及不上一头猪或是一匹老马"，饶是如此，这还是平常年份的价，一旦饥荒发生，卖价大概只有常年的十分之一。[55] 利玛窦《中国札记》原稿的某些章节里，对这些还有更为详细的描述，但该书在 17 世纪出版时，这部分被谨慎的耶稣会编者们删去了。

利玛窦还对中国人耽于淫色之习有所体察，他发现许多年轻男人还未等得及真正成熟——在他看来那要到二十岁——就开始随意挑选性伙伴，许多男子在十四五岁时就已经有了第一个女人，结果是"有些人身体变得很虚弱，丧失了生育能力"。除此之外，他还写道，"整个国家到处都是公开的娼妓，这还不算那些实际上人尽皆知的通奸的例子。仅在北京一处，据说就有四万人公开以卖淫为业。这些女人为此营生，有些是因为她们自愿选择，余下的那些则冤得多，她们是被恶男人强迫从事这行当，以这种肮脏的方式来谋生"。[56] 明代时人若见到利玛窦对娼妓泛滥境况的描写和数目的统计，肯定不会反对，因为很多人记述到即使在很小的村镇中也能找到妓女，而在稍大的城里则数以千计。在北京城，就像在罗马一样，娼妓需要在政府部门注册，并需缴税；她们并不能像佛罗伦萨妓女那样大大方方地坐在门厅揽客，北京的妓院都安有特殊的门，在中间分开，上半部可以半开，这样路过的人们可以从容地观赏门内春色。[57]

在华耶稣会士自己也曾遭到不检点性行为的指控，这不免惹人心烦。他们刚到肇庆不久，就有一名中国信徒指认罗明坚神父与城里一名已婚妇女有通奸之行，该女子的丈夫也附和，并称这是把妻子痛打一顿后才得知的。这是一桩典型的敲诈事件，罗明坚最终证明了自己的清白。[58] 龙华民神父在韶州也遇到了类似的事，后来那个被称与龙华民有染的妇人被地方官带去用刑拷打，招认与她通奸的是另几个当地男人，从而免除龙华民的罪责。[59] 此类传言在中国人当中很是流行，许多小城镇的集市上，会有戏班搭台唱戏，嘲讽那些天主教徒和葡萄牙人。在戏里，葡萄牙人每每一边佩带刀剑，一边手持玫瑰经，听任他们的神父和当地妇人们厮混。让耶稣会士名声糟糕的还不止这些戏文，许多攻击耶稣会士和教徒的小画书大量印制，四处贩卖，而文人们也撰写传阅冗长的反教帖文。[60]

利玛窦把中国的年轻戏子称为“这个国家最邪恶、最为堕落的一群人”，说这话时他可能就想到了这些荒唐的戏班，他还描述了这些戏子是如何在孩童时期就被他们主子买去，还教他们唱戏和跳舞。[61] 然而可能性更大的是，这些浓妆艳抹的男戏子使他疑心北京城里存在许多男妓，显然，他还担忧男同性恋现象的蔓延：

> 最能展现这些人可悲之处在于，他们被一种自然的欲念驱动，做的却是违背自然、违背事物法则的事情，而且，这并不被法律禁止，并不被认为是不正当的，甚至没人因此感到羞耻。人们在公众场合大声谈论，此行为到处可见，没有人想过要禁止它。在有些城市，这种令人厌恶的情况十分常见——就和京城一样——大街上遍是打扮如同娼妓的男童，招摇过市。有的人买下这些男童，教他们弹奏音乐、唱戏、跳舞，然后穿上华丽的戏服，像女人一样涂脂抹粉。这些可怜的男子就这样开始了他们肮脏的色情生涯。[62]

这些话是在1609年到1610年写的，那时利玛窦的人生之路已快走到尽头，但他早在1583年就已经表达过类似的情绪。那时他刚到中国几个星期，便给范礼安写信，说到“这里泛滥着这种可怕的罪恶，但没有人感到羞耻，也没有人去阻止”。[63] 利玛窦一直抱着批评的立场，最初他还没有获得太多此方面的证据，而二十五年在华，细致观察了这一切后，他的感觉更强了。

利玛窦的这种道德愤怒在那个时代不乏同道，那两位在利氏之前到过中国、留下记述的人也用类似的语词描写。佩雷拉写到中国人时就说“他们所犯的最大恶行就是鸡奸，这在中下阶层当中很普遍，在精英当中也并非罕见”。[64] 达克鲁兹所说也相差不远，他还补充说，这一“违背自然的罪恶在他们当中从未受到过谴责”，当他反对这种行为时，中国人还感到惊奇，并宣称“从没有人告诉他们这是种罪恶，或是有害的事”。[65] 达克鲁兹认为，1550年代后期在中国发生的特大地震以及随之而来的雷暴肆虐，摧毁了许多城市的民居，正是天主对这种罪行蔓延的惩罚。为了强调他的观点，他还补充说，告诉他这个大灾难消息的中国人“害怕到了极点，仿佛整个山西省被毁为蛮荒之地，那样子像极了罗得的女儿们，他们看到所多玛和蛾摩拉城被摧毁时，觉得世界末日就要来临”。达克鲁兹总结道，这灾难和其起因种种，都确实地预示着基督的敌对者的到来。[66]

无论是达克鲁兹还是利玛窦神父，有这种反应都不奇怪，这显示了他们是教会的忠实一员。天主教会在总体原则上反对一切肉体欲望，而特别谴责任何不带来生育繁衍的男子性行为。托马斯·阿奎那的论著里曾对这种道德立场做过郑重的论证，他认为，人类的自然交合，是仿照自然界中普遍存在飞鸟走兽的两性结合。因此，按照阿奎那推论的逻辑，手淫、同性媾合与男女间的肛交都应被严厉禁止。阿奎那在《反异教大全》书中，用不容置疑的语气说道：“谋杀摧毁了人身在现实世界的存在，因而算得上是首要的罪行，除此以外，这些罪行就居于第二位，因为它们阻碍了人类社会的代际繁衍。”[67]

天主教到了晚期才开始严厉谴责同性爱，这点和伊斯兰教并无二致。《古兰经》最早的西语译本当中，提到同性爱时显然是抱着一种宽容态度的。中世纪晚期的大量文献中都提到过自由的同性爱现象，娈童、男妓、对男性奴隶的性虐等等，都屡见不鲜。在第一次十字军东征后，天主教徒在耶路撒冷王国订立律法，其中就号召要烧死那些“鸡奸者”，当时，在欧洲流传着许多活灵活现的说法，描述穆斯林是如何侵害基督徒俘虏的，包括成人、儿童、教士和主教等，这本身是为了壮大十字军东征的声势。利玛窦本人批判北京那些浓妆艳抹的青年戏子，他所使用的言辞，几乎和三个世纪以前亚当的威廉（William of Adam）攻击伊斯兰教徒娈童时一模一样。[68]

马丁·路德在1542年曾给友人尤纳斯（Justin Jonas）写信，尤纳斯的妻子之前因难产而死，路德试图安慰他。信本身写得情深义重，但其中有一段不经意的评论，倒恰好构成了对上述想法的引申。"对这个令人憎恶的世界，有谁会不厌倦呢？"路德这么说，"如果说它还能被称为一个世界，而不是日日夜夜让我们的灵魂和双眼忍受这些鸡奸者行为的罪恶地狱"，路德讲得很清楚，他所说的"鸡奸者们"指的是"土耳其人、犹太人、教皇和红衣主教们"。[69]

显然，天主教徒不会接受自己被归于这类被讽刺的行列，比如著名的耶稣会士卡尼修斯（Peter Canisius）——16世纪七八十年代耶稣会中最重要的思想家——他在《教义问答》（*Catechism*）一书中，以极大的热情重申了阿奎那关于同性爱的教诲，还加以补充。卡尼修斯将《圣经》里的经典文本汇集起来，比如《创世记》里讲到所多玛和蛾摩拉城的命运（第18和19章）；由先知以西结记录的，上帝对这两座城的评判（《以西结书》第16章）；还有《利未记》中的直率告诫（第18章第22节）：男人"不可与男人苟合"，像同女人那样，因为"这本是可憎恶的"。历来许多教会里的神父——也包括路德本人——对所多玛的罪恶都如此解读，即它主要包括贪婪、惰懒、对穷人的境遇无动于衷，但卡尼修斯明确说，他不接受这种解读，因其不全面。他写道，所多玛人除了不帮助那些"穷苦人"外，还"犯有这种最令人憎恶的罪行，却并不害怕触犯天主和自然的律法"。[70]

当利玛窦还是个马切拉塔的学童时，他所听到的，正是这种对所多玛人的解读，恰在那时，1566 年，教皇庇护四世颁布了谴责同性恋行为的公告。16 世纪后期旅行到东方的耶稣会士们所抱持的，也正是这种想法，而当时人普遍认为，在炎热气候下各种罪恶更容易滋生，这更印证了所多玛的罪恶。[71] 一位耶稣会士在果阿上岸后，就立即写信回家，说道："这里日夜都酷热难当，学院里的大部分人睡觉时都不盖东西，而只穿着轻薄的衬裤和无袖衬衫，人们在白天穿一件薄薄的棉布背心，炎热让人们衰弱无力。"按照耶稣会的惯例，各地教士在睡觉时都应盖好被子、关紧门窗，但掌管果阿宿舍的耶稣会士们很快就放弃了这个规矩。[72]

在这样的环境里，情色感无处不在，有些人看到不免惊恐，但又带着艳羡，比如意大利商人卡莱蒂（Francesco Carletti）就发现，街上的男人穿着宽松的白色袍子，大袖飘飘，而女人则看起来像是"在车床上组装起来一般"，她们手脚四肢"如同浮雕那样立体鲜明，仿佛一眼望去就能看出其全部构成"。为了清楚明白地讲出印度女人的衣着，卡莱蒂用了一个比喻，他说她们的着装"衣褶就像是教士们穿的白色法衣或其他宗教服饰，并不需要上浆，因为那地区的水和太阳暴晒足以保持这些衣褶，让它们始终硬挺"。[73] 这描述也许是很精确的，但把女人和教士联系起来的想法则很不得体，或许这也揭示出一个原因，为何这些教士会满怀热情来到果阿，决心根除头脑中一切男同性恋的想法。果阿宗教裁判所法官的通信里就曾谈到这种"恶行"的蔓延，并认为应对其加以严厉惩罚。在果阿，和罗马一样，因施行鸡奸被捕的男人会被当众处以火刑。[74]

耶稣会士们对此感到厌恶，并不只是在此时此地，实际上他们所遵循的这套想法和行为是沙勿略自己为远东教会所定下来的。1549年，沙勿略从日本给果阿的青年耶稣会士们写了一封公开信，信中谈到日本佛教寺庙里僧侣间同性爱十分常见，并毫不掩饰自己的震惊，而且当地人对此似乎毫不在意，这让他更为惊讶。日本僧侣利用这些男孩，送他们去上学接受教育，只是为了获得更大的性愉悦，当沙勿略质疑这种行为时，他们只是一笑了之。“此类恶行很明白已经成为一种习惯”，沙勿略写道，“僧侣们深陷这种违背自然的罪恶，他们并不否认，而是公开坦承。更坏的是，这罪恶是如此公开，长幼皆知、妇孺亦闻，他们都习以为常，既无人忧虑，也没有人感到恐惧。”[75]

沙勿略还说，另有一些僧人公开与尼姑同居，一旦女尼怀孕，就会用药物打胎，或者是生下来就立即杀死婴孩。一年以后，一位耶稣会士记述道，有一群僧人在庙里免费招待沙勿略用餐，席间沙氏突然大声斥责这些僧人，针对的是“在他们之中盛行的这些令人憎恶的淫行罪恶”，众人惊诧不已，但庙里的住持对这指责根本懒得回应。[76]

1580年，来到远东的范礼安在耶稣会中也发现了类似的境况，他很坦诚地说，耶稣会士们也有责任，因为他们对前来耶稣会学习的日本学生态度严苛，缺乏人情，“情况很糟，他们在教会里——实际上是在我们的驻地——过的日子并不开心，他们中很多人平时沉默寡语，行事鬼鬼祟祟，正在沾染粗俗和罪恶的习惯。有些人是为了以一种非常糟糕的方式来寻求慰藉，另一些人则逼着（耶稣会士们）更好地看清现实”。[77]范礼安试着找到一种中和的立场来遏制“人的堕落天性（除了那些我们所有人已自然堕入的罪恶外）”，1580 年，他为耶稣会的日本学院制定了许多规矩，比如他极有用心地规定学生们睡于榻榻米上，相互间用小木凳隔开，整夜寝室里都点亮一盏灯。[78]卡布拉耳神父（Francis Cabral）在日本生活了将近二十年，他被调回果阿时，依然不觉得情况有任何改善。1596 年他在写给罗马的一封信中说，日本人的宗教修习中最大的阻碍就是他们的同性恋问题。神父们所憎恶的“肉欲”和“罪恶习惯”，“在日本被认为是十分荣耀的，体面人家往往会把儿子托付给僧人，学习这些事情，其实也是为了满足他们的欲望”。[79]

远东地区的耶稣会士对于同性恋问题看法是一边倒的，其结果是，对于为什么同性恋在某些地区“不见踪影”，其他的西方旅行者会觉得有必要给出令人满意的解释。所以，威尼斯商人菲德里奇（Cesare Fedrici）就写道，缅甸的妇女总是穿着诱人的开衩长裙，而且“又紧裹身体，以至于每走一步都会露出大腿或其他部分”，这服装是她们有意设计的，为的是吸引她们的男人们，从而远离那种“反自然的行为”。[80]同在缅甸的一位传教士在 1544 年则如此总结，那里之所以没有同性恋，是因为国王应王后的要求，下令全国所有男人在“他们阳具的皮肉中”安上一个小铃铛，这一做法成功地阻止了这种“可恶的罪行”在国内流行。[81]

当然，男性的同性恋在明代普遍流行，但实际上当时的法令对此是禁止的，这一点显然利玛窦没有意识到。在 16 世纪晚期，由于更“放荡”的城市新生活方式的出现和道德观念的变化，男同性恋现象是否又大幅增多，还没法确定。明代学者谢肇淛是利玛窦的同时代人，他曾引用10世纪文人陶穀的书，说宋代京城如蜂窝一般的街巷之中，处处可见愿意出卖肉体的男妓，而在此方面，晚明社会也并无不同，谢肇淛写道："今京师有小唱，专供缙绅酒席，盖官伎既禁，不得不用之耳……间一有之，则风流诸缙绅莫不尽力邀致，举国若狂矣，此亦大可笑事也。"谢肇淛认为，早先的文人曾说男同性恋主要在东南地区盛行，若以往如此，那么现在则不大相同了：在北京，有超过一半的男妓来自山东临清，结束了浙江籍男妓（尤其来自绍兴、宁波两地）以往的统治局面，后者一时可谓声名狼藉。[82] 谢肇淛还补充说，在以往时代，只有女子化装成男人，而到明朝才出了许多新例子，即男人装扮成女子。[83]

1581年蒙田旅居罗马，他惊奇地发现，几年前圣约翰教堂里曾举办过几对葡萄牙男人的同性婚礼，这些新人在一段时间内"一起上床，同居一处"，直到最后被捕并被处以火刑。[84] 如果利玛窦曾经听说过这事——此事据称发生在1578年，也就是利氏离开罗马一年后——那么到17世纪初，当他与北京的学者友人沈德符交谈时，不会感到奇怪,因为这种现象存在于全球各处。沈德符写过一本《敝帚斋余谈》，对社会风俗作了广泛研究，其中就曾记道，在福建省，同性恋男子经常同居于一家中，其中年幼男子的父母会将年长男子视为他们的女婿，父母会将准备给儿子结婚的钱财拿出来，供养他们。当地人甚至创制出了一个特别的字"娚"，来表示此类男伴间的亲密而暧昧的两性关系，即用"女"这个部首取代男子的"男"字里"力"这个部首。但沈氏也说，在当时标准通行的字典中找不到这个字。[85]

当然，还有很多别的材料能佐证谢氏和沈氏的发现，说明当时社会中普遍流行同性恋。举例而言，晚明社会大量流行春宫画，尽管这些画大部分都是表现异性情爱场景，但也有许多是描绘男女或男男肛交的。在上层文人中此风盛行，显然，当人们提及时，会说这些男人正在施行"翰林之风"。[86]

在1550年代后期，教皇保罗四世任期内，宗教裁判所特别积极地反对同性恋。利玛窦那时还是孩童。而到了16世纪末，此条禁令已传遍全球，亦到了马尼拉，这时利玛窦已开始了他的中国传教事业。在1580年代，马尼拉的西班牙人将几名犯同性恋罪的中国男人处以火刑，明帝国的文人自然也注意到了这个严酷的事件。明代地理学家张燮对菲律宾之事作了简要的记述："吕宋最严狡童之禁，华人犯者，以为逆天，辄论死，积薪焚之。"[87]

教会对同性恋的惩罚越来越严酷，公众也广为知晓，耶稣会士们自身往往尽力避免沾染上此类污点，但并不能一直如愿。就像罗明坚和龙华民曾被指控犯通奸罪那样，也有另一些令人讨厌的流言在耶稣会士住所附近传播。单身的耶稣会士和他们的黑人仆从（至少在传教早期有）、年轻的仆人和学徒，都不可避免地卷入此类传闻中。利玛窦曾写道，有一次，人们指控他扣留了一个中国男孩，用麻药使其昏迷，并在自己房间里软禁了他三天，这实际上暗指利玛窦是先与男孩行苟且之事，再把他卖给澳门的葡萄牙人。[88]

类似针对西方传教士的指控时有发生，另一次，一名天主教神父将一个二十岁的中国男子秘密带到澳门，这个年轻人原本是一名佛门弟子，后在澳门受洗。此事在中国人里引发了众怒，他们威胁说，如果不交出这名中国男子，就扣住葡萄牙的船只，抄走所有的货物，甚至摧毁整个澳门城。尽管很不情愿，但葡萄牙人只好屈服，一名高级教士护送这年轻人回到广州，他还被迫亲眼目睹了这年轻人因其轻率行为而被痛打。[89]

在这问题上，耶稣会士们始终试图抱持一种坚定的道德立场，以排除中国人的更多猜测传言。利玛窦和罗明坚在1584年翻译了《十诫》的最早一个中文版本，其中第六诫原本是简单的“不可奸淫”[*]，但他们译为“莫行淫、邪、秽等事”。[90]利玛窦在他解释天主教义的著作《天主实义》当中，对这点作了更多申发，尽管在此之前，他还对教会奉行的独身主义作了解释，提出了八点理由。这部分关于独身的解释长篇大论，其论点可能来自保罗给哥林多和提摩太的书信，以及爱比克泰德对道德人应视乎世界所需的理论。[91]

利玛窦的八条理由如下：第一，世人众多，大多为养家糊口、求得生存而竞争，没有多余时间考虑灵性问题；第二，禁欲能够使人的灵魂感知更加敏锐；第三，清贫与纯洁兼具，更容易成为众人的道德楷模；第四，将信仰传播至全世界，需要的是全身心的投入；第五，在欧洲，民众对信仰传播充满热情，而传教士在普罗大众中扮演的角色，就如同丰收时农人在收获谷物中挑出田租和种子一般；第六，人类所能想象的最高成就便是接近上帝，既然有些人说“天下宁无食，不宁无道；天下宁无人，不宁无教”，那么他们便应将自

* 在《圣经》中此应为第七诫。

己全部生命奉献给宗教；第七，传教士们必须挣脱妻儿的羁绊，时刻准备着被征召旅行远方，“苟此道于西不能行，则迁其友于东；于东犹不行，又将徙之于南北”；最后一点，过贞洁的生活，人们得以与天使同在，更接近上主，以此也可更有力地与魔鬼作战。[92] 利玛窦列出这八条理由之后，以严厉的笔调写道，虚假的独身，或是拒斥婚姻但放纵欲望，这是最糟糕的情况：

> 乃中国有辞正色而就狎斜者，去女色而取顽童者，此辈之秽污，西乡君子弗言，恐浼其口。虽禽兽之汇，亦惟知阴阳交感，无有反悖天性如此者，人弗赧焉，则其犯罪若何！吾敝同会者收全己种，不之艺播于田亩，而子犹疑其可否，况弃之沟壑者哉！[93]

在《灵操》这本书里，罗耀拉吩咐每一位修行操练的教士，在第一周，要运用所有精力去凝想自己的罪恶，要运用所有记忆、推理和意愿的力量去试图理解上帝对人的恩典。上帝对天使的罪恶、亚当的罪恶以及凡人的罪恶有着不同态度，这正是人们须领会的。这周的第二项操练则是对自身的反省，反省每个人的“厌恶与怨恨之心”中所犯的罪恶，直到在这场无情而彻底的罪恶洗涤中真正认识自己的全部存在：“我会将自己看作腐败和传染的源头，滋生出无数的罪孽和恶行，还有最致命的毒药。”这种反省带来的并不是悲伤，而是一声惊异的“伴随着汹涌情感而来的叫喊”，因为修行者意识到了自己罪恶深重，同时也意识到上帝宽恕这种罪恶、给予恩典的真正意义。[94] 利玛窦和他的在华耶稣会同事们，一定时常从事修习，作这种反省；确实，他们的会长阿桂委瓦经常敦促他们在传教工作中，不要中断这种重要的省思，对基督和撒旦的“两种标准”有所领悟。[95]

到 1590 年代，阿桂委瓦采纳了许多耶稣会成员的建议，制定出一套新的灵性修行法则，进一步发展了他的思想，尤其是关于“修行如何展开”、“应针对哪些人”这两个问题。他得出结论，罗耀拉所定的灵操施行对象的限制仍必须遵守，尤其是要排除掉那些已结婚的世俗之人，不论他们如何虔诚，都不应参加整个修习过程。但和罗耀拉一样，阿桂委瓦也强调了，如果允许那些“已反省过其生命，但依然留于尘世”的人们至少读一下第一周的修习课程，那也会有好的结果；阿桂委瓦还提醒传教士们，这种修习不仅仅在个人静思时需要，“如果可能，也要延伸到教徒的家中”。这个最终决定诞生于 1599 年，在 1601 年又得到确认，阿会长写信给传教士们说，各传教会的上层“应该表现出愿意且已准备好接纳任何想来从事灵性操练的人”。[96]

至于利玛窦如何引导中国信徒从事第一周的灵性操练，我们只有些很零散的线索。第一次似乎发生在 1591 年的韶州城，信徒名为葛盛华，* 是一位富有的商人。第二回则是和葛盛华的友人瞿汝夔，他既是学者也是炼金术士。[97] 在第一次，利玛窦特别写道，由于葛盛华之前是佛教徒，已经有了冥想默念的经验，因此对从事这套灵性修习更有准备。至于第二次，瞿汝夔原本是狂热的炼金术士，但

* 关于此人姓名，利玛窦原记为“Cotunhoa”，学界有“葛盛华”和“葛舜华”二说。

经过修习，他的心灵得到荡涤，驱净了那些对死亡的恐惧，正是后者驱使他孜孜不倦地去寻找长生不老的灵丹妙药。

其实，不论是罗耀拉还是阿桂委瓦，都强调过灵性操练第一周的精妙之处，在于当人们冥思反省自己所犯之罪时，不应太纠结于具体的罪恶本身，尤其是不应过多运用自己的感性。阿桂委瓦说，若省思基督的生平，感性运用是合适的，“为自己构想出那画面，以想象的眼睛去观照，回到那一幕幕发生的现场”。然而，对罪恶的反思则是完全不同的问题：若需充分意识到人类所有的弱点，对自己的缺失抱以最深的悔悟，人们就必须尽力避免心智的参与，那会导致陷到罪恶想法中，甚至去重演。

圣依纳爵·罗耀拉提出，欲反思罪恶，最具成效的方法是恰当掌握记忆、意志和推理三种力量，达到一种尽可能紧密的平衡，以使三者没有一个能独占优势。但同时很让人惊奇，阿桂委瓦的结论则是，那些已被证明“在这件事上比旁人拥有更好条件”的人，并不是那些心灵较为内敛封闭的人，事实上恰恰是那些“想象之能力特别敏锐的”。[98]或许可以这样解释，那些最强大、最有远见的心智，才能掌握这种特殊灵性修习的所有可能方向，才能理解驾驭控制情感之必须，因为他们对自己的视野和复杂性有充分认知。

或许，利玛窦已经将这些心得与瞿汝夔和葛盛华分享，归根结底，只有他才对中国人写下这些可怕的词句，“人及兽虫，焚烧无遗”，而正出自他那尖锐冷酷的想象，才迸发出这样的描述：“树木山石，俱化灰烬，沉陷于地。”[99]

注释

1 参见此书中的列表：Verbeek and Veldman, *Hollstein's Dutch and Flemish Etchings*, vol.6, "De Passe (Continued)", pp.6 and 7，以及 Franken, *L'oeuvre gravé*, p.4, nos.18-21.

2 《利玛窦题宝像图》第 6 至 8 页。程大约:《程氏墨苑》，卷 6，第 2 篇，第 41—43 页。Duyvendak, "Review," pp.393-94.

3 Pastor, *History of the Popes*,14/414-16. Duruy, *Carafa*, pp.304-5，以及该书第 408 页上那些嘲讽的例子，O'Connell, *Counter-Reformation*, p.83。

4 有关战事见 Pastor, *History of the Popes*, 14/152-67，有关"长久的"四旬斋节见第 233 页。

5 同上书，有关犹太人和土地见 14/265, 272-75，有关这种惩罚性的感官体验见 238-39, 266-68。

6 同上书，14/214-26. Du Bellay, *Les Regrets*, poem no.103. Ancel, "La disgrâce", 24/238-44，其他由洛林红衣主教提出的同性恋指控见 Duruy, *Carafa*, pp.296-97，注释 4 死刑的描述见 Ancel, "La disgrâce", 26/216-17.

7 引文见《以赛亚书》第 39 章第 7 节,还可参见《以赛亚书》第 1 章第 6 节、第 1 章第 9 节、第 3 章第 9 节、第 3 章第 16 节、第 10 章第 6 节、第 13 章第 19 节、第 19 章第 14 节。D. P. Walker, *Ancient Theology*, p. 8,基于保罗的《罗马书》第 1 章第 22 至 27 节，就鸡奸在惩罚程序中的作用提出一套令人惊骇的论述。

8 Paci, "La Decadenza", p.204 n. 402 and p.206 n.410，同前书，第 145 页，记述了一则有关马切拉塔的不道德行为的、有趣的十五世纪民歌。

9 同上书，p. 174 n.139.

10 Martin, *Roma Sancta*, pp.49, 132, 189.

11 Delumeau. *Vie économique et sociale*, 1/404-8.

12 Martin, *Roma Sancta*, pp.85, 185. 有关圣依纳爵本人的关心，见 Tacchi Venturi, *Storia della Compagnia*, 1/390.

13 Delumeau, *Vie économique et sociale*, 1/416- 27.

14 Martin, *Roma Sancta*, pp.145-46.

15 Montaigne, *Journal de Voyage*, pp. 234-35. 同书第 348 页蒙田将佛罗伦萨的妓女和罗马以及维罗纳的作了比较。

16 以下书对此有极富画面感的描述：Duarte Gomez, *Discursos*, pp.130-31, 156, 186. Boxer, *Fidalgos*, pp 227-29.

17 Sassetti, *Lettere*, pp.125-27.

18 Mocquet, *Voyages*, pp.285, 307, 343, 351. 此书详细记述了一个很有趣的例子，一位中国的女奴嫁给了一个印度基督徒医生。

19　有关果阿的详细情况可见 Pyrard, *Voyage*, 2/102-4.（该书所述的时间稍晚一些）Costa, *Christianisation*, p.24；有关澳门可见 Boxer, "Macao", pp.65-67. Park, "Demography of Old Macao", p.30；*FR*, 2/433 记到，鄂本笃神父在到达肃州（原文为"Xuzhou"，应为肃州——译注）时，身边就有两个在路上买来的男童奴仆。

20　*FR*, 1/246，有关逃跑的奴隶，见 *FR*, 1/262，以及本书第五章。

21　有关利玛窦得到"一个中文讲得比他更好的印度黑人"（un putto Indiano que sapeva parlare meglio que lui un puoco la lingua cinese）的帮助，见 *FR*, 1/204，有关"中国人对其十分恐惧"（i cinese hanno grande paura），见 *FR*, 1/246。

22　*FR*, 1/99，在此我认为他说的"其他基督徒"（altri christiani）指的是葡萄牙人。

23　有关价格，见庞迪我在 *FR*, 1/99 n.1 中说法，亦见 Mocquet, *Voyages*, p.342，价格用银两计算就是十二至十五两。有关奴隶成为秘书，见"Ioan Pay", in Mocquet, *Voyages*, p.333. Boxer, *Fidalgos*, pp.224-25. Boxer 在这段文字中给出了罚金数目（以克鲁扎多计算）。

24　*FR*, 1/98-99. Maffei, *L'Histoire*, p.253 也持同样的批评观点。

25　有关作物见 *FR*, 1/17，瓷器见 1/22，古董鉴赏见 1/91，印刷术见 1/31。

26　引文见 *FR*, 1/120，也可见同书 1/39-40, 118-19。

27　*FR*, 1/56, 60，有关明代监察机构的总体状况，可见此书的精细研究：Charles Hucker, *The Censorial System of Ming China*。

28　*FR*, 1/108-9，这一"不得体的行为"即为"*sconcie*"。

29　同上书，1/281.

30　同上书，1/282.

31　利玛窦的评论见上书，1/93, 110，引文见 1/101。

32　*OS*, p.70.

33　*FR*, 1/59, 79, 1/101-2.

34　同上书，2/144.

35　1608 年 8 月 23 日写给 Fabio de Fabi 的信，见 *OS*, p.372. *FR*, 1/23, 2/20 将斯库多换算成了达克特，当时黄金与白银的比价大概是一比十一，可见 Delumeau. *Vie économique et sociale de Rome*, 2/665-66.

36　有关帝陵的建造情况见黄仁宇书，Ray Huang, *1587*, pp.125-28, 246。有关定陵的介绍可见 Paludan 的书，其中第 10 号陵，Ann Paludan, *The Imperial Ming Tombs*, Yale University Press, 1981. 这是部先驱之作，让我们能根据他的祖先和后代的陵墓建造，来审视万历帝陵的特点。

37　FR, 2/174 n.4.

38　同上书，2/131.

39　同上书，2/131.

40　同上书，2/541，也可见本书第五章的结尾。

41　有关地图和来访者见 *FR*, 2/471-72，有关钟的壳罩可见 2/126-28，让利玛窦惊喜的是，这个钟壳就价值大约 1300 达克特。

42 同上书，1/100，将他们称为“*gente plebeia*”。可见 Charles Hucker, *The Censorial System of Ming China*, pp.44-45，书中对当时宦官干政的程度和实际情况作了审慎的描述。

43 有关冯保见 *FR*, 2/65，尽管利玛窦是用讽刺的口吻提起这次会面。关于马堂的提醒见 2/109，关于杂技见 2/112，利玛窦觉得“很有趣”。见 Albert Chan, “Peking at the Time of the Wanli Emperor”, p.136 提到更多这种杂耍表演的例子。

44 *DMB*, p.331，在“王应蛟”条下。Yuan, “Urban Riots”, pp.287-92. 有关假装要在房屋地下搜寻“矿藏”见 *FR*, 2/81-82，临清的情况见 2/107。

45 *FR*, 2/93.

46 参见 *DMB*，有关郑贵妃见第 210 页，有关沈氏真可和尚见第 142 至 143 页，利玛窦那尖刻的评论参见 *FR*, 2/190。徐朔方在《汤显祖和利玛窦》一文中考察了汤显祖和利玛窦之间可能的关系，很显然，真可并非两人共同的朋友。

47 该信可见 *OS*, p.259，汾屠立将此信时间定为 1605 年 2 月，德礼贤改正为 1605 年 5 月 12 日。有关这场屠杀的背景见 *DMB*, p.583。

48 *FR*, 2/30.

49 有关佛教的巴比伦城见上书，1/125；有关“没有男子气概的人”(gente effeminata) 见 1/98。

50 同上书，1/76, 79，醉酒之行见 1/101。

51 Geiss, “Peking”, p.185.

52 同上文，pp.41, 191.

53 徐光启的叙述可见 Geiss, “Peking”, pp.175-77，有关乞丐们冬天用稻草堆出避寒之所，可见 Chan, “Peking at the Time of the Wanli Emperor”, pp.141-42. Geiss, “Peking”, p.172. 佩雷拉（Galeote Pereira）曾感到很惊讶，因为他在中国南方没有看到一个乞丐(Boxer, *South China*, p.31)，而拉达(Martin de Rada)在晚些时候则看到很多(同见 Boxer 书第 294 页)，其中许多是盲人。

54 有关面纱和出门奔走的方式见 *FR*, 2/25，有关沙尘暴和当地居民的面纱见 Chan, “Peking”, p.124. Geiss, “Peking”, pp.33-34, 45-48。

55 *FR*, 1/98-99，将斯库多换算成了达克特。有关一个孩子只值三达克特，可见 *FR*, 2/111 n.2.

56 可将 *FR*, 1/98 这段话和金尼阁版本第 36 页删去的部分作比较。有关妇女在年幼时就被卖作娼妓，可见达克鲁兹的论述，见 Boxer, *South China*, pp.150, 152。

57 这些记述可见 Chan, “Peking”, p.141. 达克鲁兹曾经说到在中国南方经常会有盲人妇女沦为妓女，有特别的“保姆”会为她们打扮衣装，并分享她们的卖身收入。(Boxer, *South China*, p.122)

58 *FR*, 1/241，同书 1/242 n.6 德礼贤又增加了其他一些有关此事的材料。

59 同上书，2/381-82.

60 有关画书和戏文见上书，2/234-35。

61 同上书，1/33，Chan,“Peking”, p.128 其中说到，当时有些男戏子将卖唱女孩逐出戏台。

62 *FR*, 1/98.

63 德礼贤引用此语，见 *FR*, 1/98 n.3。

64 Boxer, *South China*, pp.16-17.

65 同上书，p.223.

66 同上书，p.225-27.

67 Aquinas, ed. Bourke, pp.220-22，引文见 p.222，Boswell 曾指出这段话中阿奎那使用“自然”概念时有着前后不一致，见 John Boswell, *Christianity, Social Tolerance, and Homosexuality*, pp. 319-26。

68 Daniel, Islam and the West, pp.132, 144.（比较看利玛窦的话，*FR*, 1/98）有关耶路撒冷王国的律法以及违反律法的故事，见 E. Boswell, *Christianity, Social Tolerance, and Homosexuality*, p. 281, pp.367-69。

69 Luther, *Letters of Spiritual Counsel*, p.76.

70 Canisius, *Ane Cathechisme*, ch.149，使用了现代的拼写法。Luther, *Letters*, p.236. 在路德的其他论述中亦可找到一种解释，见 Luther, *Lectures on the Epistle to the Hebrews*, ch.13 v.2. Luther, *Lectures on Romans*, ch.12, v.13. 另见 Boswell, *Christianity*, pp.97-101，其中谈到许多早期的《圣经》评注中都强调了“好客”的重要性。

71 有关马切拉塔见 Paci,“La Decadenza”, p.195. Boswell, *Christianity*, p.279 提到了 Jacques de Vitry 在此问题上较早的陈述。也可见 Pyrard, *Voyage*, 1/195, 307 讨论马尔代夫的鸡奸问题。

72 引文见斯宾诺拉 1578 年 10 月 26 日信，*Doc. Ind.*, 11/320，耶稣会士放弃规矩见 *Doc. Ind.*, 10/282.

73 引文见 Carletti, *My Voyage*, pp.209 and 212。同样生动的描述也可见 Pyrard, *Voyage*, 2/112-13。

74 Baião, *Inquisiçã*. 1/43-45. Costa, *Christianisation*, p.195.

75 Joseph-Marie Cros, *Saint François*, 2/12. 类似的段落可见 Boxer, *Christian Century in Japan*, pp. 35 and 66. Elison, *Deus Destroyed*, p. 35.

76 Cros, *Saint François*，有关堕胎见 2/13，有关公开的指责见 2/100。

77 引文见 Schütte, *Valignano's Mission*, p.247。

78 同上书，中和的立场见第 279、284 页，睡觉的规矩见第 350 页。Elison, *Deus Destroyed*, p.41 基于范礼安的道德观念，谈到他对鸡奸的看法。

79 引文见 Schütte, *Valignano's Mission*, p.245.

80 Fedrici, *Voyages and Travels*, pp.210-11.

81 Jacobs, *Treatise,*（归于 António Galvão 名下）pp.119-21. 其他的例子可见 Lach, *Asia in the Making of Europe*, vol.1, pt.2, pp.553-54. 其中包括林邵腾就同一问题的看法。

82 谢肇淛：《五杂俎》，卷 8，页 4b 至 5，重印本第 209 页。谢本人的传记见 *DMB*, pp.546-50，陶穀的评论可见他的著作《清异录》，卷 1 第 11 页。这些材料我由 Chan, "Chinese-Philippine Relations", p.71 而得知。

83 谢肇淛：《五杂俎》，卷 8，页 2，1795 年版。由于某些原因，这些男扮女装的内容在 1959 年北京的版本中被删去了。

84 Montaigne, *Journal de Voyage*, p.231, p.481 n.515.

85 沈德符：《敝帚斋余谈》，页 31b 至 32。这一次我还是从 Chan 的文字中得知这条材料。

86 有关这"翰林风"可见 Robert van Gulik, *Erotic Colour Prints of the Ming Period*, 1/211-12, 222, and vol.3 plate.4, 19. 表现女同性恋情侣的画可见同书，vol.1 plate.4, 17, and p.147.

87 张燮《东西洋考》，卷 12 页 11，重印本第 537 页。Chan, "Chinese-Philippine Relations", p.71. Spate, *Spanish Lake*, p. 159 将鸡奸之事放在当代背景中考察。

88 *FR*, 1/204. Bernard, *Aux Portes de la Chine*, p.101 详细讲述了中国人对于耶稣会士们"诱惑男童"（*séducteurs d'enfants*）的看法。

89 *FR*, 1/155 and 1/155 n.6. Bernard, *Aux Portes*, pp.100-1.

90 *FR*, vol.1, plate.9 给出了中国版本的十诫，第六诫就是"莫行淫邪秽等事"。

91 见《哥林多前书》第 7 章第 32 至 33 节，《提摩太书》第 2 章第 3 节，Epictetus, *Discourses*, bk.3, ch.22, pp.155-59.

92 《天主实义》第 608 至 614 页（引文见 612、613 页）。*Lettres édifiantes*, pp.361-66.

93 《天主实义》第 615 页，法文版第 366 页，明智地作了些删节。

94 Ignatius of Loyola, *Spiritual Exercises*, tr. Puhl, sec.58, pt.5; sec.60.

95 Claudio Acquaviva, *Letters*，第 69 页 1583 年 9 月 29 日信，第 82 页 1586 年 5 月 19 日信，第 130 页 1594 年 8 月 1 日信。

96 Acquaviva, *Directory*, tr. Longridge, pp.277-79. Acquaviva, *Letters*, p.48.（1601 年 8 月 14 日信）

97 *FR*, 1/315, 2/490.

98 Acquaviva, *Directory*, pp.304-5.

99 利玛窦的话出自"所多玛"这篇短文的第一段，《利玛窦题宝像图》，第 7 页。

第八章　第四个记忆形象：第四幅图像

1599 年 8 月中旬，利玛窦终于提笔给友人科斯塔写信，此前，他已在 1595 年和 1596 年收到后者寄来的两封信。科斯塔的来信经常让利玛窦陷入思愁，因为他也是马切拉塔人，仅比利玛窦大一岁，1570 年代初在罗马加入耶稣会。而就在这封信里，利玛窦流露出很深感情，这缘于科斯塔的前两封信反复告诉利氏，他的双亲已经去世。这消息后来证明并不确实，但利玛窦已无法知道真实的一切。在回信里，他大概述说了自己得知双亲过世的哀痛。他还提到，当听闻其他朋友的消息时，自己是多么激动，比如本希维尼（Nicolo Bencivegni）——这是利玛窦和科斯塔童年时代在马切拉塔的老师，他“在我们最稚嫩、最脆弱的岁月里教导我们，引领我们走上人生之路，正是在这路上我们找到了自我”。

从科斯塔和本希维尼那里，利玛窦还得知自己的家乡安好，耶稣会工作也进展顺利，这让他兴奋不已。接着，他突然笔锋一转，仿佛霎时被某个想法击中心扉：“以往有很多次，我曾和这些个没开化的人夸口，我来自一片神圣的土地，我主基督将他的屋子从千里之外搬到了我们那里，他和他的母亲居于世间时，一直住在那屋子里。我和他们讲这些，或讲其他上主在西方土地上创造的奇迹，他们都惊异万分。”[1]

说这话时，利玛窦几乎带着拥有者的自豪感，很显然，他的“那屋子”指的是圣地洛雷托的玛利亚圣家堂。这座圣家堂位于海边一片草木翠绿之地，周围环绕着果树和葡萄园，离安科纳也仅有一小段路。圣家本身当然是座房屋——长九米半、宽四米、高五米，人们认为玛利亚在这座房子里得到天使报喜，并在此将耶稣抚养成人。根据传说，这座房子奇迹般地被天使们搬运多次，先是从圣地的拿撒勒搬到了阜姆（Fiume），然后又迁到雷卡纳蒂（Recanati）郊外的森林，最后来到洛雷托。起初，这房屋就静静地矗立在林子里，无人关注，屋子里收藏着一份最珍贵的遗物，那是圣使路加亲手所作的圣母玛利亚画像。直到 13 世纪末期，这座屋子被来自雷卡纳蒂的十六名年轻人发现，并引起了他们的注意，这些年轻人长途跋涉前往拿撒勒，去看依然留存于那里的玛利亚圣家堂的地基，他们确定，那地基的尺寸正好与洛雷托那房子严丝合缝。

在圣家堂的墙面上有许多文字，描述着这段传奇，这些文字作于 15 世纪晚期，并被翻译成法文、德文和西班牙文，圣家堂本身的地位也被长期以来的诸多教皇诏训和神迹发生的报告反复确认。在利玛窦时代，这座原本简朴的房屋已经变成一座蜚声四海的圣堂，圣堂外围又砌起一层大理石的外墙，熠熠生辉，这是由圣塞维诺（Andrea Sansevino）设计的，由尤里乌斯二世和他之后的四位教皇陆续出资修建。圣家堂名声显扬，也带来了许多变化：原本蓝色的天花板是木制的，上面有星光闪耀的图案，为了防止信徒们的烛火引起火灾，被换掉了；一座圣母与圣婴的古杉木雕像被用珍贵的织布包裹起来，以利保存。后来，一座更为辉煌的新教堂又建造起来，将圣塞维诺设计的大理石墙存于其中，这座新教堂的正立面是由布拉曼特（Bramante）主持建造的，完工于 1571 年。圣依纳爵·罗耀拉对灵操修习第二周的人们曾有指示，在凝思圣母童身受孕之神迹后，修习者必须努力“去观看我们的圣母身处的那座屋子，在加利利省拿撒勒城中”，这训示给冥思过程加入了新的意义和丰富内涵，利玛窦在华期间，这座圣家堂一定时时在他心中。[2]

在 16 世纪末，这座曾经简朴的圣家堂已经变得华丽而壮观，但这并没有损害它那充满教会记忆的庄严性，至少在蒙田看来如此。蒙田在 1581 年 4 月访问洛雷托的圣家堂，还留下了一件礼物，这是一尊表现他自己偕同妻女参拜圣母玛利亚的组合塑像，由白银制成，精美无比。蒙田写道，这座教堂“美丽且宏伟”，布拉曼特建造的外立面“包含最杰出的工艺，所用大理石料是我见过最好的”。但他还是把最热烈的赞颂留给了那座简朴的小屋，“这里没有装饰，没有长凳，也没有跪垫，墙上没有油画，也没有挂毯；因为这屋子本身就是一个圣家遗物”，他还说，“这里比我到过的任何地方都更能让人产生真实的宗教感”。[3] 同时代的另一些到访者，即使在回家乡许久后，洛雷托圣堂里向圣母祷告时奏响的乐声依然萦绕在他们耳边。那时，在 1570 年代，马切拉塔已成为一个活跃的出版印书中心，书籍大多是关于洛雷托以及以圣母之名治愈信徒的故事。[4]

马切拉塔是一个中转站，正好在罗马到洛雷托的朝圣之路上。

利玛窦从童年开始就肯定知道这座圣家堂，也清楚由此带来的，附近地区人们对于圣母玛利亚的特别虔诚之心。实际上，就在利玛窦出生前四年，正在马切拉塔当地，圣母曾对一位名叫迪博尼罗（Bernadina di Bonino）的镇上妇女显灵，此事全城皆知。在利玛窦上学时候，为了纪念这一神迹，人们在圣母显灵之地建起了一座宏伟的教堂。尽管因卷入好几桩法律诉讼，工期有所耽搁，但到1573年这座“童贞玛利亚”教堂终告完工。这教堂成为马切拉塔最让人骄傲的地标建筑之一，和其他二十座教堂一道，以其收藏的精美中世纪湿壁画和油画而著称。[5]圣母之威力在此处显灵，利玛窦时时感到安心，因每一个人都能感受圣母，分享她的力量和高雅。欲了解此情感之一端，我们可以去读萨克森的鲁道夫斯对他个人感受圣母丰饶荣耀的描述，这些话曾深深打动过圣依纳爵，并经由他在后代传诵，因为圣依纳爵曾留下训示，修会中人需将圣母玛利亚看作带罪的凡人与她那天国之子之间的中介：[6]

> 春日恰巧来临，太阳开始上升，升向崇高天国，将它赐予大地生命的闪亮光芒撒向世间，被冬日严寒禁锢的一切草木，都得以获生复苏。因这重生之光，躲藏在洞窟巢穴里的走兽飞鸟又活转过来，它们重获生机，或高声歌唱，或欢快赞美，表达生命的喜悦。无论年老年少，人们都为春日的到来而欢欣，大地旧貌换新颜，万物普天同庆——童贞玛利亚降临，她与我们同在，她是那超凡的天国皇后，浑身散发着太阳的金光。如同那旭日一般，她步入我们心田，我们脑海中翻涌，满是对她的记忆，心灵的天

> 空万里无云。那是无比真切呵！所有情感的缺失都渐渐在这伟大的光芒里融化，所有干枯的肉体和心灵都被这圣恩滋润，黑暗驱散、光明重现，至上欢愉的乐章为我们奏响，直至永远。[7]

“所有情感的缺失，都渐渐在这伟大的光芒里融化”，鲁道夫斯这段优美的词句，或许也能解释为何利玛窦喜欢从圣母玛利亚那里寻找安慰。作为十四个孩子的老大，利玛窦从小就很少从他母亲那里得到关心，他的母亲名叫乔瓦娜 · 安吉雷利（Giovanna Angelelli），是一名贵族妇女。利玛窦在所有信件中只提到她母亲两次，一次是恳求在她祈祷之时勿忘为他祈祷，第二次则是对她能花大部分时间去教堂感到欣慰。[8]从书信中看，利玛窦和他的母亲、兄弟、姐妹的关系都很淡漠，信中满是抱怨，因为从没有一位家人给他写过信。[9]仅仅当提到外祖母拉丽娅（Laria）时，利玛窦才真正充满至爱亲情，然而，告诉他外祖母去世消息的还是居住在锡耶纳的科斯塔，而不是他任何一个亲戚，这很能说明他和亲人们之间关系疏远。1592 年，当得知外祖母去世后，利玛窦写道：“我没法让自己不去想念拉丽娅给予我的最深的温情和挚爱，那时我还是个孩子，我实在亏欠她太多，她处处关心我，把我抚养长大，就像我的第二个母亲。”[10]

科斯塔的这封信——带着令人悲伤的消息——寄到利玛窦手中时，利氏正因为脚伤而卧床休养，就在 1592 年夏天的那个夜晚，一帮中国年轻人袭击了传教士在韶州的住所，利玛窦从窗户跳出而受伤。利玛窦卧床养伤，所经受的痛苦，让人想到七十一年前，圣依纳爵·罗耀拉也曾卧床养伤数周，忍受伤痛折磨，只不过利玛窦的伤势轻一些。圣依纳爵是在庞普洛纳（Pamplona）的攻城战中，被法国兵的子弹击中右腿受伤，医生们仔细地检查了他的腿部，寻找碎骨的裂片，并试着在他右腿中装一个金属支架，以免他的右腿留下终身遗憾——永远比左腿短一截。后来，医生又重新切开伤口，更换了一块刺入他右膝盖的小碎骨。在这过程中，圣依纳爵始终想象着圣母玛利亚和圣子来到他身边，以从中获得勇气。圣依纳爵说，这种想象让他的心灵感到平静，他的肉体不再被欲念所烦扰。[11] 1521 年 9 月底，圣依纳爵终于可以下地走路，他先是抄写了萨克森的鲁道夫斯的著作选段，然后去拜访了他姐姐。而 1592 年 8 月，当利玛窦恢复站立后，他依序做了三场弥撒，为的是怀念外祖母拉丽娅。之后，为了指控那些攻击传教士寓所的人们，他又投身于这场耗时费力，看上去无休无止的法律诉讼中。所有这些活动，再加上澳门的医生无法帮他治愈腿伤，使他在余生中只能跛足行路。[12] 其后的日子里，当他在北京时一整日行路或者站立，疼痛就会像洪水一般袭来，那时人们大概可以听到，利玛窦在低声哼着但丁《神曲·地狱篇》中的诗句，但丁用它来表达自己，申明自己的目标：

> 那一刻休整好疲惫的身躯，
> 我重新上路，向那荒芜的山坡，
> 坚定的步伐一直向前。

这段翻译只能部分表达原文的意味，因为但丁在这里使用的，是传承自亚里士多德和教会神父们充满奥义的语言，为了展现一名精疲力竭的朝圣者，顽强地拖动着他那瘸了的左腿，努力前行，他所有的勇气都来自心中对俾德丽采（Beatrice）的思念。[13]

无论是在实际上，还是作为人生之比喻，利玛窦都是跛着脚向着光明前行。在这旅程中给予他勇气的，不仅是期待未来和回忆过去所带来的安慰，还有那些神圣物品的现实存在。我们能猜想到，蒙田所谓洛雷托就是一个“圣家遗物”的想法，也同样存在于利玛窦的心中，因他在童年时代就已瞻仰过圣家堂。当然，在他十六岁从马切拉塔来到罗马上学后，他真正地到了一个“圣物之城”居住。据传，在这城市一百二十七座大小教堂中，供奉的圣物包括有圣彼得和圣保罗的遗体、圣路加和圣塞巴斯蒂安的头颅、阿里玛西亚的约瑟（Joseph of Arimathea）的手臂，还有那块维罗妮卡的亚麻布，上面印着耶稣基督的面容。罗马城里还保存着许多其他神圣物件，诸如刺入基督肋下的长矛尖、基督所背负十字架原物的一块、射入圣塞巴斯蒂安体内的箭头、基督和门徒们用“最后的晚餐”时的长桌、犹大出卖基督所得三十枚银币中的一枚、用来捆绑圣保罗的锁链、耶稣基督用以喂饱众人的五块面饼的残屑、基督为门徒洗脚时用的布、基督登上彼拉多督府的那部石梯、将基督钉于十字架钉子中的一枚，以及基督荆棘王冠上的两根棘刺。[14]

和这些圣物一样重要的，是使得许多场所神圣化的那些传说。举个例子，圣母玛利亚大教堂所在地，正是教皇利拜耳（Pope Liberius）统治下某年 8 月飘雪之地，至今罗马人还将其称为“圣母白雪大教堂”。正在此地，在很久以前的某次礼拜中，一位天使发声回应了圣格里高利的祷告，所以，一直到利玛窦的时代，唱诗班们在说出“天主的平安永远与你们同在”这句话后，仍然不作应答，为的是期待那位天使能再次说出那句话“也与你们的灵魂同在”。又比如，玛利亚在圣地伯利恒的牛棚生下耶稣基督*，出生时的牛栏和棚子的一部分仍然保留了下来，圣哲罗姆曾写道：“就是那棚子，圣婴曾在其中啼哭，我们崇奉它，理应保持静默，任何言语都显得浅薄。”有位罗马妇女保拉（Paula）为这荣耀的允诺所动，她终其一生都虔诚地守护在这棚子旁，“就在这小屋里，童贞圣母为我们的天主带来了一个婴孩”。自然，在圣诞时节这里也成为信徒们聚集欢庆的场所。[15]

想到这些，利玛窦在他跨越半个地球的旅行中，一直随身带着些圣物，这也就不奇怪了。我们知道，他在华期间始终精心存护这些物件，包括有一个用真正“原十字架”的遗存做成的小十字架、某些圣人骸骨的碎片，以及一小盒耶路撒冷的泥土。他将这些存放在自己贴身的小包裹中，以防在中国朝廷上遭到亵渎。在合适的时机，他会将这些东西送给信徒，有些信徒会在公开场合自豪地展示这些物品。例如，有一幅描绘李路加（Luke Li）的画，李路加是中国第一个圣母会的创始人，画上他受委派在家中带领基督信徒们举办集会，我们能看到每位皈依者的脖子上都挂着一个小圣物盒，当然，我们并不知道盒中究竟装着什么。[16]

就是这位李路加，也创立了北京一个中国信徒团体，他们经常

* 原文如此，较通行的说法是马厩。

聚会，一同表达对圣母玛利亚的特别崇敬，并立誓从事善德事业。所以，他可以说是将“圣母励志会”（Marian sodalities）——或是其他此类团体名头——带入中国的第一人。在反宗教改革时代，此类励志会所抱持的理念流行于大半个欧洲，男女信徒们组成一个个小团体，立志投身于提升灵魂的事业，这也是为了加强他们所属的各种组织和机构的力量。这些信徒立下誓约、组成团体，定期举行聚会，通常是每周一次；他们在一起忏悔、相互恳谈，并积极寻找社区里最急需的社会服务、调解争端和慈善的事务。这些团体的成员并不一定要加入修会，在16世纪中叶，人们可以在许多地方发现这些“圣母励志会”的存在，比如帕多瓦和那不勒斯的妇女中、佛罗伦萨的手工业者，以及威尼斯、热那亚和锡耶纳的各种社会团体里，他们都在医院和穷人当中从事救助活动。有一个团体甚至在夫妻双方发生纠纷进行调解时，为与丈夫分居的妻子们提供生活资助。[17] 马切拉塔的第一个这类圣母励志会创办于1551年，就在利玛窦出生前一年，直到1566年前，他们都在帕多瓦的圣安东尼教堂举行集会，之后，他们搬去了一个更符合其理念的地点——洛雷托的圣母教堂。[18]

利玛窦是否也是圣母励志会的成员，我们不得而知；但他在罗马时，肯定是罗马励志会的积极分子，这个励志会由比利时耶稣会士、神学家劳尼斯（Jan Leunis）1563年在罗马耶稣会学院创办。到1569年，也就是利玛窦加入前夕，它已经有了迅速发展，并由两个分会组成。第一个分会大约三十人、年龄都在十二岁至十七岁之间，第二个则有七十人，年龄都在十八岁及以上。随着会众人数继续增加，后来又重新分配，以十四岁和二十一岁为界，组成三个分会。[19]

这些年轻的耶稣会士团体，通常应该是与那些世俗信徒团体并肩工作，不论在罗马还是在外省，他们都十分活跃。我们可以看看在利玛窦的罗马学习时期，那些迅速发展的世俗团体都做了些什么：他们走入监狱，分发铺盖和床垫，安排囚犯的申诉，请医生来诊治，替犯人偿还债务，或是给那些死刑犯人提供精神的慰藉。当死刑犯最终受刑时，会中的“殡仪小组”会为穷困的犯人做一场体面的葬礼，而“慈爱小组”则把那些被行刑的罪犯（死前忏悔被接纳为基督徒）葬入教会公墓，以免将其尸体弃悬于绞架上，沦为乌鸦口中之食。也有的小组为那些“蒙羞之人”（Vergognosi，指的是那些原本的富贵之家而后陷于贫困，出于自尊又不愿去乞讨）提供精神安慰；还有人专门调解市民间的纠纷，或照看那些精神错乱、疯癫的人。[20]

劳尼斯特别的贡献是，他要求耶稣会的学生将学业精进的目标融入基督徒奉献的生命中，从而培养一种更强大的内在联合。自然，投身海外传教事业就是最能体现这种强大力量的选择。毫无疑问，劳尼斯本人极度渴望能去印度传教，然而，他受困于严重的头痛症，甚至会使他丧失判断力，于是他的上司命他留在家中。然而，当劳尼斯前往洛雷托参拜之后，他的头痛症突然痊愈，出于感恩，他开始接见学院的学生，并引导他们更虔诚地崇奉圣母。[21]

随着耶稣会学院的学生们被分派到各地工作，激励这个团体的理念也传播到了西班牙和法国，后来还到了葡萄牙及其海外领地。

许多文献资料中都提到过果阿的励志会，在那里该会很活跃，积极帮助官员们处理奴隶们的需要，劝说穆斯林皈依天主，劝止通奸行为，调解市民的各种纠纷——最后这项工作可不轻松，根据当地记录，在一段半年时间里就曾发生过一千五百起纠纷。[22] 当利玛窦到达澳门时，类似的团体也即将建立。或许正是因为利玛窦在罗马和果阿有过参加圣母励志会的经历，在 1582 年底，范礼安委派他担任澳门新成立的互助会首领，该会以“耶稣”命名，旨在帮助澳门新入教的中国和日本信徒，加深他们的灵性修养。葡萄牙人则不得加入这个组织。[23]

1584 年，教皇格里高利八世发布诏书，将罗马的圣母励志会称作教会当中“最首要和关键的”团体，这使得该会的声誉得到特别提升。耶稣会阿桂委瓦会长对组织工作极富热情，在教皇发布诏书后，他在 1587 年又为这些励志会制订了新的规章。[24] 在这些规章中，阿桂委瓦对圣母励志会的职事们加以更严格的管理，要求他们每两周做一次忏悔；他还特别规定，每周日举行的聚会不得有会外人士参加（除非得到特许），关于励志会活动的情况需保守秘密，每一个新励志会的成立，必须通过当地会众的投票程序。阿桂委瓦禁止女性入会，在他看来，她们“很难被教化”。[25]

利玛窦对李路加讲解了这些规章，以此为据，李路加 1609 年在北京创立了圣母会。他们选了个合适的日子，创立日正好就是圣母的诞辰。利玛窦对此必定无比激动，相关的叙述出现在《中国札记》手稿的结尾部分，从整部手稿的情况来看，这也许是他在染病去世之前写下的最后几行字。他一一记述了李路加，作为利玛窦友人李之藻以前的门客，如何为这个小团体制定了规章——每周集会，布道并祈祷——而华人会众又是如何为北京教会奉上鲜花、蜡烛和焚香；会众出外平息市民争端，帮助同属教会的囚犯，而他们最多的精力则投入为那些穷困的皈依者做一场体面的天主教葬礼。到 1609 年的圣诞，圣母会的成员已经有了四十名。[26]

在某种程度上，圣母会的这些活动都是基于利玛窦在罗马参加励志会的经验，可能部分也是遵循了阿桂委瓦的规章，然而，他们也有些新变化。圣母会特别关注为人们举办体面的葬礼，这是为了符合中国人的习惯，因为儒家观念中子女对长辈须有孝心，因此他们有义务为其举办庄重得体的葬礼——徐光启光为他父亲买一口楠木棺材就花了一百二十达克特，而李之藻在利玛窦去世后，也用了十五盎司白银为其购置棺木。此外，这样庄重而体面的葬礼可能也会激励那些穷困的华人受洗入教，由此他们便可获得一种生前无力取得的死后荣光。[27]

罗马耶稣会学院的圣母励志会刚一创立，流言就围绕着它，人们指责它在耶稣会学校体系中又再组织了一个精英团体，确实，励志会也丝毫不掩饰自己的目的就在于吸收那些最有前途的年轻人加入，以使他们能得以迅速精进。这些流言也被另一些事情坐实，即励志会中还存在着一些秘密小团体，当某励志会的规模不断扩大时，一些更小的团体就会形成，他们私下见面，有自己的行事目标；又或者，像阿布鲁兹（Abruzzi）的那群年轻贵族一样，是为了相互激励出更强烈的虔诚之心。对于后者，阿桂委瓦会长是赞赏的，他不但允许这类小团体继续存在，而且在罗马也鼓励建立这种团体。[28]

团体的同仁之间会产生紧密的联系，甚至带着这种联系远渡重洋来到中国，共同的心愿和经历的险境使他们心心相连。利玛窦在记述到石方西（Francesco de Petris）神父时，就清楚地流露出这种情感。石方西也是耶稣会神父，比利玛窦小十岁，曾随他一起在韶州传教，1593 年 11 月在韶州去世。由于石方西在进入耶稣会学院求学时，年龄比常人小许多，所以利玛窦在 1577 年离开罗马之前，很可能已经认识石方西。利氏稍后写道：石方西“在每个人面前都毫不掩饰他对圣母的深深虔敬”，他还对韶州的中国信徒说，自己之所以加入耶稣会，是因为他觉得圣母玛利亚要求他这么做。利玛窦说，石方西曾是罗马圣母励志会的一名忠实会员，甚至在他临死前，卧于病榻之上，依然口唱圣母颂歌。在做完最后一次忏悔后，石方西在床上勉力起身，手臂紧紧环抱利玛窦的头颈。利氏轻柔地松开石方西的双臂，不停地安慰他，坚信他能康复。两名传教士久久倚靠在一起，泪流满面、泣不成声。在利玛窦留下的所有文字里，从来没有哪段像此处一般，充溢着浓浓的个人情感。[29]

阿桂委瓦会长本人也是圣母崇拜的狂热追随者，这点与耶稣会创始人圣依纳爵并无二致。圣依纳爵曾说，他在为耶稣会制定章程时，曾得圣母玛利亚之助，圣母指引他完成了其中部分内容。圣依纳爵书中的这一说法，后来造成了某个流言的广泛传播，即《灵操》一书某些章节也是由圣母“口授”而成的。[30] 按照某位耶稣会最权威的神学学者的看法，对圣母玛利亚的冥思是灵操当中“不显眼的，最基础性的”，这一解释也得到圣依纳爵本人经历的印证，他从被授予圣职到第一次做弥撒，整整隔了一年的时间，这“既为了做好准备，也是为了向圣母祈求，请她允准自己追随圣子左右”。最终，圣依纳爵在 1538 年的圣诞当天做了第一场弥撒，地点正是在罗马的圣母玛利亚大教堂。[31]

在 1586 年 3 月 19 日，阿桂委瓦会长给全体耶稣会士写了一封公开信，又强调了修会以圣母崇拜为核心这一根本性主题。利玛窦见到这封信，可能是几年以后了，亦或许就在他被逐出肇庆之前。这封信直接提到了中国传教的某些方面，因为阿桂委瓦正是要告知传教士们，教皇西斯都五世已下诏举办庆典，纪念给中国“这个庞大的帝国带去信仰的曙光”。我们可以想象，利玛窦跪在肇庆教堂的祭台前，捧读阿桂委瓦的信件，其中话语对他真有如天籁之音。那祭台之上有一幅画像，画的是身着斗篷的圣母怀抱圣子（他的手中持着《圣经》）。此画像是罗马圣母玛利亚大教堂里一幅画像的仿品，利玛窦将其带至中国，先放在他们租的那间小屋里，待充作教堂的大屋建成，又移入其中。[32] 阿桂委瓦的信里是这么说的：

> 玛利亚是圣子之母，而圣子创造世间万物。因此，她理应享尽尊荣，就如圣大马士革将其称为天堂与世间的女主和皇后。我虔心希望，无论何时，无论何物，不论出于个人心愿，还是整个修会需要，我们都怀着最特别的崇敬和最坚定的信念，去寻求圣母的护佑与恩施。因为只有她，才是所有背负生活与劳作的重担，或是饱受精神折磨人们的避风港湾。确实呵，当我凝思那一幕幕，教会圣人们对我们万福圣母小心翼翼的供奉，以及他们对圣母那持久而热切的爱所生发出的神圣，我不作他想，只祈愿我们能保

有虔诚的心灵，去珍爱那上帝之母。

我不会忘记，我们的圣父将他所有的希望寄托于圣母玛利亚，我们修会的未来即凭借圣母的护佑，因而我愿你们能常常祈祷，祈获圣母的恩泽，她的荣耀与记忆将化入日常，与我们更亲近。不必怀疑，那童贞圣母所带无与伦比的尊荣，一定会唤起我们深深的热爱与景仰。如若我们回想起她那无上的慷慨，赐予我们万般恩泽，我们的尊奉就远不能回报其万一。一旦我们念及自己的宿命和无助，我们再无他想，诚心祈愿获得圣母神力的佑助。

这种至高虔诚所换来的回报，无疑是清楚的，阿桂委瓦的结论是，“只要我们能证明，自己是她最忠实的受托人，圣母玛利亚就会将我们记于心间，时时佑护我们”。[33]

对于圣母玛利亚在耶稣会中扮演的角色，利玛窦根本无需被提醒。他在莫桑比克曾领略过圣母的风采，那是他们从里斯本出发，开始漫长的旅行，在莫桑比克短暂停留数日，岛上那座“万福圣母”礼拜堂（Our Lady of the Bulwark）的轮廓让他心潮起伏，那座礼拜堂正守卫着葡萄牙人的圣塞巴斯蒂安城堡；在果阿的耶稣会教堂，他亲眼目睹着阿克巴王的来使除下鞋靴，伏拜在圣母画像之前；他还提到，澳门最宏伟的教堂就是奉献给圣母的。[34]的确，在中国普罗大众的心目中，圣母本身成了太重要的形象，几乎取代了那尊贵的三位一体的联合。

或许，中国人开始领略圣母画像的华美，部分是因为它体现了一种（对其而言）超常的现实主义风格，正是这种现实主义，让肇庆的民众在圣母画像前磕头，也让官员王泮一心索要一张画像的复本，送给他在绍兴的老父亲。然而，中国人慢慢地就开始觉得，天主教信奉的上帝是一名妇女。[35] 而且，圣母的形象，会被他们与中国传统中观音之类慈爱神祇的形象弄混。尤其画像上圣母身着长袍那种纤毫毕现的现实主义风格，使许多中国学者更难辨认她作为人的一面。正如利玛窦的同时代人,学者谢肇淛在《五杂俎》一书中写道："其天主像乃一女身，形状甚异，若古所称人首龙身者。"[36]

利玛窦清醒地认识到，这种误解正在不断滋长，他一度考虑过用成年基督的画像代替圣母圣子像。而他又写道，要让中国人不产生哪怕是"一点点的混淆"，都很困难，因为耶稣会士们不断告诫他们，只有一个真神——确实，耶稣会士们刚完成"十诫"的翻译，其中开宗明义就谈到这点——但同时，他们又在各处见到玛利亚的画像。由于耶稣会士们认为，要向中国人讲清，天主如何使圣母玛利亚童身受孕诞下耶稣，时机还不成熟，所以，此间产生一些混淆就在所难免。即使将圣母的画像从显眼的位置移走，也没法停止各种误传的泛滥。在 16 世纪末的南京，人们普遍接受的知识是，天主教的上帝是一名怀抱婴孩的妇女，在随后的日子里，许多中国作家在著述中持续传播着此类讯息。[37]

又或许，利玛窦自己并没有尽其应尽之力，去消除这类误传。因为，在传教士们还未开始向中国人讲述耶稣基督生平的全部故事之前，圣母画像在他们的传教事业中弥足珍贵。1585 年 10 月，在利玛窦写给阿桂委瓦的信中，我们发现他向会长要更多的小型钟表，"可以挂在脖子上那种"，同时也索要一些宗教题材画像，但"并不是那种反映基督受难细节的，那些他们还无法理解”。[38] 1586 年之后的某个时间，利玛窦收到一幅来自西班牙的油画，精美无比，这是一名在菲律宾传教的神父赠予他的礼物。这幅画上描绘了圣母、基督和施洗者约翰，利玛窦在南昌和北京时都向众人展示，取得了极好效果。就在利玛窦逝世前不久，有些耶稣会士在韶州城外的一处乡间宅院的后房里，惊讶地发现了这幅画的一件摹品，在一堆大约有五十件卷轴书画中。其主人并不知道此画描绘的是什么，但耶稣会士们推测，这是在原画从澳门运至中国内地的途中，一位当地画家观赏过之后，私下里临摹的。[39] 宗教资料就这样通过非正式的渠道传播开来，而利玛窦通常是赞赏的。

1599 年年底，另一幅圣母玛利亚的画像从澳门运到利玛窦手中。这是一幅与原画同等尺寸的上色复制品，不是印刷版画。这件摹品，以及上述那一幅油画原品，都被利氏带到北京，大太监马堂看过两画之后，大为欣赏，他向利玛窦许下诺言，这圣母“将来在皇帝的宫殿里会有她的位置”。这许诺后来实现了，在 1601 年最终进献给万历皇帝的礼品清单里，就有两件大幅的玛利亚画像，一幅是“古典式样”，另一幅则“比较时新”，这也许就是上述两画。太监们后来将当时情景转述给利玛窦，皇帝本人被“惊呆了”，他一口认定，这画上是一位“活菩萨”。然而，画像的浓重现实主义风格让他不太舒服，于是就转赠给了他的母亲。皇帝的母亲是一位虔诚的佛教徒，她也有些惧怕，于是，这两幅画像最后被放入皇宫的珍宝库里。[40]

相对说来，圣母怀抱圣婴的图像比较容易被中国人普遍接受，这与他们对基督受难像的态度形成鲜明对比，在前一年，利玛窦就遇到此类情况。利玛窦在华期间，随身包裹里始终带着一个十字架，它肯定很小巧，但生动精致，是 16 世纪晚期的风格。这十字架设计得颇具匠心，当人们凝视它时，能获得最直观的感受，正好配合圣依纳爵的训诲，看到它，即如同亲眼目睹钉在十字架上的耶稣基督。利玛窦形容它“纯木刻制，精美无比，上有血色的涂料，栩栩如生”。然而，当马堂——也就是那个对圣母画像钦羡不已的太监——看到十字架时，却把它当成了某种邪法，大声叫道：“你们做这个邪恶的玩意，是要刺杀皇上，好人是不会做这种邪门东西的！”[41]

马堂立即叫来了士兵，利玛窦和他同伴们的所有行李都被彻底翻查，这些人想找出他们“阴谋”的更多线索，还威胁要用刑，毒打他们。利玛窦倒是坦诚地写道，最大的困难是，那太监“真的认为那是邪恶的东西”，当时围观的人们脸上表情都带有敌意，利玛窦觉得，这时候很难把基督受难的意义向他们作一个圆融的解释。利玛窦在其后是这么记述的（用他惯常使用的第三人称来说）：“在一方面，利神父不太愿意说这是我们的上主，因为要对这些无知的人解释是很难的，尤其是在这么个时间，谈论这些神异的事情……另一方面，因为他看到所有的人很敌视他，满怀憎恶，仿佛对他们来说，利神父就是残忍对待那个男人的人”，那个男人就是耶稣基督。而利玛窦最后给出的解释，连他自己也不很满意，他的那些听众也是同样，他说：“这件东西包含的意义，旁人是无法理解的，这是我们西方土地上一位著名的圣人，他愿意为了我们，承受被钉在十字架上的苦痛。因此，我们画他、刻他的像，为了是让他永远在我们眼前，为了感谢他那至上的善。”而后一位中国友人告诉利玛窦，“把他刻成这样纪念他，实在不太合适”，另一位则建议耶稣会士“把随身带的基督十字架全部压得粉碎，以使人们都不记得有这回事”。[42]

面对中国人的这种不理解，比较可取的做法就是，继续把圣母怀抱圣婴的图像置放于显眼之处，尽管要把圣母受孕得子完全说清楚依然困难。另一方面，基督受难像还是在小范围流传：他们将其做成一些小巧的铜制徽章，可以挂在信徒们的脖子上；或是应信徒的要求，印出小幅的版画，分发给他们；有的地方会在教堂的屋顶上装饰一个朴素的十字架，或者干脆只是摆一串念珠，以示信仰之虔诚。在其他的情况下，基督的形象往往是被隐藏起来的。[43]

所以，利玛窦继续制作各种圣母玛利亚像，有的画于纸上，有的则用石头刻，他还到处寻觅富有绘画才能的耶稣会画师，委托他们创作新的圣母画像。随着各种精美圣母画像的问世，其效果也愈发显著。1602 年，郭居静神父去澳门治病，当他返回时，带来了另一张圣母圣婴像，背景颇为华美，是镀金的房檐和廊柱。徐光启见到这幅画像时，为之深深着迷，这也促成了他最终皈依天主。在中国南方传教的耶稣会士们，也开始在布道之时使用小幅的圣母画像——他们在小桌板上铺好桌布，置成祭台，然后将圣母像放于正中，侧边点上蜡烛和香。渐渐地，中国信徒们也开始自己印制圣母像，在春节和其他宗教及时令节日，他们将圣母像贴在大幅的彩纸上，然后挂在门外。还有的人不断向圣母求乞，愿她能帮助自己驱除心中的恶灵。[44]

此类图像的出现，伴随着关于圣母的福音故事流传，中国人开始在梦中见到圣母玛利亚。至少有一次，有个信徒病得很重，在梦中他看到玛利亚身穿白袍，怀中抱着婴孩，立于他的床边和他说，只要他出一身汗，烧就会退。依此，他果然康复。[45]另一次，一位负责大运河漕运的官员的妻子，梦见一位妇人带着两个孩童，她的丈夫见过利玛窦，并告诉她那幅画，她才意识到，自己梦中所见正是圣母、基督和施洗者约翰。她向利玛窦请求，让中国的画家临摹一幅圣母像，利玛窦感到纯然复制可能不太虔敬，便请了耶稣会中一位教友——同时也是名出色的画师——为她另外绘制了一幅。[46]

另一桩事要更复杂一些。有一名华人孩童罹患重病，在睡梦中见到一个怀抱婴儿的妇人向他走来，口中念着他的名字，声称可以保护他。在这孩子康复后，便将梦中所见告诉了父母，于是这对父母就找到了苏如望（Joao Soero）神父，称神父在七年前曾为他们的孩子施洗，因此前来感谢。当这家人来到耶稣会的礼拜堂中，那孩子看到一幅圣路加所画的圣母像，就认出这是梦中见到的女保护人。然而这事对苏如望神父来说有些尴尬，他以为自己从未给这个孩子施洗过，并怀疑这对父母不太诚实，他觉得自己可能仅是洒了些圣水在孩子身上。最后，在确认他们的诚信并经教仪允准后，他正式为孩子施行洗礼。[47]

当耶稣会士不断向海外传播他们所作的圣母玛利亚的形象时，渐渐地开始试图击退其他敌对信仰所传布的形象，他们希望通过各种宗教劝服的方式，但有些时候不免演变成公开的偶像破坏运动。利玛窦自己就曾试着劝阻那些粗暴的砸碎神像之举，比如韶州附近有些过激的信徒们闯入寺庙，将其中神像的“手脚，或是其他能砸的部分统统砸碎”，还有些人从庙里把神像偷出来，为的是私下焚毁或是埋掉，显然，这些行为将导致地方上民众的仇视。[48]

然而，在利玛窦的著述中，当记到神父们与华人新信徒合作，一道清除偶像时，却是大为赞扬。比如他赞扬一位商人，将几尊铜制神像送给利氏，任其熔化，而这些神像本可以卖得四十达克特；又有一位信徒，在北京的自家庭院里建起一座熔炉，这样，旁人不敢侵损的神像他都可以在此熔毁；另有一位七十八岁高龄的老翁，不顾儿子们反对，找到耶稣会士们，请他们帮他烧毁所有佛教画像，因为其家人不许他自己这样做。[49]若是神像实在太精美，利玛窦偶尔也会派人将其送到澳门，用他的话说这是“战利品”，但大多数还是销毁，且销毁的范围逐步扩大到木刻版画、纸质书画，甚至是印刷书籍。有位青年画师，原本擅长绘画神像，但后来将其所有神像画作都付之一炬。瞿汝夔在皈依天主之后，将他手上整整三大箱书籍——包括炼丹书、佛道教理书、书籍印版以及大量手稿原本——全部烧毁，只留下一些“特有精微之处”的书籍，他觉得可以和耶稣会士们共同研讨，以使他们学会如何驳倒此中论点。武将李应时曾在朝鲜战场上与丰臣秀吉的部队交战，之后致仕，历年来他花费巨资收集了许多有关占卜技巧的抄本，但还是亲自将其烧毁了。[50]

无论是瞿汝夔还是李应时，在受洗之时，都慎重地写下了自己信仰的陈述。瞿氏的陈述之词尤其充满了对圣母玛利亚的虔敬。他在结尾之处记下了忏悔之情，特别忏悔自己这些年来花费如此多的精力和钱财宣扬佛教。瞿氏这些表达圣母信仰的言辞由衷而发，可以代表一名新的“反宗教改革”信徒的心声：

> 说到天主圣教的教义，尽管我无法完全领会其中伟大的奥妙，但我将全身心地服从，坚信其中一切，我祈求圣灵（瞿汝夔把这个词念作“Sanbilido Sando”）能让我更快领悟。如今我重又笃信，我的心正像一根脆弱而柔嫩的麦穗。所以我祈求天主圣母，赐予我坚定的勇气和力量，愿她能代我向天主乞求，让我的决心变得强硬而坚实，再不左右摇摆，愿他开掘我心灵的全部潜能，让我的灵魂变得纯净而清澈。因而，即在此时，我的心中充满光明，我牢牢掌握了真理和理性，我之所以开口，正是为了说出那圣洁的词句，并将它们传遍中国大地，让所有人都知晓天主的神圣律法，并矢志服膺。[51]

瞿汝夔和利玛窦之间，有着非比寻常的深厚情谊，这显而易见，瞿氏选了“圣依纳爵”作为自己的教名，并为他十四岁的儿子取教名为“玛窦”。[52]

毫无疑问，耶稣会士和天主教信徒将许多——也许是最多的——精力花在攻击中国佛教上，因为佛教同样在伦理上声称向善，并从事慈善事业，自然成了天主教最大的敌人。佛教的慈善组织经常发起各种救助穷苦人士的活动，建立医馆、为老人提供住所、在饥荒时节为穷人提供食物或是低息的借款；他们还修建澡堂、栽种树木、建造桥梁。利玛窦在北京时，这些佛教社团不时向穷人发放食品和药物，还会为那些穷困而死的人们收殓。李路加在创立圣母会前，曾是好几个佛教慈善会的成员，且至少是其中一个的会长。[53] 而且，天主教信徒在摧毁神像运动中，特别急切地要焚毁佛教中的慈爱女神——观音菩萨的神像，因为很多人会将圣母玛利亚与观音弄混，甚至很多天主教传教士第一眼看到观音时都会犯这错误。[54]

利玛窦自己则投入大量时间，试图去驳倒那些严守斋戒生活的佛教信徒的观点。当然，甚至他自己——和之前的沙勿略神父一样——也承认这些人是值得尊敬的，他们是最虔诚的信仰者，其中许多人都很擅长道德论辩。[55] 在某种程度上，利玛窦对他们有所妥协，因为他在天主教的斋戒日里，也过着一种佛教徒式的斋戒生活，只吃蔬菜、面包或米饭，而不沾鱼类、肉荤、蛋以及乳品，那时他奉行“和中国异教徒一样的斋戒形式”。然而，他完全不认同佛教关于为何要避开所有动物食品的解释——比如说万物众生一体，或者是灵魂转世之类的教义。利玛窦想说的是，斋戒之所以有意义，仅在于它是一种苦修的方式，那是为了让修行者铭记自己的罪恶，并对自身肉体的脆弱性保持长久的警醒。有一种根深蒂固的谬论认为，忌食某物是为了保存它，利玛窦不禁要问，“西虏惧食豕，而一国无豕，天下而皆西虏，则豕之种类灭矣”，难道这也是保护一种动物的方式吗？[56]

利玛窦为他的中文名字选择的第三个汉字“窦”，其实也是为了在目的和技巧的问题上表达一种类似的想法，尽管这方法相当迂回。“窦”字和其他两字有所不同，“利”字很常用，用来指利益或是收获，“玛”字象征着国王骑在一匹马上，而“窦”字是利玛窦从《三字经》中选出来的。《三字经》是一本基础的童蒙读物，每个中国孩子在开始学习母语时都须熟读并牢记。或许这也是利玛窦读的第一本中文书籍。按照这本古代中国经典所载，“窦燕山”是一位深思熟虑且学识丰厚的人，他在教育自己子女方面成就卓著，因其“有义方”，所以，他成为中国传统所颂扬的富有德行和责任心的典范人物。[57]

由其书信可知，早在1585年，利玛窦就认为，中国的下层人士往往都是“毕达哥拉斯主义”的信徒，他们的素食习惯是和其抱持的转世观念紧紧联系的。利玛窦从没放弃以这个视角来分析中国民众。他确信，中国社会中普遍存在的杀婴现象，是因为他们信奉转世投胎的观念，在最为穷苦的人家，杀掉婴儿是为了祈望孩子能尽快投胎去一个富贵人家。认识到这点，利玛窦的批评就有了道德上的紧迫性。在《天主实义》当中，他对毕达哥拉斯转世理论的来源作了详细介绍，为了使毕氏之名能被人熟记，他甚至还用汉字写出——“闭他卧剌”。利玛窦说道，毕达哥拉斯创造了一种学说，即人的灵魂会转世，转入各种动物的体内，但这学说其实是在欧洲道德放纵时代一种讽喻式的教育手段。这种错误的说法从欧洲传到了印度，还被中国人误传进本国。[58]

利玛窦的观点是，从各个角度来看，这种学说都极为荒谬。因为它违背了一个事实：人类是所有其他生灵的主宰，上帝创造这些生灵，是为了让其服务于人，并各以其本性生存。若按转世之说，则人类之婚姻便无法成立，因为一个人永远无法知道是否会和已逝的先祖结婚，甚至会和自己已逝的亲生父母结婚；家庭内上下尊卑的结构也将不复存在，因为人所差使的男仆或女佣可能正是某个亲戚、甚至父母转世投胎；就连以家畜耕种或者驮拉都不行，因为自己父辈的魂灵可能正附在这畜生身上。而且，假设真有转世这回事，那么我们记忆里一定存有某些前世活动的踪迹，但这显然不对。[59]

在出版于1608年的《畸人十篇》一书中，利玛窦又详尽地阐发了这些想法，其形式是利氏设想了一段自己斋戒以后和奉教士人李之藻的对话。这回，他以坚定的语气捍卫了天主教的赎罪观念，并以赎罪观证明斋戒之必要。同时，他再次驳斥了佛教斋戒所基于的那些假设。[60]

有一位名叫虞淳熙的中国士人，在稍晚些时候写信给利玛窦，回击了他的观点。虞氏质问道，为何利玛窦在没有花工夫仔细研读佛教经典情况下，就要诋毁佛教，何以他竟认为自己有权非议这受佛学影响很大的几代伟大儒生？虞淳熙指出，无论如何，根据利玛窦的著述，佛教和基督宗教在道德领域是有很多理念重合的。他为利玛窦开了一份书单，包括一些佛学的基本读物，希望后者能借此获得更为清明的见解。

利玛窦同样回了一封很长的信，详细解释了他传教工作的宗旨，他将用西方科学来达到自己目的；他坚持认为佛教触犯了“十诫”的第一条，并表达了自己的感受，即佛教在中国虽已经两千年之久，但仍未能发展出一套道德标准。[61]利玛窦对自己这封信很是自豪，他在1608年8月22日写信给阿桂委瓦会长，其中说道，他回信给虞淳熙，“如此有力，他一定无力还手了，我们正计划将这些往来信件刻印出版，这样就能对自己信仰的多个方面加以阐释”。

利氏还说，如果另外的学者试图在三年一次的进士考试中散布著述，攻击利玛窦的学说，那么高级考官就会介入，代表利氏审查这些言论，“他们会改动一些言语，使所有那些针对我们的攻击都会变得矛头转向，攻击那些拜偶像的宗教”。[62]

利玛窦自以为，他那有力的论述和尖锐的还击，已使虞淳熙哑口无言，其实他错了。因为我们知道，虞淳熙把他的信和利氏的回信都抄呈给自己以前的老师，袾宏。袾宏是晚明时期最著名的佛教学者之一，是杭州城附近云栖寺的主持。他的功绩主要在两方面，一是将道德观念重新引入佛教隐修生活，二是引领了世俗佛教徒的虔信运动。对利玛窦的信，袾宏并无所动，他告诉虞淳熙，利玛窦的论述太过肤浅，并不值一驳。而从这封信的文字看，由于它比利氏的其他著述要好太多，很有可能是由一名中国士人代笔的。

几年之后，袾宏又详细说出了他对利玛窦的批评：禁止杀生是一条至上真理，至于利玛窦关于人可能差使转世父母之说，则是把实际发生之事和仅仅存在可能性之事弄混了，这两者有着本质的区别。

> 夫男女之嫁娶，以至车马僮仆，皆人世之常法，非杀生之惨毒比也。故经止云一切有命者不得杀，未尝云一切有命者不得嫁娶、不得使令也。如斯设难，是谓骋小巧之迂谈，而欲破大道之明训也，胡可得也？[63]*

* 此段见云栖袾宏（莲池）著《天说》，收入《竹窗随笔》。

利玛窦应从未见到袾宏回复虞淳熙的信，而上面这完整的批评刊刻问世之时，利氏也早已去世。但他领教过另一次针对他的猛烈而详尽的批评，来自黄辉。黄辉是一位颇受尊崇的翰林学士，也是个虔诚的佛教徒。他以某种方式获得了《天主实义》的一个抄本，在书边作了许多评注，批评严厉，并在自己友人圈子中传布。这些评注也被利玛窦看到，但他并没有直接回击黄辉，因为“对这样一位在朝中颇有权势的高级官员”，利氏并不想“引发他更多的敌意”。[64]

然而当利玛窦遇到此类辩论时，他还是会竭尽全力，有一次他留下详尽的记录，这是1599年初在南京城的一次宴席上，他与知名的僧人三淮和尚就宗教问题展开辩论。两人争论的，主要是创世的意义以及人类心灵在此过程中能起的作用，其他客人在旁倾听，偶尔发言打断。这争论是如此激烈，大部分时间里两人都相互大声吼叫。三淮认为，人心具有无穷的创造能力，而利玛窦则针锋相对地分析，在超自然的领域，人类心灵只有贮藏的功能和映射的能力。他告诉三淮，镜子毕竟只能映射出太阳的光辉，而不是创造出一个太阳。

此时更多的菜肴摆上席面，所有的客人都加入讨论，他们开始谈人性中固有之善的问题。对于这一点，三淮的态度是模糊不清的，其他人的意见也多少有些混乱，大约一个小时过后，利玛窦开始发言，他先用非凡的记忆能力总结了所有的观点，然后阐述了原罪的理念以及上帝的神圣恩泽，为的是解释创世主固有之善。他说，这种善自然根植于上帝本性之中，就像太阳自然具有光辉一样。利玛窦试图用推理方式，让三淮和尚明白，创造万物之主，并不是人类之体，但三淮仍然未被说动。利玛窦晚些时候写到，他当时并不想再纠缠下去，并几次请求离开。但后来的事证明，这次辩论对其是有益的，在《天主实义》的修订版本中，辩论的内容构成了其中一部分。实际上，在《实义》里我们还是能找到对话的痕迹，比如第一篇讲天主存在的理由，第二篇讲良能现象，以及第七篇论自然之善。[65]

即在同三淮和尚辩论前，利玛窦曾遇到过一位更难以应付的人，那就是李贽。李贽才识极高，但性情暴躁，此时他已经七十二岁高龄了。李贽在利玛窦前往拜访他之前，就亲自上门拜访利氏，还为其作诗两首，李贽在表面上对利玛窦批评佛教颇为迎合（尽管在争论现场时保持沉默），且很欣赏利氏的《交友论》，甚至还录下抄本送给外省友人观阅，凡此种种，皆表奉承之意。[66]在给友人的信中，李贽曾写道，利玛窦在来华之前，已在印度研习过佛教，而到肇庆之后，又埋头于学习儒家经典，在当地学者的帮助下，循序渐进地研读四书五经。李还这样形容利玛窦：

> 今尽能言我此间之言，作此间之文字，行此间之仪礼，是一极标致人也。中极玲珑，外极朴实，数十人群聚喧杂，雠对各得，傍不得以其间斗之使乱。我所见人，未有其比，非过亢则过谄，非露聪明则太闷闷瞶瞶者，皆让之矣。[67]

在利玛窦辩论时善于克制自己这点上，李贽大概是过誉了，因为利氏在《中国札记》里承认，他有时被迫会向对手大声吼叫（就像与三淮和尚那次）。尽管在同时代人的眼中李贽显得离经叛道、武断且粗鲁，但利玛窦不这么认为，恰好作为回报，利玛窦也写道，当耶稣会士们需要获准在北京造设寓所时，李贽帮助他们去商谈，显得“精明小心、富有经验”。1600 年春天，两人再次于山东省的济宁城里见面，那一幕必定温馨感人。利玛窦说，李贽和他朋友们“以如此温柔的情意款待他，整日如此。对神父来说，仿佛他不是处于世界另一端的异教徒当中，而正置身欧洲，身处友爱虔诚的基督徒群体里”。[68]

李贽将利玛窦介绍给他在北京的几位朋友，这些人，再加上利玛窦在南昌、南京和其他各地早已结识的士人，使利玛窦在京城最终安顿下来后，就已经有了一个包含当时中国最有才华、最活跃思想家的交游圈子，这些人里，有的对他钦慕万分，有的则对他充满严厉批评。[69] 直到 1603 年，利玛窦仍然期望着能说动李贽皈依天主，至少能增加他对天主教的兴趣——利氏觉得自己感受到了这种兴趣，但就在那年，他听到消息，李贽被仇敌们毁谤入狱，其后在狱中自刎而死。“他用一把刀子割断了自己的咽喉”，利玛窦在一篇情深义重的讣文中如此写道：

> 因为有位官员上书，恶毒地攻击李贽先生和他的著述，皇帝下令收缴并烧毁李先生的所有著书。李先生眼看自己身陷囹圄，遭到仇敌的嘲笑，便暗下决心不能死于廷臣之手；另外，他也要向他的门生、仇敌以及整个世界表明，他李贽并不畏惧死亡——

> 这点最让利神父感动。于是，李先生以这种方式自尽，他的仇敌们原本想看到他受辱，但这阴谋无法得逞。[70]

利玛窦的这些话，说明他曾读过李贽论述死亡的文字，或至少和李谈论过这个问题。李贽曾写过一篇名为《五死篇》的文章，其中谈到，为某个值得的原因而死，才是最佳，接下来四种死法，依次是“临阵而死”、“不屈而死”、“尽忠被谗而死”、“功成名遂而死”：

> 故智者欲审处死，不可不选择于五者之间也。纵有优劣，均为善死。若夫卧病房榻之间，徘徊妻孥之侧，滔滔者天下皆是也。此庸夫俗子之所习惯，非死所矣，岂丈夫之所甘死乎？……丈夫之生，原非无故而生，则其死也又岂容无故而死乎？……第余老矣，欲如以前五者，又不可得矣……既无知己可死，吾将死于不知己者以泄怒也。[71]

无论利玛窦是多么喜爱李贽这个人，出于审慎的考虑，利玛窦在李逝世之后，还是转而支持那些批评李贽不道德行为的人，尤其当这种批评出自更宽泛的反对佛教立场时。所以，在《中国札记》中，尽管利玛窦充满情感地记述了李贽之死，但大约六十页以后，他又以赞许的态度引用了礼部尚书冯琦一封言辞强硬有力的控诉文书，所声讨的正是李贽和所有那些试图融合佛学和儒学的人。[72]

在当时的士人中，礼部尚书冯琦是个很出名的人物，因为他支持国家对新刻印的书籍进行审查，他主张禁止在试文中出现离经叛道的思想，考生都得遵循传统的儒家经解，他甚至还定下规矩，监生若在行文中引用佛经，将被停发一个月俸禄。[73]当然，像这样一位人物，头脑如此正统，在礼部这样一个特殊部门担任要职，很难想象他会对基督宗教有兴趣，更不用说受洗皈依。但利玛窦却不这么认为，在他《畸人十篇》的第二篇中，他说冯琦"大有志于天主正道"，但在他真正想实践这条正道前就逝世了。实际上，冯琦在 1603 年去世，也就是利玛窦写下这些话的五年前。整件事里更令人生疑的是，利玛窦《畸人十篇》里所谓和冯琦的答问，开场这一段对话，之前早就在《天主实义》里出现过了，《实义》的撰写开始于 1593 年，在 1603 年刊刻。[74]这是一段核心对话，在《天主实义》中利玛窦的对谈者是一位"中国士人"，而在《畸人十篇》里则是冯琦。这位对谈者首先说到飞鸟与走兽，它们成长迅速，待羽翼丰满，即可自己觅食、自我保护。而这与人类忧伤的命运形成了鲜明对照：

> 人之生也，母先痛苦。赤身出胎，开口便哭，似已自知生世之难。初生而弱，步不能移，三春之后，方免怀抱；壮则各有所役，无不劳苦，农夫四时反土于畎亩，客旅经年遍渡于山海，百工无时不勤动手足，士人昼夜剧神殚思焉。所谓君子劳心，小人劳力者也。
>
> 五旬之寿，五旬之苦。至如一身疾病，何啻百端。尝观医家之书，一目之病，三百余名，况罄此全体，又可胜计乎？其治病之药大都苦口。即宇宙之间，不论大小虫畜，肆其毒具，往为人害，如相盟诅，不过一寸之虫，足残七尺之躯。[75]

在《天主实义》里，这段绝望的叫喊出于一位不知名的中国士人之口，已是辛酸万分，而若是出自冯琦这位激烈的反佛教人士之口，则效果几近加倍。因为，按利玛窦所说，如若冯琦身上所有的儒家智慧仅会将其引入这种深重的悲观情绪，那除了天主教外，再没什么可以帮他；除了对我们在世间转瞬而逝的生命有澄明之知，除了明白信仰者能在彼世获得永恒的欢愉，再没什么可以安慰他的心灵。

为了让这福音能够传播，利玛窦身怀的技能、巧计、训练和记忆所能提供的林林总总的方法，都已用尽：棱镜、钟表、画像、欧几里得几何、传教文书、晚宴、教会神父、古希腊罗马哲学家，所有的这一切，都在圣母的神圣指引下一一展现。所以，这并不奇怪，利玛窦要几次三番地向中国人自夸，他出生在毗邻洛雷托之地，实际上可以说被圣母玛利亚生活过的屋子所荫护，就在那屋子里，圣母蒙恩受孕，才有了道成肉身之神迹，正得助于圣母的指引，利玛窦辛勤工作把他们从绝望中拯救出来。因为，如若玛利亚是花园、是旭日、是甘泉、是大地，那么按鲁道夫斯所说，她也是高塔、是城堡，耶稣基督虔心步入，而环绕城堡的水流，便是人世间所有泪水汇成的涌泉。[76]

在如此的神秘玄境中，尘世一人凭何自立？在某派神学解释里，在修道院中隐修的修士，能将自己视为孕育在圣母腹中基督的象征。但利玛窦并非隐修，他日日奔走于世间，每得一静坐冥思之时，都弥足珍贵。[77]然而，问题的另一种解答，正存在于这持之以恒、孜孜不倦的尘世服务中。为了耶稣会的所有兄弟，圣依纳爵·罗耀拉以其敏锐的眼光，发现并掌握了服务世间的一种方式。在《灵操》

一书中，到了第二周的第一天，当修行者对道成肉身有了充分省思后，圣依纳爵就带领他们进入第二重冥想，主题是基督的诞生。他写道：

> 第一幕。这是充满神意的故事。一切虔诚的人们都知道，我们的圣母玛利亚怀着九个月大的胎儿，骑在驴背上，从拿撒勒出发，陪伴她的是约瑟和一名女仆。女仆的手中还牵着一头牛。他们前往伯利恒，去缴纳恺撒在他的土地上摊派的人头税。
>
> 第二幕。这是心灵对那场景的重演。我们借助想象的眼睛，去观看从拿撒勒到伯利恒的路途。体会它的长度、路的宽窄，有平坦的路面，也要穿越峡谷、翻过高山。还要看到基督降生的那个场所、那洞穴里，它大小几何、高低怎样？其中的一切，又是如何布置……
>
> 第一点。我们想象看到那些伟大的人，包括我们的圣母、圣约瑟、女仆，以及刚降生的耶稣基督。我将自己当做一个卑下的奴仆，尽管身处其间，但仍仰视他们，默想他们的一举一动，侍奉他们，满足所有的需求，带着全部的敬意和尊崇。[78]

在圣依纳爵勾画的版本里，“一位女仆”在整个旅程中都随侍于玛利亚左右，帮她做活，并照料初生的圣婴。但在新约福音书中却找不到这个女仆的记载。在各种伪传的福音书里常常会写到，陪伴圣母与约瑟上路的还有几位亲戚或两个家仆，一男一女，但圣依纳爵的想法是只有一位女仆。[79]

到了1570年代，有几位耶稣会士公开反对“这名女仆”的在场，他们认为这不符合《圣经》的说法，而且她的存在与他们对圣母的想象产生矛盾——耶稣基督降生时，圣母应是清贫的。他们这种想法，应是传承自历史上的人物，比如屈梭多模（Chrysostom）——他坚持认为那时圣母没有仆人，还有鲁道夫斯，鲁氏说，玛利亚的身边只有约瑟陪伴，她被迫“在芸芸众生中徘徊，想找个休憩之所，但未能如愿”，所以她是孤独的，还自感羞愧。然而，阿桂委瓦会长却依然坚持，这女仆必须在场，圣依纳爵亲手将其安置在那场景里，帮助神父们以最大的虔诚默想那一刻，在走向伯利恒的旅程中，她是核心，不能被移走。[80] 透过她的眼睛，利玛窦和他的同事们不仅在记忆里体会基督降生，更如同身临其境，感受基督教会礼拜中最神秘、最为壮美的那一刻；透过她的眼睛，神父们以最为亲密的方式贴近圣母，但又不带丝毫亵渎。

时光又到1591年的春节前夕，当时陪同利玛窦在韶州传教的西方人只有麦安东（Antonio Almeida）神父，但麦神父身患重病，被送回澳门医治。于是，在那时，中国人正准备开始欢庆一年中最重要的节日，利玛窦却孤身一人，留在城中，只有一两名华人教友陪着他。他本已十分沮丧，因为当地中国人对待他和他的宗教十分“冷漠”，如今节日临近，欢乐已至高潮，街道、房舍、寺庙，家家户户挂起灯笼，几千盏灯笼的火光映照，整个城里耀目通明，而失落让利玛窦的心更沉到谷底。夜晚到来，世上所有的城市都惯常沉入黑暗，这种节庆风俗就有了尤为特殊的意义，因为它改变了白昼与黑夜的平衡。利玛窦曾写道，春节来临时，中国人迎来一年中最盛大的庆祝，每家每户都以其灯笼为荣，在节日前几天，市场上挤满了灯笼贩子，高声叫卖，而热切的顾客们川流不息。[81]

这幅景象，蒙田在罗马也曾经历过，对他来说，那一刻“仿佛有一万两千支火炬在眼前经过，大街小巷，所见俱为点燃的蜡烛”。[82] 格里高利 · 马丁对罗马城灯火辉煌的景象有更为生动的描述。他曾写道，没有哪天比“濯足节星期四”(Maundy Thursday)的欢庆场面更壮观，那一天，世俗教友们集队成群，装束整齐，向着圣彼得教堂行进。每个人都手持耶稣受难十字架，其装饰远比平常所用精美许多，每人还背挑玻璃或透明的角质灯笼，内里点亮长形蜡烛。这样，在这队伍游行的三小时里，罗马的大街上“光亮耀眼，如同天空中布满明亮的星辰”。那些“鞭笞者”也行进在队伍中间，他们蒙着头，背部裸露，为了亮出身上鞭笞的血痕。在圣彼得教堂里，人们用无数小型的玻璃灯搭建成一个巨大的十字架，流光溢彩；那灯火闪闪发亮，宛若珠华。[83]

回到 1591 年，那个韶州的夜晚，利玛窦突然心血来潮，他拿出一张圣母玛利亚的油画像——那是不久前菲律宾友人送给他的，将其放在教堂的祭台上。接着，他把所有能找到的蜡烛、各种大小形状的灯笼全拿了出来，还找到许多反光的玻璃物品，他将它们挂在屋子四周的墙上，或是置于祭台画像的两侧。当灯火全被点燃，画像现出倒影，许多中国人都涌进来观看，起初是出于好奇，后来就出言嘲讽，最后有人开始投掷石块。利玛窦的仆从们想将人群驱散，但扭打中，他们衣衫的后背都被人撕坏，神父自己冲出门，尽力去救援仆人们。当人们面对面时，他感到了一阵根深蒂固的敌意，无法消解，只好带着仆人们退回教堂。

那个夜晚，韶州城内的这小小一角，当这一切发生时，教堂中的灯烛仍在静静燃烧，火光在圣母画像的四周闪烁。四下里归于平静，到最后，灯油和蜡烛全部燃尽，抑或是利玛窦亲自一支一支地吹灭。黑夜重又来临。[84]

在记忆宫殿的会客大厅中有四个形象，而这第四形象，利玛窦选择了汉语中的“好”字，发音是“hao”。利氏将此字从正中竖直分为两半，即又成两字，左边的字意思是“女子”，而右边则是“孩子”。

为了给这个“好”字创造出一个直观形象，他将这左右两半糅合起来，设想着一名“丫髻女子”怀抱婴孩的样子。他强调说，这女子很是年轻，而又形容她的头发左右两边结成“发髻”，这正是传统中国家庭年轻女仆的样貌。利玛窦还说道，她正在与怀中的婴孩玩耍——“抱一婴儿戏耍之象”。[85]

利玛窦将这位怀抱婴儿的“丫髻女子”置于他那记忆宫殿会客大厅的最后一个空角，也就是西南角。在她对面是两名静立的武士，作搏斗状；而那名“回回”妇女则在她对角线的斜对面；左手边，则是收割庄稼以谋“利”的农夫。

程大约的《墨苑》里收入了利玛窦给的四幅画，这第四幅，利玛窦还是选了怀抱婴孩的女子画像。这是日本的耶稣会神父们给的一幅版画，画上是圣母玛利亚与圣婴。此画最初的原本悬于塞维利亚大教堂侧边的小礼拜堂内，威克斯据此制成版画，而日本的神父

好

们再翻印此画。画上，圣母玛利亚左手抱着圣婴，右手持一枝玫瑰。尚为婴孩的耶稣左手里有一串葡萄，腿上停着一只金翅雀，两翅张开，这都象征着耶稣的受难和死亡。耶稣的右手则抬起祈祷。圣母戴着头巾，在上方，三名天使举着一座金冠，在圣母的光环上映着拉丁语的铭文："万福玛利亚，荣恩满身。"[86]

对其余三幅画，利玛窦都撰写了注文，唯有这幅付之阙如。他仅在画的上方写了两个字的罗马注音，"Tien Chu"，意思是"天主"。

他让刻工将原画下方的铭文也一道复制，按这文字，此画之作，是为了纪念卡斯蒂亚（Castile）的斐迪南三世从摩尔人手中夺回塞维利亚，所以，它正能够反映 13 世纪西班牙对抗伊斯兰势力取得一系列辉煌胜利的那个时代。自那时起，塞维利亚理所当然就成为庞大的、积累无数声名和财富的西班牙海外帝国立足之地，从新大陆源源不断涌来的大量银锭也在此卸货，进入西班牙。[87] 画像底部的右边还有一则注释，表明这幅画是 1597 年在日本印制。对于任何一名远东的天主教士而言，1597 年这个年份都能让他们回想起，暴怒的丰臣秀吉颁下命令，当年二十六名天主教徒被残忍地钉死在长崎城外的十字架上。

程大约请的刻工将这幅日本版画转刻成一幅新的木版画，其工艺令人称许。他们在基督的腿上绘出一只金翅雀，这在日本原画中没有，肯定是出于利玛窦的要求。无论是在言谈中，还是记忆里，只要加以正确的诠释，鸟儿和葡萄加在一起，能够引发对更深奥义的思考。然而，在圣母头顶光环中的拉丁文字里，却有一则错误，这应是刻工的疏忽，而不是利玛窦主动要求。日本原版的"万福玛利亚，荣恩满身”，其拉丁文是“Ave Maria Gratia Plena”，但在利玛窦的图中则变成了“Ave Maria Gratia Lena”。“Plena”是形容词，意为“充满的”，而“Lena”则是阴性名词，指的是有诱惑力、令人倾倒的女子。即使利玛窦发现了这则错误，他也没有纠正。

注释

1　引用部分见 *OS*, p.245，有关科斯塔的生平，见汾屠立的评论，*OS*, p.119 n.1. 利玛窦在这里写的是“Nicola Bencivenni”,但在更早的一封信里（*OS*, p.122）拼写是正确的。

2　Beissel, *Verehrung Marias*, pp.424-28, 435-37. 该书中第 440 至 442 页还有一首塔索（Tasso）写的歌颂圣地的诗歌。Ignatius of Loyola, *Spiritual Exercises*, tr. Puhl, no.103.

3　Montaigne, *Journal de Voyage*, pp.258-60.

4　Beissel, *Verehrung Marias*, p.483 引到 Adam von Einsiedeln 在 1574 年到访，同书第 484 页注 2 提到早期一些马切拉塔出版的书籍。Montaigne, *Journal de Voyage*, p.261 提到在他去那里旅行时，遇到了 Michel Marteau，后者的疗法对他产生了效果。

5　有关神迹和圣玛利亚教堂的讨论见 Gentili and Adversi,“La Religione”, p.43（参考资料见注 105）。有关另外二十座教堂的名称和地点，可见 *Storia di Macerata*, vol.5, plate.5.“Macerata alla fine del secolo XVI”，马切拉塔地区圣母崇拜的背景可见同书第 247—293 页，由 Mons. Elio Gallegati 撰写的两篇文章，“Note sulla Devozione Mariana nel Basso Medioevo”。至于马切拉塔的早期宗教艺术，一个很有价值的介绍可见马切拉塔旅游委员会的出版品 *Pittura nel Maceratese dal Duecento al Tardo Gotico*, Macerata: Ente Provinciale per il Turismo, 1971。

6　Ignatius, *Spiritual Exercises*, no.63. 三人谈话。

7　引自 Charles Conway, *Vita Christi*. p.13，略作改动。

8　他提到母亲之处见 *OS*, pp.99 and 115. 有关家中其他孩子，见 Adversi,“Ricci”, pp.357-58。

9　*OS*, pp.96, 113, 122, 218, 278, 374。一个例外是利玛窦在听说他的父亲并没有去世后，于 1605 年 5 月 10 日给父亲写的令人心酸的信，见 *OS*, p.268。

10　*OS*, p.97，1592 年 11 月 12 日写给他父亲的信。

11　Tacchi Venturi, *Storia della Compagnia di Gesù*，战斗见 2/15，医生的治疗见 16—17 页，他的想象见 21 页。

12　圣依纳爵的抄写和拜访姐姐可见上书 22—24 页。利玛窦卧床养病时期做弥撒的事，在他 1592 年 11 月 12 日写给父亲的信中提到，*OS*, p.97，有关在澳门接受的治疗，以及跛足，参见 *FR*, 1/321-23。Michel de Montaigne, *Oeuvres Complètes*, bk.3, ch.11 有一篇非常出色的关于跛行的散文,“Des Boyteux”,这篇散文是纳塔莉·戴维斯《马丁 · 盖尔归来》其中一个精彩篇章的主要关注点。

13　《神曲 · 地狱篇》，第 1 部分，第 28—30 行。引自 John Freccero,“Dante’s Firm Foot”, p.250. 同书第 252—255 页还作了分析。*FR*, 1/321 and 323 关于疼痛反复发作的原因。

14　这只是一小部分，Martin, *Roma Sancta*, pp.29-38 当中有一串很长的圣物列表。

15　同上书，第 39—40 页，以现代方式拼写。还有第 48 页。

16 利玛窦自己带的圣物见 *FR*, 2/121, 116 n.7，送给他人的礼物和李路加的画见 *FR*, 2/481-82, 1/261。

17 Villaret, "Les premières origines", pp.28-37, 44-49.

18 Gentili and Adversi, "La Religione", p. 43.

19 Miller, "Marianischen Kongregationen", p.253. FR, 2/552 n.3. Ganss, "Christian Life Communities", p.48.

20 这些例子来自 Martin, *Roma Sancta*, pp.206-9.

21 Miller, "Marianischen Kongregationen", p.257. Villaret, *Les Congrégation*, pp.41-45.

22 Doc. Ind., 11/368. Villaret, *Les Congrégation*, p.43, 478. Villaret, "Premières origines", p.35. 有关孟加拉的另外一些组织，见 Correia-Afonso, "Akbar and the Jesuits", p.62. 另见 Boxer, *South China*, p.53，其中达克鲁兹列举了另一些宗教修会在推广圣母崇拜方面的成就。

23 *FR*, 1/160, 166. Margiotti, "Concregazioni", 18/256.

24 Hicks, "English College", p.25. Mullan and Beringer, *Sodality*, doc.5. Ganss, "Christian Life Communities", pp.46-47.

25 Mullan and Beringer, *Sodality*, p.26 and doc.9. 参见该书的第 7 号文件，即 1587 年 6 月 16 日的信件，其中阿桂委瓦讲到禁止女性入会的原因是她们"不接受教导"(*por no ser esto conforme a la edificacion*)。这或许正好印证了兰克（Ranke）对阿桂委瓦的看法，他曾经尖刻地评论说，阿桂委瓦"是这么个人，他和蔼可亲、彬彬有礼的外表下掩藏着极度顽固的内心"(*History of the Popes*, p.198)。

26 *FR*, 2/482. Margiotti, "Concregazioni", pp.132-33.

27 徐光启见 *FR*, 2/361，李之藻见 *FR*, 2/544 nn.1 and 3。

28 早期的流言见 Hicks, "English College", pp.3-4，更小的团体见 Villaret, *Les Congrégation*, pp. 417-19。

29 *FR*, 1/328-30，费赖之《列传》原本第 45 页，德礼贤认为石方西去世的准确时间是 1593 年的 11 月（而非利玛窦所说的 1594 年），见 *FR*, 1/328 n.1，同书第 328 页，利玛窦说石方西进学院的时候还是个"男孩"(*fanciullo*)，所以，石方西在 1577 年之前就进了学院是可能的，这样的话那时他才十五岁。

30 Ignatius of Loyola, *Exercitia Spiritualia*, pp.62-64，尤其见第 17 条注。有关阿桂委瓦见 Villaret, *Les Congrégation*, pp.78-79。

31 Guibert, *Jesuits*, pp.137 and 37.

32 有关利玛窦和他的画像，见 *FR*, 1/188, 189, 193, and plates 14 and 15. 请参考兰克对阿桂委瓦的描述："那些年轻人都以极大的热情依附于他。"(*History of the Popes*, p.198)

33 Acquaviva, *Letters*,（1586 年 5 月 19 日）pp.94-95，我作了一些很小的标点改动。

34 有关莫桑比克，见 Gomes, *Tragic History of the Sea, 1589-1622*, tr. Boxer, pp.186, 271. 有关阿克巴见 *OS*, p.5. 有关澳门的教堂见 *FR*, 1/153 nn.1 and 5。

35 王泮的要求见 *FR*, 1/188 n.2 and 1/193。

36 谢肇淛《五杂俎》，第 120 页。

37 利玛窦论这种混淆见 *FR*, 1/194，可见同书 1/194 n.2 讲到张庚（关于张庚，见 *Eminent Chinese*, p.99)。关于南京见 *FR*, 2/85。

38 OS, p.60，1585 年 10 月 20 日信。为对此事有更清楚认识，可见 O'Malley 的讨论，当时即使是在西斯廷礼拜堂，也没有耶稣受难或是钉十字架的画像，见 O'Malley, *Praise and Blame*, p.140。

39 油画可见 *FR*, 1/232, 2/4, 2/29，关于摹本见 2/330.

40 关于马堂见 *FR*, 2/110，关于礼物见 *FR*, 2/123，有关皇后见 2/125。

41 *FR*, 2/115，利玛窦用的词 "*fatticio*" 应为 "*fattaccio*"。

42 同上，2/116, 118.

43 有关徽章见 *FR*, 1/302，版画见 *FR*, 2/461, 512，教堂屋顶见 1/200n，形象的隐藏见 2/455。关于十字架在此时代扮演的角色见 Bettray, *Akkomodationsmethode*, pp.365-82.

44 寻找画师见 *OS*, pp.159, 254，郭居静的圣母像见 *FR*, 2/247，祭台见 *FR*, 2/330，信徒自制的圣母像见 2/339，驱除恶灵见 2/335。

45 同上，2/349.

46 同上，2/105 n.6，画家名为 Emmanuel Pereira（见 *FR*, 2/9 n.7)，是一位 1575 年在澳门出生的中国人，后来在南京当见习修士。

47 *FR*, 2/333-34，Dehergne, *Répertoire*, p.257.

48 *FR*, 1/318 and 319.

49 有关四十达克特（字面上是斯库多）见 *FR*, 2/349-50，自家的熔炉见 2/480，七十八岁老翁见 2/248.

50 有关"战利品"见 *FR*, 2/94，画像见 *OS*, p.63 以及 *FR*, 2/330，有关画家的收藏见 2/261，瞿汝夔见 *FR*, 2/342 及 *OS*, p.269，共有"三箱"(tre cassoni) 书，李之藻见 *FR*, 1/69 n.2, 2/261.

51 *FR*, 2/345，金尼阁版本的《札记》第 470 页改变了这段话的原意，贬低了瞿汝夔对圣母的虔诚祈祷之心。

52 *FR*, 2/341 and 342.

53 有关佛教慈善会可见 Yü Chün-fang, *Renewal of Buddhism in China*. Geiss, "Peking", p.40。有关李路加信仰佛教见 FR, 2/481，当他后来改信基督后，会中有些成员试图起诉他贪污。

54 焚烧观音像见 *FR*, 2/243，与圣母弄混见 2/398 n.3，沈德符《万历野获编》(785 页) 认为利玛窦在这场争议中态度还算中立，但他内心仍然坚定地反对佛教。

55 有关沙勿略见 Cros, *Saint François*, 2/28，有关利玛窦见 *OS*, p.55, *FR*, 1/314-15, 357.

56 利玛窦的斋戒见 FR, 2/535，有关猪的问题见《天主实义》第 510 和 514 页。*Lettres Edifiantes*, pp. 273-75. Bettray, *Akkomodationsmethode*, pp.256-66 概括了利玛

窦反对佛教的论述。

57 《三字经》标准版第 13 和 14 句。

58 基本的论点可见《天主实义》第 492 至 493 页，*Lettres Edifiantes*, pp.255-56. 评论毕达哥拉斯的转世说见 OS, p.57，1585 年 10 月 20 日致阿桂委瓦的信。有关杀婴的论述见 FR, 1/99。《天主实义》的各种版本以及前言的研究可见方豪《〈天主实义〉之改窜》。

59 利玛窦《天主实义》第 495—507 页。*Lettres Edifiantes*, pp.258-70.

60 利玛窦《畸人十篇》第六章。

61 Lancashire, "Buddhist Reaction", pp.83-85（此处使用的拼写是 Yü Shun-hsi），原信可见利玛窦《辩学遗牍》第 637—650 页。（佛教尽管从创立到那时已有两千年，但从公元 5 世纪才开始在中国流行开来。）

62 引文见 *OS*, p.360，利玛窦另有一些更简短的类似批评，见 *OS*, pp.277, 345。

63 引自 Yü, *Renewal*, pp.88-89. 有关早期的一些信件，见 Lancashire, "Buddhist Reaction", p. 86。

64 *FR*, 2/180-81.

65 *FR*, 2/75-79，三淮的传记见 2/75 n.5。

66 两人第一次见面见 *FR*, 2/66-68，李贽当时与焦竑居于一处。福兰阁（Otto Franke）的《李贽与利玛窦》是有关诗和“李利关系”的开拓性研究，可见第 14—17 页，翻译并分析了这第一首诗，该诗可见李贽的《焚书》第 247 页。如今对于李贽的研究很多，在此我无法尽述，简短的传记可见 *DMB*, pp.807-18. 狄百瑞编辑的书中讨论了李贽与当时主流哲学学派的关系，见 W. T. de Bary ed., *Self and Society in Ming Thought*, Columbia University Press, 1970, pp.188-225. 而李贽在更广阔的经济和政治领域内的地位可见郑培凯（Cheng Pei-kai），"Reality and Imagination"。

67 李贽致一位未知姓名的友人信，见李贽《续焚书》，第 35 页。这段英译文见 *DMB*, p.1140。

68 *FR*, 2/104-5，李贽调和各教的主张可能是他接近利玛窦的思想动因，正像他所写道，“讨论三教之人，必定不会有狭隘的心智”（Berling, *Syncretic Religion*, p.53）。

69 Hung Ming-shui, "Yüan Hung-tao", pp.214-16 对这个文人圈子作了很好的介绍。

70 *FR*, 2/106.

71 译文见 *DMB*, p.814.

72 *FR*, 2/184-86.

73 *DMB*, p.444.

74 利玛窦的这个论断可见《畸人十篇》，第 1 卷第 9 页，重印本第 133 页。有关这个段落更早的出现之处，可以比较《天主实义》第 422 页和《畸人十篇》重印本第 125—126 页。

75 比较利玛窦《畸人十篇》第 125—126 页与《天主实义》第 422—423 页。唯一的改动是后书里的“九尺”之人改成了前书中的“七尺”之人。*Lettres*, pp.189-90 很忠实于原文。有关这段话在《实义》作为学说整体中的地位，可见 John Young, *Confucianism and Christianity*, pp.28-39，也可见胡国桢（Peter Hu）《简介天主实义》中更为详细的解释，第 255 至 266 页。胡国桢和 Douglas Lancashire 目前正在着手翻译全本《天主实义》为英文。

76 Conway, *Vita Christi*, pp.8 and 90，有关"道成肉身"这一主题在文艺复兴时期神学中的地位，可见 O'Malley, *Praise and Blame*, pp.140-42。

77 有关修士见 Conway, *Vita Christi*, p.83，实际上利玛窦很少有时间能够冥思，这点也为他的老师们所理解和接受，老师们认为尽管从事冥思很有益处，但就耶稣会士繁忙的工作而言，太多冥思反而是不必要的。他们的说法是"生活是混合的，更好的生活是更有用的生活"（*vita mixta, tanto nobilior est et utilior*）。参见 Iparraguirre, "Para la historia de la oración", pp.83 and 124。该文第 88 页说到，经常与利玛窦通信的 Fabio de Fabi，曾写有 200 页长的文稿，讨论祈祷与冥思，而该书第 94—95 页则讨论阿桂委瓦有关"纯粹省思与灵魂平静"的思想。

78 Ignatius of Loyola, *Spiritual Exercises*, tr. Puhl, p.52, nos.111-14. 巴特对这段话的评论很机智，见 *Sade, Fourier, Loyola*, p.64。

79 Ignatius of Loyola, *Exercitia Spiritualia*, Madrid, 1919. 带注释的版本第 65—66 页讨论类似的文本例子。有关伪经的《马太福音》可见 *New Testament Apocrypha*, ed. Wilson and Schneemelcher, 1/406-8。

80 Ignatius of Loyola, *Exercitia Spiritualia*, Madrid, 1919, p.109 n.17. Ludolfus, *Vita*, ed. Bolard, p. 39（pt.1 ch.9）引到屈梭多模的话。有关其他对于"伪经问题，诸如圣婴降生时的助产婆"的批评，见 Baxandall, *Painting and Experience*, p.43。

81 *FR*, 1/87.

82 Montaigne, *Journal de Voyage*, p.237.

83 Martin, *Roma Sancta*, pp. 90-91.

84 利玛窦对该事件的叙述见 *FR*, 1/305，有关麦安东当时不在的原因，见前书，以及 Dehergne, *Répertoire*, p.8，关于蜡烛和灯油作为关键性的礼物，见 *FR*, 1/195, 2/482。

85 利玛窦《西国记法》第 5 页，重印本第 17 页。

86 《利玛窦题宝像图》，页 6b。Berthold Laufer 在 1910 年鉴别出威克斯画的原本在塞维利亚教堂中，并发表了这一成果，见"Christian Art in China", pp. 110-11，但此中仍留有许多难解的问题。从这幅画的说明文字看，其作者似乎可以确定为威克斯，而 Louis Alvin, *Catalogue raisonné de l'oeuvre des trios frères Jean, Jérome et Antonio Wierix*（Brussels, 1866）其中第 98 页 546 号正是此画。但是利玛窦的版本和日本的版本都只是与威克斯版本（重印见 Mauquoy-Hendrikx, *Les Estampes de Wierix*, 1/114）或是塞维利亚原本（重印见 C. R. Post, *A History of Spanish Painting*, Harvard University Press, 1930, 3/298）部分相同。永山时英（Nagayama Tokihiko）在《对外史料美术大观》中也认为此画来自长崎，而西村贞（Nishimura Tei）指

出了日本版与利玛窦版的差异，但两位学者都无法说清此画具体如何传播的细节。让研究变得更困难的是，北京图书馆珍本部所藏的程大约《程氏墨苑》（哈佛和耶鲁两所大学图书馆中都有该版本的缩微胶卷）中这幅画不知所踪，很明显，这是被人撕去了，这从该书卷 6 下第 43 页那参差的页边缘就能看出，这幅圣母画像应该位于罗得和所多玛画像的对面页，就像以马忤斯是在“波涛中的彼得”对面页（同书，页 38a 和 38b）。那一卷的“目录”也显示圣母画像应该在那卷（让人感到相当迷惑的是那张目录页上却印着“卷十二”），而从目录看，前面三幅画都是图文结合，而这幅独独只有画，没有任何文字。因此，我的论述只能限于《利玛窦题宝像图》这个版本。

87 要了解塞维利亚在此时世界远洋贸易中的地位，可见 Huguette and Pierre Chaunu, *Seville et l'Atlantique, 1504-1650*, 8 vols. Paris, 1955，尤其参见 vol.3, “Le trafic de 1561 à 1595”。

第九章　宫门之内

利玛窦脚穿绣花鞋，立于记忆宫殿的门口，许久以前，他从窗子口跳出来，伤了一只脚，如今还隐隐作痛。

他的思绪飘荡，跨越时空，眼前展现的，是微微闪光的宫墙和立柱，是廊檐和雕饰精美的大门，在那后边，储放着许多记忆形象，那一切都来自阅读、经历，还有他那坚定的信仰。

他看到一个人，那是大太监马堂，马堂暴怒异常，手中紧握着木刻的十字架，基督被钉在那十字架上，汩汩淌血；他听见风声呼啸，那是赣江之上，狂风肆虐，前船的人们大喊示警，可惜船只倾覆，他和若望 · 巴拉达斯都掉入水中；他闻到焚香气味，那是在句容漂亮的大花园里，他将一架三联圣像画放在庙里的神龛上，周围点起香来，心中默祷；他品尝家常饭菜，那是肇庆城外乡间的贫苦农夫们拿来招待他的；他感到了面贴面的温情，那是临终前的石方西神父，双臂紧紧围抱住他的脖颈，两人泪流满面。

在这片未知的地域，利玛窦已经走得太远，远超他所预料，他有时茫然无着，不知自己是否应该返回，是否还能返回。一次他写信给少年时的学友弗利加蒂，引用了维吉尔的诗句，“下往地狱的道路易行，但仍得返身原路登上天国”。这句诗出自《埃涅阿斯纪》（*Aeneid*）的第六卷，利玛窦和弗利加蒂多年前一道学习这诗篇，童年时他反复吟诵，但那一刻他匆忙间，只凭记忆引述，缩简了原文。

> 下往地狱的道路易行，
> 黑暗冥府的大门昼夜敞开。
> 但要返身原路登上天国，
> 其路险阻，多费辛劳。[1]

当时埃涅阿斯请求能下入冥界，去寻找他死去的父亲，而女先知库迈的西比尔（Cumaean Sybil）就这样告诫他。

在利玛窦的画中，诸色人物都品味着命运的尖厉，使徒彼得在波涛中挣扎，两位门徒在前往以马忤斯途中停步，而所多玛的人们则跌倒在地，眼盲不能视物。在记忆宫殿的会客大厅，几个形象各安其位，两名武士在搏斗，“回回”妇女，还有代表着姓氏“利”的农夫。

“这样的事很常见”，利玛窦写道，“生活在后世的人们，往往无法了解前时代的伟大事业或行动如何起源。我时常揣思，这是缘于何故，发现只能如此解释：一切事情（包括那些最后取得极大成功的）在肇始之际，是那样微弱渺小，人们自己都无法说服自己，它将来竟能成如此宏大的局面。”[2]

他立在门口，身躯高大，留着浓须，身穿镶蓝边的紫色丝袍。

记忆宫殿内寂静无声。在他身后有两名妇女，每位怀中都抱着一个婴孩。其中一位身着华美无比的绣花长裙，头肩部披着一块飘动的头巾，手持一枝玫瑰。另一位则丫鬟打扮，衣装朴素，头梳左右两个发髻，既示以年幼，又表明其女仆的身份。

“尽管我还年轻”，利玛窦有次写信给马菲伊——他的友人，研究基督宗教扩张编年史的学者——说道：“我已经有了一些老年人的习性，总是喜欢称颂过去的时光。”[3]

两个婴孩也看着他。一个举起小小的右手，对天祈祷；另一个张开双臂，像在玩耍。四周很平静，但远处传来低沉的杂音，那是北京城街市的喧嚣。

他关上了那扇门。

注释

1 *OS*, p.214，1596 年 10 月 12 日信，汾屠立首先指出利玛窦这句话的出处，这里引文的英译者是 Robert Fitzgerald，*The Aeneid*, Random House, 1983, p.164。

2 *FR*, 1/5，这是利玛窦为自己的《中国札记》所作序言的开头几句之一。

3 *OS*, p.26，1581 年 12 月 1 日信，原文为“mas ja em mansebo tenho a naturesa dos velhos que sempre louvo o tempo passado”，其中“Mansebo”意为“年轻人”，在现代标准葡萄牙语中写成“mancebo”。

参考文献

常用书名简称

DMB: *Dictionary of Ming Biography*. L.Carrington Goodrich and Chaoying Fang, eds. 2 vols. Columbia University Press, 1976.《明代传记辞典》

Doc Ind.: *Documenta Indica*. Joseph Wicki, S.J., ed. *Monumenta Missionum Societatis Jesu, Missiones Orientales*, vol.10 (1575-1577), Rome, 1968; vol.11 (1577-1580), Rome, 1970; vol.12 (1580-1583), Rome, 1972.《耶稣会传教纪念集》

FR: *Fonti Ricciane*. Pasquale M. D'Elia, S.J., ed. *Storia dell'Introduzione del Cristianesimo in Cina*. [The annotated version of Ricci's original manuscript of the *Historia*.] 3 vols. Rome, 1942-1949.《利玛窦资料》

OS: The Letters of Matteo Ricci, in *Opere Storiche*. Pietro Tacchi Venturi, S.J., ed. Vol.2, *Le Lettere dalla China*. Macerata, 1913.《利玛窦书信集》

西文书目

ACQUAVIVA, CLAUDIO. *The Directory to the Spiritual Exercises* (1599), in *The Spiritual Exercises of Saint Ignatius of Loyola*. Tr. W. H. Longridge. London: A. R. Mowbray, 1950, pp. 273-351.

——. *Letters (29 Sept.1583)*, in *Renovation Reading*, pp. 47-69. Woodstock College, 1886.

——. *Letters (19 May. 1586)*, in *Renovation Reading*, pp. 78-95. Woodstock College, 1886.

——. *Letters (12 Jan. 1590)*, in *Lettres choisies des Généraux aux pères et frères de la compagnie de Jésus*, vol. 1, pp. 109-13. Lyon, 1878.

——. *Letters (14 Aug. 1594)*, in *Lettres choisies des Généraux aux pères et frères de la compagnie de Jésus*, vol. 1, pp. 118-30. Lyon, 1878.

——. *Letters (14 Aug. 1601)*, in *Select Letters of Our Very Reverend Fathers General to the Fathers and Brothers of the Society of Jesus*, pp. 47-49. Woodstock College, 1900.

Ad Herennium. Tr. Harry Caplan. New York: Loeb Classical Library, 1968.

ADVERSI, ALDO. "Ricci, Matteo," in Vincenzo Brocco, comp., *Dizionario Bio-Bibliografico dei Maceratesi*, pp. 357-95, vol. 2 of *Storia di Macerata*. Macerata, 1972.

AGRIPPA, CORNELIUS. *Of the Vanitie and Uncertaintie of Artes and Sciences*. Tr. James Sanfod. London: Henry Wykes, 1569.

ANCEL, RENÉ. "La disgrâce et le procès des Carafa, d'après des documents inédits (1559-1567)," *Revue Bénédictine* 24 (1907): 224-53, 479-509; 25 (1908): 194-224; 26 (1909): 52-80, 189-220, 301-24.

ANGELES, F. DELOR. "The Philippine Inquisition: A Survey," *Philippine Studies* 28 (1980): 253-83.

AQUINAS, THOMAS. *The Pocket Aquinas*. Ed. and intro. Vernon J. Bourke. New York, 1960.

——, comp. *Catena Aurea: Commentary on the Four Gospels Collected out of the Works of the Father by S.Thomas Aquinas*. Tr. M. Pattison et al. 6 vols. Oxford: Parker, 1874.

ATWELL, WILLIAM S. "International Bullion Flows and the Chinese Economy circa 1530-1650," *Past and Present* 95 (1982): 68-90.

AUGUSTINE. *The Confessions of St. Augustine*. Tr. E. B. Pusey. London: Everyman's Library, 1957.

AZEVEDO, J. LUCIO D'. *Historia dos Chiristãos Novos Protugueses*. Lisbon, 1921.

BACON, FRANCIS. *Selected Writings*. Ed. Hugh G. Dick. New York: Modern Library, 1955.

BAIÃO, ANTÓNIO. *A Inquisição de Goa*. 2 vols. Lisbon, 1930, 1945.

BARTHES, ROLAND. *Sade, Fourier, Loyola*. Tr. Richard Miller. New York, 1976.

BAXANDALL, MICHAEL. *Painting and Experience in Fifteenth Century Italy*. Oxford: Clarendon Press, 1972.

BECKMANN, JOHANNES. *China im Blickfeld der mexikanischen Bettelorden im 16. Jahrhundert*. Schöneck/ Beckenried, Schweiz, 1964.

BEISSEL, STEPHAN, S. J. *Geschicte der Verehrung Marias im 16.und 17.Jahrhundert*. Freiburg, 1910.

BELLAY, JOACHIM DU. *Les Regrets et autres oeuvres poëtiques, suivis de Antiquitez de Rome*. Geneva: Droz, 1966.

BERLING, JUDITH A. *The Syncretic Religion of Lin Chao-en*. New York: Columbia University Press, 1980.

BERNARD, HENRI, S. J. *Aux Portes de la Chine: Les Missionaires du Seizième Siècle, 1514-1588*. Tientsin, 1933.

——. *La Découverte de Nestoriens Mongols aux Ordos et l'histoire ancienne du Christianisme en Extrême-Orient*. Tientsin, 1935.

——. *Le Frère Bento de Goes chez les Musulmans de la Haute Asie (1603-1651)*. Tientsin,

1934.

——. *Le Père Matthieu Ricci et la Société Chinoise de son temps (1552-1610)*. 2 vols. Tientsin, 1937.

——. *Les Iles Philippines du Grand Archipel de la Chine: Un essai de la conquête spirituelle de l'Extrême-Orien, 1571-1641*. Tientsin, 1936.

——. *Matteo Ricci's Scientific Contribution to China*. Tr. E. C. Werner. Peiping, 1935.

BERTUCCIOLI, GIULIANO. *A Florentine in Manila*. Manila: Philippine-Italian Association, 1979.

BETTRAY, JOHANNES, S. V. D. *Die Akkommodationsmethode des P. Matteo Ricci S.I. In China*. Rome: Analecta Gregoriana, 1955.

BOCCACCIO, GIOVANNI. *The Decameron*. Tr. G. H. McWilliam. Harmondsworth: Penguin Books, 1972.

BODENSTDT, MARY IMMACULATE. *The Vita Christi of Ludolphus the Carthusian*. Washington, D. C.: Catholic University of America Press, 1944.

BORTONE, FERNANDO, S. J. *P. Matteo Ricci S. J.: Il "Sagio d'Occidente."* Rome: Editori Pontifici, 1965.

BOSWELL, JOHN. *Christianity, Social Tolerance and Homosexuality*. Chicago: University of Chicago Press, 1980.

BOVILL, E. W. *The Battle of Alcazar: An Account of the Defeat of Don Sebastian of Portugal at El-Ksar el-Kebir*. London: Batchworth, 1952.

BOXER, C. R. *The Christian Century in Japan, 1549-1650*. Berkeley: University of California Press, 1967.

——. *Fidalgos in the Far East, 1550-1770*. London: Oxford University Press, 1968.

——. "Macao as a Religious and Commercial Entrepôt in the Sixteenth and Seventeenth Centuries," *Acta Asiatica* 26 (1974): 64-90.

——. "Moçambique Island as a Way-station for Portuguese East-Indiamen, *Mariners' Mirror*, 48 (1962): 3-18.

——. *Portuguese Society in the Tropics: The Municipal Councils of Goa, Macao, Bahia and Luanda, 1510-1800*. Madison: University of Wisconsin Press, 1965.

——. ed. *South China in the Sixteenth Century: Being the narratives of Galeote Pereira, Fr. Gaspar da Cruz, O. P., Fr. Martin de Rada, O. E. S. A. (1550-1575)*. London: Hakluyt Society, 1953.

——. *The Great Ship from Amacon: Annals of Macao and the Old Japan Trade, 1555-1640*. Lisbon, 1959.

BRADING, D. A., and HARRY E. CROSS. "Colonial Silver Mining: Mexico and Peru." *Hispanic American Historical Review* 52 (1972): 545-79.

BRAUDEL, FERNAND. *The Wheels of Commerce (Civilization and Capitalism, 15th-18th*

Century, vol. 2). Tr.Siân Reynolds. New York, 1982.

BROOK, TIMOTHY. "The Merchant Network in 16th Century China," *Journal of the Economic and Social History of the Orient* 24:2 (May 1981): 165-214.

BROOKS, MARY ELIZABETH. *A King for Portugal: The Madrigal Conspiracy, 1594-95*. Madison and Milwaukee: University of Wisconsin Press, 1964.

BROWN, L. W. *The Indian Christians of St. Thomas: An Account of the Ancient Syrian Church of Malabar*. Cambridge: Cambridge University Press, 1956.

Cambridge History of Islam. Ed. P. M. Holt, Ann Lambton, Bernard Lewis. Vol. 1A, *The central Islam Lands*; vol. 2A, *The Indian Sub-Continent.* Cambridge: Cambridge University Press, 1977.

GANISIUS, PETER. *Ane Cathechisme, 1588*. English Recusant Literature, vol. 32. Menston, Yorkshire: Scolar Press, 1970.

CARLETTI, FRANCESCO. *My Voyage around the World: A 16th Century Florentine Merchant*. Tr. Herbert Weinstock. London: Methuen, 1963.

CARRUTHERS, DOUGLAS. "The Great Desert Caravan Route, Aleppo to Basra," *Geographical Journal 52* (July-December 1918): 157-84, map facing p. 204.

CASTELLANI, GIUSEPPE, S.J. "La Tipografia del Collegio Romano," *Archivum Historicum Societatis Iesu* 2 (1933): 11-16.

CERVANTES,MIGUEL. *Don Quixote*. Tr. J. M. Cohen. Penguin Books, 1982.

CHAN, ALBERT, S.J. "Chinese-Philippine Relations in the Later Sixteenth Century and to 1603," *Philippine Studies* 26 (1978): 51-82.

——. *The Glory and Fall of the Ming Dynasty*. Norman: University of Oklahoma Press, 1982.

——. "Peking at the Time of the Wanli Emperor(1572-1619)," in *Proceedings of the International Association of Historians of Asia*, Second Biennial Conference, Taipei, Taiwan, 1962, pp. 119-47.

CHAUNU, PIERRE. *Les Philippines et le Pacifique des Ibériques (XVIe, XVIIe,XVIIIe siècles)*. Paris: S. E. V. P. E. N., 1960.

CH'EN, KENNETH. "A Possible Source for Ricci's Notices on Regions near China," *T'oung Pao* 34 (1938): 179-90.

CHENG PEI-KAI（郑培凯）. "Reality and Imagination: Li Chih and T'ang Hsien-tsu in Search of Authenticity. " Ph.D. dissertation, Yale University, 1980.

CICERO, TULLIUS. *De Senectute*. Tr. W. A. Falconer. New York: Loeb Classical Library, 1923.

CIPOLLA,CARLO M., ed. *The Fontana Economic History of Europe: The Sixteenth and Seventeenth Centuries.* Glasgow: Collins, 1981.

CLAIR, COLIN. *Christopher Plantin*. London: Cassell, 1960.

CLAVIUS, CHRISTOPHER. *Astrolabium*, Rome: Bartholomo Grasso, 1593.

CLERCQ, CARLO DE. "Les éditions bibliques, liturgiques et canoniques de Plantin," in *Gedenkboek der Plantin-Dagen*, pp. 283-318. Antwerp, 1956.

CONWAY, CHARLES ABBOTT, JR. *The Vita Christi of Ludolph of Saxony and Late Medieval Devotion Centred on the Incarnation: A Descriptive Analysis*. Salzburg: Analecta Cartusiana, 1976.

COOPER, MICHAEL, S.J. "The Mechanics of the Macao-Nagasaki Silk Trade," *Monumenta Nipponica* 27 (1972): 423-33.

CORREIA-AFONSO, JOHN, S.J. *Jesuit Letters and Indian History*, 1542-1773, 2d ed. London: Oxford University Press, 1969.

——. *Letters from the Mughal Court: The First Jesuit Mission to Akbar (1580-1583).* St. Louis: Institute of Jesuit Sources, 1981.

——. "More about Akbar and the Jesuits," *Indica* 14:1 (March 1977): 57-62.

COSTA, ANTHONY D'. *The Christianisation of the Goa Islands*, 1510-1567. Bombay, 1965.

COUTO, DIOGO DO. *Decada Decima da Asia*. Lisbon, 1788.

CRONIN, VINCENT. *The Wise Man from the West*. London, 1955.

CROS, JOSEPH-MARIE, S.J. *Saint François de Xavier, sa vie et ses lettres*. 2 vols. Toulouse and Paris, 1900.

CULLEY, THOMAS, S.J., and CLEMENT MCNASPY, S.J. "Music and the Early Jesuits (1540-1565)," *Archivum Hisoricum Societatis Iesu* 40 (1971): 213-45.

CUSHINER, NICHOLAS P. "Merchants and Missionaries: A Theologian's View of Clerical Involvement in the Galleon Trade," *Hispanic American Historical Review* 47 (1967): 360-69.

DAINVILLE, FRANÇOIS DE, S.J. *La Géographie des humanistes*. Paris: Beauchesne, 1940.

——. *L'Education des Jésuites(XVIe-XVIIIe siècles).* Comp. Marie-Madeleine Compère. Paris: Editions de Minuit, 1978.

DANIEL, NORMAN. *Islam and the West: The Making of an Image*. Edinburgh: University of Edinburgh Press, 1960.

DAVIS, NATALIE ZEMON. *The Return of Martin Guerre*. Cambridge: Harvard University Press, 1983.

DEE, JOHN. "Mathematicall Praeface," in H. Billingsley, tr., *The Element of Geometrie of the most Auncient Philosopher Euclide of Megara.* London: John Daye, 1570.

DEHERGNE, JOSEPH, S.J. *Répertoire des Jésuites de Chine, de 1552 à 1800.* Rome and Paris, 1973.

——, and DONALD LESLIE. *Juifs de Chine, à travers la correspondance inédite des Jésuites du dix-huitième siècle*. Rome and Paris, 1980.

D'ELIA, PASQUALE M., S.J. *Fonti Ricciane*. See *FR*.

——. "Further Notes on Matteo Ricci's *De Amicitia*," *Monumenta Serica* 15:2 (1956): 356-

77.

——. *Il Mappamondo Cinese del P. Matteo Ricci S.I. (Terza Edizione, Pechino, 1602) Conservato presso la Biblioteca Vaticana*. Rome: Vatican City, 1938.

——. "Il trattato sull' Amicizia, Primo Libro Scritto in Cinese de Matteo Ricci S.I. (1595)," *Studia Missionalia* 7 (1952): 425-515.

——. "Musica e canti Italiani a Pechino," *Revista degli Studi Orientali* 30 (1955): 131-45.

——. "Presentazione della prima traduzione Cinese di Euclide," *Monumenta Serica* 15:1 (1956): 161-202.

DELUMEAU, JEAN. *Vie économique et sociale de Rome dans la seconde moitié du XVIe siècles*. 2 vols. Paris: E. De Boccard, 1957.

Dictionary of Mnemonics. London: Eyre Methuen, 1972.

DIFFIE, BAILEY W., and GEORGE D. WINIUS. *Foundations of the Portuguese Empire, 1415-1580.* Minneapolis: University of Minnesota Press, 1977.

DMB, Dictionary of Ming Biography. Ed. L. Carrington Goodrich and Chaoying Fang. 2 vols. New York: Columbia University Press, 1976.

Doc. Ind., Documenta Indica. Ed. Joseph Wicki, S.J. *Monumenta Missionum Societatis Jesu, Missiones Orientales*, vol. 10 (1575-1577), Rome, 1968; vol. 11 (1577-1580), Rome, 1970; vol. 12 (1580-1583), Rome, 1972.

DUFFY, JAMES. *Shipwreck and Empire, Being an Account of Portuguese Maritime Disasters in a Century of Decline*. Cambridge: Harvard University Press, 1955.

DUNNE, GEORGE H., S.J. *Generation of Giants: The Story of the Jesuits in China in the Last Decades of the Ming Dynasty*, London, 1962.

DURUY, GEORGE. *Le Cardinal Carlo Carafa (1519-1561): Etude sur le pontificat de paul IV*. Paris: Hachette, 1882.

DUYVENDAK, J. J. L. "Review of Pasquale d'Elia, *Le Origini Dell' Arte Christiana Cinese (1583-1640)," T'oung Pao* 35 (1940): 385-98.

ELISON, GEORGE. *Deus Destroyed: The Image of Christianity in Early Modern Japan.* Cambridge: Harvard University Press, 1973.

Eminent Chinese of the Ch'ing Period. Ed. Arthur W. Hummel. 2 vols. Washington,D. C., 1944.

EPICTETUS. *Encheiridion*, in *The Discourses as Reported by Arrian, the Manual and Fragments*. Ed. and tr. W. A. Oldfather. 2 vols. New York: Loeb Classical Library, 1926.

ESSEN, L. VAN DER. *Alexandre Farnèse, Prince de Parme*. Vols. 3 and 4. Brussels, 1934-35.

ESTOILE, PIERRE DE L'. *The Paris of Henry of Navarre*. Ed. and tr. Nancy L. Roelker. Cambridge: Harvard University Press, 1958.

FANG HAO（方豪）. "Notes on Matteo Ricci's *De Amicitia*," *Monumenta Serica* 14 (1949-55);

574-83.

FEDRICI, CESARE (Cesar Frederick). *Voyages and Travels (1563-1581)*. In *Hakluyt, Second Volume*, pp. 339-375, and in Kerr, *General History*, vol. 7, pp. 142-211.

FITCH, RALPH. "Journey to India over-land in 1583." In Kerr, *General History,* vol.7, pp. 470-505.

——. *Letters*. In Kerr, *General History,* vol. 7, pp. 513-515.

FITZPATRICK, MERRILYN. "Local Interests and the Anti-Pirate Administration in China's Southeast, 1555-1565," *Ch'ing-shih wen-t'i* 4:2 (December 1979): 1-50.

FLORUS, LUCIUS ANNAEUS. *Epitome of Roman History.* Tr. E. S. Forester. New York: Loeb Classical Library, 1929.

FOK KAI CHEONG. "The Macao Formula: A Study of Chinese Management of Westerners from the Mid-Sixteenth Century to the Opium War Period." Ph. D. dissertation, University of Hawaii, 1978.

FOEKE, A. "Ein islamitisches Traktat aus Turkistan: Chinesisch in Arabischer Schrift," *T'oung Pao*, n.s.8 (1907): 1-76.

FR, Fonti Ricciane. Pasquale M. d'Elia, S.J., ed., *Storia dell' Introduzione del Christianesimo in Cina*. [The annotated version of Ricci's original manuscript of the *Historia*.] 3 vols. Rome, 1942-49.

FRANKE, OTTO. "Li Tschi und Matteo Ricci." In *Abhandlungen der Preussischen Akademie der Wissenschaften*, Jahrgang 1938, Phil-Hist, no.5. Berlin, 1939.

FRANKEN, DANIEL. *L'Oeuvre gravé des van de Passe*. Amsterdam and Paris, 1881.

FRECCERO, JOHN. "Dante's Firm Foot and the Journey without a Guide," *Harvard Theological Review* 52 (1959): 245-81.

FROIS, LUIS. *Tratado dos Embaixadores Japão à Roma no anno de 1582*. Ed. J. A. Abranches Pinto, Yoshitomo Okamoto, and Henri Bernard, S.J. Tokyo: Sophia University, 1942.

FURBER, HOLDEN. *Rival Empires of Trade in the Orient, 1600-1800.* Minneapolis: University of Minnesota Press, 1976.

GANSS, GEORGE E., S.J. "The Christian Life Communities as Sprung from the Sodalities of Our Lady," *Studies in the spirituality of Jesus,* 7:2 (March 1975): 46-58.

——. *Saint Ignatius' Idea of a Jesuit University*. Milwaukee, Wis.: Marquette University Press, 1954.

GEISS, JAMES PETER. "Peking under the Ming (1368-1644)." Ph. D. Dissertation, Princeton University, 1979.

GENTILI, OTELLO, and ALDO ADVERSI. "La Religione." In Aldo Adversi et al., eds., *Storia di Macerata*, vol. 5, pp. 5-107.

GILES, LIONEL. "Translations from the Chinese World Map of Father Ricci," *Geographical*

Journey 52 (July-December 1918):367-85, and 53 (January-June 1919): 19-30.

GINZBURG, CARLO. *The Cheese and the Worms: The Cosmos of a Sixteenth-Century Miller*. Tr. John and Anne Tedeschi. Baltimore: Johns Hopkins University Press, 1980.

GOMES DE BRITO, BERNADO. *The Tragic History of the Sea:1559-1565*. Ed. And tr. C. R. Boxer. Cambridge: Hakluyt Society, 1968.

——. *The Tragic History of the Sea:1589-1622*. Ed. And tr. C. R. Boxer. Cambridge: Hakluyt Society, 1959.

GOMEZ, DUARTE. *Discursos sobre los comercios de las dos India*. Madrid, 1622.

GRATAROLI, GUGLIELMO (Medico Bergomante). *De Memoria Reparanda, Augenda, Servandaque, liber unus; De locali vel artificiosa memoria, liber alter.* Rome, 1555.

——. *The Castel of Memorie.* Tr. William Fulwood. London: William How, 1573.

GREENBLATT, STEPHEN. *Renaissance Self-Fashioning: From More* to *Shakespeare*. Chicago: University of Chicago Press, 1980.

GREENE, THOMAS M. *The Light in Troy: Imitation and Discovery in Renaissance Poetry.* New Haven: Yale University Press, 1982.

GROTO, LUIGI. *Troffeo della Vittoria Sacra Ottenuta dalla Christianiss. Legacontra Turchi nell' anno MDLXXI.* Venice: Sigismondo Bordogna, 1572.

GUIBERT, JOSEPH DE, S.J. "Le Généralat de Claude Acquaviva (1581-1615)," *Archivum Historicum Societatis lesu* 10 (1941): 59-93.

——. *The Jesuits: Their Spiritual Doctrine and Practice.* Tr. William J. Young, S.J. St. Louis: Institute of Jesuit Sources, 1972.

GULIK, ROBERT H. VAN. *Erotic Colour Prints of the Ming Period.* 3 vols. Tokyo: privately printed, 1951.

HAKLUYT, RICHARD, *The Second Volume of the Principal Navigations, Voyages, Traffiques and Discoveries of the English Nation.* London, 1559. *The Third and Last Volume*. . . . London, 1600.

HANSON, CARL A. *Economy and Society in Baroque Portugal, 1668-1703*. Minneapolis: Minnesota University Press, 1981.

HARRIS, GEORGE, S.J. "The Mission of Matteo Ricci, S.J.: A Case Study of an Effort at Guided Cultural Change in the Sixteenth Century," *Monumenta Serica* 25 (1966): 1-168.

HEATH, THOMAS L. *The Thirteen Books of Euclid's Elements.* 3 vols. Cambridge: Cambridge University Press, 1926.

HEAWOOD. E. "The Relationships of the Ricci Maps," *Geographical Journal* 50:4 (October 1917): 271-76.

HERSEY, G. L. *Pythagorean Palaces: Magic and Architecture in the Italian Renaissance.* Ithaca: Cornell University Press, 1976.

HICKS, LEO, S.J. "The English College, Rome and Vocations to the Society of Jesus, March,

1579-July, 1595," *Archivum Historicum Societatis Iesu* 3 (1934): 1-36.

HILLGARTH, J. N. *Ramon Lull and Lullism in Fourteenth-Century France*. London: Oxford University Press, 1971.

HO PENG-YOKE (何 丙 郁) and ANG TIAN-SE. "Chinese Astronomical Records on Comets and 'Guest Stars,'" *Oriens Extremus* 17 (1970): 63-99.

HODGSON, MARSHALL. G. *The Venture of Islam, vol. 3, The Gunpowder Empires and Modern Times.* Chicago: University of Chicago Press, 1974.

HOSHI AYAO(星斌夫). "Transportation in the Ming Period," *Acta Asiatica* 38 (1980): 1-30.

HUANG, RAY(黄仁宇). *1587, a Year of No Significance: The Ming Dynasty in Decline.* New Haven: Yale University Press, 1981.

——. "Military Expenditures in Sixteenth Century Ming China," *Oriens Extremus* 17 (1970): 39-62.

HUCKER, CHARLES O. *The Censorial System of Ming China.* Stanford: Stanford University Press, 1966.

HUANG MING-SHUI. "Yüan Hung-tao and the Late Ming Literary and Intellectual Movement." Ph. D. dissertation, University of Wisconsin at Madison, 1974.

IGNATIUS OF LOYOLA. *The Constitutions of the Society of Jesus.* Translation and Commentary by George E. Ganss, S. J. St. Louis: Institute of Jesuit Sources, 1970.

——. *Exercitia Spiritualia Sancti Ignatii de Loyola et eorum directoria ex autographis vel ex antiquioribus exemplis collecta*. Madrid, 1919.

——. *Exercitia Spiritualia: Textum Antiquissimorum nova editio lexicon textus hispani.* Monumenta Historica Societatis Iesu, vol.100. Rome, 1969.

——. *The Spiritual Exercise.* Tr. Thomas Corbishley, S.J. London: Burns & Oates, 1963.

——. *The Spiritual Exercise*. Tr. Louis J. Puhl, S.J. Chicago: Loyola University Press, 1952.

IPARRAGUIRRE, IGNACIO, S.J. "Para la Historia de la Oración en el Collegio Romano durante la secunda mitad del siglo XVI," *Archivum Historicum Societatis Iesu* 15 (1946): 77-126.

ISRAELI, RAPHAEL. *Muslims in China: A Study in Cultural Confrontation.* Copenhagen: Scandinavian Institute of Asian Studies, 1980.

IWAO SEIICHI（岩生成一）. "Japanese Foreign Trade in the 16th and 17th Centuries," *Acta Asiatica* 30 (1976): 1-18.

JACOBS, HUBERT TH. TH. M., S.J., ed. *A Treatise on the Moluccas* (c. 1544). [Attr. To António Galvão]. St. Louis, Mo., 1971.

KERR, ROBERT, comp. *General History and Collection of Voyages and Travels, Arranged in Systematic Order,* vol.7. Edinburgh, 1812.

KOBATA A[TSUSHI]. "The Production and Uses of Gold and Silver in Sixteenth- and Seventeenth-Century Japan," *Economic History Review*, 2d ser. 18 (1965): 245-66.

KU, JOSEPH KING-HAP. "Hsü Kuang-ch'i: Chinese Scientist and Christian (1562-1633)." Ph. D. thesis, St. John's University, New York, 1973.

LACH, DONALD. *Asia in the making of Europe*. Vol. 1 (in two books), *The Century of Discovery*. Chicago: University of Chicago Press, 1965.

LANCASHIRE, D[OUGLAS]. "Buddhist Reaction to Christianity in Late Ming China," *Journal of the Oriental Society of Australia,* 6:1, 2 (1968-69):82-103.

LANDES, DAVID S. *Revolution in Time: Clocks and the Making of the Modern World.* Cambridge: Harvard University Press, 1983.

LAUFER, BERTHOLD. "Christian Art in China," *Mitteilungen des Seminars für Orientalishe Sprachen,* 1910, pp. 100-118 plus plates.

LIEBMAN, SEYMOUR. "The Jews of Colonial Mexico," *Hispanic American Historical Review* 43 (1963): 95-108.

LINSCHOTEN, JOHN HUIGHEN VON. "Report . . . concerning the imprisonment of Newbery and Fitch." In Kerr, *General History*, vol. 7, pp. 515-20.

LUBAC, HENRI DE. *La rencontre du Bouddisme et de l'Occident*. Paris: Aubier, 1952.

LUDOLFUS OF SAXONY. *The Hours of the Passion from The Life of Christ*. Tr. H. J. C[oleridge]. Quarterly Series, vol.59. London: Burns & Oates, 1887.

——. *Vita Jesu Christi*. Ed. A.-C. Bolard, L.-M. Rigollot, and J. Carnandet. Paris and Rome, 1865.

LULL, RAMON. *Le Livre du Gentil et des trois Sages*. Ed. and part tr. Armand Llinarès. Paris: Presses Universitaires de France, 1966.

LUTHER, MARTIN. *Letters of Spiritual Counsel*. Tr. and ed. Theodore Tappert. Library of Christian Classics, vol.18. Philadelphia, 1955.

Lyra Graeca. Tr. J. M. Edmonds. New York: Loeb Classical Library, 1931.

MAFFEI, GIAN PIETRO. *L'Histoire des Indes Orientales et Occidentales*. Tr. M. M. D. P. Paris, 1665.

MARGIOTTI, FORTUATO, O.F.M. "Congregazioni laiche gesuitiche della antica missione cinese," *Neue Zeitschrift für Missionwissenschaft* 18 (1962): 255-74 and 19 (1963): 50-65.

——. "Congregazioni Mariane della antica missione cinese." In Johann Specker and P. Walbert Bühlmann, eds., *Das Laienapostolat in den Missionen* (Supplement 10 to the *Neue Zeitschrift für Missionwissenschaft).* Schöneck-Beckenried, Switzerland, 1961.

MARTIN, GREGORY. *Roma Sancta (1581)*. Ed. George Bruner Parks. Rome, 1969.

MATHEW, C. P., and M. M. THOMAS. *The Indian Churches of Saint Thomas*. Delhi, 1967.

MAUQUOY-HENDRICKX. *Les estampes des Wierix conservées au cabinet des estampes de la bibliothèque royale Albert 1er* . 3 vols. Brussels: Bibliothèque Royale Albert 1er, 1978.

METLITZKI, DOROTHEE. *The Matter of Araby in Medieval England.* New Haven: Yale

University Press, 1977.

MILLER, JOSEF, S.J. "Die Marianischen Kongregationen vor der Bulle 'Omnipotentis Dei': Ein Beitrag zu ihrer Charakteristik," *Archivum Historicum Societatis Iesu* 4 (1935): 252-67.

MILLINGER, JAMES. "Ch'i Chi-kuang—A Military Official as Viewed by his Contemporary Civil Officials," *Oriens Extremus* 20 (1973): 103-17.

MOCQUET, JEAN. *Voyages en Afrique, Asie, Indes Orientales et Occidentales.* Paris: Jean de Heuqueville, 1617.

MONTAIGNE, MICHEL DE. *Journal de Voyage en Italie, par la Suisse et l'Allemagne en 1580 et 1581*. Ed. Charles Dédéyan. Paris: Société des belles lettres, 1946.

Monumenta Paedagogica Societatis Iesu quae primam rationem studiorum anno 1586 editam praecessere. Ed. Caecilius Gomes Rodeles et al. Madrid, 1901.

MOULE, G. E. "The Obligations of China to Europe in the Matter of Physical Science Acknowledged by Eminent Chinese," *Journal of the North-China Branch of the Royal Asiatic Society*, n.s. 7 (1871): 147-64.

MULLAN, ELDER, S.J., and FRANCIS BERINGER, S.J. *The Sodality of Our Lady Studied in the Documents*. New York, 1912.

NADAL, JERONIMO (Hieronymo Natali). *Adnotationes et Meditationes in Evangelia quae in sacrosancto missae sacrificio toto anno leguntur.* Antwerp: Martinus Nutius, 1595.

——. *Evangelicae Historiae Imagines, ex ordine Evangeliorum.* Antwerp, 1596.

NEEDHAM, JOSEPH. *Science and Civilisation in China*. Cambridge: Cambridge University Press, 1954-.

New Cambridge Modern History. Vol.3, *The Counter-Reformation and the Price Revolution, 1559-1610*. Ed. R. B. Wernham. Cambridge: Cambridge University Press, 1971.

NEWBERY, JOHN. *Letters*. In Kerr, *General History*, vol. 7, pp. 505-13.

O'CONNELL, MARVIN. *The Counter Reformation*, 1559-1610. New York, 1974.

O'MALLEY, JOHN W. *Praise and Blame in Renaissance Rome: Rhetoric, Doctrine, and Reform in the Sacred Orators of the Papal Court, c. 1450-1521.* Durham, N.C.: Duke University Press, 1979.

OS. The Letters of Matteo Ricci, in *Opere Storiche*. Ed. Pietro Tacchi Venturi, S.J. Vol. 2, *Le Lettere dalla China*. Macerata, 1913.

PACHTLER, G. M., S. J. *Ratio Studiorum et Institutiones Scholasticae Societatis Jesu*. Vol.1, 1541-1599. Berlin, 1887.

PACI, LIBERO. "La Decadenza Religiosa e la Controriforma." In *Storia di Macerata*, vol.5, pp. 108-246. Comune di Macerata, 1977.

——. "Le Vicende Politiche." In *Storia di Macerata*, vol.1, pp. 27-419. Comune di Macerata, 1971.

PALMER, ROBERT E. A. "Martial." In T. J. Luce, ed., *Ancient Writers: Greece and Rome*. 2 vols. New York, 1982.

PANIGAROLA, FRANCESCO. *Trattato della Memoria Locale.* Approx. 1572. *MS* no. 137 in Biblioteca Communale, Macerata.

PARRY, J. H. *The Age of Reconnaissance: Discovery, Exploration and Settlement, 1450 to 1650*. Berkeley: University of California Press, 1981.

PASTOR, LUDWIG, FREIHERR VON. *The History of the Popes from the Close of the Middle Ages.* Tr. Ralph Francis Kerr. Vol. 14, *Marcellus II (1555) and Paul IV (1555-1559); vol.18, Pius V (1566-1572).* London: Kegan, Paul, 1924, 1929.

PELLIOT, PAUL. "Les Franciscains en Chine au XVIe et au XVIIe siècle," *T' oung Pao*, n.s. 34 (1938): 191-222.

PFISTER, LOUIS, S.J. *Notices Biographiques et Bibliographiques sur les Jésuites de l'ancienne mission de Chine, 1552-1773. Variétés Sinologiques,* 59. 2 vols. Shanghai, 1932.

PHILLIPS, EDWARD C., S.J. "The Correspondence of Father Christopher Clavius S.I. preserved in the archives of the Pont. Gregorian University," *Archivum Historicum Societatis Iesu* 8 (1939): 193-222.

PILLSBURY, BARBARA. "Muslim History in China: A 1300-year Chronology," *Journal of the Institute of Muslim Minority Affairs* 3:2 (1981):10-29.

PIRRI, PIETRO, S.J. "Sultan Yahya e il P. Acquaviva," *Archivum Historicum Societatis Iesu* 13 (1944): 62-76.

PLANCIUS, PETRUS. *A Plaine and Full Description of Petrus his Universall Map*. Tr. M. Blundevile. London: John Windet, 1594.

PLANTIN, CHRISTOPHE. *Correspondance de Christophe Plantin.* Ed. J. Denucé Vols. 8 and 9. Antwerp, 1918.

PLINY. *Natural History.* Tr. H. Rackham. New York: Loeb Classical Library, 1942.

PTAK, RODERICK. "The Demography of Old Macao, 1555-1640," in *Ming Studies*, 15 (Fall 1982): 27-35.

PYRARD DE LAVAL, FRANÇOIS. *The Voyage of François Pyrard of Laval to the East Indies, the Moluccas and Brazil (1601-1611).* Tr. Albert Gary and H.C.P. Bell. 2 vols. in 3. Hakluyt Society, 1888; reprinted New York: Burt Franklin, n.d.

QUINTILIAN. *Institutio Oratoria*, vol. 4. Tr. H. E. Butler. New York: Loeb Classical Library, 1936.

RABELAIS, FRANÇOIS. *The Histories of Gargantua and Pantagruel*. Tr. J. M. Cohen. Penguin Books, 1970.

RAHNER, HUGO, S.J. *Ignatius the Theologian*, London: Chapman, 1968.

RANKE, LEOPOLD. *The History of the Popes, Their Church and State, in the Sixteenth and*

Seventeenth Centuries. Tr. Walter Keating Kelly. New York: Colyer, 1845.

RENICK, M. S. "Akbar's First Embassy to Goa: Its Diplomatic and Religious Aspects," *Indica* 7 (1970):33-47.

RICCI, MATTEO, S.J. *Collected letters.* See *OS*.

——. *Historia*, See *FR*.

——. *Tianzhu shiyi*, ch.1, "The True Meaning of the Lord of Heaven." Tr. Douglas Lancashire. *China Mission Studies (1550-1800) Bulletin* 4 (1982):1-11.

——. *Entretiens d'un lettré chinois et d'un docteur européen, sur la vraie idée de Dieu*. (Anon. tr. into French of Tianzhu shiyi.) In *Lettres édifiantes et curieuses*, vol.25, pp. 143-385. Toulouse,1811.

ROMBERCH, JOHANN HOST VON. *Longestorium Artificiose Memorie*. Venice: Melchior Sessa, 1533.

ROOSES, MAX. *Christophe Plantin, Imprimeur Anversois*. Antwerp, 1883.

ROOVER, RAYMOND DE. "The Business Organization of the Plantin Press in the Setting of Sixteenth Century Antwerp." In *Gedenkboek der Plantin-Dagen*, pp. 230-46. Antwerp, 1956.

ROSSABI, MORRIS. "Muslim and Central Asian Revolts." In Jonathan Spence and John E. Wills, Jr., eds., *From Ming to Ch'ing*, New Haven: Yale University Press, 1979.

ROSSI, PAOLO, *Francis Bacon, from Magic to Science*. Tr. Sacha Rabinovitch. London, 1968.

ROTH, CECIL, *The House of Nasi*: *Doña Gracia*, Philadelphia, 1948.

SASSETTI, FILIPPO. *Lettere edite e inedite*. Ed. Ettore Marcucci. Florence, 1855.

SCHILLING, DOROTHEUS, O.F.M. "Zur Geschichte des Martyrerberichtes des P. Luis Frois, S.I.," *Archivum Historicum Societatis Iesu* 6 (1937): 107-13.

SCHIMBERG, ANDRÉ. *L'Education Morale dans les collèges de la Compagnie de Jésus en France (16e, 17e, 18e siècles)*. Paris, 1913.

SCHURZ, WILLIAM LYTLE. *The Manila Galleon*. New York, 1939, 1959.

SCHÜTTE, JOSEF FRANZ S.J. *Valignano's Mission Principles for Japan*. Tr. John J. Coyne, S.J. Vol. 1, *From His Appointment as Visitor until His First Departure from Japan (1573-1582)*, pt. I, *The Problem (1573-1580)*. St. Louis: Institute of Jesuit Sources, 1980.

SCHWICKERATH, ROBERT. *Jesuit Education, Its History and Principles, Viewed in the Light of Modern Educational Problems*. St. Louis, 1903.

SENECA. *The Controversiae*. Tr. M. Winterbottom. New York: Loeb Classical Library, 1974.

SMALLEY, BERYL. *English Friars and Antiquity in the Early Fourteenth Century*. New York, 1960.

SMITH,VINCENT EDWARD. *St Thomas on the Object of Geometry.* Milwaukee: Marquette University Press, 1954.

SO, KWAN-WAI. *Japanese Piracy in Ming China During the 16th Century*.Lansing: Michigan State University Press, 1975.

SOAREZ, CYPRIANO. *De Arte Rhetorica*. Paris, 1573.

SORABJI, RICHARD. *Aristotle on Memory*. London: Duckworth, 1972.

SPALATIN, CHRISTOPHER, S.J. "Matteo Ricci's Use of Epictetus' Encheiridion," *Gregorianum* 56:3 (1975): 551-57.

SPATE, O. H. K. *The Spanish Lake*. Vol.1 of *The Pacific since Magellan*. London: Croom Helm, 1979.

STAHL, WILLIAM HARRIS, and RICHARD JOHNSON, with E. L. BURGE. *Martianus Capella and the Seven Liberal Arts*. 2 vols. Vol. 1, *The Quadrivium of Martianus Capella*; vol.2, *The Marriage of Philology and Mercury*. New York: Columbia University Press, 1971, 1977.

STEVENS, THOMAS. "Voyage to Goa in 1579, in the Portuguese Fleet." In Kerr, *General History*, vol. 7, pp. 462-70.

Storia di Macerata [The History of Macerata]. Eds. Aldo Adversi, Dante Cecchi, and Libero Paci. 5 vols. Comune di Macerata, 1871-77.

TACCHI VENTURI, PIETRO S.J. *Opere Storiche*. See *OS*.

——. *Storia della compagnia di Gesù in Italia*. 3 vols. Rome, 1922-38.

TAKASE KŌICHIRŌ. "Unauthorized Commercial Activities by Jesuit Missionaries in Japan," *Acta Asiatica* 30 (1976): 19-33.

THIERSANT, P. DABRY DE. *Le Mahométisme en Chine et dans le Turkestan Oriental*. 2 vols. Paris, 1878.

THOMAS, KEITH. *Religion and the Decline of Magic*. New York, 1974.

THORNDIKE, LYNN. *History of Magic and Experimental Science*. Vols. 5 and 6, *The Sixteenth Century*. New York: Columbia University Press, 1941.

TRIGAULT, NICOLA, S.J. *China in the Sixteenth Century: The Journal of Matthew Ricci*, 1583-1610. Tr. Louis J. Gallagher, S.J. New York, 1953.

UBELHÖR, MONIKA. "Hsü Kuang-ch'i (1562-1633) und seine Einstellung zum Christentum," *Oriens Extremus* 15:2 (December 1968): 191-257 and 16:1 (June 1969): 41-74.

VERBEEK, J. And ILJA M.VELDMAN, comps. *Hollstein's Dutch and Flemish Etching, Engravings and Woodcuts, ca. 1450-1700*. Vol. 16, "De Passe (Continued)." Amsterdam: Van Gendt, 1974.

VILLARET, EMILE, S.J. *Les Congrégations Mariales*. Vol. 1, *Des origines à la suppression de la compagnie de Jésus (1540-1773)*. Paris, 1947.

——. "Les premières origine des congrégations Mariales dans la compagnie de Jésus," *Archivum Historicum Societatis Iesu* 6 (1937): 25-57.

VILLOSLADA, RICCARDO G. *Storia del Collegio Romano dal suo inizio (1551) alla soppressione della Compagnia di Gesù (1773).* Rome: Gregorian University, 1954.

VOET, LEON. *The Golden Compasses: A History and Evaluation of the Printing and Publishing Activities of the Officina Plantiniana at Antwerp.* 2 vols. Amsterdam and London, 1969.

WALKER, D. P. *The Ancient Theology: Studies in Christian Platonism from the fifteenth to the Eighteenth Century.* London, 1972.

——. *Spiritual and Demonic Magic, from Ficino to Campanella.* London: Warburg Institute, 1958.

——. *Studies in Musical Science in the Late Renaissance.* Leiden: Brill, 1978.

WICKI, JOSEF, S.J. "The Spanish Language in XVI-Century Portuguese India," *Indica* 14:1 (March 1977): 13-19.

WIEGER, LÉON, S.J. "Notes sur la première catéchèse écrite en chinois 1582-1584," *Archivum Historicum Societatis Iesu* 1 (1932): 72-84.

WILHELM, RICHARD. *The I Ching or Book of Changes. Tr. Cary F. Baynes.* Princeton: Princeton University Press, 1967.

WINN, JAMES ANDERSON. *Unsuspected Eloquence: A History of the Relations Between Poetry and Music.* New Haven: Yale University Press, 1981.

WRIGHT, A. D. *The Counter-Reformation: Catholic Europe and the Non-Christian World.* New York, 1982.

YANG LIEN-SHENG (杨联陞). "Historical Notes on the Chinese World Order." In John K. Fairbank, ed., *The Chinese World Order.* Cambridge: Harvard University Press, 1968.

YATES, FRANCES A. *The Art of Memory.* Penguin Books, 1969.

YERUSHALMI, YOSEF HAYIM. *Zakhor, Jewish History and Jewish Memory.* Seattle: University of Washington Press, 1982.

YOUNG, JOHN D. *Confucianism and Christianity, the First Encounter.* Hong Kong: Hong Kong University Press, 1983.

——. *East-West Synthesis: Matteo Ricci and Confucianism.* Hong Kong: University of Hong Kong, 1980.

YÜ CHÜN-FANG（于君方）. *The Renewal of Buddhism in China: Chu-hung and the Late Ming Synthesis.* New York: Columbia University Press, 1981.

YUAN TSING. "Urban Riots and Disturbances." In Jonathan D. Spence and John E. Wills, eds., *From Ming to Ch'ing: Conquest, Region and Continuity in Seventeenth-Century China.* New Haven: Yale University Press, 1979.

ZANTA, LÉONTINE. *La renaissance du stoïcisme au XVIe siècle.* Paris, 1914.

ZHUANGZI. *The Complete Works of Chuang Tzu.* Tr. Burton Watson. New York: Columbia University Press, 1968.

中日文参考书目

坂本满《レパト戰闘図について》,《美術研究》第 246 号（1966 年 5 月），30—44 页。
陈梦雷等编《古今图书集成》，800 卷，上海：中华书局，1934 年。
程大约《程氏墨苑》，12+9 卷，1609 年。
方豪《利玛窦交友论新研》,《方豪六十自定稿》，1847—1870 页。
——《天主实义之改窜》,《方豪六十自定稿》，1593—1603 页。
——《方豪六十自定稿》，两卷，台北：学生书局，1969 年。
顾保鹄《利玛窦的中文著述》,《神学论集》第 56 号（1983 年夏），239—254 页。
过庭训《本朝分省人物考》(《国朝京省分郡人物考》)，115 卷，台北：成文出版社，1971 年重印。
洪业《考利玛窦的世界地图》,《洪业论学集》，北京：中华书局，1981 年，150—192 页。
胡国桢《简介天主实义》,《神学论集》第 56 号（1983 年夏），255—266 页。
《嘉兴府志》(1879)，88 卷，台北：成文书局，1970 年重印。
《绛州志》(1766)，20 卷。
焦竑《澹园集》，金陵丛书版，1916 年。
李贽《焚书·续焚书》，两卷，北京：中华书局，1975 年。
李之藻编《天学初函》，6 卷本，台北：学生书局，1965 年。
利玛窦《二十五言》,《天学初函》卷一，331—349 页。
——《交友论》,《天学初函》卷一，299—320 页。
——《记法》,朱鼎瀚修订版,载吴相湘主编《天主教东传文献》,台北:学生书局,1964 年。
——《畸人十篇》(1608),《天学初函》卷一，117—281 页。
——《利玛窦题宝像图》，8+6 页，见陶湘编《涉园墨萃》，1929 年。
——《天主实义》,《天学初函》卷一，351—635 页。
——《西琴曲意八章》,《天学初函》卷一，283—291 页。
——《几何原本》(与徐光启合译),《天学初函》卷四，1921—2522 页。
——《辨学遗牍》(多人合撰),《天学初函》卷二，637—687 页。
林金水《利玛窦在中国的活动与影响》,《历史研究》1983 年第 1 期，25—36 页。
《平湖县志》(1868)，26 卷，台北：成文书局，1975 年重印。
《韶州府志》(1874)，40 卷，台北：成文书局，1966 年重印。
沈德符《敝帚斋余谈》，52 叶，1880 年。
——《万历野获编》(34 卷，1619 年)，北京：中华书局，1959 年。
陶穀《清异录》，两卷，惜阴轩丛书，1840 年。
西村貞《日本耶穌會板銅版聖母図に就いて》,《美術研究》第 69 卷（1937 年 9 月），371—382 页。
谢肇淛《五杂俎》(1795)，16 卷，北京：中华书局，1959 年。
徐朔方《汤显祖和利玛窦》,《文史》第 12 期（1981 年 12 月），273—281 页。

阴法鲁《利玛窦与欧洲教会音乐的东传》,《音乐研究》1982 年第 2 期，87—90、103 页。
永山時英《対外史料美術大観》，長崎，1919 年。
张燮《东西洋考》（1617—1618），12 卷，台北 1962 年重印。
张萱《西园闻见录》（序言日期为 1627、1632 年），106 卷，北京，1940 年。
《肇庆府志》（1833），22 卷，台北：成文出版社，1967 年重印。
邹元标《答西国利玛窦》,《愿学集》卷三，39 页。

译后记

翻译史景迁先生的《利玛窦的记忆宫殿》，本身就是一次旅行。四百多年前利玛窦梯航远来，踏上东方土地，二十几年间行旅中华万里河山。如今译者坐于灯下，但意念穿梭时空，温暖的山城马切拉塔、狂风肆虐的印度洋、南国旖旎、北海冰封，一幕幕闪现，这都有赖于史景迁先生笔下的魔力。作者以“记忆术”为引线，牵出的是一整幅十六、十七世纪东西方交流的宏阔图景。精彩的历史叙述，已能模糊“真实”与“想象”之间的界线，加之利玛窦记忆术本身具有的神奇色彩，使这部著作愈发显得亦真亦幻、动人心魄。

几个世纪回转，当年种种，言辞交锋、挣扎与苦痛，仿佛都已散入历史的烟尘，但记忆本身——即使不凭借记忆术——却不会轻易泯灭。人类对于长久记忆的兴趣，几百年来并没有多少改变，不分东海西海，无论学者大众。若干年前，香港无线电视台（TVB）开播电视剧《读心神探》，出现在剧中桌头的一本《记忆宫殿》，又激起许多观众对西方记忆秘术的追捧。此中热闹，无论是利玛窦神父，还是史景迁先生，恐怕都无法料想。

《记忆宫殿》一书，之前仅在中国大陆就有两个译本（陕西人民出版社、上海远东出版社），但旧有译本对书中引用的汉语文献大多未曾还原，故此番着手重译。原书中引到汉语文献，篇幅大多短小，尽管直接将其译为现代汉语，也能展现作者对原文献的翻译和理解，但未免无法贴近“历史现场”，故本书尽量给出原文。有几处系作者改写，则在译注中说明。为保持译本流畅简洁，对于西史人物，译者只随文附上原名，不再另外加注介绍。

翻译得以完成，首先要感谢郑培凯教授的信任，也感谢李天纲教授的推荐。在史景迁先生作品集中，本书篇幅并不算大，但译事耗时良久，自是因我惰懒之故，倍感愧疚。书中涉及多种语言资料，翻译过程中，幸亏有潘玮琳博士帮助。另外，王启元博士帮助查找了若干人名，复旦大学的马希玲和钱宇两位同学帮助录入了部分原稿，在此一并致以谢意。也感谢广西师范大学出版社马希哲编辑的辛勤工作。当然，译本若有错误之处，尽缘于本人力有不逮，亦望读者不吝指正。

章可

甲午年冬日于沪上